U0114567

李懷印 著

現代中國 的 形成

1600 — 1949

【繁體增訂版】

繁體中文版序言

這本書的簡體字版由廣西師范大學出版社於 2022 年出版。這次由香港三聯書店推出繁體字版，內容更全，但與英文原版的編排還不盡一致。英文原著（*The Making of the Modern Chinese State, 1600-1950*, Routledge, 2020）受字數限制，把中國與其他國家的專門比較分散到各章當中；第一章"導論"的內容也有所調整。簡體字版恢復了第十一章"比較視角下的近代國家轉型"，以及"導論"的原始版本。這次由三聯出版的繁體字版，與簡體字版的最大不同，在於恢復了原稿第八章關於民國時期邊疆重建的文字，內容涉及 1912 年以後的新疆、西藏、外蒙古以及琉球群島等問題。對共產黨革命的討論更加全面。最後一章補齊了對中國的現代國家轉型的未來展望。

現在距離英文原著的出版已經過去了四年時間。這期間我在海內外各大學和網上學術平台圍繞此書講學不下二十來場，對書中提出的問題也有進一步思考。《文史哲》2022 年第 3 期上刊出的《晚清國家轉型的路徑與成敗 —— 以三重均衡陷阱分析為中心》一文，集中體現了我在這方面的新認識。總體詮釋架構依然如故，但比原著中的解釋更全面系統，有興趣的讀者可參考一下。

這本書脫稿之後，我集中精力完成了一部關於 1949 年以後中國工人群體和工廠管理的專著（*The Master in Bondage: Factory Workers in China, 1949-2019*, Stanford University Press, 2023），去年正式出版。現在又回到中國的國家形成和國家轉型的老問題上，因為還有太多的議題值得探索。主要做了兩件事。一是思考 1949 年以後中國的現代轉型問題，寫了一系列文章，在此基礎上，即將在年內出版一本中文書《中國的現代化：1850 年以來的歷史軌跡》，重點講述 1949 年以後尤其是當下中國所面臨的問題。這本書可以視作《現代中國的形成》的續篇（sequel）。

另一項研究是自遠古和上古以來華夏國家和中華文明的形成與展開問題，已在中英文期刊上發了幾篇文章；其中最新一篇是 "From Unitary Plurality to Plural Unity: The Politics of Writing about the Beginnings of Chinese Civilization"（*The Journal of Asian Studies*, Vol. 82, No. 4, November 2023）。希望在近年完成全書，先以中文出版，算作《現代中國的形成》一書的前篇（prequel）。

寫這類的題目，完全出自個人的學術興趣。寫作過程中，只要時間和條件許可，我盡可能使用原始材料。但由於涉及的問題太多、太廣，僅憑個人的能力，不可能對每個具體問題都作深入的研究。因此，這三本書的寫作，很大程度上都借鑒了海內外諸多學者的各項專門研究。我所要做的，是盡自己的最大努力，與以往的中西學術研究展開對話，並且在既往的實證研究的基礎上，超出各個專門領域的窠臼，在宏觀的歷史視野下，形成關於中國的國家形成和現代轉型的較全面的解讀。不足之處，尚請讀者和方家予以指正。

李懷印

2024 年 5 月 30 日於南京

　　此書英文稿的寫作始於 2012 年，當時筆者剛剛完成另一部英文書稿《重構近代中國》的寫作，梳理了 20 世紀以來中國史家對近代以來中國歷史的認知過程，探討了其中在歷史敘事的建構上存在的根本問題。本書在某種意義上是《重構近代中國》的續篇，主要想探討兩方面的問題。首先是對現代中國形成過程的重新認識問題。一個現代國家的形成，離不開四個基本要素，即領土、人口、政府和主權。所以，我們要認識現代中國，至少須回答：中國作為一個由以漢人為主體的內地各省和以少數民族為主體的各邊疆所組成的多民族國家，在 19 世紀之前是如何成形並得以維繫的？它在 19 世紀被捲入世界範圍的主權國家體系之後，是如何維持自身的生存尤其是既有疆域，並在國際上獲得對其主權的確認的？20 世紀以來不同形態的國家體制，又是在怎樣的歷史背景下以及通過何種路徑而形成的？歸根到底，我們需要回答，今天的中國究竟從何而來？其疆域構成、族群組合和政權形態是否具有歷史的合理性？它到底是一個具有生命力的現代民族國家，抑或一個在疆域整合和政治認同方面依然面臨重重危機的非常態國家？這些問題不解釋清楚，中國作為一個現代國家的歷史正當性，及其在西方歷史經驗基礎上所建構的國際政治話語中的合法性，便會受到質疑。

　　其次是中國近現代史的歷史書寫本身所存在的問題。20 世紀以來，海內外史學界對中國近現代史的解讀，通常是在革命或現代化敘事的主導下展開的。歷史學家的研究對象，大都是跟這些敘事相關的重大歷史事件和重要人物；社會經濟史研究所關注的，也是全國或一定地區範圍內的長期結構性發展趨勢。而歷史書寫背後的終極關懷，都跟革命／社會主義抑或現代化／資本主義在 20 世紀中國的必然性、合法性相關。不過近二三十年來，上述宏大敘事和相關的問題意識已經從中外歷史學家的視域中逐漸消退。在革命和現代化宏大敘事失去了往日魅力之後，人們紛紛埋頭從事於過去一直被邊緣化的課題的研究，諸如婦女、性別、宗族、民間宗教、地方社會以及各種邊緣群體和邊緣現象。這些枝節性的具體課題研究，豐富和深化了人們對相關具體歷史事實的了解，體現了其獨到的學術價值；但是在宏大歷史敘事缺位的情況下，新一代的歷史書寫也存在"碎片化"問題，人們無法——甚至也不願意——把這些碎片加以拼湊，以了解它們在更為寬廣的視域下所體現的歷史意義。

因此，欲重新認識現代中國，有必要從過去宏大歷史敘事的窠臼以及"碎片化"的泥潭裏解放出來，站在新千年的全球地緣政治的高度，重新探究對今日中國的歷史認識最具挑戰性的問題。如果我們對當代中國不是僅僅從政權性質的角度加以界定，而是從更寬廣的視角，把它定義為一個現代主權國家，那麼，整個中國近現代史的宏大敘事和概念架構，均有待重構。在前述組成現代國家的四個基本要素中，除了政權之外，還必須考慮到疆域、族群構成和主權形成問題；最為重要的是，政權本身也必須放在國家形成的宏觀歷史視野裏加以理解。中國的近現代史，換句話說，是中國朝向一個現代主權國家轉型的歷史。這部歷史的時間跨度和涵蓋範圍，遠遠超出了過去以革命或現代化為主敘事的歷史書寫。只有這樣，我們才能就目前學術界業已提出的跟現代中國國家的歷史起源和可持續性相關的各種議題和認識，作出較為全面、客觀的解讀。

基於這樣一個意圖，我在七年前就開始了本書的構思和斷斷續續的寫作。在方法上，此書採用"宏觀歷史"（macrohistory）的研究路徑。所謂宏觀歷史或大歷史，這裏有三層基本的含義。其一，它既不同於專門史，也不同於通史。經濟史、文化史、思想史、社會史、軍事史、外交史等等專門史，各有自己的一套問題意識和概念體系，彼此之間界限分明，治專門史者也很少"跨界"做研究；而通史又面面俱到，無所不包，其分期又受既有的學科體系的約束。本書所採用的大歷史路徑，則有其獨特的綜合視角，即有選擇地聚焦於地緣戰略、財政構造和政治認同三個關鍵變項，強調從這三者之間的互動過程之中，探尋各個時期國家建構的軌跡。其二，中國的國家轉型，是近世以來全球範圍的國家形成過程的一部分；中國之走向現代國家的軌跡和動力，也必須置於世界史的視角下加以認識。因此，本書始終以西方以及其他非西方社會的歷史經驗為參照，觀察外部各種力量的衝擊與內部各種因素的交相作用如何決定中國的國家轉型在各階段的走向和進展，從而識別國家形成的中國道路。其三，在時間跨度上，本書打破了國內外中國史學界所習慣的古代與近代、近代與現代之間的分期樊籬，把三個多世紀的中國國家轉型歷史作為一個既有不同環節又前後貫通的完整過程。

這個寫作計劃所涉及的範圍和時間跨度如此之廣，要對每一時期、每個具體議題作第一手的原始檔案資料的挖掘和研究，已不可能。所幸過去幾十年來，有關清代和民國時期的軍政制度和財政經濟的大批檔案資料，以及各個時期重要歷史人物的著述，均已印行；與此同時，中西學術界同行也已經出版了大量跟清代和民國時期的政治、經濟、財政、軍事制度和人物思想相關的研究成果。本書各章的寫作，大量引用了前人的研究成果，均已一一註明。英文初稿寫成後，由下列幾位學者譯成中文：

宋平明（第一、十一、十二章）；

林盼（第二、三章）；

翟洪峰（第四、五章）；

馬德坤（第六章）；

董麗瓊（第七、八章）；

李鐵強（第九、十章）。

在此謹向各位譯者致以最誠摯的謝意。譯文經過我的仔細校對，部分內容也有所調整。書中觀點和史實不足之處在所難免，竭誠歡迎同行和讀者予以指正。

李懷印

2020 年 8 月 25 日於奧斯汀

目錄

圖表列表

第一章

導論

問題所在

"從帝國到民族國家"？

在有關世界近現代史上的國家形成的種種解讀中，一個常見的做法是把帝國與民族國家加以對立，視彼此互為反題。現有的帝國史和民族主義的諸多著述，均強調了這兩種政治體系之間的反差。在這些文獻中，帝國總跟好戰、擴張、奴役連在一起。不同於現代國家之由享有共同的族群或文化背景的人民所構成，且由其政府直接加以統治，帝國的最基本特徵，據經典的解釋，是其多族群、跨文化的人口構成，及其對殖民地、屬地或朝貢國的間接統治。人們多認為，一個現代民族總是透過弘揚其族群特性和獨特的文化傳統來建構內部的認同感，而帝國則傾向於擁抱世界主義，聲稱其思想和制度放之四海而皆準。一個現代國家總是以平等的立場界定其與世界範圍的國家體系中其他成員之間的關係，而帝國則總是建立在一種等級秩序之上；相對於其核心地帶，那些被征服的土地總處於邊緣地位。[1]

尤需指出的是，現有的關於現代民族國家的解釋，多以西方國家的國家

---

1 有關世界歷史上諸帝國的研究，見 Eisenstadt 1963, Doyle 1986, Hobsbawn 1987, Scammell 1989, Pagden 1995, Howe 2002, 以及 Burband and Cooper 2010。關於民族主義和民族國家形成過程的研究，見 Greenfeld 1992, Brubaker 1996, Hechter 2000, Gellner 1997, 2006, Opello 2004, Anderson 2006, Roeder 2007 及 Hobsbawm 2012。

建造的歷史經驗為依據，強調三個基本特徵。其一是人民對國家的高度認同，在理想狀態下，國家的疆土與有著共同傳統和認同的人民所居住的地域範圍大體上是一致的。[1]其二，一個民族國家同時也是主權國家，對於其邊界明確且固定的領土，擁有排他的各種權利，並且在國際法的框架下跟其他所有國家地位平等。[2]其三，同樣重要的是，民族國家的主權歸其人民而非君主所有，理想的政府形態應當是歐洲 17、18 世紀自由主義思想家們所構想的以個人權利和自由為基礎的國家，或者是後來在西方和非西方世界日漸流行的體現主權在民的代議制民主國家（Morgan 1988; Yack 2001; Bourke and Skinner 2015; Tuck 2015; Lee 2016）。

不用說，民族國家晚至 20 世紀才在世界上大行其道。隨著歐亞大陸舊式帝國的衰亡以及二次世界大戰後歐洲殖民帝國的崩潰，亞洲和非洲的殖民地人民紛紛效仿 19 世紀拉丁美洲之先例，民族主義運動風起雲湧，"新興國家"次第成立。儘管其歷史不算久遠，但是人們還是將今日由民族國家所組成的世界視作理所當然，把現代世界史上的國家形成等同於一個從帝國到

---

1 民族國家大體上可分為兩類，儘管事實上它們之間的差異經常是模糊的。一類是所謂的 "族群國家"（ethnic nations）或 "文化國家"，諸如德國，其集體認同乃基於共同的語言、宗教、歷史以及種族淵源。另一類則是法國那樣的所謂 "公民國家" 或 "政治國家"，這些國家雖由不同的族群所構成，但他們有 "一起生活" 在同一塊土地之上的共同意願；國家的統一是基於民眾的政治平等意識以及在法律面前共同的權利和義務（Smith 1991; Ignatieff 1993; Alter 1994; Shulman 2002）。但是在不同的歷史背景下，民族和國家之間的關係複雜多變。有些人認為先出現民族，然後興起一場民族主義運動以爭取本民族的土權，而民族國家的建立正是為了滿足此種要求。另一些人則認為，國家比民族先產生，而且在民族的形成過程中發揮了關鍵作用，即通過武力將不同地區的有著共同語言和傳統的民眾統一在一起，通過發展全國範圍的交通、銀行以及其他事業來促進經濟統一，或是通過推行一系列政策來促進民族統一文化的形成，比如將各地方言統一成國家的標準語言，向全體國民推廣公共教育系統以及通用課程。工業資本主義的發展也促進了上述諸多發展，而印刷媒體在其中發揮了特別作用，因為它有助於一個形成中的國家的所有成員增強 "想像的共同體" 之成員意識（Anderson 2006）。因此，總體上，民族國家的興起是近代才有的現象，且主要是在 19 和 20 世紀，儘管在某些特定情形下可追溯至古代或中世紀。

2 1648 年簽訂的旨在結束神聖羅馬帝國的三十年戰爭以及西班牙和荷蘭的八年戰爭的《威斯特伐利亞和約》，是主權國家國際體制形成的重要標誌。該體制重視下列指導國家間關係的原則：第一，成員國對其自身領土享有完全主權，其他任何國家不得侵犯，國家之間相互尊重領土完整；第二，主權國家享有根本性的自決權，其他任何國家不得干涉其內部事務；第三，國家之間在法律上一律平等；第四，一個主權國家的合法性通過其他國家的外交承認來確立（Philpott 2000; Kissinger 2014: 11-41；另見 Beaulac 2000; Krasner 2001; Osiander 2001）。

民族國家的直線過渡，認為帝國只不過是一種由征服所造就的前現代世界之遺存，必然走向衰亡並讓位於體現人類理性抉擇和自由意志的現代民族國家（Emerson 1960; Mehta 1999; Muthu 2003; Pagden 2003）。

不過，晚近的研究揭示，關於民族國家的此種目的論預設，很少跟現代世界的國家建造的歷史實際相吻合。以中世紀和近代早期的歐洲為例，儘管其中的一些主要國家，如英格蘭（不列顛）、法蘭西以及西班牙，在有關民族主義的研究中通常被視作經典的、界定明確的早期"民族國家"，但是軍事征服和殖民在它們的形成過程中卻起到關鍵作用，其情形跟帝國的形成過程並無實質性的區別。如果我們把視野轉移到 1870 年代以後直至第一次世界大戰時期的歐洲，會發現英、法、德等列強之間的民族主義對抗，包括它們對海外殖民地的爭奪和走向全球性帝國的過程，使得帝國與民族國家之間的界限更加模糊不清。此一時期的民族主義，究其實質而言，是帝國主義的；儘管所有這些歐洲國家相互之間均視對方為民族國家，但它們都力求在全球擴張，打造海外殖民帝國。[1] 歷史學家貝利因此精闢地寫道："帝國主義與民族主義均屬同一現象。"（Bayly 2004: 230）庫馬爾也說："如果民族國家可以被視作帝國的話，那麼，帝國（尤其是現代帝國）也無非是民族國家的放大而已。"（Kumar 2010: 133）[2]

中國的歷史實際

"帝國—民族國家"的二分法以及所謂"從帝國到民族國家"的演進範

1　清末民初中國最負影響力的政論家梁啟超，曾把 19 世紀晚期歐洲民族國家之間的競爭所驅動的對外擴張，恰如其分地稱作"民族帝國主義"或"新帝國主義"（*LQC*, 2: 324-326）。

2　把從帝國到國家視為現代國家建造唯一普遍適用的路徑，這一宏大敘事之所以成問題，還因它無法解釋當今亞、非、中東和東歐許多國家所面臨的危機。這些國家大多是在民族主義運動的高潮時期以人為劃界的方式匆忙造成的，境內各族群的人民之間缺乏共享的民族意識，從而給這些地區帶來長期的種族或宗教衝突、內戰、種族屠殺或恐怖襲擊，以及由此所產生的對帝國往昔的懷舊心理（Wimmer 2002; Kappeler 2001: 392; Mann 2005; Pitts 2005; Esherick, Kayali, and Young 2006: 2-4）。

式，不僅不適用於中世紀晚期和近現代歐洲的歷史，也不能用來解讀中國的國家形成路徑，儘管不少研究者視此範式為理所當然。中國在過去數個世紀向現代民族國家的過渡歷程，在以下三個重要的方面，對"帝國—民族國家"的二分法以及民族國家的目的論構成挑戰。

先就清朝（1644—1911）的形成而言。自從 1640 年代取代明朝、控制內地各省之後，直至 1690 年代後期，在長達半個世紀的時間裏，清朝並未從事陸地疆域的擴張。此後幾十年中，清朝雖然通過一系列征戰，將外蒙古、新疆和西藏正式納入自己的治理範圍，但在 1750 年代之後，又停止了拓邊。此後直至 19 世紀後半期跟西方及日本發生全面碰撞之前，其疆域一直保持穩定。可以說，戰爭和擴張，在清朝入關之後的漫長歷史上，是例外而非通則。所有這些，都跟世界歷史上諸如奧斯曼這樣的帝國形成鮮明對比，後者的歷史自始至終充滿與其競爭者之間的征戰，疆域也一直處在不斷的擴張或收縮狀態；這些帝國沒有固定的邊界，只有前沿地帶，亦即"暫時的外在極限，帝國的軍隊只能在那裏停止，無法進一步推進"；這些前沿只是"帝國與帝國之外的人民之間一種具有彈性的軍事和經濟接觸地帶而已"（Opello 2004: 9）。與此形成鮮明對比的是，清朝要麼通過條約或協議，要麼透過習慣性的分界，跟周邊鄰國均有相對固定的邊境，甚至在一些重要的邊界地段駐紮軍隊或有兵力巡防（孫宏年 2006, 2011; X. Liu 2010: 11）。邊疆之外，清朝還對周邊的一系列小國維持宗主權；後者定期對清廷朝貢，但它們並不在"中國"的疆界之內，清廷從未視之為其疆域的一部分。

因此，這裏產生了一個問題：清朝到底是否為一帝國？它為何在 1690 年代至 1750 年代期間對邊疆用兵？又為何在此之後終止邊疆的開拓？最為重要的是，為什麼清朝在隨後的一個世紀保守自己的疆域不變，直至歐洲列強的到來？到底是什麼樣的機制使得清代得以長期在國內維持和平與秩序？這些問題之所以重要，是因為今日中國的現代國家，亦即中華人民共和國，乃是轉經民國、間接地建立在清朝的疆域之上。清朝如何奠定並統治自己的疆域，對於我們理解現代中國作為一個主權國家的起源及其生命力，十分關鍵;我們將以此為歷史基點,判定"帝國——民族國家"的規範認識是否適用於中國的國家形成過程。

其次,不同於歐洲國家之在國際法架構下相互承認主權,亞洲和非洲的傳統國家在達到西方所強加給它們的"文明"標準之前,一直被當作落後、原始的群體,不配享有主權,而被排斥在這一源自歐洲的國家體系之外。它們之被捲入歐洲中心的國家體系,只能意味著遭受西方列強的征服和殖民化,一如絕大多數亞非國家在 19 世紀和 20 世紀早期所實際經歷的那樣(Obregon 2012)。中國在 19 世紀也和其他非西方國家一樣,被捲入了全球性的國家體系。由於中國在傳統上是東亞唯一的主導力量,並聲稱對周邊所有國家擁有文化和政治上的優越性,因此中國融入以歐洲為中心的國家體系中的過程尤為困難和漫長。對它而言,最大挑戰是放棄自己一直宣揚的世界中心地位,平等對待其他所有國家,並終結與周邊附屬國的宗藩關係,承認它們的獨立。中國當然不願這樣做,除非遭遇到了無法抵抗的外部壓力。因此,在成為一個主權國家之前,它不得不屈服於那些軍事上擊敗自己的列強的要求,比如治外法權、固定關稅、割讓土地以及給予列強單邊最惠國待遇。儘管如此,在整個非西方世界,中國是少數幾個在帝國主義衝擊下得以倖存的國家(其他幾個這樣的國家包括日本、暹羅 / 泰國、波斯 / 伊朗以及阿比西尼亞 / 埃塞俄比亞)。更令人稱奇的是,晚清中國不僅倖免於列強的征服,而且開始向主權國家全面轉型,且一直將自己的邊疆(包括蒙古、新疆和西藏等)大體保存完好。同樣令人印象深刻的是,清朝之在 1911 年終結,並沒有導致邊疆脫離中國;相反,清帝在退位之際,將其版圖完整地由新生的中華民國加以繼承。因此這裏產生了另一個問題:中國到底有何憑藉,使其能夠抵抗帝國主義的衝擊,保持領土的大體完整?晚清中國當然算不上是非西方世界在捲入世界國家體系之後最為成功的國家,尤其是跟鄰近的日本相比的話。不過 1949 年之前和之後流行於中國的民族主義歷史書寫只突出晚清以來的"百年屈辱",遠不足以全面概括中國在這一個世紀所經歷的突破和坎坷(H. Li 2013)。

再者，由於受民族主義的種種學說尤其是"主權在民"理念的影響，同時由於18世紀美國革命和法國革命的激勵，世界各地幾乎所有的民族革命的倡導者，均追求同樣一個目標，即他們所要建立的政府，不僅要對自己的土地擁有完全的主權，而且要採用代議制民主的形式。中國的現代志士也不例外。晚清的革命黨人，以及後來的國民黨和共產黨人，均致力於在中國建立一個共和國。但是，民國憲法所規定的民主制度，在現實中很少能夠運作；它在北京的民國政府時期（1912—1927）不得不對獨裁退讓，而在南京國民政府時期（1927—1949），則為一黨統治所替代。共產黨人在打敗國民黨之後，摒棄了國民黨在1946年一度嘗試的憲政體制，把新政權定性為共產黨領導下的人民民主專政的國家。因此，這裏需要探究，為什麼數個世紀以來中國的國家轉型過程會反覆出現此一階段性結局。

中國：為何既"大"且"強"？

總之，中國從1640年代至1940年代長達三個世紀的國家轉型過程，產生了這樣一個政治實體，它不僅地域遼闊，而且就權力結構而言也很堅固。既"大"且"強"，亦即超大規模的領土和人口，與一個高度強勢的政府體制之間獨一無二的結合，乃是今日中國作為一個現代國家的最大特徵。

對於現代中國來說，作為一個"人國"可謂意義非凡。1980年代以降，中國經濟飛速發展，至2010年代業已成為世界上最大的製造國，以及全球經濟增長最重要的引擎。當然，中國的大部分成就要歸功於後毛澤東時代的改革政策給經濟發展所提供的制度支撐，比如市場機制的推行、國外資金和技術的使用、對於私人產權的承認和保護、交通網絡的建設，最重要的是加入了WTO，使中國經濟融入了世界體系。但是，這些制度安排對於各國來說並沒有什麼特別之處，因為自由市場、私有產權、外國投資等等這些因素，都可以在其他大大小小的發達國家和發展中國家找到。讓中國在世界一枝獨秀的最重要因素，其實是中國的龐大體量。中國擁有全世界最龐大的人口，使其製造業具備了廣闊的國內消費市場和充足的勞動力。遼闊的國土加上豐富的自然資源，使中國經濟能夠高度獨立且體系完備。另外，就地緣政治而言，大國也意味著更廣闊的機動空間和龐大的動員能力，而人均國防費用的降低，也使得經濟發展倍加受益。

這種"大而強"的奇特結合，既有優點也有弱點。有關國家規模的研究表明，大國雖然在提供公共服務方面人均成本較低，但是在人口構成方面更有可能複雜多元，從而給其經濟增長帶來負面影響（Alesina and Spolaore 1997, 2003）。種族多元的國家，不得不克服國內語言差異所帶來的各種障礙，以及不同種族和宗教之間的衝突所引起的潛在動盪。而在這一方面，中國可謂得天獨厚。這不僅是因為中國的絕大部分人口都是漢族（約 91%），從而使得中國既是一個大國，同時就內地省份而言，又是人口高度同質的國家，這在世界上絕無僅有。同樣重要的是，少數民族集中於五個自治區（在很大程度上是在清朝的邊疆地區基礎之上建立起來的），從而使創造經濟"奇跡"的內地省份免於種族或是宗教差異所帶來的社會衝突。最為重要的是，由"大國"所帶來的在資源調控和行政整合上的種種不利因素，在很大程度上，因為一個強勢政府的存在而被抵銷或受到控制。儘管 1950 年代到 1970 年代反覆出現的政治運動給國家帶來短暫的失序和混亂，儘管在毛時代以及後毛時代少數民族地區發生過小規模的衝突和騷亂，但是中央政權依舊能夠對整個國家實施有效治理，啟動工業化進程且取得巨大成就。

質言之，中國和其他非西方國家的區別之處，在於其兼具幅員遼闊的國土和強大的行政力量。中國的國家建造的歷史經驗，從兩個方面"偏離"了"從帝國到民族國家"的"正常"路徑：其一，它並沒有經歷多族群帝國的崩潰、分裂並在此基礎上形成一系列各自獨立的民族國家，相反，至 20 世紀中葉，在中國所出現的是一個就領土格局而言，跟清朝在極盛時期的疆域大體相當的國家（其中一個顯著的例外當然是 1945 年外蒙古正式脫離中國）；現代中國似乎是世界上唯一一個建立在舊日"帝國"疆域之上的民族國家。其二，它並沒有建立一個體現主權在民原則的代議制民主制度，最終產生的是一個高度集權的國家。其生命力之強，乃至在 1949 年建國後七十多年間維持其黨治國家的體制基本不變。這在 21 世紀的世界諸大國中，同樣是獨一無二的。

因此，這裏的一個終極問題是，今天的中國是否為一具有歷史合法性的"民族國家"？作為一個現代國家，中國為何具有如此超大的規模，且具有如此強固的組織結構？今後的中國國家是否能夠維持"既大且強"的格局？進而言之，中國的國家轉型過程至今有沒有結束？經過幾十年改革後中國所面臨的經濟、社會和政治方面的多重難題以及這些難題帶來的不確定性，使人們有理由質問，一個大而強的中國能否在未來的幾十年繼續維持其現狀？而內地省份的漢族民眾以及邊疆少數民族在形成共同的國家認同方面所遇到的挑戰，也使部分人存疑，中國是否會像 1990 年代初的蘇聯那樣解體並在清朝原有的邊疆地區產生數個獨立國家？抑或相反，中國是否有可能憑藉其強大經濟力量所展現出來的與日俱增的影響力，一如 18 世紀的清朝，在本區域進一步整合疆域並重建自己的地緣支配地位？

建造現代中國：三個關鍵環節

中國的國家起源，可溯至中華文明的遠古時期。在清朝之前的數千年裏，古代中國國家由公元前 11 世紀以前黃河中下游的若干小邦，最終演進至明朝（1368—1644）那樣一個成熟的中央集權的官僚制國家，其行政權大體上限於漢人所居住的十五個行省，此乃眾所周知的事實。[1] 不過，此項研究將揭示，今日中國作為一個集權的現代主權國家，是 17 世紀至 20 世紀中葉這段更為晚近的國家轉型過程之累積的結果。國家轉型包括重建下列三組關係：漢人與其他族群的關係，這比其他因素更能決定中國的疆域構成和治

---

[1] 中外若干歷史學家、考古學家和歷史地理學家，均致力於研究中國如何從遠古時代的部落國家成長為統一的中原王朝（例見 Lattimore 1988 [1940]; K. Chang 1983; 譚其驤 1982—1988, 1991; R. Huang 1997; 王明珂 1997; C. Chang 2007; 葛劍雄 2013; 葛兆光 2011）。

理方式；中國和外國的關係，它決定了中國國家的戰略目標和政策優先項；中央和地方的關係，它決定了中國國家的權力架構及其應對國內外挑戰的能力。以下各章還將論證，中國的國家轉型是一個連貫的歷史過程，包含如下三個關鍵環節：

其一，將中國由明朝所代表的漢人為主體的原初型族群國家，經過清朝至 1750 年代為止的軍事征討和行政整合，再造為一個多族群的疆域國家。"中國"的有效治理範圍驟然擴大，從明代之十五省（即兩京十三司），延伸至滿人、蒙古人、中亞穆斯林、藏人以及其他非漢人所居住的亞洲內陸各個邊疆。國家的地緣戰略也從明代視華北為核心地帶、對長城以外的遊牧部落採取守勢，一變而為以滿洲和大漠以南的蒙古族聚居區為核心、以內地省份為腹地、靠邊疆提供防衛保障的新格局；由此所產生的行政體制和治理方式，也獨具特色，且帶來清代國家的長期穩定。此一步驟之所以重要，是因為它奠定了現代中國國家賴以形成的地理、人口乃至行政基礎。

其二，再將中國由一個自居於周邊各國之上的疆域國家，重構為一個近代主權國家。國家重建的關鍵，是通過變法自強，融入世界範圍的國家體系。這一過程始自 19 世紀下半葉，分為兩個步驟：起初是在外力脅迫下，放棄對周邊國家的權利，終結舊有的宗藩體制，在法律上承認與世界其他國家的平等地位；繼而（也更為重要的）是在列強的環視和侵逼下維持現有的領土狀況和國家權益。中國之作為一個近代主權國之制度和法律的架構的建立，完成於晚清；而國家主權自身的健全和恢復，則晚至第二次世界大戰結束才基本完成。這一過程之所以重要，是因為它奠定了現代中國國家主權賴以形成和運作的法理架構。

其三，將中國由一個軍事上和行政上非集中化的國家，經過重建和整合，改造為一個高度集權、統一的現代國家。在此過程中，抗拒外國入侵，維護領土完整，依然是建國的重要目標，但是，國家重建的中心舞台已經轉到內部，其關鍵在於消除或制服對抗中央的地方離心力量。較量的結果，總是地方勢力推翻和取代現有的中央政權；而制勝的關鍵，則在財政軍事資源的集中和政治認同的打造。國家的制度架構因此也在"中央"與"地方"的不斷對抗、更替中,一步步走向統一和集權。正是這樣一個以克服非集中化和追求政治統一為中心內容的過程及其歷史遺產,塑就了延續至今的現代中國國家的政治實體。

中國國家轉型的這三個環節在歷史層面和邏輯層面都是緊密聯繫的。每一環對於締造現代中國均不可或缺,並且,如果不放在長達三個世紀的國家轉型過程中加以審視,亦無法充分理解。中國在 17 世紀晚期以及 18 世紀初期的持續用兵,導致疆域的整合和中國的重新界定;由此所形成的國家儘管表面上具有"帝國"的某些外在特徵,卻顯現出軍事或殖民帝國所不具有的穩定性和持久性。在 19 世紀融入世界體系的過程中,中國區別於所有其他非西方國家的地方,不在其疆土之不斷受損,而在中央權力式微的情況下,完成了向近代主權國家的過渡,使其體現傳統秩序的疆域,變成現代國際法意義上的領土。因此,20 世紀的國家重建,並非是在原先統一的朝代國家崩潰之後,由不同族群和宗教背景的政治力量,在各自所在的區域建立自己的國家,而是由挑戰中央的地方勢力,自下而上地完成國家權力的再集中和領土的整合。這三個步驟中的每一步,在現代中國的成長過程中,都是至關緊要的突破,同時彼此之間又顯現了內在的連續性。其過程之複雜,絕非"帝國—民族國家"之二元對立和線性演進圖式所可概括。

地緣、財政、認同:一個分析架構

以下三個因素是理解國家重建過程之關鍵所在:一是地緣政治環境。在此環境中,國家針對來自國內、國外的挑戰和機會,制定相應的戰略優先目標,而這些目標又進一步決定了國家對各種資源的需求程度。二是財政軍事實力。它取決於經濟規模的大小,經濟資源在多大程度上可供國家抽取,以及國家通過稅收、借貸、徵用、動員或其他手段將資源轉化成真正的財政收入和軍事實力的能力。三是政治認同。它決定了國家對所掌握的資源進行再分配和加以使用的有效程度。下面對這三個因素展開分析。

地緣政治

地緣政治事關一個國家相對於其他國家的國力和地位，以及這種地位對於國內政治的影響。國家間關係在不同的國家體系中表現出來的形式也不一樣。大致上，我們可以確定如下三種類型：首先是主權國家之間的平行關係，這種關係流行於 1648 年《威斯特伐利亞和約》簽訂之後的歐洲，在這種關係中，每個國家將他國視為法律上和外交上平等的主體，而且"每個國家與他國總是處於競爭狀態，並通過與對手的比較以獲得自身的認同"（Tilly 1990: 23）。地理位置對於不同類型的國家的成長是非常關鍵的。如果一個國家的國境線較長且與他國接壤過多，那麼就會面對更多的地面戰爭的危險，因此也就更加急需建立一支常備軍，以及一個受控於集權政府的龐大官僚體系，以應對陸戰的威脅；而像英國這樣的海洋國家，不存在來自其他大陸國家的軍事威脅，因此無需維持龐大的常備軍，同時也更易形成議會政治以及自治政府（Hintze 1975; Roberts 1967）。

第二種是體現在一個龐大帝國內部國家間關係上的垂直類型。在 17 世紀中葉之前的歐洲，以及 19 世紀或 20 世紀初之前的世界其他地區，各個帝國通過軍事征服或是版圖擴張建立其統治地位。儘管這些帝國並不一定會直接統治其征服的領土，但是會採取各種強制手段，將附屬國置於其羽翼之下，要求其臣服並定期朝貢。在近代，這些帝國不僅要在政治上控制它們的附屬國和殖民地，並且進一步將這些屬國和殖民地變成帝國的原材料供應者以及其工業品的傾銷市場，因此會將帝國內部的國家間關係融入到一個更大的資本主義世界體系，這一體系包含工業化的核心地區以及外圍的農業地區（Wallerstern 1974）。

第三種類型存在於東亞地區，中國是其中唯一的主導力量。總體上，中國的王朝滿足於與其附屬國禮儀性的交往,其具體形式是由屬國定期向中國的朝廷進貢,而朝廷則給予其屬國的政權以相應的互惠支持。屬國對中國的臣服完全是自願的,是基於對中國文化和政治影響力的認可。世界上其他地區的帝國一般會將其殖民地置於其軍事控制之下,並要求繳納大量的貢品,而清廷以及此前的其他朝代僅僅只是通過各種儀式和慶典,對屬國維持名義上的統治。這種禮儀性的交往並未給朝廷帶來多少物質利益,因為屬國的貢品價值通常不及朝廷回贈的禮品。總之,東亞的朝貢體系只是禮儀性的,只是朝廷確認其統治地位以及屬國換取認可和保護的一種互利性需求而已(Fairbank and Teng 1941, 李雲泉 2004; 另見 Hamashita 2008, Esherick 2010)。

地緣政治也牽涉到如何應對來自一個國家內部的各種挑戰,尤其是因為種族、宗教、語言的不同或是文化價值的差異而發生的各種衝突。為了應對這些可能的衝突和挑戰,國家可能會(1)壓制這種衝突並使抗爭者屈服;(2)將衝突中的各個集團強制隔離,給他們劃定特定生活區域並阻止相互接觸;(3)同化那些較小的、邊緣化的集團,使其融入到主流群體之中。總之,一個國家的人口越是單一,發生這種衝突的可能性就越小,反之亦然。因此,蒂利特別重視單一的人口構成在成功塑造一個民族國家過程中的重要性:"一個國家的人口在文化上是同質的,就有可能做出統一的行政制度安排,就能增強所轄人口的忠誠和團結(只要這個國家的統治者屬相同的文化),統治者就能利用現成的溝通機制,從而大大降低國家構建的成本"(Tilly 1975: 42)。如果同一民族或宗教的民眾有不同的利益訴求,他們之間也會發生衝突,導致壟斷暴力的群體與挑戰壟斷的群體之間發生內戰。一旦發生反抗或內戰,反抗者須有固定地盤以獲得後勤支持;地理上的孤立以及全國經濟和行政體系的非集中化,構成了地方反叛或分離勢力生存發展的必要條件。

財政—軍事構造

　　一個國家是否能夠克服內外挑戰，很大程度上取決於其財政和軍事實力，進而言之，乃取決於國家對經濟的汲取能力。多種因素在其中發揮作用。在前資本主義時代生產技術或生產關係沒有重大突破的前提下，加大勞動力的投入，便能夠提升經濟產出（亦即所謂的"馬爾薩斯式增長"），但是邊際回報的無限趨小，會使勞動力的進一步投入變得沒有意義。因此，人口是其中一個關鍵因素，它決定了可供國家抽取的經濟盈餘的規模（即總產出減去維持人口生存所需部分）。在人口增長尚未對土地產生壓力之前，更多的人口便意味著更多的勞動力；經濟總產也會相應上升，並給國家提供更多的可供轉移的資源。一旦土地資源得到充分利用，人口便達到最優規模；而人口的進一步增長將會給土地帶來壓力，導致經濟盈餘減少，國家的收入也會趨緊。

　　有多種途徑可以打破這種僵局以增加經濟剩餘，並進而增強國家對經濟的榨取能力。比如，經濟形態從傳統的自給自足型轉變到一種新形態，即通過生產過程中的勞動分工和商品交換，以提高生產率和經濟產出（即所謂"斯密型經濟增長"）。此一轉型會使國家的財源從土地或農業轉變為貿易和商業。而生產率的更為根本的突破，則在現代科學知識和技術在生產上的應用，在理論上可帶來經濟產出的無限擴大（亦即現代經濟增長模式）。這一歷史過程始於 18 世紀末期和 19 世紀早期的歐洲工業革命，進而在 19 世紀後半期延伸至東亞。急劇增長的工業品以及不斷擴張的國內外貿易，成為國家最重要的稅源。

　　國家有多種手段將經濟盈餘從潛在的資源變成實在的財力。除了對土地徵收直接稅以及對商品和服務徵收間接稅之外，還可以採用金融手段，以獲取額外的財政收入，比如通貨膨脹、發行國債或者借款等等。另外，也可以出售政府職位或是榮譽稱號以增加收入。最後，通過軍事擴張和征服，對新攫取的土地徵稅，或是要求附屬國進貢，這些都是增加國家財富的最有效辦法。

抽取資源的不同程度和手段，對於國家機器的形成有著不同的影響。人們普遍認為，對土地徵稅難度大，成本高；因此，早期近代歐洲國家的統治者，在徵收農業稅時，傾向於一種較為便利的手段，即把徵稅權委託給專門的代理人。然而，這些包收人徵稅的手段卻是掠奪性的，經常徵稅過度，導致民眾反抗。包收人還會拿走稅收中原本可以成為國家財政收入的很大一部分。農村地區的反抗迫使國家採用強制手段以獲取稅收，從而導致專制主義政權的產生，國家形成因此走上所謂"強制密集"道路。另一方面，在商業化的經濟體系中，對商品、地主精英的財富進行徵稅或是向富人借錢會相對容易些。但是，與富人討價還價就意味著統治者須減輕官僚機構的干預，放棄使用強迫性的抽取手段，從而為城市精英進入政府創造了條件，使憲政國家的發育成為可能，國家形成因此走向"資本密集"道路（Tilly 1985; 另見Mann 1980, 1986: 450-490; Downing 1992: 3-17）。最後，軍事征服和領土擴張會導致帝國的形成。對這些帝國而言，備戰以及從征服的土地上攫取資源本身就是其行政機構和軍事機構的主要目的。如此形成的帝國，一旦不能繼續征戰並獲得維持帝國生存的財政收入，便會陷入危機和衰落過程，最終導致帝國的解體以及附屬國的獨立。

認同的形塑

除了地緣和財政因素，我們還需進一步探討國家為了實現其目標，將如何使用財政和軍事資源，亦即這些資源是如何在中央及其在地方層面的代理人或競爭者之間進行再分配的。總體而言，我們可以確定出三種再分配模式。其一，高度地方化的分配模式，結果產生虛弱的中央政府以及強勢的地方政府；地方政府控制了本區域的財政和軍事力量，彼此之間展開爭鬥，或者為了謀取更多的權力和財富，而與中央爭鬥。其二，高度集中化的分配模式：中央壟斷所有資源，而地方則因缺乏資源不得不聽命於中央。其三，資源的分配介於上述兩種極端之間；中央和地方都控制了一定的財政收入和軍事力量，兩方的平衡關係因為某一方所控制的資源超過另一方而被打破。因此，財政和軍事力量的分配格局，反映了各方政治力量的利益聚合程度；利益聚合程度越高，則財政和軍事力量更有可能趨向集中，中央在應對內外挑戰方面會更加強勢，反之亦然。

如何有效利用軍事和財政資源，在很大程度上取決於一個社會政治集團成員內部的認同及組織凝聚力。認同存在於不同的層次。在草根層面，認同感的形成多基於血緣關係、親疏遠近、地理遠近以及共同的經歷等等因素。當然，認同感的形成也可以超越個人層次，把同一區域或同一集團的人群凝聚在一起，而共同的歸屬感、共同的事業以及領導者因其個人能力、魅力及意識形態訴求所帶來的個人影響力，則構成其中的紐帶。在更高的層面上，不同宗教的信眾以及不同族群之間，也可能基於共同的經濟利益或政治使命而形成認同。最後，在國家層面，民眾可以進一步克服族群背景和階級地位的差異，為了全民族的利益而團結在一起。

因此，財政和軍事資源的使用效率，取決於資源再分配的層面如何與介入再分配的個人或群體的認同感關聯。較高程度的正面關聯會導致資源的高效利用以及高水平的競爭力，反之亦然。如果資源集中於中央，而介入分配的各支勢力克服了地區或集團利益的差異，對中央產生了強烈的認同，那麼，財政和軍事資源便能得到有效的利用。相反，如果人們對於國家的認同感很弱，政府領導人不得不轉而利用較低層面的認同（派系的或是私人的）來維持統治，其管理和使用各種資源的效率便很差，政府甚至會陷入癱瘓狀態。另一方面，如果一個區域勢力或是地方集團不僅控制了其轄區內或集團內部的各種資源，並且能夠在內部形成強烈的認同，那麼便能成為強有力的競爭者，對更上層的權威構成挑戰。

若干關鍵論題

多族群的疆域國家的形成

現代國家在中國的形成過程，始自清朝前期邊疆的開拓和疆域的整合；戰爭在此一過程中的確起到關鍵作用。由此所產生的清代國家，與此前的明朝相比，在地緣戰略和行政結構上確有根本的不同。但清朝並不能因此等同於世界史上所常見的軍事帝國或征服王朝。為明瞭此點，有必要把清朝的擴張分為兩個完全不同的階段。從滿人的後金政權在東北興起，到入關之後取代明朝，至 1650 年代基本控制關內各省，是為擴張的第一階段；此時擴張的目的，是為了獲得更多的土地、人口和財富，這跟歐亞大陸諸帝國以及中國歷史上的帝國形成過程，並沒有根本的不同。但在此之後，清朝失去了進一步擴張的勢頭；它無意將自己的疆域延伸到現有的版圖（滿洲、內蒙以及內地各省）之外。在 1640 年代之後將近半個世紀，清朝的陸地版圖基本未變；其立國的目標是維持在關內的統治，重建曾存在於明朝與亞洲內陸各游牧政權之間的朝貢制度。在此期間沒有跡象表明，清朝統治者有意進一步擴張。直至 1690 年代後期，清朝才開始了第二波征伐，至 1750 年代結束，導致外蒙、新疆和西藏最終納入其有效治理範圍。正是在此一階段，清朝的疆域整合顯示出與世界歷史上其他帝國的興起完全不同的動力，由此所形成的國家，也異於通常意義上的帝國。

欲理解滿族統治者為何從 1690 年代開始發動對北部、西北和西南部的征討，有必要認識一下清朝獨特的地緣戰略。此一戰略的核心是滿族與大漠以南蒙古部落的結盟；這種結盟曾對清人南下征服明朝起到關鍵作用，對此後拱衛京師也不可或缺。清廷之所以在 1690 年代發動一系列的征討，正是因為來自大漠以西的準噶爾蒙古部落東侵外蒙古、南下內蒙古，直接對京師構成了威脅。因此，不同於滿族在第一階段的軍事征戰之具有進攻、擴張性，其在第二階段的歷次戰役均為防禦或預防性的，包括為了把準噶爾勢力從西藏驅逐出去以及最終為徹底消除隱患對其所發動的征討。新疆、外蒙以及西藏之正式納入版圖，只不過是這些征討行動的副產品，而不是征討本身原初的目標。不同於世界歷史上帝國建造的典型路徑，即以邊疆作跳板進一步向外擴張，因而從來沒有固定的邊界，清朝在 1750 年代達成清除準噶爾的目標之後，其版圖即大體固定下來，並且在此後的一個多世紀一直保持不變（此後對緬甸、大小金川用兵，均為回擊或平亂性質，並不以版圖擴張為目的）；與周邊鄰國的邊界，也通過正式談判或非正式的習慣性劃分而得以界定。在其歷史的大部分時間裏，清朝並不尋求通過戰爭獲得鄰國的土地。它將自己定位為一個上承明朝、統治整個中國的正統皇朝，並以內地各省為其全部的財源；而對邊疆各地區，則以軍隊加以駐守，以確保其地緣戰略上的安全。

因此，19 世紀以前的清朝跟世界歷史上的任何其他政治體系皆不相同；它既非一主權國家，也不是一般意義上的征服帝國。在三個重要方面，18 世紀中後期國力鼎盛時期的清朝獨具一格。其一是它的地緣政治環境。作為亞洲東部和內陸唯一居於支配地位的強國，它沒有對手可以在規模和實力上構成致命的挑戰，因此也就不存在持續不斷地擴大和更新軍力的壓力。歐洲各國及相鄰地區所出現的軍事革命，在清朝於 19 世紀晚期捲入全球範圍的國家體系之前，從未發生過。國與國之間的競爭和交戰，曾在歐洲早期近代國家形成過程中起關鍵作用，但在清朝遷都北京後，對其政權體制影響不彰。軍事開支的不斷上揚，曾經驅動歐洲各地的國家建造過程（更準確地說，是促使各國不斷加強國家機器的榨取能力），但對清代國家的行政結構衝擊不大，直至 19 世紀中葉地緣環境發生徹底改變之前均是如此。

其二是清朝獨特的治理方式。有兩個因素使得清朝的統治具有低成本、高效率的特徵：內地人口的高度同質，使得種族和宗教糾紛減至最低程度；同時，國家對儒家說教和治理傳統的一貫尊崇，也大大減低了漢人對清朝異族統治的抵觸情緒，並贏得漢人精英的忠誠。因此，清朝沒有必要打造一個龐大的國家機器，以最大程度地抽取財源；相反，由於沒有來自周邊的軍事壓力，清朝的政府規模極小，主要是依靠鄉紳和宗族組織維持地方村社的秩序及履行對國家的義務。軍事開支的相對固定，政府運作的低成本，納稅人口的龐大，所有這些因素交相作用的結果，是使清代得以長期執行低稅政策，一直到 19 世紀晚期為止。換言之，清代之所以能夠維持低稅率，並非因為它無力抽取更多來自土地的剩餘資源，而是因為沒有必要。所有這些，皆與早期近代和近代歐洲的所謂"財政—軍事國家"適成鮮明對比；後者因面臨不斷上升的軍事開支，所以財政需求也不斷飆升，進而驅動國家擴大和重建行政機器，以增強稅收能力。

因此，清朝之不同於早期近代世界上的其他國家，還在於其獨特的財政構造。早期近代歐洲的民族國家的財政體系是動態的，大都依靠間接稅，具有擴張的潛力，這不僅因為支撐它的工商業一直在成長，也因為戰爭和龐大的官僚系統的開銷在加劇國家財政上的需求。與之相反，19 世紀中葉之前，清朝財政體系是靜態的，以田賦為主要收入，其收支結構基本固定。清朝的財政結構之所以缺乏彈性，當然是因為其地緣上的高枕無憂，使得軍事開銷相對穩定並處在一個較低水平，同時也因為人口與耕地的比率依然處在一個適度的狀態；即使稅率很低，因為納稅人口龐大，國家依然擁有充沛的財源。清朝的財政體系中由此形成一種獨一無二的均衡結構，即財政收入相對穩定，並稍高於相對固定的財政開支。可是，無論是清朝的地緣優勢，還是其人口規模，均非恆定不變的，只要這兩個前提條件中的任何一個受到破壞，此一均衡狀態即不存在。財政構造的這一特徵，對清朝的興衰起到至關緊要的作用。它有自身的優點，即在正常情況下，每年可產生一定的盈餘，長此以往會是一個很大的數目；正是憑藉此一盈餘，清廷可以從事征戰和擴張，而不必增加土地稅率。但是它也有自身的弱點，亦即均衡狀態的脆弱性，最終將在 19 世紀因為上述前提條件不復存在而深刻影響中國的轉型道路。

其三，清朝的邊疆政策也不同於其他帝國。世界歷史上各帝國的建立，其驅動力均來自宗教訴求或來自統治者對土地、人口和財富的貪得無厭，而不是出於自身防衛的需要。清朝正好相反；它之所以將外蒙古、新疆和西藏等地變成自己的邊疆，並不是因為對這些地方的財富感興趣，更不是為了傳播宗教，而是由於這些邊疆在地緣戰略上的重要性。清朝僅僅是在其防衛受到來自外部（主要是準噶爾部落）的威脅之後，才發動一系列征討，導致邊疆的擴大。也正因為如此，清朝治理邊疆的目標，並不是要那裏提供貢賦或稅款，以增加自身的稅收，而是要確保邊疆的穩定，使之對其核心地帶和核心利益起到保障作用。在其他帝國歷史上，對殖民地肆意剝削，對被征服對象進行政治和宗教壓迫，是司空見慣的現象；相比之下，清廷對邊疆的貢賦要求微乎其微，僅具象徵意義，甚至要為邊疆的行政體系提供財政補貼。它對邊疆的治理採取的是一種實用的方式，即一方面鼓勵滿洲貴族與蒙古王公通婚，庇護西藏統治精英所信奉的宗教，但並不在滿人內部或全國其他地方提倡之；對於邊疆的世俗和宗教領袖，它牢固掌握自己的任免或認可權；且對邊疆的精英分而治之，限制其影響力。所有這些都使得清代國家始終能夠維持邊疆的穩定。清代這些行之有效的政策，也在很大程度上說明了這些邊疆即使在清朝垮台之後，依然接受中央政權名義上或實質性的控制。此一事實跟其他所有帝國衰退或滅亡之後，其邊疆、屬地或殖民地紛紛獨立，構成鮮明的對比。硬要把清代的國家形成，與歐亞大陸諸帝國創建過程加以比附，顯然沒有足夠的理由。

清代國家不僅不能跟歐亞大陸歷史上的軍事帝國劃等號，也不能跟中國歷史上的漢人王朝等而視之。滿人的入關統治，不僅帶來版圖的擴大，更進一步導致中國的重新定位和定義。此前的明朝和其他華夏王朝，亦即原初形態的中國，本質上是單一的漢人族群國家，國家賴以存在的基礎是對本族群及其文化的認同；就地緣戰略而言，其核心地帶始終未超出內蒙古草原以南的中原地區。相比之下，清朝作為一個"外來"王朝，有著不同於漢人王朝的生存戰略和核心利益。不同於後者之抱守中原腹地，視長城以北為化外，視所有非漢人族群為外番，清朝開疆擴土之後，將滿人、蒙古人、回部和藏人地帶變成邊疆，地緣上"內"與"外"的概念也為之一變。所謂"內"，已從明代十五省擴及包括內地十八省和所有邊疆的整個中國；而"外"則由原來長城以外的所有遊牧部落，轉變為邊疆以外的周邊鄰國。18世紀中葉以後的"中國"，也從清代以前的以漢人為主體、以對華夏文明的認同為基礎、邊界模糊的原初型族群國家，過渡為一個多族群的、邊界日趨清晰和固定的疆域國家。因此，如果抱守傳統史學中的漢人中心論，將邊疆人口看作"少數民族"，視之可有可無，無疑弱化了清代歷史中最富有意義的部分。然而，如果過分強調邊疆的作用，認為清朝是一個"亞洲內陸帝國"，認為內地各省僅僅是此一帝國諸多版塊中的普通組成部分，同樣失之偏頗。清朝移都北京後，清楚地將自己界定為明朝的繼承者，即一個版圖擴大之後的"中國"（不僅包含內地省份，也包含邊疆地區）的正統王朝。對於清廷而言，內地和邊疆功能各異。內地為大清提供了統治整個中國的合法性，並為中央提供了幾乎全部的財源；而邊疆僅僅用來捍衛國家的戰略安全，鞏固其對內地省份的統治，而非賴以作為財源。清朝之所以可以被稱為"中國"的一個朝代，而非滿人的或是亞洲內陸的帝國，正因為它一直以內地各省為國祚之根本。

因此，我們最好把清代中國定義為一個前近代的或早期近代的疆域國家：它擁有固定的邊界和穩定的版圖，擁有一支形制完備的常備軍，擁有一個高度集權的以職業官僚為主體的行政體制，這些均為中世紀歐洲大大小小的政治體所不具備，而跟早期近代歐洲的民族國家頗多相似之處，但它不屬一個正形成於西方的、由主權國家所構成的近代世界體系之一員。另一方面，它又不同於靠戰爭維持其生命的傳統軍事帝國，也不同於前近代世界歷史上缺少明確疆域概念的各種形式的政治實體。作為一個高度集權、疆域固定的大國，它比非西方世界的其他任何政治實體，都更加具備向主權國家過渡的條件，同時也將會遭受來自西方的更為嚴重的衝擊。

邁向近代主權國家

　　對早期近代歐洲的絕大多數地區而言，中央集權的國家的興起和領土的鞏固，皆發生於由諸多國家所構成的國際體系之中，這些國家在國際法下既互認為平等夥伴，又展開激烈競爭。中國的不同之處在於，清朝作為一個疆域國家的形成，與其介入世界國家體系，是兩個不同的步驟。第一步已在 1750 年代完成，而第二步則要等到 19 世紀遭遇重大危機之後。從 18 世紀末開始，清朝在三個方面連續遭遇危機。一是在人口方面。在 17 和 18 世紀，中國人口增長了四倍，對土地資源構成日益嚴重的壓力，最終導致 1790 年代後期和 1850 年代兩場大規模內亂。二是在地緣政治方面，即歐洲兩大強國（英、法）出於商業利益反覆入侵中國。這兩大危機疊加在一起，破壞了先前在清朝財政構造中長期存在的低度均衡狀態。第三種危機則涉及漢人精英對清廷的認同。太平天國和清末十年的革命運動先後衝擊了這種認同，它們均訴諸歷史上和現實中的滿漢矛盾，以動員民眾反抗清廷。儘管面臨這三重危機，清朝仍在 19 世紀後半期以"自強"為旗號經歷了一場現代化運動；義和團之後，現代化運動在"新政"的名義下以更大規模在全國鋪展。因此，當清朝於 1911 年走到終點時，中國已經經過重新打造，在基本維持其版圖、避免邊疆分離的同時，政權本身無論在軍事上還是行政、外交體制上，均經歷了相當程度的現代化。這跟近代歐亞大陸諸帝國之四分五裂以及絕大多數非西方國家之遭受西方征服和淪為其殖民地的命運，形成了鮮明對比。晚清中國歷史固然充滿了挫折和屈辱，但放眼整個非西方世界，它更是一部國家轉型非常成功的歷史。

　　有三種因素可以解釋晚清國家的這種適應能力。首先，其財政構造發生轉型，即由原來供需兩側均缺乏彈性和擴張能力的低度均衡機制，轉變為一種高度不均衡機制；在此機制中，不斷增長的需求推動了供應的增加，而且非農業財政收入（間接稅、借款以及其他財政手段）取代田賦，成為國家歲入的最重要來源。而在財政轉型背後起支撐作用的，則是中國的遼闊疆域、龐大人口以及由此所產生的巨大經濟體量。因此，不管新產生的資源汲取機制多麼低效和不合理，它總能提供足夠的財源，滿足中央和地方政府急劇增長的開支需求。此項轉型，完成於 1850 年代至 1870 年代，其代價乃是中央失去了對各省正式的和非正式的各種財源的控制，以及漢人精英勢力的崛起；後者通過控制本地區的財政、軍事以及行政資源，在同治、光緒年間"中興"大業中起到關鍵作用。需要強調的是，整個晚清時期，儘管地方督撫所能支配的財源遠遠超過了既往，但中央從未失去對督撫們的控制和對地方上財政、軍事和行政資源分配的最終決定權。這種格局，亦即"地方化集中主義"（localized centralism），乃是晚清國家在太平天國期間及之後近半個世紀賴以度過內憂外患、維持不墜的關鍵所在。中央與地方勢力的消長，不能簡單地視為一種零和遊戲。

第二個因素是清朝為了應對來自中亞和東南沿海的地緣政治危機而調整了其國防戰略。中亞的軍事力量在 1860 年代中期入侵新疆，這對清廷來說是一個傳統的威脅；而在 1870 年代，清朝又開始在東南沿海面臨來自日本的新威脅。清廷的傳統戰略是優先確保內陸邊疆地區的安全，這種戰略與清朝新獲得的財政—軍事實力結合在一起，使其能夠成功地收復新疆。而海防在清朝的總體戰略中的重要性也在迅速上升，但當政者對其緊迫性認識不足，資金投入有限，結果導致甲午戰爭的慘敗。不過，新型的財政構造具有足夠的靈活性和擴張性，使得清朝可以承受戰後對日賠款，並支撐 1900 年之後全面展開的現代化事業。

財政轉型和地緣戰略調整所折射的，是晚清國家的治理能力。晚清政府問題重重，官員腐敗、守舊、排外現象比比皆是，但是，它畢竟建立在以個人能力為衡量標準的科舉制度之上，因而封疆大吏當中不缺通曉時務、精明能幹之士；整個政府體制依然能夠在內憂外患中控制局勢，對現代化所需資源起到協調和控制作用。國家的世俗主義取向，漢人官僚的經世致用傳統，士大夫因朝廷尊崇儒學而對清朝所產生的忠誠，所有這些都使得那些掌管國家各部和各省的官員，有能力履行其基本職能。因此，儘管自 1850 年代起中央的財政、軍事和用人權力在向各省下移，但是，它依然能夠平定清朝歷史上前所未有的內亂，收復邊疆失地；在 1894 年中日戰爭之前的數十年間，中國依然能夠推展國防、製造業、交通運輸、教育和外交的現代化，從而出現長達三十年的中興局面，並且在庚子義和團之後以"新政"的名義展開新一輪的全面現代化工程。也可以說，中央權力下移與地方封疆大吏的自強、新政舉措，兩者實互為因果。權力地方化本身並不是壞事，如果它沒有直接導致國土四分五裂的話；恰恰相反，它實際上是晚清國家賴以倖存、中國得以開啟向近代主權國家轉型的基本條件。

第三個有助晚清度過內憂外患的因素，是漢人和非漢人精英所共享的"中國"認同。1750 年代以後清代國家的長期和平與穩定，使得世世代代居於其內的各個族群（尤其是他們當中的精英階層）對現有疆域產生歸屬感。朝廷對邊疆地區宗教的庇護，對邊疆精英階層的優待，滿人的漢化，漢人之移民滿洲、內蒙古和新疆，以及清朝在最後幾十年力求將邊疆的行政和內地省份加以整合，所有這些都有助於在各族精英階層中培養共同的國家觀念；其中，漢人官僚精英之超越對朝廷忠誠的中國意識的覺醒尤為關鍵。晚清國家的權力非集中化之所以沒有伴隨國土的四分五裂，主要原因也在這裏。晚清絕大多數的革命黨人和來自不同背景的改良派人物，儘管在對待朝廷的問題上立場不同，但皆有一個共識，即把中國（包括內地和邊疆）打造為一個統一的現代國家，無論其政體是共和還是君主立憲。雖然部分革命黨人在其早期活動中訴諸反滿言論以博取民眾支持，但他們很快便放棄此一做法，提出滿、蒙、漢、藏、回"五族共和"，並獲得一些滿人精英和邊疆地區其他非漢人精英的響應。這些均有助於中華民國在 1912 年成立時能夠繼承前清的邊疆。

總之，晚清國家在 19 世紀後半期對財政、軍事和行政體系的改造和中國共識的形成，決定了中國走向近代主權國家過程中的成與敗。從鴉片戰爭到義和團，中國在與外國列強的遭遇中屢受重創。戰後一系列不平等條約的簽訂，尤其是割地賠款之恥，刺激了每位仁人志士。這一連串的失敗，經過 20 世紀民族主義歷史書寫的刻意放大，遂成為晚清政權在帝國主義欺凌下"喪權辱國"的集體記憶。然而，除了"失敗"的記錄之外，晚清中國還創造了一連串令人訝異的"成功"；其中最可述者，無疑是它在捲入歐洲列強所主導的國際體系之後，通過外交和行政體制的變革，不斷地朝向近代主權國家的目標邁進，並通過地緣戰略的調整和國防的近代化，始終能夠維持其原有版圖的基本格局和政府體系的獨立運作，成為倖免於淪亡的少數幾個非西方國家之一。而這一系列成功的關鍵，除了財政構造的非集中化及其所具有的高度擴張性，使晚清的各項近代化事業成為可能之外，背後更為根本的，乃是 19 世紀後期官僚和知識精英的政治意識日漸發生轉變，從原先對朝廷的效忠，過渡到對形成中的主權國家即"中國"的效忠。主權國家的利益和朦朧的民族意識，超越了族群、派系的樊籬，成為凝聚共識、形塑集體行動的最大公約數。此前漢、唐、宋、明原初型族群國家歷史語境中所特有的"化內"與"化外"的概念，以及清代早期疆域國家所使用的"域內"與"域外"、"海內"與"海外"的二分法，到了晚清和民初，已經日漸被"中國"與"外國"、"國內"與"國外"的二分所取代。此一轉變所折射的，正是近代主權國家在中國的形成過程。

統一集權的現代國家之肇建

國家轉型的第三個突破，是針對晚清財政、軍事和行政體系的零碎化，及其最終演變為民國初年的軍閥混戰，走上政治統一和權力再集中的道路。正是在此過程中，我們終於看到中國跟某些歐洲國家類似的發展。戰爭成為建國的驅動力；能否為戰爭而擴充財源和凝聚共識，成為決定建國成敗最關鍵的因素。

國家重建的最初突破，出現在清朝覆沒之後 20 年間。這一時期因為政治分裂和軍閥混戰，而被人們視作中國近代史上的黑暗時期。然而，恰恰是在這種分裂和無序狀態中，產生了區域性的財政—軍事政權（regional fiscal-military regimes）。各支軍閥或軍閥派系不只是為了生存和擴張而無休止地相互爭鬥；其中的佼佼者也耗費巨大精力來鞏固自身政權，所採用的手段包括：在所控制的轄區內建立集中化的官僚系統，致力於財政和金融系統的統一和標準化，建設公路、鐵路以及其他基礎設施，提升公共教育和醫療衛生水平，鼓勵工商業發展，提倡基層政府自治，允許省級或縣級議會的存在，從而在地方精英當中建立共識。我們不妨把這些努力統稱為“集中化的地方主義”（centralized localism），它源自晚清地方化的集中主義，又是對後者的糾正和超越，使那些最有雄心的軍閥能夠將其所控制的省份打造成了區域性強權，其最終目標則是全國的政治統一和中央集權。到 1920 年代中期，在所有這些區域政權中，有兩大力量最為成功也最具影響力，即滿洲地區張作霖領導的奉系集團，以及孫中山所領導的廣東國民黨政權。到 1930 年代早期，經過北伐，國民黨勢力最終消滅或制服了其他所有軍閥，推動了國家的統一。因此，不同於歐洲的先行者（以英、法為代表）所走的從上至下的建國路徑，亦即從中央到地方逐級實現國家權力的集中化和科層化，中國在清末自上而下的“新政”失敗之後，所走的是一種自下而上的路線，即由強大的地方力量逐步統一，然後再建立全國政權，一如歐洲民族國家形成過程中的那些後來者（以德、意為代表）。

國民黨之所以能夠統一全國，憑藉以下三種因素：地緣政治方面，它在廣東獲得蘇俄的物質援助，這對其早期的軍事建設極為關鍵。財政上，它能抽取到比其他任何對手更多的財政資源：最初依靠統一廣東的財政和金融體系；進入長江下游地區後，則通過發行公債和銀行借款從江浙財閥那裏獲取支援；繼而控制了海關和全國工商稅收。另外，國民黨在宣傳上致力於國家統一和反對帝國主義，也贏得各方社會政治力量的認可。而黨化教育和以黨領軍、以黨領政的實踐，則使國民黨試圖通過其意識形態的灌輸和組織上的滲透，達成對軍隊和行政系統的全面控制。因此，北伐時期的國民革命軍士氣高昂，戰場上節節勝利。此後二十來年，國民黨政權在建國上的成就，舉其要者，有以下二端。

其一，經過十多年的整合，到抗戰全面爆發前夕，國民政府在蔣介石的領導下，已經建立了一個全國性的政治和軍事架構，消弭了過去各區域割據勢力之間的公開對抗和政治分裂；在財政和稅制上也在逐步建立全國統一的制度。如果沒有 1937 年以後的日本全面侵華，一個政治上和軍事上統一的強大現代國家的最終出現，蓋無疑問。事實上，也正是由於中國的政治軍事局勢快速地朝著此一方向推進，日本軍國主義勢力才在 1931 年貿然佔領滿洲，在 1937 年發動全面侵華戰爭，因為一個統一強盛的現代中國的成長，必然意味著日本的帝國主義擴張野心的終結。所以中日之間的全面交鋒在 1930 年代已勢所難免，蔣介石所能做到的，是儘可能培育自身實力，推遲戰事的發生。抗戰爆發後，國軍因實力相差懸殊，節節敗退，乃意料中事；然而戰前十多年的政治和軍事整合，對八年抗戰期間國民政府能夠將各派系凝聚在一起，不僅在日本的大舉進攻下倖存下來，而且組織了有效的抵抗，最終以勝者的姿態結束這場戰爭，仍起到關鍵作用。

其二，正是由於國民政府所領導的中國在二次大戰遠東戰場上所起的關鍵作用，故而在二戰結束前後，現代國家的建造獲得了前所未有的突破。國民政府次第廢除了自鴉片戰爭以來外國列強跟清政府所簽訂的一系列不平等條約，取消了外人在華治外法權及其他各項特權，取消了外國在華設立的公共租界，並且早在 1929 年即已實行關稅自主；由於打敗了日本，中國收回了台灣和澎湖列島，恢復了對東北三省的治權；同樣重要的是，中國以聯合國的創始國和安理會五個常任理事國之一的身份，確定了其在世界上的政治大國地位。

然而，同樣一組因素（地緣、財政以及認同）也能解釋國民黨的建國失敗。事實證明，自 1870 年代以來，國家重建的最大威脅來自日本。奉系集團原本是國民黨在北方最強勁的對手，正是因為日本佔領滿洲，導致其走向衰亡。1937 年後，日本的全面侵華戰爭進一步中斷了國民黨的國家統一和重建事業，並給中共在抗戰後方的生存和發展提供了機會，最終成為國民黨最大的對手。財政上，在 1927 年定都南京之後，國民黨不僅優先在軍事上投入大量經費，以鞏固地盤，而且作為一個全國政權，還需承擔全國事業機構和軍事機關的巨大開支，結果不堪重負。政治上，儘管蔣介石通過制服各支軍閥以及黨內對手建立了個人權威，儘管抗戰時期各派力量面對全民族的生存危機也暫時接受了蔣介石的領袖地位，但他從來沒有消除黨內、黨外對手的挑戰。其領袖地位更多地是建立在與對手的妥協之上，而不是依靠意識形態的說服力和個人魅力。因此，一旦抗戰結束，國共內戰再度發生，嫡系與非嫡系之間的矛盾在戰場上表露無遺，各支部隊無法真正做到協調行動，在與中共部隊的大規模作戰中一再敗北，最終棄守大陸。概言之，國民黨政權的最根本弱項，是其黨政軍體制的不完全集中主義或"半集中主義"（semi-centralism）。儘管在 1927 年之前，作為一支地方勢力，國民黨的財政軍事組織比其他任何競爭對手都更加統一、集中，從而有能力擊敗或收編對手，但在 1928 年名義上統一全國之後，南京政府不僅未能成功地整編各支地方勢力，也未能打造一個集權、高效的行政管理體系，更談不上把國家權力有效地滲透到城鄉底層社會，建立一個可以滿足國家的財政收入和社會控制需求的基礎結構。

對比之下，中共在與國民黨的競爭中取勝，恰恰是因為它在地緣、財政和認同三方面同時取得突破。二戰結束後，曾經構成建國之最大障礙的日本戰敗投降，蘇聯的介入則構成國共鬥爭中最重要的地緣因素。蘇聯紅軍所佔領的東北地區，是中國農業剩餘最多，近代交通、能源、製造業和軍火業最集中的地區。中共軍隊充分利用了這一優勢。儘管進入滿洲的過程因蘇方顧忌中蘇同盟條約所承擔的義務並不順利，但在佔領東北大部之後，其財政軍事構造發生根本性轉換：中央主力從原來困頓於西北地瘠人稀的邊區、缺乏槍支彈藥、只能靠游擊戰術生存的地方勢力，變成兵源充沛、供應充足、擁有大批量新式武器的強大軍隊，終於可以與國民黨軍隊相抗衡、在正規戰場上一決雌雄。中共的財政體制，也從原先以農業剩餘為主要財源、各支部隊自籌自用、各根據地自成一體的分散狀態，逐漸過渡到統一集中、各根據地相互協調、連為一體並且學會利用城市工商稅源和現代財政手段的新體制。

整個內戰期間，中共的財政構造越來越呈現為新與舊兩種體制的巧妙結合：利用高度集中的、跨解放區的新體制，它可以在短時期內動員巨大財力和物資，支撐大規模兵團作戰；與此同時，在兵源和後勤供給上，它延續了延安時期已經十分成熟的草根動員模式，藉助黨組織對鄉村的滲透和土地改革運動，以幾乎無償的方式，動員千百萬民眾提供源源不斷的物質和人力支持。此構造因而是擴張型的、可持續的，並且能夠維持總體上的平衡。中共的優勢，因此即在其新獲得的集中控制的城市經濟和財政資源，與其傳統的分散控制的人力動員及後勤保障模式的巧妙結合，新舊體制相得益彰，從而產生了巨大而源源不斷的戰鬥力。

最重要的是，中共在 1940 年代不僅克服了其早期歷史上對莫斯科的過分依賴，而且通過克服黨內高層的宗派主義和各根據地的山頭主義，確立了毛澤東的政治領袖和意識形態權威地位。政治上的高度集中，加上內戰初期的軍事劣勢所帶來的生存危機，使得不同地區的中共軍隊能夠做到和衷共濟，服從中央統一領導，在戰場上相互協調。與此同時，中共重視意識形態宣傳，透過黨組織嚴密控制基層官兵，加上推行土地改革，給農民參軍帶來物質激勵，使軍隊保持著旺盛的士氣。因此，中共黨政機關以及整個軍隊，從上到下都形成了對於毛澤東領袖地位的高度認同以及求勝的強烈期待。與國民黨相比，共產黨政權最根本的不同，是其在權力結構、財政軍事體制和政治認同方面的 "全面集中主義"（total centralism）。中共正是憑藉此一優勢，把自己打造成為民國肇建以來最具競爭力的一支建國力量，有能力將自己從區域推向全國，最終建立起一個高度集中統一的國家政權，徹底扭轉了晚清以來權力下移、頭輕腳重的政治格局。

總之，克服源自 19 世紀後期的權力非集中化趨勢和各種離心力量，以 "革命" 的名義致力於國家的再造，是 20 世紀中國國家轉型最為關鍵的一步，而政黨則成為完成此一任務的利器。不僅黨成為革命的中堅，而且革命本身是以黨的名義，依靠黨的組織滲透和控制來進行的。革命的成敗，跟地緣的變局和財政軍事資源的掌控息息相關，但是最終起決定作用的，還是黨內力量的凝聚。加入政黨成為投身革命的必要門檻；"黨內" 與 "黨外" 成為識別革命勢力的基本標杆。對黨的忠誠，超越其他一切，成為衡量一個人是否革命的最重要尺度。而這種忠誠並非抽象的，在打造黨內認同的過程中，它被具體化為對黨的 "正統" 意識形態的無條件尊崇以及在組織上對黨的各級權威尤其是最高領袖的服從。共產黨之所以最終能夠擊敗國民黨，不僅因為革命的後期，即國共內戰期間，其地緣環境和財政軍事資源發生了顛覆性的轉變，更重要的是它在凝聚黨內共識、達成組織團結方面，把國民黨遠遠拋在後面。

縱觀中國的國家轉型漫長歷程，如果說前兩個環節（即多族群的疆域國家的形成及其向近代主權國家的過渡）解釋了現代中國為何在規模上很 "大" 的話，第三個環節則回答了它為什麼在結構上很 "強" 的問題。20 世紀的中國，不僅沒有像土耳其那樣，經過帝國裂變後，使其疆域回歸主體民族的腹地，而且也沒有像戰後土耳其共和國那樣，走上議會民主的道路，而是以建立一個高度集權的國家而達到高潮。所有這些，皆與 "帝國到民族國家" 的目的論相悖，後者把民族國家做了雙重界定，即不僅是一個由共享文化或族群傳統的人民所構成的主權國家，而且是體現主權在民理念的民主政體，而在 20 世紀的國際政治上，"民主" 被等同於歐美式的代議制多黨政治，為二次大戰後的眾多亞非國家以及蘇聯垮台後的東歐國家紛紛仿效。

中國道路的獨特性

中國邁向現代民族國家的道路，之所以不同於其他國家的歷史經驗，可歸諸前近代和近代的三項歷史遺產。首先是漢族人口的巨大規模和同質性。此一人群所共享的文化、族群以及疆土的歸屬感，帶來了華夏文明之異乎尋常的生命力及強大的向心力，並驅動歷朝歷代的軍事競爭者致力於結束分裂、混戰的局面，建立大一統國家。面對 19 世紀中國所面臨的生存危機，越來越多的政治和知識精英產生一種擔當意識，即均把挽救社稷當作首務，而對朝廷的忠誠則退居其次。正是這種原初形態的民族主義，推動他們在晚清從事洋務新政。在 20 世紀前期，軍閥混戰之所以讓位於國家統一，很大程度上也是因為民族主義日漸深入人心，軍閥割據遭到唾棄，終結政治分裂乃大勢所趨。同樣，民國時期的中國之所以能夠在 1937 年後抵禦日本的全面入侵，與其歸因於蔣介石的個人領導，毋寧說是因為有了全民共識，人民不分黨派，結成統一戰線，共赴國難。1949 年以後，中國之所以能夠保持穩定，不僅因為黨在組織上和意識形態上對社會的徹底滲透，更因為內地各省主要是以高度同質的漢族人口為主，從而把族群和宗教糾紛降至最低程度。相比之下，在第三世界的眾多"新興國家"，因其疆界多係人為劃定，建國之前或過程中並未完成族群、文化和政治的整合，因此建國後均面臨層出不窮的種族、語言和宗教糾紛，由此產生社會動盪、內戰乃至種族屠殺，整個國家長期處於動亂和窮困之中。[1]

　　第二項遺產是清代國家的邊疆建設。如前所述，清朝之所以把有效治理範圍擴展至外蒙、新疆和西藏，並不是覬覦其財富或者出於宗教原因，而是為了捍衛自身地緣戰略上的核心利益。它在治理邊疆上所採取的實用主義策略，培育了邊疆地區的世俗和宗教領袖對朝廷的忠誠，或者至少是使他們為了自身特權和地位合法而不得不仰賴朝廷。清朝治理邊疆的上述遺產，使得邊疆的部分宗教精英在 1912 年民國成立之後依然效忠中央，同時也使得中央政權依然可以聲索對邊疆的主權。所有這些，均不同於其他帝國歷史上的邊疆或屬地、殖民地之長期抗拒宗主國的榨取和奴役，並且在帝國衰亡過程中或覆滅之後紛紛宣告獨立。在清朝中央與邊疆的關係史上，這樣的榨取和

1　梁啟超早在 1912 年即指出中國內地人口的同質，以及由此所塑成的"民族性"，作為區別於其他國家的一大優勢，對民族建國所起的關鍵作用："蓋民族之建設一國家，為事本極不易，……而我國乃有天幸，藉先民之靈，相洽以為一體。東漸於海，西被於流沙，朔南暨；宗教同，言語文字同，禮俗同；無地方部落之相殘，無門第階級之互鬩；並世諸國中，其國民性之成熟具足，未或能我先也。……夫我之有此渾融統一完全具足之國民性，此即其國家所恃以與天地長久也。"他進一步把中國與印度加以比較："今之印度，猶有溝絕不通之種族三十餘，言語百二十種，部落酋長亦數十。蓋印度自始無統一之樞軸，自始無國民性也。"並據此排除了中國被滅亡、瓜分的可能（*YBS*: 823-824）。

奴役幾乎不存在。

　　第三項遺產是國家財權、軍權和行政權的地方化。這首先是晚清自強新政的動力和結果，它既使得清朝在太平天國之後的數十年間得以繼續生存，也導致地方督撫的大權獨攬，使得朝廷在清末最後十年收回權力的努力付諸東流。民國初期，國家的權力下移依然如故，各省領袖擁兵自重，互爭地盤，無視中央。因此，重新集權成為民國時期國家再造之最重大的任務，先後有三個主角擔當此任，其路徑則均為集中化的地方主義：一是 1920 年代的各個區域性財政軍事政權，它們成功地在省一級或者跨省的範圍內實行了某種程度的集中化，在大大小小的軍閥競爭中得以倖存，最終崛起為全國範圍的競爭者；二是國民黨政府，通過與各家軍閥的較量和妥協，建立起合法的中央政府，並在一定程度上實行了全國的統一，但是未能消滅那些自主的或者半獨立的地方實力派，國家權力並未完全集中；三是共產黨領導的力量，通過建立一個高度集中的軍事機器和有效的民眾動員機制，打敗了國民黨，統一了大陸中國。這三個主角中的每一個，都對國家權力走向集中和國家統一，起到承先啟後的推動作用。對於生活在 20 世紀的絕大多數中國人來說，共產黨革命的遺產，與其說是它的意識形態的號召力或者是它通過土地改革給大多數民眾所帶來的物質上的好處（1950 年代的農業集體化使之不復存在），不如說是它終結了長期的政治動盪，統一了國家，從而為它所許願的民族復興鋪平了道路。由此所產生的中華人民共和國，在性質上不同於蘇聯或東歐其他共產黨國家，這些國家的政權之所以產生，只不過是由一群組織嚴密的革命黨人利用了一時的政治混亂局面和政府的軟弱無力而得手，或者是由外力所強加；革命之前，它們從未經歷過長期的政治分裂，革命本身當然也沒有長期追求統一集權的歷史背景。換言之，這些國家的共產黨政權的歷史正當性，遠不如 1949 年後的中國充分。

　　經過三個世紀的國家轉型所產生的現代中國國家，之所以在規模、結構上 "大而強"，正是上述三種遺產交相作用的結果。其超大的規模，首先源自華夏民族自身數千年來的開疆拓土和對周邊部落的同化，由此得以形成一

個原初形態的 "中國"，並在此基礎上出現唐、宋、明這樣的王朝，它們在前近代的世界歷史上，不僅是擁有最大疆域的單一族群國家，而且擁有最大的人口和經濟產出。清朝正是依靠它所沿襲自明代的原初中國，才得以重新打造一個規模更大的新中國：來自內地各省的巨量財源，使之能夠屢次發動征討，建立新的邊疆；同時，清朝作為一個外來的王朝所獨有的地緣戰略格局，也使之有必要整合邊陲，以確保它對內地的控制。正是清代以前原初中國的遺產和清朝的疆域整合這兩者的結合，解釋了現代中國國家為什麼得以建立在一個如此遼闊的領土之上。

現代中國國家在結構上如此緊固，首先還是獲益於原初型中國所饋贈的遺產，即在同質人口的基礎上所產生的一個高度集權和統一的政府體制，後者對來自國家內部的離心力起到有力的抑制作用，並排除了權力分配上產生多元機制的可能性；而在中世紀的歐洲，在君主、教會、貴族以及自治城市等等之間所形成的權力多元格局，則司空見慣。現代中國國家形成的另一個重要背景，則是前面一再強調的晚清和民國早期國家權力的非集中化。20世紀前半期中國國家之再造，便意味著消除軍閥，使國家機器的權力再趨集中，其結果乃是國民黨和共產黨領導下的黨治國家的興起，兩支力量均致力於打造一個組織緊密的政黨，推動國家走向統一集權。總之，前近代的族群和政治傳統，加上20世紀的再集中化努力，帶來現代中國國家結構之異常強固。

清代以前原初型中國之作為一個單一族群國家，清代前期中國被打造為一個多族群的疆域國家，與19世紀後期中國之過渡到一個主權國家，以及20世紀中國之走向再集中化，所有這些過程之間，所顯示的不僅是歷時的、逐層的變化，還有疆域、族群、國家形態上的連續性。此一過程截然不同於國家形成的經典論述中所流行的 "帝國—民族國家" 二分法，及其所隱含的從帝國到民族國家的目的論，即把傳統帝國或殖民帝國的分崩離析，與隨之而來的諸多民族國家的獨立以及照搬西式民主，視為非西方世界之國家建造的理想路徑和常規形態。當然，在近代中國，一個政治上高度統一、集權的現代國家的建立，並不意味著從 17 世紀中葉開始的國家轉型過程到 1949 年已經終結。相反，雖然現代中國國家在此之後展現了令人驚異的結構性穩定，同時在促進國家工業化和 1980 年代以來的經濟全球化方面取得舉世矚目的成就，但是，它的再造過程仍未完成。本書最後一章將展望 21 世紀，指出中國的國家轉型仍面臨諸多挑戰，強調只有在今後數十年內成功解決這些問題之後，歷時數世紀的國家轉型過程才得以完成。

第二章

早期近代疆域國家的形成：清朝前期和中期的中國

表面上看，滿人在 17 世紀和 18 世紀早期的一系列征戰，跟世界史上其他帝國的創建過程並無多大差異。崛起於滿洲南部長白山地區的女真部落，在統一了滿洲各部之後，於 1616 年建立了後金（1636 年改國號為大清），又在 1630 年代征服了大漠以南蒙古各部，繼而入關佔據明朝所轄各省，並在 1644 年遷都北京，開始對中國的統治。幾十年之後，清朝重啟一系列征戰，於 1690 年代至 1750 年代先後將外蒙古、新疆和西藏納入版圖。正因如此，清史研究者多傾向於把滿人的開疆拓土，與世界其他地區的帝國建造過程等而視之。例如，羅友枝即稱，"清朝對亞洲內陸和中亞的征服，可以與歐洲民族的殖民活動相比"，認為清朝的國家形成"已經具備了 17 世紀和 18 世紀早期歐洲史上所出現的早期近代各種特徵"（Rawski 2004: 217, 220）。米華健也把清朝對新疆地區的一系列征討視為某種形式的"帝國主義"，儘管他把這一過程跟歐洲人受經濟動機和宗教信念驅動所從事的殖民主義做了區別（Millward 1998）。濮培德更加明白無誤地把清朝的擴張比附於歐亞大陸其他地區的國家建造。和羅友枝一樣，他不同意過去的一種流行看法，即把中國、印度和奧斯曼這些"農業帝國"跟歐洲國家加以區別，以為只有後者才經歷了真正的"國家建造"過程，並且在早期近代和近代世界的形成過程中起到主導作用。他的中心觀點是，戰爭在清代國家的制度結構形成過程中起到重要作用，使中國與西歐國家有諸多可比之處。他寫道："在 17 世紀早期，滿人建造了一個專門用於軍事征戰的國家機器。直至 18 世紀中葉，領土擴張依然是王朝統治者的首要任務。"（Perdue 2005: 518）他進而認為，軍事動員"改造了（清朝的）財政制度、商業網絡、通訊技術以及地方農業社會"，清代國家因此"並不是一個孤立的、穩定的、統一的'東方帝國'，而是一個不斷演進的國家結構,從事戰爭動員和領土擴張",並且,此一帝國 "並沒有與歐洲分道揚鑣"(同上:527)。

就國家構造而言,清朝果真是一個可以與歐洲軍事財政國家或殖民帝國相比的擴張主義帝國嗎?如果是的話,為何清朝不同於所有其他帝國,直至其覆滅之日,依然能夠一直保持其絕大部分版圖?如果不是,我們該如何從這一歷史過程中把握清代國家的性質?它對現代中國國家的興起有何含義?為探討這些問題,本章先從清朝的征戰過程及驅動因素著手,繼而檢視滿人統治邊疆和內地的不同方式,最後把清朝的國家構造放在中國歷史的政治傳統背景下加以考察,以探明其獨特之處。

邊疆的整合

清朝的地緣政治利益和戰略,與明朝相比有著顯著差異。明朝的疆域,限於以漢人為主的十五省(十三省加二京),並始終面臨著外部遊牧民族的威脅,主要來自北方的蒙古人和東北的滿人。洪武(1368—1398)和永樂(1403—1424)年間,明初兩位皇帝發動過一系列遠征,曾將戰線延伸到蒙古人居住的腹地。但在明代大多數年份,統治者都沿襲此前漢人王朝的策略,對外部的遊牧民族採取守勢。縱觀整個明代歷史,朝廷既無決心、也無能力將其邊境拓展到漢人聚居區以外的地域。明朝沿著本土的邊緣地帶修建長城,並反覆加以修繕,可以證明這種地緣戰略以守為主的實質。清朝不同於明朝的地方,不僅在於它肇始於東北,通過一系列征討,向關內漢人聚居區拓展;更重要的是,清朝大大拓展了其所統治下的 "中國" 疆域範圍,從華夏本土延伸至蒙古人、中亞穆斯林和藏人等非漢人聚居的遊牧部落領地。此前反覆困擾歷代華夏王朝的所謂 "邊患",在 18 世紀中葉之後,基本上不復存在。[1] 然而，清廷在取代明朝成為統治中國的正統皇朝之後，直至 1690 年代，在近半個世紀的時間裏，並沒有在內陸進一步開疆拓土。此時，清朝的疆域限於內地諸省、滿洲地區，以及在取代明朝之前即已獲得的內蒙古；它與大漠以北、以西的蒙古部落以及西藏之間的關係，則維持著明朝以來業已存在的宗藩關係。欲理解為什麼清朝在 17 世紀末和 18 世紀前期，展開第二波軍事擴張，將其版圖向華夏本土的北面、西北面和西南面繼續拓展，有必要先了解清朝地緣戰略的特殊格局。

地緣利益和地緣戰略

在 1644 年遷都北京之前，滿人已經在皇太極統治時期（1627—1643），對大漠以南的 24 個蒙古部落（所謂漠南蒙古，主要是察哈爾蒙古）通過結盟和征討的方式建立了有效控制。正是在此基礎上，清朝得以展開南侵明朝的軍事行動。由於清朝源自漢人本土之外的一個半遊獵民族，因此朝廷在界定其地緣利益、制定地緣戰略方面，與此前的漢人王朝存在根本性的差異。歷代漢人王朝均將華北平原的防守放在其地緣戰略的核心位置，置帝都於茲。而清朝的統治者則將滿蒙結盟視為立國之本，把滿洲和內蒙古視作自己的後院，二地在其地緣戰略上具有最重要的地位，因此嚴格限制漢人向這些地區移民。為了維繫與漠南蒙古的同盟關係，清廷鼓勵滿人和蒙古王公聯姻，並且以護主的身份在蒙古部落各地弘揚喇嘛教，視此為確保蒙古部落對清廷順服的最重要手段。因此，維繫蒙、藏兩地對中央的向心力，對於清

1　在將蒙古部落的土地納入其版圖之前，清朝與蒙古的關係跟明朝與蒙古的關係頗為相似。漠北蒙古的韃靼人曾一直不斷地侵擾明朝的邊境，導致永樂帝於 1410 年親自率軍遠征，並擊潰了他們。此後，蒙古部落首領接受了與大明之間的宗藩關係，並獲得明廷所授的 "和寧王" 頭銜。此前，漠西蒙古部落（明朝稱之為瓦剌）的首領也認可了明朝的宗主地位，獲得明廷所授的 "順寧王" 頭銜。結果，雙方同向明朝進貢，表示對明朝的屈從，更希望以此獲得來自內地的商業利益。瓦剌和韃靼次第興衰，都曾入侵內地，構成明朝的主要威脅。這種局面到了 1570 年代出現轉折，在俺答（1507—1582）的率領下，韃靼最終和明朝修好，接受明朝的冊封，俺答自己獲得 "順義王" 的頭銜（趙雲田 2002: 233-239）。

朝的戰略安全來說至關重要。一旦這些地區受到外力入侵、脅迫，清廷必須
盡其所能予以保護。清廷之所以會在 17 世紀末和 18 世紀前期發動一系列遠
征，最基本的原因正是內外蒙古和西藏先後遭到漠西準噶爾蒙古的入侵，對
清朝的核心戰略利益構成了重大威脅。

從 1690 年代開始，清朝在半個世紀內，展開了新一輪的邊陲用兵，其
中包括三個關鍵步驟。第一步是 1691 年將大漠以北的喀爾喀蒙古併入版
圖。早在 1644 年入主北京之初，順治帝即曾表達過與喀爾喀蒙古聯手的意
圖，認為雙方 "素為一家"，乃 "一體之國"（齊木德道爾吉 1998）。這是沿
襲了他的祖父努爾哈赤 1620 年的做法，後者在抵抗明朝的過程中，曾拉攏
過喀爾喀部落（Elliott 2001: 69）。不過喀爾喀部落從未馴服，而清初的幾
位皇帝也僅僅滿足於將喀爾喀部落置於宗藩關係的格局之中。直到 1688 年
遭到準噶爾部落的攻擊之後，喀爾喀部落才開始尋求清朝的保護。準噶爾是
四個主要的衛拉特蒙古部落中最強大的一支，佔據了大漠以西的廣袤地域，

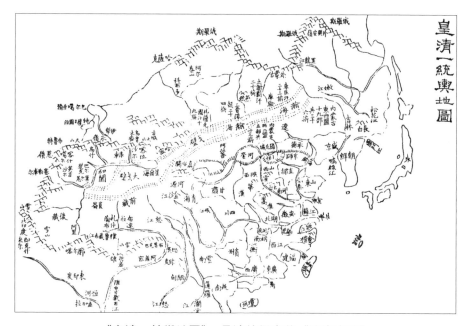

《皇清一統輿地圖》，見清徐繼畬著《瀛寰志略》

過去曾長期宣稱臣服於清，維持朝貢關係。在噶爾丹的率領下，準噶爾部一路東侵，在擊潰了喀爾喀蒙古之後，南下入侵漠南蒙古，對清朝構成了直接威脅。1690 年，烏蘭布通之役，清軍擊敗了準噶爾（蕭一山 1967: 826-827; Perdue 2005: 155-157）。次年，喀爾喀蒙古正式歸順清朝，和漠南蒙古一樣，組合為新的盟、旗，外蒙古從此併入大清版圖。為了徹底消除準噶爾對戈壁南北的侵擾，康熙帝在 1696 年和 1697 年連續三次親征，將準噶爾勢力逐出上述地區。

清朝擴張的第二步，是在 1718 年和 1720 年解除準噶爾對西藏的佔領並由此在軍事上控制西藏。在此前幾十年間，清廷基本上只能與西藏保持著名義上的關係，滿足於對達賴喇嘛的宗教領袖地位以及衛拉特蒙古和碩特汗在西藏的行政權所起的確認角色。而西藏統治精英中間則存在著對立的兩派：一派是據統治地位的蒙古可汗〔尤其是可汗中的最後一位拉藏汗（？─1717），此人得到了清朝的支持〕，另一派是西藏的攝政桑給嘉措（1653─1705），代表達賴喇嘛行使權力，以及當地的格魯派僧人。長期以來，清廷一直無意介入紛爭，直到 1717 年，準噶爾部應西藏寺主之邀，進兵西藏，殺死拉藏汗、幽禁達賴喇嘛；作為回應，康熙帝在當年連續發動了兩次戰役。1720 年，在將準噶爾部從西藏驅除之後，清朝正式建立了對西藏的實際控制，其措施包括駐兵拉薩，任命四名噶倫，共同處理西藏地方政務，隨後還在拉薩設立駐藏大臣，督辦藏內事務，節制諸噶倫（趙雲田 1995: 40-46; Goldstein 1997: 13-15; van Schaik 2011: 138-141）。

對於清朝來說，最重要的是第三步，即對準噶爾的徹底征服。清初，康熙帝曾經把漠西衛拉特、漠北喀爾喀部落，與漠南蒙古加以區別，認為前兩者“併其地不足以耕種，得其人不足以驅使”，只滿足於維繫它們對清廷的藩屬地位，但求它們安分守己，不去侵擾大清（QSL, 康熙 227: 45-10-乙巳）。他甚至容忍衛拉特和喀爾喀部落要和清朝平起平坐的聲言。譬如，1682 年，他要求自己的特使在當地與衛拉特或喀爾喀部落首領會面時，寬容對方所行使的蒙古禮儀，不必堅持要對方採用藩屬對朝廷應該行使的謙卑禮儀（*QSL*, 康熙 102: 21-7- 乙卯）。後來，康熙帝之所以在 1690 年到 1697 年間對準噶爾發動戰爭，只是因為後者兵鋒東向，侵擾了大漠南北，對清朝構成了實際威脅而已。1716 年，康熙帝發動了對準噶爾的第二輪攻勢，主要因為後者入侵了西藏，對清朝在西藏的宗主地位造成威脅。戰後，清朝依然尋求與準噶爾繼續保持傳統關係，接受準噶爾部為清朝的"職貢之國"（或"納貢之國"），力圖恢復貿易往來，維持邊地和平（*QSL*, 康熙 143: 28-12-辛未）。換言之，康熙帝針對準噶爾的軍事行動，其目的主要是被動防禦，並無侵略準噶爾部領地，甚至將其徹底剿滅的意圖。

然而，到了雍正、乾隆兩朝，清朝一改此前的被動守勢，採取預防性的主動出擊。1723 年，噶爾丹策旺阿拉布坦（1663—1727，準噶爾部可汗）拒絕將有過反清舉動的和碩特王子羅卜藏丹津送還。儘管如此，雍正帝並未覺得準噶爾的挑釁行為有多麼嚴峻；他對於準噶爾的看法和乃父康熙帝並無二致："得其土不足以耕耘，得其民不足以驅使。"（*QSL*, 雍正 4: 7-2- 癸巳）不過，他最終還是在 1729 年出兵準噶爾，聲稱"留此餘孽不行剪除，實為眾蒙古之巨害，且恐為國家之隱憂"（同上）。對於清朝來說，消除準噶爾的潛在威脅，是確保其控制西藏的最關鍵一著。正如雍正帝自言："準噶爾事一日不靖，西藏事一日不妥，西藏料理不能妥協，眾蒙古心懷疑貳。此二處實為國家隱憂，社稷生民憂戚繫焉。所以聖祖明見事之始末利害，立意滅取準噶爾、安定西藏者，聖知卓見，不得已必應舉者也。"（*XZDA*, 2: 395-396）

但是，雍正帝的軍事行動，在 1731 年於和通泊地區出乎預料地遭到挫折。直到 1732 年，喀爾喀騎兵於光顯寺（蒙古語：額爾德尼昭）擊潰了萬餘準噶爾軍之後，才算讓雍正帝掙回了面子（Perdue 2005: 252-255）。乾隆帝繼續了這種積極出擊的預防戰略。噶爾丹策零（1695—1745）死後，準噶爾諸貴族為爭奪汗位出現內訌，乾隆帝充分抓住了這一機會，於 1755 年發動軍事行動，擊敗了準噶爾此時最強勁的競爭者達瓦齊（？—1759）所部，囚禁了此人，隨後又在 1756—1757 年擊潰了一度歸順清朝，但又選擇

反叛的阿睦爾撒納（1723 — 1757）（Perdue 2005: 274-289）。為了給進襲準
噶爾部領地找一套說法，乾隆帝反駁了"庸眾"（事實上也包括雍正、康熙
帝）的言論，即認為準噶爾部落"威之不知畏，惠之不知懷，地不可耕，民
不可臣"。在他看來，準噶爾必須平定，用他的話說，"我國家撫有眾蒙古，
詎準噶爾一部，終外王化？"（轉引自張羽新 1995: 369）。因此，在平定了
準噶爾之後，乾隆帝隨即將衛拉特部落之地整體納入清朝版圖，並規定該地
"一切制度章程，與內地省份無異"（*QSL*, 乾隆 722: 29-11- 戊申），也就順
理成章了。

　　除了上述軍事行動之外，清朝還捲入了與維吾爾穆斯林、藏人、苗人以
及對緬甸和越南的戰爭之中，同樣是為了鞏固大清的西北、西南和南部邊
陲。但是，對準噶爾蒙古的遠征，對於清朝的版圖整合而言，具有決定性的
意義。到了 1750 年代後期，當清軍最終擊敗了準噶爾和維吾爾諸部之後，
清朝的版圖達到極盛。直到 19 世紀後期，這種山河一統的局面才被打破。

　　征討準噶爾，對於清朝地緣安全來說具有關鍵意義。一個多世紀之後，
欽差大臣左宗棠（1812 — 1885）率軍抗擊了阿古柏（1820 — 1877）政權對
新疆的侵略，在對其軍事行動進行評論時，他著重解釋了新疆對於清朝戰略
安全方面的重要意義："是故重新疆者所以保蒙古，保蒙古者所以衛京師。
西北臂指相聯，形勢完整，自無隙可乘。若新疆不固，則蒙部不安，匪特
陝、甘、山西各邊時虞侵軼，防不勝防，即直北關山，亦將無晏眠之日"，
正是由於"祖宗朝削平準部，兼定回部，開新疆立軍府之所貽也"，才出現
"我朝定鼎燕都，蒙部環衛北方，百數十年無烽燧之警"的局面（*ZZT*, 6:
701-702）。

邊陲整合的目的

　　值得強調的是，在展開深入西北邊陲的軍事行動過程中，清廷並沒有想
方設法繼續將版圖擴展至準噶爾之外。清朝統治者滿足於將其疆域限制在同

樣皈依喇嘛教（藏傳佛教）的蒙古人和藏人生活的範圍之內，即使有部分異族及異教背景的群體，其所在的地區也是由蒙古人所控制（最典型的是維吾爾人）；他們並沒有將版圖擴展到上述地區之外的想法。在乾隆帝看來，準噶爾本為蒙古之一部（"亦蒙古同類"），歷史上曾受元朝（1206—1368）的統治（"本有元之臣僕"）。只是在有明一代，準噶爾退出中國，對明朝構成邊患。因此，出兵準噶爾，終結其"何自外攜，敷世梗化"的狀態，乃是正當之舉（*QSL*, 乾隆 496: 20-10- 戊午）。相比之下，他在處理哈薩克人的歸附要求時，則採取了完全不同的態度。1757 年 8 月，由於曾經庇護過準噶爾反叛勢力首領阿睦爾撒納，哈薩克可汗阿布賚（1711—1781）擔心會因此遭到清軍的報復，決定將哈薩克全部土地獻給清朝。乾隆帝拒絕了。對他來說，哈薩克人"自古不通中國"，與屬蒙古一部、行元代之規制的準噶爾並不相同。換言之，哈薩克對中國而言乃是"外人"，而準噶爾部落說到底還是自己人，只不過一度居於域外，此次又被再度納入中土而已。因此，乾隆帝要求哈薩克仍為中國之藩屬國，一如安南、琉球、暹羅之例，清廷"不授官爵，不責貢賦"（*QSL*, 乾隆 555: 23-1- 丙辰），而不是援喀爾喀蒙古之例，併入大清版圖（*QSL*, 乾隆 526: 21-11- 庚申；參見郭成康 2005）。

　　因此，和世界歷史上那些出於宗教目的或為了獲得更多土地、人口和財富而進行領土擴張的帝國不同，清朝對準噶爾的軍事行動基本上是防禦或預防性質的，其基本的出發點是國家的戰略安全；發動宗教聖戰或渴望更多土地、財富，並不是出兵的原初意圖。這跟其他歐亞帝國很不一樣。以奧斯曼帝國為例。14 世紀奧斯曼國家形成之初，腹地過於狹小，局限於安納托利亞西部和巴爾幹半島。其後兩個世紀裏，其統治者向四面八方實行了連續不斷的領土擴張，直到這種遠征無法帶來其所期待的財富為止；而建立一個世界範圍的伊斯蘭教徒的哈里發國家，則使這種擴張套上了一圈神聖的光環。相比之下，清廷無需通過皈依或弘揚某個宗教來使自己的統治或擴張具有正當性。1680 年代之後清朝版圖的擴張，也不是為了增加國庫收入，因為內地十八省賦稅之充沛，已足以滿足清朝統治者的財政需求（詳見第三章）。

說到底，清朝用兵邊疆的根本原因，在於統治者對地緣安全的考量。儘管從表面上看，清朝和邊境諸部落之間的關係，似乎和歐洲帝國與其海外殖民地之間的關係存在某些相似之處，譬如任用地方精英實行間接統治（Di Cosmo 1998; Rawski 2004: 221），但是，兩者之間有著本質上的差別。對於清朝來說，邊陲諸部落是其戰略安全或地緣利益之命脈所繫，但對其財政收入或經濟利益方面並不重要；而對於歐洲各強國而言，建立殖民地的主要目的是獲得經濟回報。

綜上所述，在取代明朝之前，清廷所執行的確實是一套主動出擊的戰略，先是將其領地擴展至滿洲全境，繼而是內蒙古，最終又控制了內地各省；這套戰略與 15 世紀及 16 世紀奧斯曼帝國的擴張模式並無二致。但在擁有內地各省之後，清朝統治者滿足於現有的版圖。內地的人口和財富，能夠在和平時期，滿足國家所有可能的財政需求。為了獲得更多土地和人口而開疆拓土，已顯得毫無意義。由此，清朝的國家構建路徑發生了變化，除非遭遇外來威脅，不再致力於軍事征服和疆域擴張，而是希望與蒙古人、藏人建立穩定的聯盟關係。換言之，清朝的軍事戰略從進攻型轉為防禦型。因而，我們不能再以從中國之外入侵的征服王朝來界定 1640 年代以後的清朝，而應將其看作一個承襲天命，接替明代入主中原的中國王朝。經過 1690 年代以後的第二波擴張，到 1750 年代，中國的版圖也不再局限於內地各省，而是一個包括滿洲、內外蒙古、新疆和西藏的疆域遼闊的國家。

中國的再定義

在開疆拓土的過程中，清朝統治者擴大了"中國"或"華夏"的概念，並且重新界定了中國與周邊的關係。在中華文明的早期，華夏先民的聚居區被稱為中國，其統治者往往會自認為文明程度遠超周邊夷狄。秦漢以後，這些以漢人為主的聚居區被劃分為若干郡和州縣，置於自上而下的官僚等級體制的直接控制之下，治理的主要方式是賦稅徵收和訴訟裁決。而周邊各部落，僅僅被看作中央王朝的藩屬之地，定期向朝廷進貢，以叩拜之禮彰顯尊卑。中原王朝的皇帝被尊為"天下"共主，與周邊藩屬國首領之間，是統治與被統治的君臣關係。夷夏種族之別已不再重要，正如孟子（前372—前289）所說，在區別不同人群時，文化認同才是最為重要的，夷夏之間的界限並非固定不變，種族差異絕非區分夷夏的唯一標準。一個人群是否文明，取決於他們是否接受和實踐中原王朝的文化價值觀和政治制度，用儒家的話語來說，即是"王化"。如果已經王化，則夷可變成夏，而夷地也可成為中原王朝的一部分；如果失去了這種文化認同，則夏也有可能變成夷（張啟雄2010: 133）。

清朝統治者也接受了漢人的天下觀，認為"夫天下者，天下人之天下也，非南北中外所得私"（QSL, 乾隆1225: 50-2- 辛丑）。也就是說，滿人雖然源自域外，但是與內地的漢人一樣，也可以承襲天命，統治天下。更重要的是，滿人從儒家有關文化意義上的夏夷之別的論述中找到支撐。滿清統治者並不否認自己的祖先是"夷"，但他們反覆論證其統治中國具有正當性，強調夷夏之間可以互相轉化。他們更渴望在漢人精英面前，通過宣揚王化或漢化的方式，證明其正當性。而獲得"華夏"的成員資格，不必以捨棄他們舊有的族群認同作為代價。正是為了彰顯其承襲天命、統治天下的合法性，清朝才繼承了前明的朝貢制度，要求明朝原有的藩屬國向清廷行使同樣的禮儀，這從清朝1637年降服朝鮮後處理對朝關係的做法上可窺見一斑（Rawski 2010: 80）。

不過，清朝統治者也有背離傳統的華夏中心觀的地方。在其西擴的過程中，清朝對"中國"（或"中土"）的含義做了重新界定。雍正帝在1729年征討準噶爾時，即曾明言："自我朝入主中土，君臨天下，併蒙古極邊，諸部落俱歸版圖，是中國疆土開拓廣遠，乃中國臣民之大幸。"（QSL, 雍正86: 7-9- 癸未）雖然雍正帝的軍事行動並未取勝，但他對於中國的再定義，仍然影響到了後世帝王關於中國或"中夏"的認識，這從1755年乾隆帝的一份詔書中可以大略知曉。在為征討準噶爾辯護時，乾隆帝稱，"我皇清之中夏"非"漢、唐、宋、明之中夏"（*QSL*, 乾隆 496: 20-10- 戊午）。在他看來，大清之中國不僅僅限於內地十八行省，還包括已經大大拓展的邊疆，尤其是滿人和蒙古人（特別是其中 49 個漠南蒙古部落）所聚居的土地。

治理邊疆

當然，清朝國家的形成絕不止用兵邊陲。對大清君主來說，同樣具有挑戰意義的是，如何治理好這個幅員遼闊且經濟、人口、文化和宗教差異甚大的國家。能否將國家的不同部分凝聚在一起，使國祚延綿不斷，端看統治者有無能力在如此多樣的族群中間塑造自己的合法性，使之產生對朝廷的認同，這要比單純使用暴力驅使被征服的民眾更為重要。

從平等到臣屬：清代的邊疆

在邊疆擴張的過程中，清朝統治者也在調整他們與蒙古人、藏人的關係。先前無論是對抗還是結盟，雙方的關係都是平等的。以漠北、漠西蒙古為例。在征服這些地區的蒙古部落之前，清廷將其視為域外勢力，與漠南蒙古區分開來。清朝與漠北、漠西蒙古的關係承襲明朝的模式，僅僅滿足於後者稱臣納貢。作為一個曾經的部落國家，清初統治者時常會對這些蒙古部落所發出的與清朝平起平坐的要求，以及用"蒙古禮"或"蒙古之例"對待清朝來使以示雙方關係對等的做法，表示寬容（*QSL*, 康熙 102: 21-7- 乙卯；康熙 22-7- 戊戌）。同樣的情況還發生在 1720 年代之前清廷與西藏的關係中。儘管清朝宣稱對西藏享有政治上的至高地位，但也容忍事實上的平等關係（張永江 2001: 89, 92）。但是，在完成了第二波擴張之後，清朝統治者開始改變他們與蒙古人、藏人之間的相處模式，從平等關係轉變為垂直關係，通過建立政治和道德權威的方式，形成中央與邊緣的格局。喀爾喀蒙古貴族在

1691 年後即放棄舊有的對待清廷的禮數，轉而採用“三拜九磕”的禮儀，可為這種從平等到不平等的轉變做一註腳（QSL, 康熙 151: 30-5- 丁亥）。這種轉變同樣發生於清廷與西藏首領之間。早在 1652 年，當滿洲貴族建議順治帝前往邊地，親自歡迎達賴喇嘛來訪時，即有漢人大臣提出異議，認為這種做法無法體現出皇帝乃“天下國家之主”的地位（QSL, 順治 68: 9-9- 壬申）。

雖然清廷用儒家道德秩序來建構中央與邊疆之間的等級關係，使之符合中國政治生態中特有的禮儀傳統，但它並未把內地的一套行政制度加諸邊疆各地，也不對邊疆各族群宣揚儒家說教，而是創造了一種不同的管理模式，允許蒙古和西藏首領享有一定程度的自主權，管理地方行政事務；與此同時，清廷向邊疆各地派駐軍隊，任命或認定其宗教及世俗首領，以此彰顯中央的最高權威。蒙古各部在先後臣服清廷後，按照滿洲的制度，被整編為“旗”，分佈在戈壁以南（49 旗）、以北（86 旗）、以西（16 旗）及青海，各部落首領被任命為旗主即札薩克，直接受位於京師的理藩院管理。在旗之上有地區範圍的 “盟”。理藩院不僅任命和監督旗主和盟主，還要確立不同旗之間的邊界，設立卡倫或鄂博，有士兵巡邏，以保障各旗的部落和牧群的安全，避免相鄰各旗逾越牧場。[1] 對於清廷來說，將蒙古劃分為不同的旗、盟，還有一個重要目的，即“眾建而分其勢”（柳岳武 2009: 65）。被任命為旗主和盟主的蒙古王公各自獨立，直接受理藩院的管控，使得蒙古各部很難形成合力威脅北京。為了保衛邊地，確保蒙古精英的臣服，清朝政府還在蒙古人的聚居區派駐由不同等級的軍官統領的軍隊，如掌握最高軍事和行政權力的烏里雅蘇台將軍，以及兩位僚屬，分別駐紮科布多和庫倫（烏蘭巴托），以控制外蒙古；另設伊犁將軍監控漠西地區。

清廷處理和藏人關係的方式，則和上述情況有所不同。在 1720 年兩次用兵將準噶爾勢力驅除出西藏之後，清朝將西藏置於直接的控制之下，包括

1　“卡倫”衛所還設置在清朝和俄國等周邊國家的邊境線上，負責在邊境地區巡邏（在俄國與喀爾喀蒙古等外蒙古地區之間，共設有 28 個卡倫）（寶音朝克圖 2007）。

在拉薩永久駐軍，在西藏任命駐藏大臣，管理新組建的地方政府，即所謂噶廈。1793 年，駐藏大臣的權限進一步擴大，有權監督選擇轉世靈童（達賴喇嘛和班禪額爾德尼）的宗教儀式。但是，清朝仍然允許西藏享有比蒙古和新疆更大的自主權。最典型的例證是，它從來沒有將西藏如蒙古那樣，分成不同的行政單位，由理藩院直接掌控（張永江 2001: 129），而是保留了西藏的世俗政權，以方便統治整塊高原。對於西藏和蒙古的不同處理方式，反映了清廷對這兩塊邊疆的不同考慮。蒙古，尤其是內蒙古，由於地理上距離京師很近，在戰略安全方面具有特別重要的意義，因此清朝要對這一地區實施更嚴密、有效的控制。西藏則遠離政治中心，將之分為若干區域，由中央直接加以控制，在戰略上意義不大，地理上不太方便，財政上也似乎並不划算。因此，清廷允許西藏世俗政權在治理整個高原方面享有較大的自治權。

在清朝統治者看來，西藏的重要性不僅在其作為緩衝區，分隔了內地各省與域外世界，更重要的是，西藏是喇嘛教的發源地，庇護和弘揚喇嘛教是防止內外蒙古離心離德的關鍵。但是，由於喇嘛教在西藏和蒙古具有支配地位，清廷還需努力防止喇嘛教成為一個統一的宗教組織，與朝廷分庭抗禮。因此，清廷意味深長地鼓勵不同流派的喇嘛教在不同地區發展，由此削弱達賴喇嘛的影響力，後者曾經是整個西藏和蒙古地區的最高宗教領袖（柳岳武 2009: 65-66; 趙雲田 1995: 55-56）。[1]

此外，1759 年，在平定了回部之後，清朝將南疆各地的維吾爾人置於不同層級的伯克（共有 328 人）的控制之下。這些伯克同樣受理藩院管治（王東平 2005）。為了防止當地穆斯林勢力獨大，清廷禁止阿訇介入伯克的行政管理之中；這一政策和西藏、蒙古又有不同，後兩者的喇嘛教領袖被允許參與行政事務。此外，清廷還採取措施，將漢人移民和穆斯林分開，禁止他們通婚，避免出現兩個群體潛在的紛爭（楊恕、曹偉 2008）。

1　在 18 世紀，共出現四個主要的 "活佛"：以拉薩為中心的前藏地區，由達賴管理；以日喀則為中心的後藏地區，由班禪管理；哲布尊丹巴呼圖克圖管理喀爾喀蒙古（外蒙古）；章嘉呼圖克圖管理內蒙古。

所有蒙古旗主、盟主以及維吾爾伯克，皆須在每年 12 月到京師參加朝覲（或年班）；未能親自到朝廷匯報者，將會受到懲罰，停發俸祿。西藏的達賴和班禪則可每兩年派遣特使朝覲一次（參見張雙智 2010）。

連結邊疆各地的喇嘛教

除了通過行政和軍事手段控制邊疆之外，清廷還以喇嘛教作為精神紐帶，把蒙古人、滿人和藏人連結在一起，促使他們成為多族群國家的組成部分。清朝統治者對於喇嘛教的態度是實用主義的。在後金和清初，女真／滿洲首領對於喇嘛教並不感興趣，甚至反感，認為蒙古人正是因為沉迷於這種"奢靡"和"惑眾"的宗教而走向了衰落。然而，皇太極隨後對於建立與達賴和班禪的緊密關係表現出濃厚的興趣，派遣使者去西藏，邀請西藏喇嘛教代表來盛京（今瀋陽，1625 年至 1644 年為清朝都城），這是因為他看到了喇嘛教能夠作為一種有效的手段，贏得蒙古人的支持，有助於建立同盟關係，達到抗擊明朝的戰略目的。與此同時，由於喇嘛教信眾脫離生產，甚至不結婚成家，滿人統治精英還把喇嘛教視作控制蒙古人勢力壯大的有效手段；事實上也是如此，在整個清代，無論外蒙古還是內蒙古，人口都一直在下降（田雪原 2002: 109）。[1] 因此，在取代明朝之後，順治帝延續了庇護喇嘛教的政策，1652 年邀請五世達賴喇嘛阿旺羅桑嘉措（1617—1682）來京，以隆重禮儀待之，目的是鞏固和漠南蒙古的關係，並且把尚未歸順的漠北喀爾喀蒙古爭取過來。次年，順治帝在達賴喇嘛返藏之時，對其賜予極盡溢美之封號。此後，歷代達賴喇嘛均獲得清廷的正式冊封。

事實證明，清朝皇帝以"護法之主"自任的做法很有效。喀爾喀王公

1　據馮玉祥稱，"蒙古本有一千二百萬人。在滿清長期統治之後，今已減少至五十萬人。滿清利用喇嘛教以統治蒙古人民。凡有兄弟八人者，七人須當喇嘛；兄弟五人者，四人須當喇嘛；僅有一人可為娶妻生子的平民"（*FYX*: 412）。馮玉祥無疑誇大其詞（清末民初內外蒙古的實際人口在 160 萬以上，見田雪原 2002: 109），但也反映了民間對喇嘛教的負面認識。

均為喇嘛教信眾，由此很快跟清廷建立起藩屬關係，向清帝呈獻"九白之貢"（一匹白駱駝加八匹白馬）。後來，康熙帝對西藏和蒙古的宗教領袖採取"分而治之"的策略。他特意提高了扎納巴扎爾（1635—1723）即喀爾喀蒙古的藏傳佛教格魯派精神領袖一世哲布尊丹巴呼圖克圖的地位，以抵消達賴喇嘛的影響。這一措施讓噶爾丹治下的準噶爾蒙古極為不滿，因為達賴喇嘛是噶爾丹的支持者。準噶爾隨即於 1688 年侵犯喀爾喀。扎納巴扎爾則成為喀爾喀蒙古 1691 年歸順清朝的關鍵人物（商鴻逵 1982: 110-111）。第一世哲布尊丹巴呼圖克圖之所以讓喀爾喀歸順清朝而不是俄國，宗教和文化的因素在其中起很大作用："北方名俄羅斯之黃契丹可汗之朝，雖云康平大國，而佛法未興，衣襟左向，不可與之。南方黑契丹可汗之朝，平安康泰，且佛法流通，故前往歸附滿洲大可汗，佛法振興，倉廩豐盈，恩賜禮儀並舉，遂享康樂安寧"（妙舟 2009: 5, 17）。值得注意的是，準噶爾儘管與清朝長期對峙，但依然能從宗教的角度把俄國與清朝區別開來，在頑強抵抗俄國入侵的同時，不時地維持著清朝的屬國地位。即便是在與清軍開戰時，噶爾丹仍在 1688 年和 1690 年聲稱 "中華與我一道同軌"（QSL, 康熙 146: 29-6- 甲申），因此 "我並無自外於中華皇帝、達賴喇嘛禮法之意"（QSL, 康熙 137: 27 11- 甲申；參見郭成康 2005: 8）。事實上，正如上文所示，隱藏在噶爾丹和康熙帝軍事對立背後的原因之一，是通過不同的藏傳佛教領袖來影響喇嘛教信眾，以此確立各自的政治支配地位。

因此，喇嘛教在 17 世紀後期到 18 世紀中葉清朝國家的構建過程中，起到了關鍵作用。對於清廷而言，對喇嘛教精神領袖表示尊重，維持彼此間的緊密關係，對於培植自己的 "軟實力"、贏得蒙古人和藏人的支持，是最為有效的手段。當然，軍事行動對於將蒙古和西藏納入版圖同樣必要，甚至具有決定性意義。宗教和用兵因此成為清朝開疆拓土，佔據蒙古人、藏人及其他遊牧部落聚居區域的兩個不可或缺、互相補充的因素。清朝所建立的內亞邊疆，因此可以被定義為軍事—宗教聯盟，朝廷依靠戰爭作為重要手段，將以往的屬國和地緣對手變成自己的疆域，同時，喇嘛教所具有的文化和宗教特性，有助於新納入版圖的族群對朝廷產生認同。當然，這裏需要重申的是，清朝統治者對於喇嘛教的庇護和弘揚是功利性的，只有在意識到它對邊疆治理有用時，才會這樣去做。他們自己並不相信喇嘛教，也沒有將其向滿人或內地傳佈的意圖。當地緣對手被擊潰、邊疆獲得鞏固之後，統治者遂失去了繼續支持喇嘛教的興趣，代之以日漸嚴厲的限教措施。宗教在清朝國家形成過程中所起的作用，跟它在諸穆斯林帝國崛起過程中所扮演的角色完全不同。

總而言之，對於清廷來說，邊疆各地的重要性並不完全相同。其中最為重要的滿人與漠南蒙古之間的聯盟以及京師在地理上所依託的內蒙古的戰略安全。其次是西藏。西藏的戰略安全和對朝廷的臣服，對於控制漠南蒙古至關緊要，這是因為藏傳佛教構成了連接滿族和蒙古王公的精神紐帶。最後是新疆和外蒙古。它們之所以重要，是因為這些地區的穩定與否，直接影響到了西藏和內蒙古的安全程度。無論如何，上述各邊疆對於清廷來說，都有一個共同的目的，即為擴大和再定義了的"中國"提供了地緣安全的必要保障。因此，它們的作用是工具性的，與內地各省相比，其重要性也是次要的。內地各省畢竟維繫著滿人統治中夏的合法性和財源，決定了國家能否長治久安，因此構成大清的核心地區。所以，如何治理漢族地區，成為清朝統治者最具挑戰性的議題。

治理內地各省

合法性的考量

清朝和此前存在於華夏本土的非漢人王朝之間最大的差異是，在入關之前，滿人精英已經深受中國文化的影響，從他們對儒學的推崇和對天命觀的接受可見端倪（商鴻逵 1982: 107-108）。因此，相對於統治中原的王朝，他們自視居於邊陲（郭成康 2005: 2-3）。入關後，清朝統治者的最大挑戰，是如何駕馭漢人，後者不僅規模巨大，而且在歷史上展現了罕見的同化能力。這種同化能力既靠人口規模，又靠自身的輝煌文明。清朝統治者因此既要刻意保存滿人自有的種族、語言、文化特性，以此區別於漢人，從而維持其作為一個統治集團的特權，同時又要盡力證明，自己之所以取代明朝統治華夏，乃受自天命。為此，清朝繼承了明朝的一套中央集權官僚體制，並且尊崇與之相伴的儒家說教。順治帝的登基大典也採用了典型的華夏禮儀：皇帝本人親自主持儀式，祭拜天地。此外還為崇禎帝修繕陵墓，將其安葬，並封孔子後裔為衍聖公。康熙帝還於 1684 年親赴曲阜，拜謁孔廟，在孔子像前行"三跪九叩"之禮，超過了歷代漢人皇帝的"二跪六叩"。此後六次南巡，康熙有五次以同樣的禮儀拜祭了明太祖朱元璋，由此表達對前朝的尊重（商鴻逵 1982: 109）。所有這些舉動，都是為了證明清朝接續了前明的天命，具有充足的正當性統治華夏。

然而，清朝並非只是明朝的複製品。除了版圖的擴大、地緣格局的變化、行政制度的創新之外，兩個王朝最大的不同在於，清朝源自華夏本土之外。作為征服者的滿人和被征服的漢人之間的對立，貫穿了整個王朝的歷史，構成了對清廷的最大威脅。事實上，清朝的反叛者，大都是以反滿為宗旨的漢人，包括 1670 年代的三藩之亂，1790 年代的白蓮教，終清之世的三合會，以及 19 世紀中葉的太平天國和 20 世紀初的革命。不過在 18 世紀的大部分時間，清朝統治者皆能成功地處理滿漢關係，確立清朝統治的合法性，降低維持國內和平的成本。而成功的關鍵，則是對漢人士紳採用了恩威並施的政策。清廷大開"文字獄"，對不忠的士人進行嚴厲的懲戒；同時，為了能夠贏得更多漢人的支持，清廷又沿襲了科舉考試制度，給予士人進入仕途的機會，並委任其中的精英編修典籍。更重要的是，為了能夠在漢人社會確立清朝統治的合法性，滿人精英還主動學習華夏文化；他們所具有的漢學功底，遠遠超過之前入主中原的非漢人統治者（Ping-ti Ho 1998）。比起歷代的漢人王朝，清朝統治者更具有弘揚儒學的雄心和熱忱。對於儒學精英和清朝統治者來說，落實儒家說教最好的辦法，就是在施政之時努力體現出最富儒學意涵的“仁政”。輕徭薄賦因此成為清朝統治者的核心執政理念，暢行於 18 和 19 世紀。

低稅率

清朝在入主中原之初便宣稱將會採用輕徭薄賦的政策。1644 年，攝政王多爾袞（1612—1650）宣佈廢除惡名遠揚的“三餉”。該政策施行於明末最後幾十年間，通過對納稅者的榨取，總共獲得 1.695 億兩白銀，佔每年常規財政收入的 67%（楊濤 1985）。1646 年，清廷通過編修《賦役全書》（成於 1657 年），重申了輕徭薄賦政策。作為賦稅徵收方面唯一的官方指南，《賦役全書》參照明朝萬曆年間（1573—1620）的賦稅標準及做法，規定了賦稅種類、稅率及徵收方式，而將明末添增的附加稅全部予以取消（何平1998: 45）。但在順治年間（1644—1661），為了平定中原，維持常規兵力，每年的軍事開支在 3,000 萬兩以上，遠遠超過其承受能力（1650 年代，政府的常規歲收徘徊在 2,400 到 2,500 萬兩之間），使得輕徭薄賦的政策難以實施。1646 年，清朝重啟“遼餉”，每年可徵收 520 萬兩。1661 年進而啟動“練餉”徵收，每年可獲 730 萬兩（同上：12）。兩餉加上常規田賦，導致清初實際土地稅率達到了 15% 以上（見表 1）。1681 年，在平定三藩之亂後，清朝統治者方能廢止戰時財政措施，遵守《賦役全書》有關賦稅徵收的制度和規定，認真執行輕徭薄賦。

總的來說，從 17 世紀後期到 19 世紀初，清的土地稅率相對較低；相對於土地收益，稅率呈下降趨勢。表 1 可見實際徵收土地稅的總額（包括各種非法或非正式的附加，約佔合法賦稅總數的 25%，見 Yeh-chien Wang 1973: 表 4.1, 註 d）。如表所示，在清朝平定內地叛亂之後，到 1685 年，稅率很快降低至土地總產出的 10% 以下，1724 年約為 5%，18 世紀後期約為3.5%，而在 19 世紀初，則不到 3%。

表 1. 田賦佔土地產出的百分比（1652—1820）（單位：千兩）

年份	實收田賦數額[a]	土地產量[b]	田賦負擔（%）
1652	49,795	315,991	15.75
1685	38,809	415,359	9.35
1724	44,550	890,648	5.01
1766	57,360	1,783,965	3.21
1784	54,348	1,646,449	3.30
1820	63,478	2,313,710	2.74

資料來源：關於表中歷年田賦數額，見梁方仲 2008: 544-555；關於漕糧折算為銀兩所依據的稻米價格，見 Yeh-chien Wang 1992；關於各種非正式附加的徵收率，亦即地丁銀的百分比，見 Yeh-chien Wang 1974: 表 4.1，註 d。關於據以估計土地產出的歷年耕地面積，見梁方仲 2008: 530；孫毓棠、張寄謙 1979。

註釋：[a] 1652 年田賦包括：（1）地丁：21,261,383 兩白銀以及 5,739,424 石糧食（何平 1998: 84）（糧食支付相當於 18,574,746 兩，按每石 3.30 兩折算），共計 39,836,129 兩；以及（2）各種附加：9,959,032 兩（地丁的 25%；以下各年份按同樣徵收率計算）。1685年田賦包括：（1）地丁：24,449,724 兩白銀以及 7,331,131 石糧食（含 3,000,000 石漕糧）（相當於 6,598,018 兩，按每石 0.90 兩折算），共計 31,047,742 兩；（2）各種附加：7,761,936 兩。1724 年田賦包括：（1）地丁：26,362,541 兩白銀以及 7,731,400 石糧食（含 3,000,000 石漕糧）（相當於 9,277,680 兩，按每石 1.20 折算），共計 35,640,221 兩；以及（2）各種附加：8,910,055 兩。1766 年田賦包括：（1）地丁：29,917,761 兩白銀以及 8,317,735 石糧食（相當於 15,970,051 兩白銀，按每石 1.92 兩折算），共計 45,887,812兩，以及（2）各種附加：11,471,953 兩。1784 年田賦包括：（1）地丁：29,637,014 兩白銀以及 7,820,067 石糧食（含 3,000,000 石漕糧）（相當於 13,841,519 兩，按每石 1.77 兩折算），共計 43,478,533 兩，以及（2）各種附加：10,869,633 兩。1820 年田賦包括：（1）地丁：30,228,897 兩白銀以及 8,821,183 石糧食（相當於 20,553,356 兩，按每石 2.33 兩折算），共計 50,782,253 兩，以及（2）各種附加：12,695,563 兩。

[b] 1652 年耕地總面積為 403,392,500 畝（陳支平 1986: 89）。考慮到戰爭破壞，假定當時的糧食畝產量下降到明末水平的三分之一，亦即只有每畝 0.627 石，則耕地總產出為 252,792,633 石。再進一步假定去掉麩糠之後，糧食總產出為原來的三分之二，即 168,528,422 石，相當於 252,792,633 兩（按每石值 1.5 兩折算）。剩下的三分之一（84,264,211 石）為雜糧，值 63,198,158 兩（按每石 0.75 兩折算，亦即去掉麩糠後的米價的四分之一，以下各年份皆同）。耕地總產出的價值因此為 315,990,791 兩，如果種植經濟作物的耕地收益與種植糧食的耕地收益相等的話。其他年份的耕地總產出價值以同樣方法估算。

另一種估計賦稅負擔的方法，是將實際徵收的所有稅額（包括向土地和成年男子徵收的直接稅，以及針對商品交易所徵收的間接稅）和農業、工業總產量進行比較（見表2）。結果顯示出相近的賦稅負擔（雖然比上表略高）以及同樣的長期下降趨勢。

表 2. 實收賦稅額佔經濟總產出的百分比（1652—1820）（單位：千兩）

年份	實收賦稅總額[a]	經濟總產出[b]	賦稅負擔（%）
1652	55,328	351,100	15.76
1685	45,658	461,510	9.89
1724	52,412	1,047,821	5.00
1766	76,480	2,098,782	3.64
1784	72,464	1,936,999	3.74
1820	84,639	2,722,012	3.11

註釋：[a] 包括表 1 中的田賦實收總額，還包括其他所有稅項，其數額估計為 1652 年實收稅款總額的 10%，1685 年和 1724 年為 15%，1766 年、1784 年以及 1820 年為 25%（關於田賦在政府官方收入中的實際比重，見下文表 3）。

[b] 包括表 1 中的土地產出數額，還包括非農業產出，其數額估計為 1652 年和 1685 年經濟總產出的 10%（當時經濟尚未完全恢復），以後歷年為 15%（關於非農業產出佔經濟總產出比重的初步估計，見周志初 2002: 40）。

如果與 18 世紀主要歐洲國家進行對比，也可以發現，清代中國的賦稅負擔是較低的。例如在英格蘭，1700 年稅率約為其 GNP 的 12%，1789 年則達到 18.61%（Goldstone 1991: 204-206）。又如法國，1700 年稅率為 GNP 的 5.06%，1751 年達到 6.87%，1789 年升至 8.71%。但需要指出的是，在英格蘭和法國，工業和貿易對於經濟的重要性遠超中國。在法國，1700 年工業和貿易額佔 GNP 的 25%，1789 年佔 31%。而在英格蘭，1700 年上述兩項佔 GNP 的 45%，1789 年佔 55%（同上：204-206）。相較之下，在中國，從 17 世紀後期到 18 世紀初期，工業和貿易額僅佔經濟總量的 10% 左右，18 世紀後期約佔 15%。由此導致的結果是，英格蘭和法國從工業和貿易中所徵收的稅額，在稅收總量中佔有較高的比重。在法國，1700 年，54% 的稅額來自工業和貿易，1789 年則有 50%；而在英格蘭，1700 年，66% 的稅額來自工業和貿易，1789 年升至 82%（同上：204-206）。而在中國，18 世紀初期，僅有約 10% 的政府收入來自工業和貿易，18 世紀後期則達到約 25%。儘管在 18 世紀的多數時間內，農業稅佔英格蘭和法國稅收總量的比重較小，但考慮到兩國的農業總量，再與中國進行對比，可以看到農業稅率並不算低。譬如，在 1780 年代，法國農業稅約佔土地收益的 6.34%，英格蘭則佔到 7.36%（同上：204-206），而在中國，同期的農業稅僅佔土地收益的 3.3%，大約只是上述兩國的一半。再對比其他相對較小的歐洲國家如普魯士，會發現中國的農業稅率顯得特別低。18 世紀下半葉，普魯士農民要付出收入總量的 16% 作為軍事稅，18% 作為封建領主的租稅（Wilson 2009：118）。

田賦蠲免

　　為了進一步理解清朝實行輕徭薄賦的原因，我們需要討論，在 18 世紀，是哪些因素導致了國家經常性地採取減免賦稅的措施。這一時期，國家時常會選擇某一年份，實行區域性或全國性的田賦蠲免政策。從順治朝（1644—1661）到康熙朝（1662—1722）最初二十年，即使天下尚未底定、經濟尚未完全恢復，統治者已經在遭受戰火蹂躪、軍事供給浩繁或者發生天災的地區，三番五次地蠲免田賦。換言之，清初的田賦蠲免僅僅是一種救濟措施。1700 年之後，與災害有關的局部蠲免政策仍在實行，次數更多、蠲免幅度更大。但是，在 18 世紀，蠲免政策有所不同，即不管有無災害，在全國範圍內普遍執行。第一次全國性的田賦蠲免發生在 1711 年，康熙帝宣佈，在 3 年之內（1711—1713），全國 19 個省份將分三批進行蠲免，蠲免範圍不僅包括上述其中一年的地丁銀，也包括各省歷年所欠錢糧，最終總共蠲免超過 3,800 萬兩（張傑 1999：58）。在乾隆朝（1736—1795），全國性的蠲免共發生五次，分別在 1746、1770、1777、1790 和 1795 年，每次蠲免額均在 2,700 萬兩以上（王慶雲 1985: 12-17; 參見何平 1998; 41）。

全國性蠲免的出現，毫無疑問是和 18 世紀大部分時間的經濟繁榮直接相關，使得戶部出現空前數額的現金盈餘。譬如，在康熙帝於 1710 年第一次實行全國賦稅蠲免時，盈餘量達到 4,500 萬兩，超過全國歲收總量（約 3,500 萬兩）。而在乾隆朝，全國性蠲免實施之時，盈餘量甚至接近或超過 7,000 萬兩。但是，這種史無前例的繁榮局面，並非清朝反覆實施全國蠲免的唯一原因。乾隆帝至少在其在位的第 10、35、37 年三次宣佈蠲免天下。他在詔書上為這一決定加以辯解時，反覆強調兩點。首先，"天下之財止有此數"，因此 "不聚於上，即散於下"（QSL, 乾隆 242: 10-6- 丁未）。換言之，政府和民眾之間的財富再分配是一種零和遊戲：要麼集聚於中央，要麼藏富於民間。如果國家掌握的財富過多，就會削減民眾所應得到的財富。其次，"國用原有常經"，而如今 "帑藏充盈"，足以滿足所有財政需要（轉引自戴逸 1992: 28）。因此，"與其多聚左藏，無寧使茅簷都屋自為流通"（QSL, 乾隆 850: 35-1- 己卯；另見乾隆 920: 37-11- 癸卯）。乾隆帝諄諄教誨，國庫 "持盈保泰" 的根本之道在於 "足民"（QSL, 乾隆 242: 10-6- 丁未）。這些文字顯示，清朝財政政策的目標，並不在於竭盡全力增加政府收入，或是無休止地擴大國庫儲量，而是在財富的再分配方面，在國家和民眾之間達到某種平衡。一旦國家收入能夠滿足需求，那麼繼續增加現金儲量，必將有損於民眾福祉，進而不利於國家的財政收入和長治久安。此一理念，跟西歐早期近代 "財政軍事國家" 千方百計搜羅財源的做法（詳見第三章），不可同日而語。

限制稅收

在清朝統治者所制定的所有限制稅收的政策中，最重要的無疑是在 1712 年宣佈 "盛世滋生人丁永不加賦"，凍結了丁銀額，永久免除了此後出生的男性之丁銀。又經過數十年，丁銀在大部分地區攤入地畝，無地人口免除了納稅負擔。

關於實行這一政策的理由，康熙帝在 1712 年的詔書中做了解釋："今國帑充裕，屢歲蠲免，輒至千萬。而國用所需，並無不足之虞。"（QSL，康熙249: 51-2-壬午）他進一步將此政策和他對人口壓力的認識結合起來討論："今海宇承平已久，戶口日繁，若按見在人丁加徵錢糧，實有不可。人丁雖增，地畝並未加廣。"又說："自平定以來，人民漸增，開墾無遺，山谷崎嶇之地，已無棄土。由此觀之，民之生齒實繁。"（同上）康熙帝的思路足夠清晰：全國的財富是一個固定的總量，耕地也有一個限度，而人口的增長卻是沒有限度的。在國家已有足夠的收入滿足所有需求時，對新增加的人口徵收丁銀，不僅毫無意義，還會危及民眾的生計。

限制民眾納稅負擔的另一項重要措施，是 1720 年代雍正在位時所施行的"火耗歸公"。火耗是在徵收和解送正項地丁錢糧時，為彌補白銀在熔化為大塊銀錠及解送中央銀庫過程中的損耗，在地丁錢糧基礎上按一定比例徵收的非正式加派，歸地方州縣衙門掌握並私分，以彌補官員薪俸之不足。儘管實際損耗率不及百分之一二，但各地加派比率通常不低於 10%，多的在30%—40%（如山西），嚴重的則高達 40%—50%（如陝甘），成為地方官員灰色收入的最大源頭（Zelin 1984: 73, 88, 329n44）。推行改革之後，火耗從原來不合法、無規章變得合法和規範化，各省從 1724 年起，先後把火耗固定在 10% 至 20% 之間不等的水平，除小部分用作衙門辦公經費外，大部分成為地方官員的"養廉"銀。改革的效果很明顯。儘管官府正式徵收的稅額比以前提高了，但有效地杜絕了原先徵收火耗過程中對額外稅款的侵吞，降低了百姓的賦稅負擔。各省的財政也大為改觀，從原來普遍虧空變成出現可觀的收入盈餘（同上：130）。

清朝統治者對新墾耕地的稅收政策的不斷調整，也體現了同樣的意圖。在順治朝，由於用兵耗費巨大，超過了國庫歲入，清廷只允許新墾土地免除三至六年的錢糧（陳鋒 2008: 134-145）。到了 1710 年代，當經濟恢復、國家財政狀況好轉之際，康熙帝仍不鼓勵向新墾土地徵稅。1713年，在宣佈對南方諸省蠲免田賦之後，康熙帝表示："朕意國用已足，不事加徵。"他又將其決定與人口對土地的壓力聯繫起來："先年人少田多，一畝之地，其值銀不過數錢，今因人多價貴，一畝之值竟至數兩不等。即如京師近地，民舍市廛日以增多，略無空隙。"他還寫道："今歲不特田禾大收，即芝麻、棉花皆得收穫。如此豐年而米粟尚貴，皆由人多田少故耳。"（QSL, 康熙 256: 52-10- 丙子）

乾隆帝即位後，在處理新墾土地問題上，採取了進一步措施。在他看來，地方官員熱衷於登記新墾土地，並將其向朝廷報告，根本動機是增加政府的賦稅收入，但是這些措施"非徒無益於地方，而並貽害於百姓也"（QSL, 乾隆 4: 13-9- 乙亥）。朝廷遵照乾隆的旨意，推出一項新的法令，永久性地終止清查地畝，禁止地方官員對新墾土地進行強制登記。顯然，清朝對於現有的田賦收入感到滿意，認為數量之大，足以應付各項開銷。企圖對新墾土地徵稅，以此增加國庫收入，已經變得毫無意義，徒增民眾負擔。因而，對於清朝統治者來說，最佳方案是對大量存在的不在冊"黑地""隱地"以及由此導致的賦稅偷漏現象視而不見。由於不再清查土地，停止登記新墾土地，清政府實際上凍結了田賦收入。的確，在乾隆、嘉慶、道光三朝，田賦給國家所帶來的收入大體上保持穩定，徘徊在每年 3,000 萬兩左右，大略只比明代萬曆朝的田賦收入稍高一些。由此出現的結果是，應納稅的土地面積在整個 18 世紀基本保持不變（從 1720 年代的 7.2 億畝到 1850 年代的 7.5 億畝，參見郭成康、鄭寶鳳 1995: 101-102）；而在同一時期，由於不斷有新墾土地的出現，實際耕地面積一直在穩定增長。結果兩者之間的差距越拉越大。然而，只要現有賦額的徵收有保障，清朝便無意調查全國應納稅土地的實際面積。

概而言之，清朝的低稅收政策，主要基於以下兩個明確的假設前提：第一，每年的開支能夠保持在一個固定的、制度化的數額標準，而清朝法規所確立的賦額能夠滿足所有的常項開支；第二，由於人口增長對土地資源帶來前所未有的壓力，因此，保障百姓生計（"足民"）比國庫增收來得更重要。這兩個假設進一步導致了清朝財政體制的兩個特徵。首先，由於以下三項措施，國家的財政收入總體上不具彈性，即（1）1712年凍結丁銀；（2）雍正朝（主要在1720年代）攤丁入畝和火耗歸公；（3）1730年代禁止清查土地和向新墾土地徵稅，進一步導致全國田賦總額的固定不變。其次，國家面對日益增長的人口壓力採取了實用的處理辦法，即通過禁止向隱匿和新墾土地徵稅，對全國田賦的總體負擔加以限制，而不是全面、徹底地清查全國新舊耕地，並在此基礎上降低所有耕地（不管是否在冊）的稅率。

複合型集權自主

下面，我們再進一步把邊疆與內地的兩套不同治理體系結合起來，從總體上把握清朝國家的基本特徵。首先，清朝的國家結構具有不同於以往中原王朝的鮮明的複合性（hybridity）。如前所述，清朝涵蓋了兩個在地理環境、人口、文化和制度上都差異甚大的部分：漢人內地諸省和由滿人、蒙古人、藏人及其他非漢人組成的邊疆地區。中央政權依靠內地諸省滿足其財富和人力需求，同時通過建立邊疆以維護地緣安全。為了確保財源，維持其統治中國的正統王朝地位，清朝把內地各省置於其直接管控之下，並在地方治理方面，推崇儒家思想，實踐"仁政"原則。而為了保障邊疆穩定、提高對於朝廷的認同，清朝允許當地精英擁有一定的自主權，還對流行於蒙古人和藏人中間的喇嘛教予以庇護，並將維吾爾穆斯林和其他部落同漢人隔離開來。儘管存在著這些巨大的內部差異，清朝還是成功地將版圖內不同族群的精英人士聚攏在一起，使他們對朝廷產生共同的認知，這要歸因於清廷在治理不同地區的過程中，重視利用宗教紐帶、文化同化和制度建設上的因地制宜，而不僅僅依靠軍事控制和強制性的行政措施。

其次，在內地各省，清廷在中央和省級行政體制中開創了一套複合結構，由滿洲貴族與漢人官員平分關鍵性的文武職位。不過，儘管清廷一直宣揚滿漢平等，這種"滿漢共治"的原則並未應用於中下級的朝廷官職，這些職位大多由滿人佔據（Rhoads 2000: 45-46）。清朝的兵力也分為八旗和綠營兩類。前者主要由滿人構成，駐防內地各省重要城市；後者由漢人組成，以穩定地方秩序。城市裏的滿人也跟漢人隔開，自成滿城。雖然這些生活於內地的滿人終將不可避免地失去自己原有的語言以及其他一些文化特徵，產生認同危機，但是，清廷仍然鼓勵在滿人內部使用滿語，並力圖維護源自遊牧民族的文化傳統；有研究者把這套東西形容為"族群主權"（ethnic sovereignty）（Elliott 2001, 2006）。因此，縱觀有清一代，滿族從未被漢人文化所完全同化。到了清末，滿漢精英之間的矛盾更是愈演愈烈，這可以部分歸因於滿人貴族對革命黨人反滿的一種本能回應，同時也是漢人精英階層的民族主義意識日漸覺醒的結果。

如果再就邊疆與內地各自的治理體系來看，清朝國家則具有"集權自主"（centralized autonomy）特徵。首先，它是高度集權的：無論治理邊疆的理藩體制，還是內地的州縣體制，都受到中央的有效的直接控制；無論是內地的州縣官還是蒙古各盟的盟長或各旗的札薩克、新疆回教地區各地的伯克，均由清朝中央直接任命，而藏區噶廈的四名噶倫的任命，也須經由中央的批准。但是，在內地的州縣以下，或邊疆的盟旗、伯克、噶廈以下，卻各自存在著一套相對自主的治理體系，承擔日常治安、司法、徵稅、公益等具體職能。正式的官僚體制或理藩制度高度集權於中央，並且在制度建設上高度標準化，內地各省之間以及邊疆各地內部差異不大；但地方上自主的日常治理制度卻有明顯的區域變化，其具體形式取決於當地的生態環境、經濟社會結構和政治文化傳統。

集權國家的低成本

理解清朝國家高度集權的上層機構與相對自主的底層結構同時並存的關

鍵，在於其獨特的地緣政治優勢以及由此所帶來的國家機器運轉的低成本。如果把清朝和之前的華夏王朝加以比較，這一點尤為突出。例如宋朝和明朝，作為漢人政權，均面臨北方遊牧部落持續不斷的乃至致命的侵擾。宋朝先後與女真及蒙古發生戰爭，不僅消耗了大量的財政資源，還被迫南遷，最終亡國。明朝的衰亡，也由於跟滿人對壘，開支浩繁，不得不想盡辦法籌集兵餉，導致民怨沸騰。相較之下，清朝在將蒙古、新疆及西藏納入版圖之後，再無傳統意義上的"邊患"。作為亞洲最強大的國家，中國周邊沒有可與其一爭鋒芒的勢力，主導其與相鄰國家關係的是以清廷為中心的朝貢體制。由於沒有任何勢均力敵的外來威脅，清朝統治者沒有必要保持一支規模龐大的常備軍，更無須像早期近代歐洲國家那樣，在列國競爭的格局中一直不斷地更新軍事裝備。清朝維持一支常規軍隊的目的，主要是維護國內秩序。在 18 世紀的大多數時間，其常規軍的規模保持在 80 萬人左右，包括 60 萬漢人綠營和 20 萬滿洲八旗（彭澤益 1990: 55；陳鋒 1992: 23, 97），在清朝人口總數中，只佔很小的比例（1700 年前後約 0.4%，1800 年前後約 0.19%，見 Ping-ti Ho 1959）。而政府的常規軍事開支，1720 年代每年 1,300 萬兩，1790 年代每年 1,700 萬兩（陳鋒 1992: 194），佔清朝經濟總量的比重同樣很小（1720 年代約 1.24%，1790 年代約 0.85%）。雖然維持常規軍的耗費佔清政府每年總開支的 58%—65%，但仍在其支付能力範圍之內。從 1730 年代到 1840 年代，政府每年軍事開支穩定在 1,700 萬兩上下。出現這種常規軍事開支穩定不變的狀況並不令人意外，因為這一時期並不存在任何實質性的外來軍事挑戰，現有的常備軍規模足以在平時確保國內局勢穩定，故而無須擴充和更新軍備。[1]

　　除了地緣上的對外優勢使其能夠維持較低的軍事開支之外，清朝的政府開支較低還有一個原因，即維持國內秩序穩定所需要的花費極低，這可進一

1　事實上，由於三藩之亂後有近一個世紀的和平，清朝統治者發現綠營和八旗因缺乏有效訓練而日漸廢弛，不再能夠成為戰場上的有生力量。這種狀況在 1790 年代平定白蓮教叛亂的過程中第一次出現，隨後在鴉片戰爭時期對英軍作戰過程中，變得更為明顯。

步歸因於兩方面：其一，內地人口在族群、語言和文化上保持著高度同質性，儘管地區間的差異不小；其二，政府管理採用的是一套承襲自明朝的基於公平競爭的文官遴選機制，以及由此所產生的高度集權的官僚體制。

在長達五千年的中華文明史上，以下幾個關鍵環節導致中國國家在族群融合的基礎上走向集權並日臻完善：（1）商朝和西周時期（前 1600—前 771），華夏族群從黃河中游向東、向南擴張，形成華夏文明核心地帶；（2）秦朝（前 221—前 207），華夏國家持續向南擴張，並以中央集權的官僚體制（包括文字、交通和計量的統一）取代分崩離析的封建體制；（3）儒家世俗說教在漢代（前 206—220）上升為官方意識形態，此後在歷代依然保持其正統地位，教義也日趨複雜；（4）唐朝（618—907）及此後歷代採用科舉考試制度，使得士人地位上升，主導了地方社會。

上述發展所導致的結果是，到了 11 世紀，在族群融合和文化昌盛的基礎上，華夏國家已經日臻成熟，儘管王朝屢經更迭，但這種國家體制變化不大，一直持續到 20 世紀。在這些世紀裏，中國的國家體制在以下幾個方面，不同於同時代的歐亞大陸其他國家。首先，士人階層在社會上佔主導地位，並且在意識形態上與國家高度認同，因而使得政府可以將大多數行政職能下放給士紳，而不必將行政權力延伸到縣以下的數百個村落。其次，秦代以後中央集權官僚體制的確立，排除了貴族階層擁兵自固、威脅中央，導致四分五裂的可能，當然，也有少數例外情況出現過。其三，漢代以後，儒家思想與官僚制集權國家的融合，以及儒學對怪力亂神的質疑，大大限制了各種內生或外來宗教的生存空間，使其無法挑戰儒家思想在精神世界的正統性，也無力發展出自主而龐大的宗教組織，對各種世俗權力發起挑戰。最後，科舉考試在吸納成功的商人進入士人階層、培養商人對朝廷的認同、阻止他們形成一股自主的社會力量等方面發揮巨大效用，削弱了商人通過經濟途徑干預國家的潛在可能。

因此，宋代以後，統一的官僚制國家在華夏本土一直佔據主導地位，朝廷牢固控制了各項行政、財政和軍事權力，而不受地方割據勢力、宗教組織或商人階層的挑戰。比起歐亞大陸的其他強國，中國用於維持有效統治的開支低得驚人。直至 19 世紀末，清政府的規模仍只限於大約 23,000 名享有俸祿的官員（Chang 1962: 42），即平均每 17,000 人供養一名官員。國家的行政開支非常有限。例如，1766 年，所有文官和王公貴族的薪俸總共只有 497 萬兩；該年國家的總支出亦僅為 4,221 萬兩（陳鋒 2008: 408-409），約佔同期國家經濟總量的 2%。清代國家確可謂規模小、成本低。正是在這樣的背景下，我們方可理解清代地方治理的獨特之處。

地方治理中的自主性

清代縣以下治理體制的特徵是內生組織和慣例大行其道，其目標是滿足村落的利益，同時在徵稅和治安方面配合國家權力機構。在清代國家的制度設計中，所有的城鄉家庭都被編入 "保甲"，十戶為一甲、十甲為一保，在治安上相互監督，在賦稅徵收過程中共同擔責。但事實上，很少有地方能夠從保甲法實行之初，就將各戶按照上述辦法原原本本地組織和延續下來。在大多數地區，保甲皆融入原有的村落組織，或者依託原有的社會網絡建立起來，因此，保甲制在不同地區呈現出不同的面貌。例如在華南部分地區，村民聚族而居，宗族組織往往取代保甲，為族人承擔起集體納稅的責任。而在長江下游地區，土地所有權高度分化，那些功名士子以及在職或卸任官宦大戶支配了當地社會，其中有些還從事 "包攬" 生意，即利用功名士子所獨享的優惠（免除部分地丁錢糧），為受其庇護的鄉民代繳稅款，這種做法給地方精英及其受庇護對象帶來好處，卻會導致國家賦稅收入的流失（Bernhardt 1992）。

而在華北大多數地方，社會分化程度很低，存在著大量的自耕農，具有影響力的士人精英十分稀少，因此普通村民會自發形成村內或跨村的組織，承擔贊助寺廟香火、舉行求雨儀式或祭拜龍王、看青、防洪、防盜等責任。各個村落在納稅方面也有不同的做法。在那些生計艱難的村落，村民遷出遷入的現象頻發，因此多姓雜處，宗族紐帶脆弱，村民很難自發組織起來，以合作的方式向官府納稅。通常的做法是，村內有頭有面的人推舉某人做鄉保（又稱地保、地方），以半官半民的身份，負責催促全村各戶甚或相鄰各村按時納稅，並協助縣衙門處理其他行政事務（P. Huang 1988: 225-232; Duara 1991: 50-53, 130）。

　　相較之下，在宗族紐帶緊密的村落，各戶在繳稅時多能相互合作，族內各戶輪流派人做"鄉地"，為全村或族內所有稅戶預墊糧款，各戶因此省下了各自前往糧櫃繳稅的費用和時間。同樣，鄉地也會奔走於縣衙門與所在村落之間，協助各種行政事務。由於不取薪酬，也沒有官府的正式任命，鄉地一職是非官方的，由所在村落根據業已存在的慣例（亦即"村規"）選拔出來。各戶每年按照這些村規決定輪替充任鄉地的次序，同時，按照村規，村民也有責任為鄉地所提供的服務給予補償，具體做法是在出售田屋或農產品時，鄉地有權從中抽取一筆佣金（"中用"），無論該鄉地是否在交易過程中真正擔當中介人。各戶之間有時會因為充任鄉地一職而產生糾紛。如果鄉地任務繁重，會發生逃避此職的現象。但是，如果當地交易興旺，佣金豐厚，也會有人爭奪鄉地職位。一旦出現糾紛，村民都會按照村規進行調解。如果調解失敗，則會到縣衙門打官司，而知縣（或民國以後的知事、縣長）同樣會基於鄉規做出反應，因為國家法律並未對鄉地的選任和履職有任何規定（H. Li 2005: 66-91）。

　　因此，清朝縣以下的行政治理具有非官方的自主性質，主要依靠村落本生的組織和慣例，其形式既可能是普通鄉民之間的同村或跨村合作，也可能由士人精英與宗族組織出面提倡。國家只是有限地進入村落，地方治理主要靠民間慣例。這並不是因為國家沒有能力把觸角延伸到鄉村，而是清朝的地緣環境和財政制度所帶來的一種十分獨特的地方治理方式。前面已經提到，由於外無強敵持續性的威脅，內無族群或宗教的紛爭，清朝的軍事和行政支出處在一個很低且穩定的水平，故而在 18 世紀的大多數時間，民眾的賦稅負擔很輕，完全在其承受範圍之內。因此，只要鄉民在納稅和治安方面能夠履行其義務，國家的權力中樞並無必要將其正式的職能機構延伸到縣以下的各個村落。

還值得一提的是，依靠民間內生組織治理地方的做法，也切合宋明儒學的理念。宋明儒學在帝制時代被官方長期奉為正統的意識形態。在理學家看來，最好的治理方式應該是盡可能減少官府對地方村落的干預，鼓勵村民在納稅、治安方面自願合作，這樣於公於私皆有好處，既減少了官府的管理成本，還可以保護地方免受外來衙役的勒索。[1] 我在之前的研究中，曾提出"實體治理"（substantive governance）的概念，用來刻畫帝制晚期中國基層治理的此一特徵（H. Li 2005: 107-109, 130-132, 259-260）。它所強調的正是以村社為基礎的非正式的制度安排在地方稅收和行政方面所起的主導作用，以及由此所形成的國家權力與地方慣例之間相互依賴的關係，以確保政府的運轉和地方秩序的穩定。

歸根結底，清朝國家對內地各省的統治，採取了一種特殊的組合形式：一方面由正式的高度集權的國家機關行使其強制性的權力，另一方面由相對自主的各種非正式機制在基層社會的日常治理中執行著國家的基礎功能。國家之所以不用將權力深入基層社會，是因為相對於龐大的納稅人口和經濟體量，國家的歲收需求很低：地緣環境的安全，使得國家的軍事開支有限且穩定；同時，內地人口的高度同質，也帶來治安成本較低和政府規模較小的優勢。如果我們進一步把清朝國家視作一個從中央到地方、從內地到邊疆的治理體系，則可把這一整套政府制度概括為"複合型集中主義"（hybrid centralism），或更為準確地說 —— 尤其是自下而上地觀察 —— 則為"複合型集權自主"（hybrid centralized autonomy）。其中，集權自主是內地華夏王朝的政治傳統與清朝鼎盛時期地緣優勢相結合的產物，而複合特徵則來自清朝以遊牧政權的背景入主中原和開疆拓土；換言之，清朝國家是傳統中原王

---

1 清代國家的經濟政策與"實體治理"模式是一致的。這一政策不鼓勵政府干預，而是強調利用市場和社會自身的其他經濟機制，由此達到所期望的自發產生的經濟目標（Rowe 1993; Dunstan 1996: 6-9）。

朝的遺產在被新注入的亞洲內陸因素再定義之後的重生和延續。

清代在中國歷史上的獨特性

在帝國與主權國家之間

　　清朝和之前的漢人王朝確實有所不同。那些漢人王朝雖然也講儒家的
"仁政"，但為了對付邊患，往往不得不增設苛捐雜稅，以維持龐大的軍事開
支，一如在明朝末年所見。清朝的不同之處，在於把蒙古、新疆和西藏納入
版圖之後，不再存在傳統意義上的邊患問題。由此，清廷得以把軍費以及稅
率降至較低的水平。同時，為了在漢人社會確立其統治的合法性，清廷也有
必要採用輕徭薄賦政策，忠實地踐行儒家的仁政理念。

　　清朝地緣戰略的核心是確保邊疆地區的安全。縱觀清朝早期歷史，與漠
南蒙古的同盟關係，是滿人得以征服內地各省的重要因素。在平定中原之
後，內蒙古和滿洲地區作為清廷的"後院"，一直是清朝戰略安全的重中之
重；直至 19 世紀後期中國被捲入全球範圍的主權國家體系，導致其地緣格
局發生根本顛覆之前，這種局面一直未變。也正是這樣一種地緣格局，催使
清廷下決心平定對漠南蒙古造成最大威脅的準噶爾蒙古部落，並在此後將西
藏和新疆併入版圖，以徹底消除邊患。但是，邊疆地區對於清朝的重要性僅
限於此。其統治者既沒有被新疆的人口和財富所吸引，也並不是真正對西藏
的喇嘛教感興趣。這些地區之所以重要，只是因為它們擔負著維護清朝地緣
安全的作用，別無他意。

　　但是，清朝也不是一個軍事帝國。儘管其在早期歷史上，曾經全力以赴
擴張版圖，但是在征服中原之後，清朝國家的性質發生了變化。清朝統治者
不再對開疆擴土感興趣，而是致力於將自身轉變為統治中國的正統王朝。在
治理內地各省和處理與周邊朝貢國的關係方面，清朝繼承了明朝的大部分制

度。它既不想對周邊國家如朝鮮、越南進行征服，也無意要求藩國進獻大量的貢品。在定都北京之後的半個世紀中，清朝滿足於它從明朝所承襲的版圖。就疆域而言，此時的清朝跟明朝的差別，僅限於滿人入關時所帶來的滿洲地區和內蒙古，以及 1683 年從反清的鄭氏手裏奪來的台灣。此後，從 1690 年代到 1750 年代，清朝次第把外蒙古、新疆和西藏納入版圖，乃是抗禦準噶爾勢力的軍事威脅的結果。一旦徹底消除了此一威脅，清朝再也沒有興趣將其邊疆向中亞腹地進一步拓展，儘管此時清廷的財政之充沛已經達到了歷史頂點，足以支撐其繼續用兵。相比之下，軍事征戰和疆域變動始終貫穿著歐亞大陸其他帝國的歷史。這些帝國往往源自小塊核心區域，然後逐步對外擴張，目的是獲得更多的土地、人口和財富，並為此將被征服的土地和人民變成其藩屬，再將藩屬進一步變成中央直接控制的行政區。其中最典型的例子莫過於奧斯曼帝國（詳見第十一章）。清朝平定中土後走了一條不同的道路，因為中國本土規模夠大，財政收入又足夠充盈，除非自身安全受到威脅，否則清廷並沒有必要無休止地開疆拓土，將藩屬併入版圖，用以增加國庫收入。總之，清朝國家的形成，雖具遊牧民族的背景，並一度展現出征服王朝的特徵，在某種程度上走過與歐亞大陸諸穆斯林帝國相似的道路，但它跟後者之間有著實質性的差別。遷都北京後，清朝很快轉變為一個複合型國家，既延續了內亞遊牧民族的傳統，又承繼了中原王朝的政治遺產。

最後，清朝在本質上又和現代主權國家有所不同，這是因為清朝的立國理念與威斯特伐利亞體系內所有主權政體一律平等的原則南轅北轍。儘管如此，在 19 世紀捲入歐洲中心的國家體系之前，清朝仍然顯現出一些向主權國家發展的蛛絲馬跡。儘管清朝將明朝的朝貢體制繼承了下來，儘管這一體制對於維繫其統治合法性非常重要，但是清朝並不熱衷於增加朝貢國的數量及其觀見的次數。通過在中亞內陸的開疆拓土，清朝在對外交往方面，要比明朝顯得更有信心、更具安全感。在處理歐洲和俄國來華的商人和使臣問題上，清朝靈活應對著他們的各種需求，並沒有要求對方嚴格遵守根據宗藩體系確立起來的交往方針。更重要的是，清朝通過與俄國和中亞國家的交鋒，逐漸樹立起領土主權的意識，通過一系列條約、協議的談判，與相關的周邊國家之間明確了邊界（參見 Esherick 2010: 23），從而告別了中國舊有的"普天之下莫非王土"政治理念。

清朝在多大程度上是"中國"的？

鼎盛時期的清朝統治者，掌控著遼闊的疆域和多元的人口，比起先前的帝王都更有可能宣稱自己是普世君主，並對大清版圖內的各種文化和語言都表現出尊重，無論這僅僅是一種姿態，還是出於真心。事實上，滿清統治者在與具有不同族群和宗教背景的民眾打交道時，的確是以不同的形象出現的。在內地漢人社會，清帝力圖以儒家聖賢君主的姿態展現自己；面對西藏和蒙古的喇嘛教徒，以及滿洲地區的薩滿教信眾，則以慷慨的護主身份出現；同時，為了讓從滿洲到中亞的遼闊草原上的遊牧民族臣服於朝廷，統治者或多或少地借鑒了先前部落國家時代可汗制度的傳統。乾隆帝因此會不時地自視為跨越文化和族群藩籬，統御四海的"天下共主"（Crossley 1992, 1999; Rawski 1996, 2004; 另見 Waley-Cohen 2004; Millward 1998: 201）。

然而，所有這些並不意味著清朝將邊疆和內地等同視之，也不意味著清朝皇帝之作為非漢人族群之宗教護主或可汗身份，跟在華夏本土特定的政治文化環境中所扮演的"天子"角色同樣重要。概而言之，一個基本的事實是，在遷都北京、平定中原之後，清朝將自己的定位從偏居邊陲的滿人政權轉變為統治華夏本土的正統王朝，並且重新界定了"中國"的範圍，使其涵蓋內地省份之外的邊疆地區，從而使大清等同於"中國"（參見 G. Zhao 2006; 黃興濤 2011）。相應地，清朝統治者也改造了自身與邊疆地區精英群體之間的關係，不再像過去那樣在部落首領之間平等相處，而是繼承了先前中原王朝的一套規制，將其界定為基於儒家政治秩序的君臣關係。對於清廷來說，內地各省無疑構成其疆域的主體，因為這裏不僅為國家的正常運作提供了所需的財富和人才，同時還為他們統治華夏本土、邊疆及藩屬國提供了政治的和文化的合法性基礎。因此，儘管清廷允許邊疆地區的精英享有一定的行政和宗教自主權，但在處理與邊疆的關係時，毫無猶豫地將其納入承襲自先前華夏王朝的儒家政治秩序的框架之中。

　　總之，清朝最好被視作一個二元國家，它融合了遊牧民族征服王朝的傳統與中原王朝的文化及政治遺產。相較於此前曾經入主華北或統治中國全境的異族王朝，包括鮮卑族拓跋部所建立的北魏（386—534）、契丹人建立的遼朝（907—1125）、女真人建立的金朝（1115—1234）、蒙古人建立的元朝（1206—1368），清朝（1644—1911）統治中國的時間最長。清朝國祚綿長之根本原因，是其相輔相成的兩個特徵，皆為國家建構所不可或缺：其一，將內亞邊疆地區正式納入版圖，由此消除了來自遊牧部落的威脅；其二，從征服王朝轉向複合型王朝，繼承了前明的正統。清朝通過尊重士人特權、認同儒家理念、因地制宜地選擇治理策略等，贏得了士人精英的忠誠。在內地各省，它既依靠地方精英處理鄉村日常行政事務，同時又不讓他們擁有太多的自主權，由此既能把漢人社會置於中央的直接統治之下，又將政府控制在較小的規模。同樣，在邊疆地區，通過庇護喇嘛教及允許當地的宗教和世俗領袖掌握一定的地方行政事務自主權，清廷也贏得了他們的支持。由此，清朝無需大量派駐軍隊，即可維持邊疆的穩定，同時也無需使用強制手段，即可確保邊陲地區非漢人族群的臣服。清廷強調通過宗教和政治紐帶穩固邊疆，而非訴諸暴力，也有助於邊疆地區對中央政權產生認同。前後兩個世紀的開疆拓土和邊疆的鞏固，不僅使得中國的版圖得以擴大，也助於在漢人與非漢人精英之間產生共同的國家意識，即他們一同生活在一個重新界定後的疆域之內。這種觀念的生命力，甚至比國家本身更加久遠。歸根到底，清朝可謂帝制時代華夏國家譜系的最後一個王朝。但清朝的“中國性”，跟清之前的王朝不盡相同。“中國”的概念重新得到了界定，既體現了中國以往的文化和政治遺產特徵，又顯現出以往所未見的多樣性和複合性。事實上，中國文化本身之所以如此悠久而富有韌性，正是因為其長期以來一直保有向異族的文化和族群因子開放的傳統。正是由於華夏族群在同化異族的同時又吸納異族文化遺產的要素方面所展現的非同尋常的能力，才使得中華先民在數千年的歷史長河中堅強生存，繁衍不息。清朝只是這一長篇故事的最後一章而已。

第三章

邊疆整合的限度：
清朝財政構造中的低度均衡機制

正如上一章所述，在 17 世紀後期和 18 世紀上半葉，對亞洲內陸的用兵和邊疆的整合，作為清代國家構建過程中最為重要的步驟，是清廷對準噶爾蒙古持續威脅加以回應的結果。清朝統治者在面對此一威脅時所採取的策略，隨時間的流轉而發生變化：康熙年間，以被動守勢為主；在 1690 年代擊潰入侵大漠南北的準噶爾蒙古之後，康熙無意進軍大漠以西準噶爾蒙古故地，滿足於準噶爾蒙古稱臣進貢。然而到雍正、乾隆時期，清廷則選擇預防性的主動出擊，最終於 1750 年代徹底剿滅準噶爾勢力；然而清廷在此國力最為鼎盛之際，並未尋求進一步對外擴張。後來在 1830 年代，清廷又啟用羈縻政策。為了給上述一系列策略上的轉變加以辯護，統治者使用了不同的語言：康熙帝之所以採取保守策略，據稱是因為準噶爾土地荒瘠無用，當地民眾也難以駕馭；而乾隆帝則將其先發制人的戰略，用冠冕堂皇的 "王化" 說辭加以包裝。

然而，無論地緣政治還是統治者的辯解，都不能充分說明為什麼清朝在亞洲內陸的用兵花費了半個世紀以上的時間才得以完成，也無法真正解釋為什麼清廷的策略前後互異。那麼，究竟是什麼機制在支撐或牽制清朝對外征討？這一機制對於我們認識清代國家的性質有何含義？我們究竟該如何從早期近代和近代世界史上國家形成的視角解讀清朝的開疆拓土？濮德培對清朝征討準噶爾部落的研究，強調了後勤供給在清廷用兵決策上所起的關鍵作用：補給困難曾經制約康熙帝發動更為持久的對敵作戰，而後來貫穿甘肅直抵新疆的供給線路的開通，則使乾隆帝能夠最終擊潰準噶爾勢力。而後勤補給運輸的改善，據稱又受到中國內地 "市場整合" 的支撐（Perdue 1996：780）。他進一步寫道，"正是由於 18 世紀發生經濟商業化的總體趨勢，才使得清朝官員能夠從中國西北市場上採購大量的物質輸送到新疆"（Perdue 2005: 523）。不過，他也承認，在 1755—1760 年用兵期間，由於軍隊在當地市場採購糧食，那裏的糧價上漲了三倍，可見甘肅一帶的市場整合程度實為有限（Perdue 1996: 781; 2005: 523）。

　　本章將會指出，清廷反覆調整其軍事戰略，不僅是考慮到地緣利益的因素，更是 17 世紀後期到 19 世紀初財政狀況變化所導致的結果。財政狀況是良好還是惡化，要比後勤供給本身更為根本，也更能說明清朝邊疆戰略的前後變化。本章還將揭示，理解清朝財政體制的關鍵，是 18 世紀大部分時間裏所出現的"均衡"（equilibrium）狀態，即財政收入大體相當（或適度高於）常規的軍事和行政支出。為了解釋這種"均衡"及其對於認識清朝國家性質的意義，下文將首先檢視清朝國家的用兵與財政之間的總體關係以及由此所產生的一系列"財政周期"。然後將考察土地資源的開發利用是否能夠滿足日益增長的人口需求，這是理解清朝政府財政能力的關鍵，也是討論清朝財政體制低水平均衡狀況之所以存在並很脆弱的切入點。本章還將對清帝國財政—軍事的關聯狀況進行深入分析，並通過與近代早期歐洲國家進行比較，進一步闡發清代國家的特殊性。

清朝的戰爭與財政

財政周期

　　欲了解清朝的財政狀況，一個較好的方法是觀察戶部現金儲備的餘額，也就是從戶部常年收入中扣除常年開銷之後，歷年累積的盈餘總額（每年財政收支的具體情況，見表 3）。在本研究所涉及的大部分時段，戶部每年的財政收入保持著緩慢而穩定的增長。例如，1685 年收入 3,424 萬兩，而到了 1766 年，收入 4,254 萬兩（見表 3），一般都高於當年的常規支出，如 1685

年支出 2,920 萬兩，到 1766 年支出 3,451 萬兩。這樣，每年都能有幾百萬兩（個別年份超過一千萬兩）的盈餘。但是，一旦朝廷用兵平定內亂、征討遊牧部落，或是捲入國際戰爭，軍費急劇增加，再加上常規歲出，會大大削減現金儲備，導致戶部的年度支出產生赤字，嚴重影響了清政府的財政狀況。總體而言，我們可將 17 世紀中葉到 19 世紀中葉清朝的財政環境分為五個周期，每個周期跨越四五十年。通常來說，每個周期的開端，往往財政狀況表現良好，現金儲備逐步增加，這主要歸因於境內保持大體的和平與穩定。在持續和平的局面下，由於經濟的恢復和擴張，現金儲備量逐步提升，標誌著這一周期達到了頂點。一旦戰爭支出增加，現金儲備快速減少，該財政周期也就步入尾聲。下面將對這五個周期進行簡要介紹。

第一周期（1644—1681）：順治年間（1644—1661），清政府花費了大約一億兩白銀，用於平定內地，平均每年支出近 600 萬兩。此外，每年還需花費大約 1,300 萬兩，用於維持軍隊日常開銷（彭澤益 1990: 55）。例如，在 1656 年，全年的軍費開支達到 2,000 萬兩，而在接下去的幾年中，每年則需要 2,400 萬兩。但在這一時期，清政府每年的財政收入僅有 2,000 萬兩左右，由此導致在 1650 年代後期，每年都出現了約 400 萬兩的赤字（何平 1998: 6）。但在內地平定之後，清政府的財政狀況很快出現好轉。隨著和平局面的到來，戶部的現金儲備連續十年（1664—1673）出現盈餘。到三藩之亂爆發前夕的 1673 年，盈餘量達到了本周期的最高點（2,136 萬兩白銀）。為了平定這場來自雲南、廣東和福建，歷時八年之久（1674—1681）的叛亂，清政府的財政開支總數約一億兩白銀（陳鋒 1992: 247），平均每年 1,250 萬兩，耗去了戶部大部分的盈餘。1678 年清軍與叛軍交鋒激烈，導致當年的盈餘量降至 332 萬兩。

第二周期（1682—1722）：1681 年平定三藩後，清朝國內局勢漸趨平穩。而在邊境地區，則不時地發生一些軍事行動，例如為了降服台灣鄭氏政權而用兵兩年（1682—1683），共耗資 400 萬兩，年均 200 萬兩；1695 至 1696 年，東北邊陲發生了與俄羅斯的軍事衝突，共耗資不到 100 萬兩；

圖表 1. 清朝戶部盈餘、用兵開支和田賦蠲免（1644—1862）

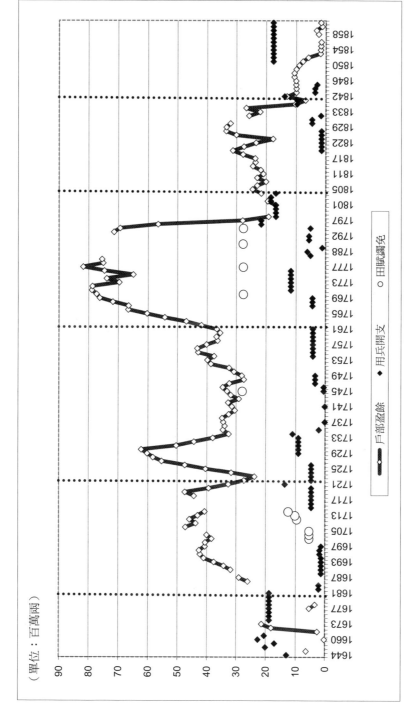

（單位：百萬兩）

資料來源：關於戶部歷年盈餘額，見彭澤益 1983: 10-11, 39, 73-74, 84, 142-143; 1990: 57-58; 史志宏 2009: 253-281; 史志宏 2008: 51-54, 61-66。關於清朝用兵開支，見彭澤益 1983: 127-137; 陳鋒 1992: 239-276。關於清朝田賦蠲免，見何平 1998: 22-25, 41-43; 張傑 1999: 56-58。

而在大漠南北，清軍與噶爾丹率領的準噶爾部落打了八年戰爭（1690—1697），高潮為1696至1697年康熙帝的三次親征，八年間總共花去了約1,000萬兩，年均125萬兩。上述軍事行動，均在清政府支撐能力範圍之內，並未對其財政狀況造成嚴重影響；相反，戶部現金儲備的盈餘量還出現了穩定的增長，從1670年代後期年均不到1,000萬兩，上升到1686年2,600萬兩，1691年接近3,200萬兩，1694年甚至達到4,000萬兩。1697年後，清朝的邊陲安穩了17年，這一時期，戶部年均盈餘超過4,000萬兩（1708年達到極值4,700萬兩）。這種狀況讓康熙帝有能力在內地部分區域實行田賦蠲免。然而，邊境的和平局面很快告一段落。針對準噶爾部落入侵並佔據西藏，康熙帝在1715—1726年持續用兵（戰事高峰期在1720—1722年），共耗資約5,000萬兩，年均約550萬兩（陳鋒1992: 252）。此外，為了鎮壓台灣的朱一貴起義，清政府在1721年耗去了900萬兩。結果，到了1722年，戶部現金儲備的盈餘量下滑到了2,700萬兩。

第三周期（1723—1761）：1723年後，清朝與準噶爾的戰爭仍然持續數年，但在雍正年間，這種軍事行動對於清廷的財政不再構成壓力。戶部的現金儲備狀況在1726年回升到4,700萬兩（超過了前兩個周期的峰值）。在接下來的數年間，由於邊境安寧，1730年甚至達到了6,200萬兩。然而好景不長，噶爾丹策零率領準噶爾部再度作亂，迫使雍正帝在西北用兵六年（1729—1734），共花去了5,400萬兩，年均900萬兩。1734至1735年，為了鎮壓貴州南部苗人叛亂，清廷又花費了約400萬兩。結果，戶部的盈餘狀況在這些年持續走低，1734年跌至3,250萬兩，僅及1730年的一半左右。在本周期的其他年份，對遊牧部落用兵仍不時發生，包括在西北地區徹底剿滅了準噶爾部（1755—1757），加上隨後對維吾爾穆斯林的征伐（1758—1761），共消耗3,300萬兩，年均約400萬兩[1]。由於這些軍事開支，1734至

---

[1] 其他的軍事行動，包括1737年和1741年分別平定湘、貴苗人之亂，總共耗費了10萬兩；1745至1746年對瞻對地方的藏人用兵，花費了100萬兩；而在1747至1749年對金川藏人用兵，共耗去了330萬兩，年均110萬。

1761 年的大部分時間，戶部現金盈餘徘徊在 3,000 至 4,000 萬兩之間。

第四周期（1762—1804）：在穩定了西北邊疆之後，清朝度過了相對和平的三十年。這種前所未有的安定局面以及隨之而來的經濟擴張（詳見下文），使得戶部現金儲備的盈餘量在 1765 年超過 6,000 萬兩，1768 年超過 7,000 萬兩，1777 年接近 8,200 萬兩，這是有清一代的最高紀錄。當然，在這三十年內，南部邊境仍有零星的戰事。規模最大的戰爭發生在金川（1771—1776），對手是藏人，總共耗去了 7,000 萬兩，年均 1,166 萬兩，致使戶部盈餘從 7,900 萬兩滑落到 7,460 萬兩，不過清政府的財政狀況仍然保持良好[1]。然而，國家的富足局面為時短暫。嘉慶初年爆發的白蓮教起義，成為清朝財政的轉折點。這場起義前後持續九年（1796—1804），波及中原和西北五個省份。為了平亂，清政府共耗費 1.5 億兩，年均 1,666 萬兩，戶部的盈餘從叛亂前的近 7,000 萬兩持續下滑，到了 1801 年已不足 1,700 萬兩，即使跟上個世紀相比，也是很低的水平[2]。

第五周期（1805—1840）：1804 年平定白蓮教之後，清朝又迎來了和平時期。在接下來的十六年間，內地和邊疆地區均未發生過大規模的戰事[3]。令人訝異的是，戶部現金儲備的盈餘量並沒有因此發生反彈，在本周期的大部分年份，盈餘量一直維持在 2,000 至 3,000 萬兩之間，具體原因將在下文探討。1820 年，西北邊陲發生了受浩罕汗國支持的張格爾之亂。清軍為此用兵九年（1820 —1828），直至 1828 年才擊潰了張格爾部。隨後又花去了兩年時間（1830—1831），打敗張格爾的兄長玉素普。為了平定張格爾之

---

1 其他的軍費開支包括：1767—1769 年對緬甸用兵，耗去 1,300 萬兩，年均 433 萬兩；1787—1788 年對台灣用兵，耗去 1,000 萬兩，年均 500 萬兩；1788—1789 年對越南用兵，耗去 130 萬兩；1788—1789 年對尼泊爾廓爾喀用兵，耗資 100 萬兩，1791—1792 年又花費 1,100 萬兩；鎮壓湘貴苗亂，花去 1,500 萬兩（陳鋒 1992: 275）。

2 除了鎮壓白蓮教的軍費開支之外（年均 1,666 萬兩），1795 至 1797 年平息湘貴苗人之亂，開銷了 1,500 萬兩（年均 500 萬兩），因此在 1796 至 1797 年，年均軍費約為 2,166 萬兩。

3 在這十餘年內，只發生過兩次值得一提的軍事行動，一是針對蔡牽為首的"洋匪"起事，前後持續九年（1802—1810），騷擾東南沿海省份，清廷為此用兵耗費 700 萬兩，年均 78 萬兩；二是 1813 年平息天理教，僅在安徽一省即花費 11 萬兩（陳鋒 1992: 274），全國總共花費約 100 萬兩。

亂，清政府花去了 1,200 萬兩（年均 133 萬兩，導致戶部盈餘量從 1820 年的 3,100 萬兩下降至 1826 年的 1,760 萬兩）；在剿滅玉素普的過程中，又花費了 900 萬兩（年均 450 萬兩，戶部盈餘量從 1829 年的 3,340 萬兩下降至 1832 年的 2,570 萬兩，1831 年數據缺失）。此後在 1830 年代，儘管未發生大規模戰亂，戶部盈餘量仍在低位徘徊，大致處於 2,000 至 3,000 萬兩之間。[1]

戰爭的資金來源

綜觀上述，戰爭支出對於清政府的財政狀況，確實造成了顯而易見的影響。從 1690 年代到 1830 年代，與準噶爾蒙古人、藏人、廓爾喀人、維吾爾人和苗人所發生的歷次戰爭，耗去了清政府大量的支出，總數約有 2.5 億兩。政府維持日常運作所付出的開銷，通常是可預見的，數額也相對固定。與此不同的是，軍事行動往往不包含在政府"預算"或常規性的開支之內，因為在大多數情況下，戰爭結果是難以預測的。因此，戰端一開，戶部現金儲備中的盈餘，往往成為主要的資金來源，直接用於戰爭開銷，或者在戰事結束後，給捲入戰事並提供"協餉"的各省報銷（參見第四章）。[2] 戰爭的規模和軍事開銷，直接影響到戶部的盈餘狀況，這從上文所述 1640 年代到 1830 年代戶部盈餘的周期變化上可見一斑。每次大規模戰事發生後，現金盈餘量必定下滑；一旦戰事結束，則止跌反彈。總體而言，邊陲用兵的支出，年均數額很少超過 1,000 萬兩，遠遠低於戶部的現金盈餘總量（1690 年代到 1760 年代後期，戶部每年基本上能有 3,000 萬兩至 5,000 萬兩的盈餘，而在 1760 年代後期到 1790 年代前期，每年盈餘達到 6,000 萬兩至 8,000 萬

1　在這 10 年內發生的大規模軍事行動，主要是 1832 年鎮壓湖南和廣東的瑤人之亂，耗費了 153 萬（陳鋒 1992：275）。

2　有研究者提出，第一次金川戰役的軍費"由四川省籌集"，"為了應付西線戰事所付出的 3,500 萬兩，可能由各省和戶部分攤"（Theobald 2013：103）。但他沒有指出的是，來自各個省份的資金實質上屬"協餉"性質，是各省本該上交給戶部的。

兩），因此，清廷對這些軍事開銷有足夠的支付能力。

當然，戶部盈餘並非軍事開支的唯一來源；還有部分兵費來自富商的捐輸。[1] 從 1670 年代到 1830 年代，鹽商總共捐輸 4,275 萬兩白銀，用於支撐朝廷的用兵開銷，佔同一時期清政府用兵邊陲總開銷的約 17%。譬如，1773 年在小金川戰事中，兩淮鹽商江春（1720—1789）獨力捐輸 400 萬兩。又如，在 1791—1792 年與尼泊爾廓爾喀人的第二次戰役中，來自鹽商的捐輸總額達到 610 萬兩，超過了這次軍事行動總支出（1,100 萬兩）的一半。出現這些捐輸行為的原因，主要在於鹽商通過壟斷食鹽貿易，獲得了巨量財富。在最富裕的 100 多位兩淮鹽商之中，個人財富至少也在幾百萬到一千萬兩之間，有些鹽商甚至擁有 7,000 萬兩至 8,000 萬兩資產（宋良曦 1998）。鹽商積極地向朝廷捐輸，是因為這是他們向朝廷展示忠誠的最直截了當和光明正大的途徑，並可藉此提高自身的社會地位與聲望。鹽商向朝廷捐輸巨量錢款後，總能獲得榮譽頭銜，甚至受邀與皇上共飲同樂。事實上，在乾隆、嘉慶兩朝（1730 年代到 1810 年代），食鹽貿易獲利頗豐，故而每有戰事發生，鹽商們都會向朝廷踴躍捐輸，乃至乾隆帝不得不多次出面謝絕，稱 "國家庫府充盈，無藉商人捐輸"（轉引自陳鋒 1992: 334）。

因此，邊陲用兵以及由此帶來的版圖整合，並未導致清政府提高稅額或新設捐稅以增加國庫收入。雍正帝曾驕傲地說，"西陲用兵以來，一應軍需皆取給於公帑，絲毫不以累民"（QSL, 雍正 156. 13-5- 甲辰）。乾隆帝在 1769 年針對緬甸戰事所作的批示中也說了幾乎同樣的話（QSL, 乾隆 840: 34-8- 庚申）。但是，針對內地漢人叛亂所進行的大規模軍事行動對於財政狀況的影響，則與前述情況完全不同。上述時段內發生的內地漢人叛亂主要有兩次，即三藩之亂（1674—1681）和白蓮教起義（1796—1804）。這兩次叛亂均持續數年，影響多個省份，大大衝擊了清政府的財政環境。除了遭難地

1　其他資源包括在戰爭發生地區向居民徵收臨時稅，而在戰事結束之後，這些臨時稅可以部分或全部報銷。

區出現稅收的巨大流失外，政府還投入巨額兵費以平定叛亂。三藩之亂導致戶部盈餘在六年之內下滑 85%，1678 年僅剩下 260 萬兩，之後幾年只會更少。同樣，白蓮教起義讓戶部的盈餘量在六年之內削減了 76%，1801 年降至約 1,700 萬兩。事實上，正如下文所要解釋的那樣，這兩次軍事行動所造成的財政開支如此浩大，以至於清政府不得不對一些國內政策進行修正，以增加稅收。平叛給清朝的經濟和財政所帶來的危害廣泛而深遠，長達一個多世紀之久的"康乾盛世"自此走向終結。1800 年之後，戶部的盈餘量再也未能恢復到原有高度，其最高額（3,350 萬兩）僅僅是 1770 年代後期的 40%。

　　對比之下，邊陲用兵對於清政府的財政則沒有造成太大的影響。在平定準噶爾的八年戰爭（1690—1697）中，戶部的盈餘不僅沒有下降，反而有所增長，從用兵之初的約 3,100 萬兩升至戰事結束時的 4,000 多萬兩，這要歸功於有限的戰爭開支（年均 125 萬兩），以及三藩之亂後經濟的快速恢復。接下去的兩次對準噶爾部用兵，雖然造成了戶部盈餘的明顯下滑（從 1714 到 1723 年共減少了約 40%，此後戰爭開支更為浩繁，1729 至 1734 年共減少了 46%），但這仍然在清政府的財政承受範圍之內，因為清政府並不需要調整國內政策以提高國庫收入（詳見下文）。最後一次針對準噶爾的軍事行動（1755—1757）對於戶部的盈餘幾乎沒有任何影響，在開戰最初的兩年內，甚至還出現了一些增長，此後和戰前大體持平。在與維吾爾穆斯林的四年戰爭中（1758—1761），戶部的盈餘量基本沒有變化，足以表明戰爭並沒有影響到清政府的財政狀況。清廷用兵邊陲耗費最多的實際上是 1771 至 1776 年的平定大小金川之役，總共花費 7,000 萬兩，平均每年耗去逾 1,100 萬兩。但在這六年中，戶部的盈餘變動很小，這讓人十分驚訝。在戰爭開支最高的年份（1775），盈餘量仍能保持在 6,500 萬兩的高位。由於持久的全國範圍的經濟繁榮，清朝的財政實力達到了頂峰，正享受著前所未有的富足局面。而國庫充盈，反過來又驅動清廷大手大腳對邊陲用兵（張曉堂 1990: 26-27）。事實上，清廷是如此富足，乃至在與噶爾丹策零所部準噶爾勢力用兵之初（是役歷時六年），雍正帝仍於 1729 年決定蠲免下一年甘肅、廣西、貴州、四川和雲南五省田賦（Dai 2009: 192）。

如果我們把清廷平定內地叛亂與邊陲用兵加以比較，更可以看出這兩類不同的戰事對其財政政策的不同影響。簡單地說，平定內地漢人叛亂所耗費的巨額軍費以及隨之而來的財政壓力，促使清政府採取一系列必要措施以增加國庫收入；而在沒有發生漢人叛亂的盛清時期，雖然對邊陲不斷用兵，中央政府卻一直採取低稅政策，降低甚至蠲免土地所有者的田賦負擔。

戰事對於清政府財政狀況的影響，鮮明地體現在三藩之亂時期。三藩之亂爆發之時，清朝的經濟尚未從入關以來的戰亂中得到充分恢復；順治時期，清廷的主要精力都在平定內地，導致大量漢人被殺、城池被毀、耕地荒蕪。因此，康熙帝在位（1662—1722）之初，戶部不僅沒有盈餘，反而有大約 400 萬兩的虧空（何平 1998: 17）。接下去的十二年間，社會漸趨安定，人口和經濟緩慢增長，到三藩之亂爆發前夕，戶部已有超過 2000 萬兩的盈餘。然而，三藩之亂中斷了這一增長勢頭。在叛軍佔領南方諸省之後，清政府的稅收急劇減少。平叛所引起的巨額開支消耗了財政盈餘，迫使清廷採取一攬子措施增加國庫收入，滿足用兵之需。具體包括：

（1）田賦加徵 30%，對象為江南各州縣官紳；

（2）在產鹽各區加徵 7.8% 至 39% 不等的鹽課；

（3）在全國臨時（僅限於 1676 及 1681 年）開徵房稅，門面房屋每間徵 0.2 至 0.6 兩；

（4）1677 年開徵田房契稅，每縣派額為 100 至 600 兩不等；

（5）縮短新墾耕地的田賦蠲免時間，從原定 10 年減至 3 年；

（6）對未造冊、未納稅的隱漏土地進行調查、檢舉，鼓勵自報；

（7）屢開捐納，出售實官（在 1674 至 1677 年，計售 500 多個知縣職位，獲銀逾 200 萬兩）；

（8）政府官員裁俸 50% 乃至 100%（陳鋒 1992: 302-331）。

而在 1796 至 1804 年的白蓮教之亂中，清政府再度採取了非常措施，增加稅收以應對高昂的戰爭開支。不過,和三藩之亂初期的財政環境不同,白蓮教起事之時,戶部的盈餘非常龐大(接近 7,000 萬,是 1673 年的三倍有餘)。因此,清政府並未在戰爭期間提高田賦和鹽稅,也沒有給土地所有者增加額外負擔。政府增加國庫收入的措施,主要限於以下兩項:

(1) 售賣官職,無論在數量還是在頻率上都達到空前的地步,在用兵期間及戰後數年的經濟恢復期,通過捐納共獲得超過 7,000 萬兩收入(鄭天挺 1999: 319);

(2) 鹽商報效,在 1799 至 1803 年間,共獲 1,580 萬兩(同上:333)。

這裏可以稍作總結,即平定大規模的內亂確實帶來數額巨大的軍事支出,也導致清朝的財政政策發生變化。不過這種變化為期甚短,只出現在 1670 年代後期以及 18、19 世紀之交。而從 1680 年代至 1790 年代初的歷次邊陲用兵,則並未導致財政政策的顯著變化。該如何解釋這些現象?

為了回答這一問題,我們首先須關注清廷在處理內地和邊陲地區問題時所採取的不同戰略。對於滿洲統治者來說,內地各省不僅僅是其祖輩或自己所征服下來的又一塊地盤,而是構成了整個清朝國家的核心地帶,他們正是以此為支撐,建立並維持了對內亞邊陲和周邊各藩屬國的最高權威。因此,漢人的反叛,尤其是波及數省的大動亂,對清朝統治者的根本利益構成了致命的威脅。他們會不惜耗費巨資加以平定,並且想盡各種合適的辦法以滿足軍需,包括增加新稅種、提高舊稅額。相反,清廷在應對邊患時,則往往充滿彈性,根據出現問題的邊陲地區在地緣政治上的重要性,以及對國家安全的危險程度,採取不同的策略。總的來說,正如上文所揭櫫的,其總體戰略經歷了從康熙時期的保守到雍正時期的進取、乾隆時期主動出擊的轉變歷程,而這些轉變所折射的,則是中央政府的財政環境逐步向好的趨勢。當然,在 18 世紀,財力充沛並非清朝面對邊患採取攻勢的唯一原因,但它的確鼓勵統治者採取積極的策略,以徹底消除邊患。兩次最為昂貴的用兵(按年均軍費來衡量),一是雍正時期針對噶爾丹策零的戰爭,發生在 1729—

1734 年，每年耗費 900 萬兩；二是乾隆時期針對金川藏人的戰爭，發生在 1771—1776 年，年均耗費 1,200 萬兩！這兩次用兵，均發生在戶部現金儲備劇增之際（一是 1720 年代後期，二是 1760 年代末和 1770 年代初）（參見圖表 1）。一言以蔽之，正是清朝在這些年份的財力上升，才使得統治者能夠採取這些耗資巨大的軍事行動。

與此形成鮮明對比的是，到了 19 世紀初，戶部的現金儲備量出現暴跌態勢，徘徊在 2,000 萬兩至 3,000 萬兩之間的低位（而在 1770 年代，曾高達 8,000 萬兩），因此清廷在處理邊患時，選擇了消極保守的策略。例如，當 1830 年浩罕汗國入侵新疆，提出宗教及領事特權要求之時，道光帝以 "一切如其所請" 答覆辦事大臣（魏源 1984: 195）。事實上，這也成為 1840 年之後清朝在與英國和其他歐洲強國交涉時息事寧人的先兆。

清朝財政的低水平均衡

"均衡" 的定義

為了進一步了解清朝的財政，我們需要觀察其財政收入的供需兩方面關係。需求側顯得清晰易懂。上一章已經提到，在 18 世紀的大多數年份中，清朝具備兩大優勢：其一，國力遠勝於周邊任何國家，邊患不復存在，地緣戰略安全有保障；其二，內地人口的同質性，降低了維持社會秩序的代價，政府在軍事和行政方面的花費有限。兩個條件奇妙地結合在一起，使得清朝的軍事開支以及財政需求，相對於其經濟和人口規模而言，都維持在一個較低的水平。事實上，正如表 3 所示，從 1760 年代到 1840 年代，清朝每年的財政支出基本維持在 3,400 萬兩到 3,800 萬兩之間。

表 3. 清朝國家的官方歲入和歲出（1653—1840）（單位：千兩）

年份	總收入	地丁銀	鹽課	關稅	其他收入	總支出	結餘
1652	24,380	21,260	2,120	1,000			
1654	17,824	14,804	2,720		300	15,219	2,605
1657	25,486						
1682	31,100						
1685	34,240	28,230	3,880	1,220	910	29,207	5,033
1724	36,490	30,280	3,870	1,350	990		
1725	35,850	30,070	4,430	1,350			
1748	42,660	29,640	7,010	4,590	1,420		
1766	42,540	29,910	5,740	5,400	1,490	34,510	8,030
1791	43,590					31,770	
1812	40,140	28,020	5,800	4,810	1,510	31,500	
1838	41,273					36,209	5,063
1839	40,307					34,788	5,520
1840	39,035					35,805	3,230

資料來源：關於 1652、1685、1724、1766 及 1812 年歷年歲收，見許檀、經君健 1990; *SQYJ*: 113-115。關於 1654 年數據，見劉翠溶 1967。關於 1652、1682、1766 及 1791 年數據，見 *QSG*, 125: 3703-3704。關於 1838—1840 年數據，見 *HBS*, 1.1: 172; 彭澤益 1983: 38。

現在讓我們關注一下供給側。這裏同樣有兩個關鍵性的因素，決定了清朝財政資源的可獲得程度。首先，財政收入的主要來源是田賦。這一點與 17、18 世紀亞洲其他地區的帝國及一些歐洲大陸國家並無區別。在傳統技術條件下，土地生產率低，從農業中所產生的經濟剩餘也很有限。對於清朝來說，過分依賴田賦似乎並沒有什麼好處。但是，這種缺點被另一個因素所抵消，即中國的納稅地畝數額巨大。即使稅率很低，中央從應稅土地中所獲得的收入，依然是一個巨大的數目，足以應付政府的常規性需求。由於清朝統治者長期堅持輕徭薄賦的政策，在 18 世紀的大部分時間裏，國家每年的田賦收入基本保持在一個固定的水平上。在 18 世紀和 19 世紀前期，全國每年的田賦收入大約為 3,000 萬兩白銀。同時，由於間接稅（針對鹽和其他商品）的增加，清朝國庫的總收入從 1700 年前後的約 3,500 萬兩白銀，增加到 18 世紀後半期的 4,000 多萬兩白銀（見表 3）。因而，在整個 18 世紀，清朝能夠維持著財政收支的平衡局面，這是由於歲入總能高於歲出，歷年所累積的盈餘足以負擔各種意外支出（如戰爭和防洪）。

但是，這種均衡的存在是有條件的，也是脆弱的。這種均衡性只有在具備以下兩種條件時才存在：首先，無論外部地緣環境還是國內社會政治秩序，都不存在嚴重的挑戰力量，使得清廷的日常開支能夠處於較低水平。一旦內地出現大規模動亂或者外部出現強大勢力，導致軍費劇增，上述供需之間的平衡必然會被打破。其次，國家的稅源不存在問題，特別是土地所有者的納稅能力未受到影響，因為田賦畢竟構成了政府收入的最大組成部分。一旦人口的增長達到一個臨界點，耗竭了經濟剩餘，納稅人很難繼續照常繳稅，國庫入不敷出，現金結餘日漸枯竭，財政收入產生短缺，均衡局面也必然會被打破。

為了說明這種均衡態勢，圖表 2 以 U 曲線表示清朝財政中的需求（y 軸）和供應（x 軸）。自 1644 年清朝入主中原，到 1681 年基本恢復穩定（曲線上 b 點），在此期間的大部分年份，財政需求（大部分來自軍事支出）超過了收入。在供需差距最大的 a 點，清朝的財政赤字達到了最高峰。而在 b 點和 d 點之間（從 1680 年代到 1830 年代），由於收入超過了支出，出現了均衡局面。如果供給遠遠超過需求，兩者之間的差距達到一個峰值（c 點），國家會採取區域性或全國性的賦稅蠲免政策。但清朝的財務均衡狀況只是暫時的、低水平的，一旦供需兩端任何一方面發生變化，這種均衡將不復存在。這種均衡的消失，不外乎以下兩個因素：一方面，18 世紀後期，在供給側即稅源產生問題，由於人口暴增，經濟剩餘減少，加上白銀外流，直接影響到國家的抽取能力；另一方面，到 19 世紀中葉，前所未有的外部威脅出現了，加上前所未有的人口壓力導致內亂的總爆發，使得財政支出迅速躥升，最終徹底打破了清朝財政體系的供需平衡局面。

圖表 2. 清朝國家財政構造中的低度均衡

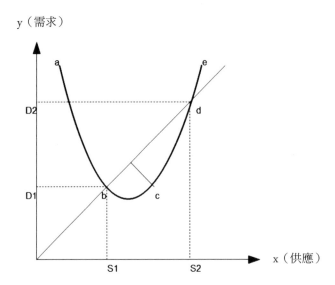

綜上所述，除去清初平定內地的四十餘年，即使出現像三藩之亂這樣
耗資巨大的戰事，清廷仍能保持財政收支的大體均衡，這一局面一直維持
到 19 世紀中葉。其歲入稍高於常規歲出，從而帶來一定的現金結餘。理論
上，如果這種狀態持續下去，其盈餘能夠年復一年無限地增多。此盈餘在
1770 年代達到歷史最高位，約在 7,000 萬兩至 8,000 萬兩白銀之間，幾乎是
清朝年收入的兩倍。這種現金儲備十分重要，確保了國家在應付諸如救災、
水利、用兵等突發事件時，能夠負擔額外的支出。對於清廷而言，是否要在
邊陲用兵，不僅要考慮到地緣政治安全是否受到嚴重威脅，也要顧及經濟承
受能力，而這主要取決於國庫的現金儲備狀況。毫無疑問，從 17 世紀下半
葉到 19 世紀上半葉，清廷的現金儲備經歷了幾個周期的起伏，直到均衡狀
況最終被打破。這種財政周期的概念，對於理解清朝邊疆擴張的階段性變
化，具有十分重要的意義。

清朝的經濟承受能力

很明顯,直到 19 世紀初,清朝的稅收仍然只相當於其經濟總量的一小部分(3%—5%)。然而,這並不意味著納稅人總能輕鬆地履行納稅義務。為了理解其納稅能力,我們需要考慮以下幾個因素:經濟總產出(尤其是通過田賦支撐國庫的農業產量);經濟產量中用於維持人口生存所需要的部分;經濟總量在扣除人口消耗後的餘額,亦即可供國家抽取的潛在的經濟盈餘量。

經濟史家郭松義(1994、1995 和 2001)的研究,提供了迄今為止對清代中國農業產量最詳盡可靠的估算。基於在中國不同地區超過 1,000 項的單位土地作物產量數據分析,以及在清朝各個時段 400 多個州縣超過 3,000 項的單個作物產量的數據分析,郭松義對清朝各個時段的糧食總產量、畝產量、每戶糧食產量以及每個農夫所能供養的人口進行了測算(如表 4 所示)。

表 4. 清代的農業生產率(1600—1887)

年份	糧食總產量(千斤)	糧食種植面積(千畝)	每畝糧食產量	農夫總數(千人)	每個農夫的糧食產量	
					(斤)	供養人口
1600	171,601,741	669,946	256	26,359	6,510	8.3
1766	289,074,380	932,498	310	41,081	7,037	8.9
1790	286,151,985	908,419	315	60,251	4,749	6
1812	301,298,820	944,695	319	70,293	4,286	5.4
1887	290,835,468	1,013,364	287	81,138	3,584	4.6

為了進一步確定糧食盈餘的數量(亦即自我消耗後的糧食剩餘量),郭松義首先得出中國的農村家庭人均糧食量(即糧食總產量除以農業人口總數),進而計算出加工後的可供消費的人均糧食數量(即從糧食總產量中扣除 20% 的生產成本,再扣除 58%,即糧食加工過程中所去掉的麩糠)。再從

經過加工的糧食數額中扣除供自我消費的部分（人均 350 斤），所得到的就是人均糧食盈餘數額（見表 5）。

表 5. 清代的農業生產和人口（1600—1887）

| 年份 | 總人口（千人） | 農業人口（千人） | 耕地 | | 農業人口人均糧食量（斤） | | |
			總面積（千畝）	農夫人均面積（畝）	總額	淨額	餘額
1600	120,000	97,200	725,464	27.52	1,765	819	469
1766	200,000	170,000	1,036,109	25.22	1,700	789	439
1790	300,000	255,000	1,009,354	16.75	1,122	521	171
1812	350,000	297,500	1,050,436	14.94	1,012	470	120
1887	400,000	340,000	1,125,960	13.88	855	397	47

郭松義對於農業人口收入的估量，並不包括經濟作物（如棉花、茶葉、甘蔗、蓖麻、桑樹等）和家庭副業收入（如手工業、漁業、畜牧業等）。但糧食生產在農業中的重要性是顯而易見的：在清代中國，大約 90% 的可耕地用於生產糧食（許滌新、吳承明 2003a: 221），80% 左右的農戶收入來自土地。[1] 既然我們的目的是要看農業生產率的長期變化和農業經濟的盈餘狀況，而不是在特定時期內對經濟產出總量進行準確估算，因此，郭松義的計算雖然並不完整，但清楚地表明了這些變化，由此與這裏的討論緊密相關。

從上面兩個表格中可見，直到 1760 年代，清朝經濟一直呈現出增長的勢頭。糧食產量的提升（1760 年的產量是 17 世紀初的 1.69 倍）還伴有人口大幅度增加（1.66 倍）和耕地面積大量擴展（1.43 倍）。換言之，糧食產量能夠提升，主要原因是耕地面積的擴大，這要歸因於大量新增加的人口向原

---

[1] 1914 至 1918 年間，農業總產量的 79.78% 是糧食作物。糧食作物更佔據了農產品總市值的 83.11%（許滌新、吳承明 2003b: 1098）。清代糧食作物在農業總產出中的比重，不會和上述估計出入太大。

本人煙稀少的地區遷移，新墾了大量耕地。[1] 由此導致的一個結果是，1760 年代之前，清代農村人口數量顯著增長，但農民的人均耕地面積變化不大，徘徊在人均 25 — 27 畝之間。很明顯，人口的增長並沒有對土地造成嚴重的壓力，亦即人地比率並未顯著上升。換句話說，在 1760 年代之前，清代尚未面臨嚴重的人口壓力。儘管農業技術或資本沒有顯著改進，但是耕地面積的擴大和數世紀以來集約型農業技術的應用，仍然使農民能夠生產出足以支撐人口增長的農產品，避免生活水平的下降。在農業技術和投入沒有重大突破的情況下，勞動生產率固然不可能有顯著的提高。不過，荒地的開墾和人口的遷移，有效緩解了人口增長對土地造成的壓力，避免了農業生產中勞動投入的過分密集化，以及由此所造成的勞動生產率的下降。一個例證就是，直到 1760 年代，每個農夫所生產的糧食，仍然足以養活將近 9 個人；在扣除自我消費之後，每一個農業人口依然會有 439 斤的糧食盈餘，這兩項皆與明末水準大體相當。總之，耕地的擴大、農業勞動生產率的穩定，以及農業剩餘量的增加，不僅帶來中國經濟在 18 世紀中葉的空前繁榮，也使農業人口有能力承受賦稅負擔，國庫盈餘維持在高位。

但在 18 世紀後期，隨著人口壓力越來越大，形勢發生了明顯變化。當人口數量從 1766 年的 2 億增加到 1812 年的 3.5 億，同時可開墾的土地變得稀缺時（事實上，在此期間，耕地總面積幾乎沒有增加），人均耕地面積降至 1790 年的 16.75 畝和 1812 年的 14.94 畝（不到 1766 年的 60%）。為確保新增人口的生存，18 世紀中葉以後出現了一些新的或者較之過去更為顯著的跡象，顯示從 18 世紀晚期之後人口增長對土地造成的壓力越來越大。這些現象包括：第一，玉米和馬鈴薯的廣泛栽培。這兩種作物最早在明代中後期就從美洲傳入，但直到 18 世紀中葉及 19 世紀初才在全國各地推廣種植

---

1 對於 18 世紀經濟的快速增長，若干因素可加解釋。除了長期和平、荒地開墾、人口遷居到新闢疆域、對外貿易的擴張、美洲農作物的引進等因素之外，有研究者還認為，南方自耕農數量的增加所起的作用不可低估。此外，滿人征服內地過程中大地產的消亡，以及生產的市場化和專業化趨勢，均有助於經濟擴張（B. Li 1998; Goldstone 2004）。

（郭松義 2001: 384）。第二，長江下游地區開始流行雙熟制（冬小麥和夏季稻，或一年兩次水稻種植），東南沿海地區則流行一年三熟。這些種植方式幾乎不見於明代，但在 1750 年代後得到推廣，到 19 世紀初，推廣的速度加快（閔宗殿 2003）。[1] 第三，在 18 世紀中後期，清朝統治者宣佈蠲免新墾耕地的田賦，同時嚴格禁止對這些耕地造冊。[2] 第四，最重要的是，從 1760 年代開始，農業勞動生產率大幅下降，人均糧食產量（從 1766 年的 7,037 斤降至 1790 年的 4,749 斤，直至 1812 年的 4,286 斤）和人均糧食盈餘（從 1766 年的 439 斤降至 1790 年的 171 斤，直至 1812 年的 120 斤）雙雙下滑（見表 4 與表 5）。

種種跡象表明，18 世紀最後幾十年人口的快速增長，對於農業生產造成一定的影響，進而波及了清朝的財政狀況。由於可開墾的土地已消耗殆盡，移民速度放緩，大部分新增人口只得被本地所吸納，其途徑是加大勞動力在農業方面的投入，並且更多地從事農業之外的經濟活動以增加收入。因此，清代的經濟增長有可能發生了巨大轉變：1760 年代之前的舊模式主要係由繁榮的市場所驅動，其背後則是農業及其他部門在生產上的專業化和商品化（即所謂經濟成長的斯密模式）；1760 年代之後的新模式，則是在日益增長的人口壓力下所發生的勞動密集化（即所謂馬爾薩斯模式）。這一轉型帶來了農業經濟規模以及經濟總產出的擴張，但經濟盈餘下降，其中相當一部分被新增加的人口所消耗，這從 18 世紀末到 19 世紀初人均糧食盈餘量的急劇下降可見端倪。因此，儘管政府的賦稅收入水平總體保持不變，並且由於經濟總產出的擴張，其在經濟總產出中所佔的比重在縮小，但是，經濟盈餘的降低大大削弱了納稅人履行賦稅義務的能力，同時，政府在堅

---

1 在明清兩代載於地方志的 159 種雙季稻案例中，113 種（佔 71%）出現在 1750 年代之後（閔宗殿 1999）。

2 1740 年，清廷首次在法律上禁止新墾土地造冊、升科。同年，乾隆帝重申，許可百姓開墾零散荒地，蠲免其稅。1773 年，乾隆帝聲稱內地各省已經不存在未墾荒地，實即再次確認了新墾土地升科禁令，在他看來，只有在新疆的烏魯木齊地區，仍存在待墾土地（張研 2008: 123-124）。

守"仁政"理念方面也日形困難。[1]在 1790 年代之後，經濟盈餘的大幅下降還伴隨著另外兩個新變化，從而進一步削弱了百姓的賦稅承受能力：白蓮教叛亂（1796—1804）導致內地五個人口大省的經濟受到嚴重摧殘；更為嚴重的是，鴉片走私迅猛發展，使得白銀大量外流，由此導致白銀價格的上升，以及用白銀支付的田賦負擔明顯加重（彭信威 2007: 629-645）。通貨膨脹，加上人口快速增長所帶來的政府開支的上升，使原來在火耗歸公後已經正規化但水平固定的火耗加派，也遠遠不能滿足州縣衙門的實際經費需求，財政緊張和虧空再次成為困擾地方官府的難題。而嘉慶末年用攤扣養廉彌補虧空的做法，只能使問題更加嚴重。官府上下只好求助於收受各種不合法的"陋規"加以補救（Zenlin 1984: 298-301）。陋規之外，還有各種名目的田賦浮徵，其中差徭在華北部分地方尤為嚴重（歲有生 2013）。更就全國而言，在1801 年平定白蓮教之後的近 40 年中，儘管內地各省和邊疆各地區總體上保持安定，但由於上述各種因素的作用，清朝國庫的現金盈餘再也無法恢復到從前的水平。

清朝在世界歷史上的獨特性

人們公認，戰爭在早期近代和近代歐洲的民族國家成長過程中起到關鍵的驅動作用。在 16 世紀初，歐洲極度分裂，存在近 500 個大小不等的政治實體，均在不同程度上享有自治權並壟斷了境內的強制力量；其中既有大型帝國和主權國家，也有公爵領地（duchies）、王侯領地（principalities）、主教管區（bishoprics）、城邦及其他的更小實體。那些版圖較大的邦國君主，多傾向於以間接方式統治所屬人口，而那些享有種種特權和自主權的教士、封建主和城市寡頭，作為君主與臣民之間的中介，往往自行其是，抵制與自

1　關於 18 世紀中葉之後清朝統治者"養民"政策的退却，參見 Dunstan 2006。

身利益不合的國家要求。國家本身並無自己的常備軍。各國的軍事組織多雜亂無章，以僱傭兵為主，且掌握在封建主、主教、城市、行會或其他地方社區之手，只是有條件地聽命於國家，其態度多取決於戰場上的勝敗是否對自己有利。相形之下，到了 17 世紀晚期，歐洲各地的軍事力量多已經成為正規化的常備軍，由國家透過職業軍官等級體制加以掌控，地方社會群體和機構不再擁有自己的軍力。為了供養龐大的軍隊，國家不得不增加各種稅收，擴大其財政基礎。而這之所以成為可能，又仰賴整個政治體制的改造，亦即國家通過削弱那些代表地方利益的政治、軍事勢力，把那些零碎的自治城邦和領地整合到受國家直接控制的更大區域裏，從而達到司法、稅收的高度統一（Tilly 1990: 38-47）。而所有這些變革背後的終極驅動力量，則是國與國之間持續不斷的競爭和交戰。正是戰爭促使君主們競相打造更具競爭力的的軍事機器，為此又不得不提高徵稅、徵兵、動員資源的能力，政府機構因之不斷膨脹、分化。查爾斯·蒂利因而有此名言："戰爭製造國家，國家製造戰爭。"（Tilly 1975: 42）

　　鑒於財政資源的使用對於強化和壟斷各種強制手段如此重要，史家們傾向於把興起於 16 至 18 世紀的那些民族國家稱作 "財政—軍事國家"（fiscal-military state）。這一術語首先由約翰·勃雷爾用來描繪 18 世紀的英國（Brewer 1989），繼而被史家們紛紛用來指稱同一時期歐洲大陸的主要國家。他們在使用此一術語時，有一個基本的共識，即戰爭開支的攀升，以及隨之而來的財政和行政體系的改造，是 16 世紀以來民族國家建構的中心內容。軍事革命在此過程中起到最主要的驅動作用。不僅武器、戰術、戰略發生了根本變化，而且軍隊也變得更加龐大、複雜、常規化。維持軍隊和發動戰爭比以往更加昂貴；為此，國家需抽取更多稅收及其他資源，也不得不擴大、更新其財政制度乃至整個行政體系，由此導致自身的轉型，即從原來依靠領地地租和貢物作為財政收入的所謂領地國家（demesne state）變成了對臣民的財富徵稅並以此為主要收入來源的徵稅國家（tax state）。國家權力在此過程中越來越集中，軍隊也越來越正規化、常規化（Brewer 1989; see also

Glete 2002: 10-15; Mann 1986; Rasler and Thompson 1989; Downing 1992）。[1]

在某種程度上，18 世紀的清代中國頗類似於同時代歐洲的一些 "財政—軍事國家"：它有一個集權的行政體系，通過職業化的官僚階層管理分界明確的疆域；它有一個有效的賦稅徵收機制，其中一半以上的收入都用於軍事；政府擁有比任何歐洲國家更龐大的常備軍，在佔據中原後的一個世紀之中，不時地開疆拓土，鞏固邊陲。因此，有學者將清朝定義為一個 "近代早期" 國家，並認為清朝與 16 世紀以來的歐洲國家有諸多相似之處（Rawski 2004; Lieberman 2008）。例如，曾小萍（Madeleine Zelin）對雍正朝財政制度的研究，便把清朝刻畫為 "一個生機勃勃的國家，不斷探尋以自己的方式建立一個合理而有效率的官僚統治"（1984: xv），因此 18 世紀的中國與早期近代歐洲國家頗為相似，雙方都面臨來自政府體制內外對資源的爭奪，並為此都在尋求財政收支的穩定可期。肯特・蓋依（Kent Guy 2010）的研究也發現，清代中國通過各省督撫職官的制度化來加強統治者按照己意任命疆吏的特權，與 17 世紀中葉至 18 世紀歐洲君主專制的形成遙相呼應。儘管如此，如果我們把清朝與近代早期歐洲國家在國家構建過程中所涉及的地緣政

1　不過，儘管戰爭以及為戰爭服務的資源動員和國庫增收在國家建造過程中如此重要，我們不能因此認為，製造戰爭是國家成長的唯一驅動力，也不應該理所當然地認可韋伯的立場，即把國家權力解釋為特定疆域內對強制力的壟斷，並認為國家總會以線性的、目的論的方式走向集中化和科層化（Weber 1978; 217-226）。人們也對 "財政　軍事國家" 的說法紛紛提出質疑，認為戰爭並不一定是早期近代歐洲國家建構的最重要因素，並且也並不總是有助於 "近代" 國家的崛起；戰爭也可能導致地方經濟的摧毀、國家財政的危機，乃至集權國家的垮台。同樣，軍力的提升，往往也伴隨著貪污腐敗、裙帶關係和大權旁落，更不用說戰時的掠奪，而非國家機器的合理化、國家權力的擴張以及給本國公民提供保護。為了支撐國家發動戰爭所進行的財政體制的改革，也往往伴有討價還價、妥協退讓和人為扭曲等現象（Gunn 2010）。其他諸如司法、宗教、意識形態等因素，對於中央集權的民族國家的形成所起的作用，並不下於財政、軍事制度的發展。厄特曼則把近代早期結束時存在的不同政權（專制的或憲政的）的形成，追溯到它們的起始狀態，尤其是西羅馬帝國滅亡後若干世紀在歐洲不同地區所出現的不同類型的地方政權。他特別強調，何時啟動持續不斷的地緣政治競爭，對於解釋 18 世紀後期歐洲大陸不同類型的國家基礎結構，是一個重要因素（Ertman 1997）。其他研究者則注重國家建構過程中的國內司法、行政以及意識形態問題（例見 Strayer 1970: 35-89; van Creveld 1999: 126-184; A. Harding 2002: 295-335）。法律史家多認為，中世紀後期英格蘭訴訟案例和立法的激增，以及由此所展現的 "法律國家"（law state）的成長，其重要性並不下於 "戰爭國家"（war state）的成長（Kaeuper 1988: 134-184; Harriss 1993; Gunn, Grummitt, and Cools 2008）。

治、經濟和歷史境況進行比較，還是能發現兩者之間的本質差異。

地緣政治關係：垂直型與平行型

所謂地緣政治，是指一個國家在國際關係中所在的位置，以及在與他國爭奪戰略優勢過程中所形成的各種關係。地緣政治比其他任何因素都更能決定一個國家的內政外交的目標和優先議程。清代中國和近代早期歐洲國家在這方面呈現出鮮明的對比。歐洲各國至中世紀晚期便逐漸構成了一個民族國家體系，並且主要是跟這一體系內部各成員國之間相互交往。對國家的認同，往往是通過與各成員國之間的對抗、交誼或中立態度體現出來的。各國之間通過結盟或者對抗展開互動，據此制定內政外交的大政方針，而戰爭則在國家形成的過程中起到了關鍵作用（Tilly 1990: 23, 162; Rasler and Thompson 1989: xv-xvi）。國與國之間的戰爭導致歐洲的國家數量從 1490 年的約 200 個，降至 1890 年的約 30 個；與此同時，歐洲國家的平均面積，則從 9,500 平方英里上升到 63,000 平方英里（Tilly 1990: 42-47）。

地緣政治關係同樣在形塑帝制中國的過程中發揮了關鍵作用，但作用的方式在某種意義上與歐洲完全相反。歐洲各國共享一套國際秩序，彼此之間保持一種對等的（即使不是平等的）關係。相比之下，中國則是其地緣世界中唯一的主導力量。至少在象徵的和思想觀念的層面，這裏的國與國之間關係是垂直型的：大清高高在上，周邊由各藩屬國環繞，迥異於歐洲列國之間的平等合作或相互競爭。如有鄰國挑戰清廷的宗主地位或者威脅其地緣安全時，清廷必然會以武力加以回應。這種以中國為中心、周邊缺少抗衡勢力的國際秩序，也極大地影響了中國國家的內部運作機制。早期近代的歐洲各國統治者，面對持續不斷的競爭和戰事，紛紛追求擴大和升級軍事能力，軍事支出因此持續上揚；而在 18 世紀的清代中國，軍事支出以及軍隊組織和訓練幾乎沒有多大變化。從 17 世紀後期到 19 世紀中葉，清朝正規軍的數量一直保持在大約 80 萬—85 萬名士兵，其中包括 60 萬綠營和 20 萬—25 萬滿洲八旗。同時，從 1730 年代至 19 世紀中葉，清朝的常規軍事支出，也一直固定在約 1,700 萬兩白銀。直至 19 世紀晚期，清朝對士兵的招募、培養和訓練的方法都沒有顯著變化。由於國內外不存在直接威脅，清朝統治者對現存的軍事組織裝備心滿意足，失去了進一步加以改進的興趣。與此同時，對武器製造的成本和標準所制定的死板規章，以及長期的物價通脹，也使得武器的更新升級成為一種奢望（茅海建 2005: 33-88）。從 18 世紀至 19 世紀上半葉，由於在長期和平環境中缺乏訓練，加上軍事裝備老舊，清朝軍隊的整體戰力江河日下。

事實上，缺乏來自外部的實質性競爭和挑戰，不僅導致清朝軍事力量衰退，而且在很大程度上解釋了國家行政和財政體制的整體演進為何趨於停滯。除了雍正帝在位期間（1723—1735）曾採取措施，重組了中央最高決策機構，以此增強了個人權力之外，清朝的官僚系統並未發生顯著變化，這種狀況一直持續到 19 世紀後期。由於現有的賦稅收入足以支付常規開支，而這些常規開支在原則上又長期保持不變，因此，清朝統治者認為並沒有必要擴大或更新其財政體制。清朝財政制度的特點，是對直接稅的依賴，將田賦視為最重要的收入來源，且賦稅徵收體系高度集權，田賦稅率很低，在徵稅過程中禁止包稅等各種非法活動，因此在 19 世紀之前並未出現以抗稅為肇因的大規模農民暴亂。這些狀況，與早期近代歐洲國家的混亂局面形成了鮮明的對比。對於當時的每個歐洲國家政府來說，最大的挑戰乃是 "在戰爭期間如何調動國家資源，而不至於引發多數民眾的強烈不滿"（Bonney 1988: 1）。例如，由於納稅人口有限，收稅權力下移，法國的歷代國王為了滿足自己的財政需求，不得不依靠下述舉措：向金融家借債，用外包方式徵收間接稅，讓貧苦農民承受高昂的直接稅（taille）負擔。由此出現國王的債務增長，政府腐敗現象猖獗，國家財政收入損失巨大，以及農民反叛此起彼伏（Bonney 1981, 1988）。

社會經濟結構與國家構建：強制密集型還是資本密集型？

在國家建構和隨後出現的國家與社會關係發展過程中，經濟、社會結構的重要性不下於前面討論的地緣政治因素。查爾斯・蒂利和邁克爾・曼均發現，歐洲國家的政府形式與資源獲取能力之間存在著緊密關係。例如，那些擁有龐大的農村人口、商業化經濟發展相對滯後的國家，在應付戰爭及其他政府行為時，往往難以增加收入（收入主要來自土地稅的徵收），因此只能擴大財政機器，建立專制主義政權，以強制手段"動員"農村地區的財力和人力資源。另一方面，那些擁有高度發達的商業經濟、資源豐富的地區，相對容易通過徵收商業稅和地主精英的財產稅，獲得足夠的收入，因此不必建立一個中央集權的官僚體制，而是朝著憲政政府發展（Tilly 1985: 172-182; Mann 1986, I: 456, 476, 479. 參見 Downing 1992: 9; Ertman 1997: 13）。蒂利 1990 年對歐洲國家的研究，進一步區分了三種不同模式，以闡明經濟如何制約國家活動：在"強制密集型"地區，農業佔主導地位，統治者為了發動戰爭及其他活動，傾向於依賴人頭稅和土地稅，為此建立了龐大的徵稅體制，並讓地方精英在其中握有各種各樣的權力；在"資本密集型"地區，由於商業經濟的存在，國家傾向於依靠更易獲取的關稅和消費稅，將信貸資金作為國家的收入來源，因此導致中央權力受到限制和分割。在這兩種理想類型之間，存在著第三種模式，即"資本化強制模式"（capitalized coercion），國家同時從土地和商業貿易中獲取資源，創造了雙重國家結構，在這一過程中，土地精英既要直面金融家的挑戰，同時又要尋求合作機遇（Tilly 1990: 99）。

那麼，蒂利所提出的三種國家形成的軌跡，對我們理解清朝國家的發展特徵有何關聯？顯然，無論"資本密集型"路徑，還是"資本化強制模式"路徑，都不能用來解釋 18 世紀以農業為主的中國。與英格蘭所採取的資本強制化路徑相比，這種差異顯而易見。儘管中國的經濟規模在 1700 年是英格蘭的 7.7 倍，在 1820 年是其 6.3 倍（Maddison 2001: 表格 B-18），但是，中國的工業和貿易額僅佔經濟總量的 30%，而英格蘭的工業和貿易額在 1700 年和 1789 年的國民生產總值（GNP）中，分別貢獻了 45% 和 55%（Goldstone 1991: 206）。[1] 再對中英兩國工業和貿易稅額在各自政府收入中所佔的比重進行比較，這種差異顯得更加明顯。1700 年，工業和貿易稅額僅佔清政府總收入的 17%，到了 1800 年，也僅佔 30%（許檀、經君健 1990）。而在英格蘭，兩種稅額在 1700 年和 1789 年，分別佔 66% 和 82% 的份額（Goldstone 1991: 206）。即使與 18 世紀的法國相比，工業和貿易額在清代經濟構成中的次要地位也是顯而易見的：儘管法國的經濟結構非常類似於中國（1700 年，農業佔 GNP 的 75%，1789 年仍然高達 69%），但是，工業和貿易稅收佔其總收入的比重，在 1700 年和 1789 年依然分別達到 54% 和 50%（Goldstone 1991: 204-205）。[2]

工業和貿易額對政府收入的重要性的大小不同，對於歐洲和中國的統治者來說意味深長。在歐洲的資本密集型地區，戰爭成本的急劇增加，導致統治者越來越依賴資本家（商人、銀行家和製造商），通過借貸、徵稅、採購等方式獲得收入，而無須去構建龐大、持久的國家制度。相反，資本家會利用其經濟和金融的優勢，影響國家政策的制定，以保護和擴大工商業（Tilly 1990; 50-151）。在資本化強制模式的國家，戰爭的巨額支出，國家對於稅收、信貸和債務支付日益增長的需求，迫使統治者與各主要階級討價還價，在賦予選舉權力和使用暴力鎮壓之間左右抉擇，最終導致代議制度（諸如 Estates 和 Cortes）及全國性立法機構的建立和完善（Tilly 1990: 188）。

1　據麥迪遜估計，1890 年，工業和貿易額佔中國 GNP 總量的 31.5%（Maddison 1998），因此與 18 世紀末 19 世紀初的經濟結構並沒有什麼不同。劉瑞中估計，1700 年工業和貿易額約佔中國經濟總量的 30%，1750 年佔 33%，1800 年佔 36%（劉瑞中 1987）。而在明代（1368—1644）前期，工業和貿易額僅佔經濟總量的 10%，後期則約佔到 20%（管漢暉、李稻葵未刊稿）。

2　英格蘭與歐洲大陸無疑存在著巨大差異。高度集中的稅收制度、對於間接稅的日漸倚重、農業直接稅的廢除，以及由此而來的英格蘭財政收入的增長，遠遠超過經濟成長的速度。這些因素導致奧布萊恩將 17 世紀末至 19 世紀初的英格蘭財政制度視為 "財政例外主義"（fiscal exceptionalism），並將其與歐洲大陸國家基於僵化的區域配額和盛行的包稅制所導致的財政體系上的分權、腐敗和無效進行對比（O'Brien 2002）。

上述狀況並不存在於 18 世紀的中國。儘管在清朝的總收入中，工業和貿易稅收的份額日益增長（從清初不到 13%，增長到 1800 年的 30%），但是，田賦仍是清政府的主要收入來源，這種局面一直持續到 19 世紀後期（周育民 2000: 238-239）。雖然大鹽商的捐輸，是政府在戰爭及其他緊急情況下額外支出的重要補充，但清朝統治者仍然認為，既不需要增加工業和貿易稅，也不需要為了戰爭或賑災而向商人和金融家舉債，只需要依靠國庫的現金儲備，即可應對大部分額外支出。因此，中國商人並沒有任何機會可以與國家討價還價，以謀取自己的政治權力和經濟利益；國家也沒有採取提高商人地位、鼓勵企業擴張的措施，而僅僅是在獲得商人的捐輸之後，給予他們某種榮譽稱號而已。儘管在現實中，清政府採取了一系列規章制度，以保障商業和手工業的正常運行、保護商人的生計，但正如雍正帝所言，在國家的意識形態中，農業為經濟之 "本"，必須加以培育和保護，而商業和工業都只是 "末"，與農業爭奪人力和資源，因此必須加以限制（鄧亦兵 1997；王日根 2000）。

　　同樣，中國也不應被當作 "強制密集型" 國家。像俄羅斯這樣的強制密集型國家，經濟商業化程度低，可從資本家那裏抽取的資源有限，因此國家不得不採取強制手段，而不是通過談判和簽訂契約以獲得足夠的收入，用來支撐戰爭和國家建設，結果只能通過強化農奴制、建立一個規模更大的中央集權制度，進一步榨取農民（Tilly 1990: 140-141）。與此形成鮮明對比的是，在 18 世紀後期和 19 世紀初期的中國，由於納稅人口龐大而軍隊規模較小，清政府能夠將田賦限制在一個較低的水平，在人口增長尚未消耗掉大量的經濟盈餘之前，大多數土地所有者都能承受此一負擔。因此，中國的統治者沒有必要把耕種者變成農奴甚至奴隸，也不需要建立一個龐大的行政機構，以最大限度地攫取農村資源。相反，清政府意識到，小自耕農構成了納稅人口的主體，他們的生計安全構成了國家財政的基石，因此採取各種措施（如稅收蠲免、鼓勵墾荒、限制地租、救濟饑荒等）以確保他們的生存。只要現有的財政機構能產生足夠的收入，以滿足常規和非常規的需求，國家沒有理由將行政機器的觸角延伸到縣級以下。

歷史遺產和國家構建：憲政還是專制？

在中世紀歐洲和帝制時代的中國，歷史環境尤其是權力結構的模式各不相同，進而影響到中世紀晚期（或稱帝制晚期）和近代早期各自的國家建構路徑。正如布萊恩·唐寧所指出的，歐洲國家的封建制度是"一種分權式的政府形態，君主專制程度相對較弱，獨立的擁有采邑的貴族控制了地方行政，並構成了軍隊的基礎"（Downing 1992: 249）。王權和貴族權力大體平衡，軍事組織權力較為分散，土地所有者和耕種者之間形成互惠關係，所有這些，均為中世紀後期歐洲憲政制度的成長提供了肥沃的土壤。這一時期政治演變的特徵是：第一，王權和貴族的權力平衡，導致鄉村和城鎮政府乘機而起，並獲得諸多自由權利，制定自己的憲章；第二，代議制議會次第出現，國王藉此與社會各等級之間就稅收和戰爭問題展開討價還價。這些社會等級包括在封建體制中享有地位和權力的貴族和神職人員，以及掌握了城鎮財政大權並構成社會等級的富豪；第三，法律具備了新的功能，即用來限制王權和其他權貴的行為，而不再僅僅被用來服務於皇室政策和懲戒競爭對手（Downing 1992: 18-38）。

但上述發展在歐洲各地區有顯著差異，並對 18 世紀的國家建構產生直接的影響。依據奧托·辛茨（Otto Hintze）對代議制政權的分類，托馬斯·埃特曼提出，在西羅馬帝國滅亡後的幾個世紀，歐洲各地的地方政府呈現為不同的模式，並對日後各種不同形式的代議機構和政權的形成起到關鍵作用。他認為，憲政政府之所以流行於英格蘭、蘇格蘭、瑞典、匈牙利和波蘭，是因為這些國家已經出現了單一郡縣和自治市鎮的有序格局，讓本地的自由民負責司法事務，維持治安，組織地方防務，徵收稅金。這些發展良好的自治組織所選舉出來的地方代表，跟教會和貴族領袖一道，形成了國家的代議機構，有效節制了國王的權力。相比之下，歐洲拉丁國家和日耳曼諸國，雖然也有議會或國會，但由於這些地方在基層治理方面缺乏民眾的廣泛參與，加上主管工商業的官吏對政治中心惟命是從，導致議會僅僅代表特權等級的利益，不具全國代表性。由於先天不足（尤其是由於不同等級的群體之間難以合作），這類議會容易被那些野心勃勃的國王所操控，從而為絕對主義的建立鋪平了道路（Ertman 1997: 19-25）。

顯然，帝制時代的中國並不具備導致憲政制度在早期近代歐洲成長的歷史條件。表面上看，由於縣以下國家正式權力機構的缺位，從宋代直至晚清，鄉村和城市的地方共同體在自身的治理方面均具某種程度上的"自主性"，有各種各樣的村規民約，界定所有成員在納稅、治安、防匪和公益事業方面的職責和權益。除非鄉民之中出現爭議，無法在內部解決，進而威脅到了鄉民履行對政府的職責，否則官府一般不會干預上述活動（H. Li 2005）。但是，和中世紀歐洲許多地區的情況不同，在帝制晚期的中國，村莊並沒有自己獨立的司法和行政機構，也沒有在本地組織代議機構，讓鄉民選舉村官、決定當地的政策。城鎮同樣沒有出現自己的市政機關，獨立於帝制國家的行政網絡之外。相反，中國城鄉的各種自我管理組織，不僅要為共同體成員的福祉負責，還要致力於滿足國家的徵稅和治安要求，而非將國家的影響力排除在外。

歸根結底，憲政政體在中國難以得到發展的原因，是自從中國古代國家形成之初（尤其在公元前 8 世紀到前 3 世紀，諸國林立，戰亂不休，與中世紀歐洲非常相似），從未形成代議制傳統，用來限制帝王們的徵稅權力。而在 12 世紀末和 13 世紀的歐洲，原初形態的憲政機構漸次出現，對於中世紀晚期的代議制、公民權以及法治的全面發展起到不可或缺的作用，進而導致近代西方自由民主制度的形成（Downing 1992: 36）。同樣重要的是，帝制時代的中國社會，與中世紀的歐洲社會相比，在結構上非常不同。除了個別時期之外，中國歷史上的貴族或宗教組織很少具有歐洲貴族和神職人員那樣的自主權力和影響力。同樣，中國的富商也不享有在歐洲所見到的基本權利、自由以及憲章所規定的豁免權。換言之，中國缺少像歐洲那樣支撐其憲政制度的社會基礎。

另一方面，中國絕非一個 "絕對主義" 的國家，因為絕對主義（absolutism，或譯專制主義）本身有其特定的含義，即不受代議機構約束的王權，此乃中世紀歐洲國家形成過程中出現的歷史現象；而在中國，這種基於身份或國土的代議機構從未出現過。同樣，也不能以 "東方專制主義" 來解釋帝制中國。魏復古在描繪此類政權時所設想的那些特徵，包括統治者的無限權力、龐大的軍力、高額的稅收，以及國家的宗教基礎等等（Wittfogel 1957），並不完全適用於帝制時代的中國，至少不甚適用於清朝。應該說明的是，儘管憲政和代議機構從未出現於中國，但傳統中國統治者的權力並不是無限度的，而是受到意識形態和行政體制的約束。儒家思想和 "祖宗規訓"，要求統治者必須仁慈勤政，加上言官和大臣們的直言勸諫，使得皇帝在通常情況下難以獨斷專行。事實上，無論統治者是熱心早朝、批閱奏章，還是不理朝政，國家事務均歸訓練有素的文官集團處理，他們會按照規章和各種先例履行職責，自主行事。

◇◇◇◇◇◇◇◇◇◇◇◇◇◇

總而言之，18 世紀中國的地緣政治關係、社會經濟結構和歷史遺產，使其政府形態迥異於早期近代歐洲國家構建的任何路徑。在歐洲，大國間的領土和軍事競爭，驅動其財政收入需求不斷上揚，而直接稅（主要是土地稅）的收入增長滯後，使得財政供需之間難以形成均衡。為了增加國庫收入，國家要麼增加對農村人口的剝削，強化對社會的控制，要麼加強貨物稅的徵收，向富人借貸，從而產生強制密集型或資本密集型或介於兩者之間的國家形態。相比之下，在 18 世紀和 19 世紀初的中國，由於缺乏能與之對抗的外部勢力，清朝軍隊規模和軍事裝備大體未變，導致政府的財政需求和收入不僅有限，且相對固定；作為政府收入主要來源的田賦也處在低位。儘管在 18 世紀，相對於經濟規模的擴大，清政府的稅收總量並無太大變化，但仍然能夠滿足其常規支出的需求，甚至積有相當規模的盈餘，在人口的持續增長耗盡經濟剩餘之前，足以應付各種非常規支出，這種狀況至少一直維持到 18 世紀晚期。清朝國家的核心特徵，一言以蔽之，是其財政構造以及國家—社會關係上獨特的均衡狀態。它實質上反映了一直持續至 18 世紀後期的中國地緣政治和人口規模的最佳狀態。

然而，這種均衡局面在 18 世紀的最後二三十年越來越難以維持。人口和經濟資源之間的關係日漸緊張，導致政府財政盈餘下降，因此在處理邊患問題上漸趨保守。然而，正是在同一時期，歐洲最發達的國家相繼經歷工業革命。工業革命之前，歐洲列強從未對中國構成實質性威脅，因為這些國家的經濟畢竟是以手工勞動和有機能源為基礎。儘管出現勞動分工和商業發展，人口壓力也推動經濟發展，但其增速依然較慢。工業革命前的歐洲各國，在經濟總量和製成品的整體競爭力上，沒有一個是中國的對手。但是，到了 1820 和 1830 年代，隨著英國率先完成工業革命，其製造能力迅速膨脹。化石能源在機器化生產和運輸領域的大量使用，取代了舊的斯密模式或馬爾薩斯模式所依賴的傳統動力，刺激整個經濟的指數級增長。[1] 正如馬克思和恩格斯所言，歐洲資本主義經濟第一次成為真正的全球性力量，"不斷擴大產品銷路的需要，驅使資產階級奔走於全球各地。它必須到處落戶，到處開發，到處建立聯繫"（Marx and Engels [1848] 1969）。中國不可避免地被捲入資本主義擴張的全球化浪潮之中，伴隨而來的還有歐洲列強的軍事威脅。不幸的是，清朝國家對此毫無準備。儘管在應對西北邊患的過程中，清廷有效處理了危機，但直到 19 世紀中葉，清廷仍然未能放眼整個世界，將其地緣政治問題置於全球化的視角之下，更沒有打算以全局性的"外交"政策，取代舊有的局部性的具體"邊患"處理方式（Mosca 2013）。更糟的是，19 世紀的清廷，在全新的外患之外，還面臨來自內部的前所未有的財政危機，制約了其處理外來危機的能力。下一章將對此展開討論。

1　關於經濟增長的不同類型及其對於理解帝制晚期中國經濟的意義，參見 Feuerwerker 1992; Wong 1997: 43-52; Goldstone 2004。

第四章

地方化集中主義：晚清國家的韌性與脆性

從 1790 年代開始，清政府接連遭遇兩場嚴峻危機。一是以歐洲為中心的國家體系的擴張。擴張的動力源自西方國家無可匹敵的軍事實力和工業生產能力。資本主義生產方式的盛行、現代科學知識在軍事和工業生產中的運用反過來強化了西方國家的擴張能力。19 世紀中國與以歐洲為中心的國家體系的碰撞，無可避免地導致東亞內部國家之間秩序的崩壞，也促成帝制中國向一個普通的主權國家過渡，並逐漸進入強調主權國家法律地位平等的歐洲主義的國家秩序。倘若中西之間的碰撞發生在 18 世紀晚期之前，亦即發生在清朝經濟尚有活力、財政尚有盈餘、軍事尚為強大之時，中國原本可以有更好的機會去吸收這場碰撞所帶來的衝擊，順應新型的國家間的關係，並通過對歐洲採用積極而有選擇性的拿來主義來增強自身實力。然而不幸的是，這次衝突來臨之時，清朝正趕上另一場危機，即人口膨脹；快速增長的人口幾乎耗盡了經濟剩餘，嚴重影響了清政府的財政狀況和社會穩定。儘管如此，清政府還是從這次財政和人口危機中挺了過來。更令人詫異的是，在太平天國運動之後，清朝還經歷了長達三十餘年的中興，在其最後十年又經歷了另一波現代化運動。因此，本章和下一章將討論清朝如何度過這兩場危機，更重要的是，中國在屢遭挫折和失敗之後，是怎樣啟動向近代主權國家的過渡歷程的。

　　二次大戰後西方對晚清中國的研究，起初一直強調其近代化事業的失敗。芮瑪麗在其“同治中興”研究中，聲稱清朝的國防、教育和外交近代化之所以失敗，是因為官僚士紳的保守主義，而其根源則在支撐當時社會和政治秩序的儒家觀念和行為方式上（Wright 1957）。費維愷也以輪船招商局和其他企業為例，考察了晚清的“早期工業化”，發現這些企業失敗的根源在於中國社會所固有的制度上的和意識形態上的種種障礙。其中最顯著的例證莫過於企業經營中臭名昭著的"官督商辦"模式,它阻礙了為現代企業的成功所必須的非私人的、合理化的及專業化的組織的成長(Feuerwerker 1958)。饒林森也把清廷之未能建立一支有競爭力的海軍,歸咎於儒家意識形態以及由此所產生的傳統制度(Rawlinson 1967)。西方史書中的這種失敗敘事所折射的,則是流行於1950年代和1960年代社會科學領域的現代化範式,其核心內容是這樣一個共享的假設,即"傳統"社會的文化價值觀念與現代化的種種要求在根本上是水火不容的。列文森對儒學的近代命運的解讀(Levenson 1969)即是此範式在近代中國歷史研究中的最佳體現(參見Cohen 2010)。失敗敘事的流行也跟現代化範式所含的比較視角有關;研究者總認為晚清中國的"失敗"跟明治維新時期日本的"成功"形成了鮮明對比。

後續的研究對上述失敗敘事產生了質疑。在這些著述中,自強運動不再是以一場災難告終;相反,根據它們的解讀,其中部分近代企業在擴張業務、與外國企業展開競爭以及從西方引進先進技術方面,取得了"顯著的成功"(Lai 1994; K. Liu 1994)。它們還發現,儒學不僅未構成近代化的障礙,反而有所助益。劉廣京即把曾國藩(1811—1872)在"中興"大業上所取得的成就,跟其儒家治國理念聯繫在一起(K. Liu 1995)。劉氏還把李鴻章(1823—1901)對國家安危的關切以及在自強運動中的領導角色,與源自儒家現實主義態度的所謂"儒家愛國主義"掛鈎(K. Liu 1970: 43)。制約洋務企業進一步發展和在競爭中勝出的,並非中國社會所固有的意識形態和文化觀念,而主要是中央政府缺乏足夠的資金(Pong 1994)。

最近的研究在否定失敗敘事方面走得更遠。在艾爾曼看來,自強運動之所以一直被視作一種失敗,是因為中國在1894年被日本打敗,導致運動突然中斷。可是他發現,中國從1860年代起在通過譯書引進西方科技以及製造業和軍事的近代化方面,曾經在整個東亞地區長期處於領先的地位。只是甲午戰爭的災難性結局導致時人以及史學家回溯過去,認為中國在與日本的競爭中成了輸家（Elman 2004, 2005）。其他研究也顯示，1870 年代和 1880 年代的招商局和其他洋務企業在打破外國壟斷、發展民族工業方面均取得顯著成就，遠非一場失敗（Halsey 2015）。同時，一些新的制度因素也紛紛出現，使得晚清國家能夠從事長期借貸；如果當時具備必要的經濟條件的話，晚清政權本可把自己打造為一個近代財政國家，而一場信貸危機尤能推動這樣的轉型（W. He 2013）。

這裏無意對晚清的洋務企業逐個加以分析，或者檢討其成敗。本章將側重探討這些近代化項目賴以運轉的制度環境，其核心內容是清朝財政體系的轉型及其對中央政權與各省之間的關係所產生的深遠影響。正是此一關係的變化導致這些近代化項目產生引人注目的成就，同時也帶來諸多問題，最終葬送了清王朝。

財政分權

低度均衡機制之脆弱

第三章已述，1850 年代之前，清政府財政狀況的指示器是戶部銀庫的現金積存。幾乎耗盡清朝銀庫積存的白蓮教起義（1796—1804）是個轉折點。由於龐大的軍費開支，銀庫積存由此前的 7,000 萬兩下降到此後的不足 2,000 萬兩。在接下來直到鴉片戰爭前的近四十年裏，清政府國內和邊境都保持相對和平，其間只發生過幾次小規模的軍事行動，平均每年消耗 450 萬兩。然而，這近四十年間清政府的銀庫積存一直維持在較低的水平上，每年大都介於 2,000 萬兩到 3,000 萬兩之間；1828—1830 年例外，每年可達 3,200 萬兩或 3,300 萬兩。這與 17 世紀晚期和 18 世紀銀庫積存的快速增長形成強烈反差。鴉片戰爭前夕的 1830 年代，形勢開始惡化，銀庫積存由 1830 年的 3,200 萬兩降至 1833 年的 2,200 萬兩，1840 年又降為 1,000 萬兩

（見圖表1）。考慮到上述十年間中國沒有發生重要軍事行動而盡享太平，財政形勢的惡化就令人吃驚了。更令人驚訝的是，銀庫積存的戲劇性減少僅是紙面上的數字，實際庫存比官方數字還少。[1]

19世紀早期，儘管國內並未遭遇大麻煩，邊境也未發生大事，但清政府的財政狀況卻趨於惡化，其基本原因有二。一是人口增長，人口從1640年代約1.2億增長到1760年代的2億，再增至1790年代的3億。人均耕地面積相應減少，從1736年的7.87畝降至1766年的4.98畝，1790年的3.35畝，1812年的2.89畝，1840年的2.78畝，1851年的2.79畝。[2]結果，糧食剩餘（即糧食總產量減去農戶自我消費後的餘額）也降低了，從1766年人均439斤降至1790年的171斤，1812年的120斤，1840年代的40斤以下，正如前一章所述，這削弱了土地所有者向政府納稅的能力。另一原因是鴉片走私和連續的外貿入超所造成的白銀外流。據估算，19世紀早期，持續上升的外貿赤字導致1800—1809年從中國市場流出白銀1,100萬兩以上（李強2008: 261），1823—1831年流出2,000萬兩，1831—1834年流出2,000萬兩，1834—1838年流出超過3,000萬兩。這樣，1800年後近四十年時間裏，總共流出白銀超過1億兩，為清政府年收入的2.5倍（約4,000萬兩）。白銀不斷外流的直接影響就是銀價上升。政府規定用銀兩納稅，銀兩與銅錢保持一定的比率。銅錢則是百姓日常交易使用的貨幣。19世紀頭四十年裏，銀兩的價格幾乎翻了一番，從1790年代中期每兩兌銅錢700或800文上漲到1816—1826年的1,243文，1827年的1,234文，1835年的1,420文，1840年的1,643文（鄧紹輝1998: 38-39）。因此，田主不得不以

---

1 例如在1843年，雖然戶部提供的庫存賬面數字是1,218萬兩，但根據一項詳細的調查，實際上僅有存銀292萬兩（周育民2000: 69; 史志宏2009: 110），相差925萬兩。後來證明，戶部銀庫現金積存的實際數目，自和珅（1750—1799）1780年主管戶部以來，60多年從來沒有被核實過。根據道光皇帝的一道諭旨，1780年以後所有在戶部任職過的官員及其後人，都要對這些虧空集體負責（周育民2000: 110）。

2 1736年、1766年、1790年、1812年、1840年、1851年中國人口數分別是1.25億、2.081億、3.0149億、3.637億、4.1281億、4.5億（姜濤1990）。可耕地面積在1736年為98,400萬畝，1840年為114,700萬畝，1851年為125,400萬畝（史志宏1989, 2011）。

往年價格的兩倍向政府納稅（羅爾綱 1947: 16）。

　　人口壓力下糧食剩餘的減少和翻番的銀兩價格疊加在一起，導致清政府的財政赤字不斷惡化。1790 年代之前，清政府每年幾乎不用費勁便能徵收到足額的田賦（3,335 萬兩）。相比之下，1841 年僅徵收到 3,043 萬兩，比應徵數少 8.75%，1842 年比應徵數少 11.27%，1845 年比應徵數少 9.40%，1849 年比應徵數少 21.07%（梁方仲 2008: 573）。

　　儘管如此，總的來說，這種低水平均衡還是維持到了 1840 年代，傳統的財政體制直到太平天國運動前夕仍然發揮著作用。1790 年代晚期和 19 世紀早期，依靠整個乾隆朝積攢起來的巨額的銀庫現金盈餘，清政府無須對財政體制大動干戈便挺過了白蓮教起義。尚存的庫銀積存，加上東南省份的財政收入，也使清政府能夠度過鴉片戰爭的危機，避免既有的財政體制的均衡遭到摧毀。

財權下移

　　導致低水平財政均衡機制壽終正寢的是 1851—1864 年的太平天國運動。多種原因解釋了這場叛亂為何能夠橫掃中國南部和東部，對清王朝的統治構成前所未有的威脅。漢人反滿主義揮之不去，常被反叛者用來煽動民眾；不斷加重的稅負，也威脅百姓生計，這些都是原因。然而，正如羅爾綱（1958）所論，這場波及眾多省份的叛亂背後最重要的原因，乃是不斷膨脹的人口及其對資源的極大壓力，導致經濟剩餘枯竭、鄉村人口貧困化，以及大批流民不斷湧現（另見 Ho 1959: 183, 274）。

　　由於這場叛亂聲勢浩大、曠日持久，加上它發生在清政府戶部銀庫積存降至歷史最低的時候（1850 年銀庫積存的官方數字是 896 萬兩，1851 年則為 763 萬兩。而 1850 年底銀庫的實際積存僅 187 萬兩，見鄧紹輝 1998: 45），清政府在籌措鎮壓叛亂所需軍費方面遇到前所未有的挑戰。戰爭費用遠遠超過它的支付能力。1850—1852 年，清朝在叛亂爆發的廣西一省的軍費便超過 1,124 萬兩。在平亂的最初三年，在受波及各省份，清政府用兵費用總計高達 2,963 萬兩，平均每年近 1,000 萬兩（彭澤益 1983: 127）。結果，1853 年 6 月，戶部銀庫積存降至可憐的 22 萬兩。同樣地，受叛亂影響的省份的財富被完全抽乾（比如 1853 年 8 月的湖南省）或者僅剩下數千兩（比如 1853 年晚期的湖北省和安徽省）（史志宏 2008: 58-60）。在太平天國控制了作為清政府最重要財源的長江下游地區後，清朝的財政狀況惡化已達極點。1852 年戶部銀庫積存的官方數字是 572 萬兩，太平軍佔領南京的 1853 年，戶部銀庫積存的官方數字則降為 169 萬兩；太平軍佔據蘇州的 1860 年，又降到 117 萬兩（見圖表 1）。1853 年庫存實際數僅 11.9 萬兩，1860 年的實際數字則為 6.9 萬兩（史志宏 2009: 111）。清政府財源幾乎枯竭，1850 年代以前財政體制所具有的低水平均衡不復存在。

那麼，在太平天國起義和其他叛亂期間，清廷如何滿足其浩繁的軍費開支？據保守而不完全估計，根據不同省份軍政部門報告，清政府為鎮壓太平天國直接花費了 1.706 億兩（彭澤益 1983: 127, 136）。實際上，鎮壓太平天國運動的十四年間（1851—1864）的總開支超過 2.9 億兩，年均 2,071 萬兩（周育民 2000: 153）。此外，清政府為鎮壓捻軍（1853—1868）花了 3,173 萬兩，鎮壓西北的回民叛亂（1862—1873）花費 1.1889 億兩，鎮壓西南和東南的眾多小規模叛亂（1851—1873）花費 1.0107 億兩。加起來，1851—1873 年的二十三年間，清政府用於鎮壓叛亂的花費超過 5.41 億兩，年均 2,355 萬兩，這個數字大約是 19 世紀前半期清政府年均收入的 60%。此外，1875—1878 年鎮壓新疆穆斯林叛亂花了 7,000 萬兩—8,000 萬兩；中法戰爭花費 3,000 萬兩；1894 年前二十年間，北洋艦隊耗費約 2,300 萬兩（同上：267—277）。因 1840 年、1894 年、1900 年戰敗的戰爭賠款以及其他形式的賠款，清政府開銷不下 9 億兩（相瑞花 1999）。

面對戶部連最低限度的現銀庫存都付之闕如的局面，清廷在籌措鎮壓太平天國的軍事費用時，最初是靠傳統的辦法，而非從根本上改造稅收體制。一是賣官鬻爵（捐釐或捐納），始於 1851 年，原本打算為期一年，後來一直持續到 1879 年。最初兩年收效明顯，1850 年代早期每年能收入 100 萬兩到 300 萬兩。另一種是鑄造大面額銅錢和印刷大面額鈔票。1851—1861年，戶部發行的大面額銅錢和紙鈔共達 60,249,000 兩，是同期戶部總收入的69.5%，這在很大程度上彌補了太平天國期間清廷的財政赤字（彭澤益 1983:87-115, 146-149; 鄧紹輝 1998: 48-51; 史志宏 2008: 70-72）。

與上述兩種傳統方式相比，太平天國運動爆發後，清政府更重要的解決財政困境的辦法，是允許財政權力由戶部下移到地方督撫。遵照咸豐帝1853 年 7 月的旨意，督撫們可以在轄區內採用任何可行的辦法自行籌措費用（QSL, 咸豐 97: 3-6- 乙丑）。正是這些新措施導致稅收體制的根本改造和清政府財政體制的轉變，從常規收入來源不變且相對穩定、常規支出同樣相對穩定的舊體制，轉變為一種開放的、有彈性的新體制。

財政分權的措施之一是徵收田賦附加，由此打破了清朝統治者自 1712年實行的 "永不加賦" 的戒律。各省用不同方式徵收田賦附加。在素以薄賦聞名的四川省，從 1854 年起，所有田主都不得不按每賦銀一兩加徵一兩的標準交納附加（所謂 "田賦津貼" 或 "按兩津貼"）；此外，每兩田賦還需另交 2 到 4 兩的 "捐輸"。土地賦稅的負擔因此增加了 3 到 5 倍。在其他省份，土地附加通常按田畝徵收。例如在貴州，田主要交納農作物產量的 10%—20% 作為田賦附加（ "例穀" ），實際上田賦附加可能佔到總產量的 40%—50%。在江蘇和安徽，田賦附加（ "畝捐" ）按照每畝 20—80 文銅錢的標準徵收，在某些地區甚至高達 400 文。在江蘇和浙江，交納漕糧的田主，每完成一石的漕糧，實際上需要交納二石甚至更多的穀物（彭澤益1983: 160-166）。

另一個更重要的措施是開徵新稅，即 "釐金"，係一種貨物稅，不管貨物在當地銷售還是運往別處，均需繳納。釐金最初行於 1853 年江蘇揚州附近，1855 年在全國開徵。各省有不同的徵收方式。典型的做法是，在貨物的來源地要徵收，然後貨物每運至一處，都要再收一次。由於釐金收入理論上納入地方金庫，而非上解中央戶部，地方督撫及軍政部門就有強烈的衝動在其管轄範圍的商路上盡可能設置釐卡，以最大限度地增加收入。例如湖北，就曾設置了 480 多個釐卡，直到 1868 年被裁減為 86 個（彭澤益 1983: 157）。釐金的稅率相當於貨物價值的 5%—10%。這樣，在某一地區，在流經若干個釐卡之後，當貨物被最終賣給消費者時，釐金總額可能是貨物最初價值的 20%—30%，甚至高達 40%—50%，大部分釐金被稅吏和政府官員貪污（同上：159; 史志宏 2008: 123）。據官方報告，1870 年代和 1880 年代，每年徵收的釐金總量介於 1,400 萬兩到 1,500 萬兩之間（羅玉東 1970: 469）。

舉借內債和外債是用兵期間籌措經費的第三個重要渠道。國內的債權人均為富戶或紳商，他們既向地方政府捐款，也放貸。每筆貸款的數額從數千兩到數萬兩不等，取決於地方政府的需要和債權者的承受能力。自 1853 年蘇松太道台向上海一家洋行借款開始，1860 年代及後來，外債成為一種比內債更重要、更穩定的額外財源，以滿足地方軍政需要，靠地方海關的收入償還。例如，1861—1865 年，江蘇、福建和廣東幾省當局就從英、美各洋行借了 12 筆貸款，總共 1,878,620 兩，年利率為 8%—15%。再如，1867—1868 年，陝甘總督、欽差大臣左宗棠從上海的英資洋行總共借了 220 萬兩，用於鎮壓捻軍和西北回民叛亂（鄧紹輝 1998: 57; 彭澤益 1983: 152-153）。顯然，大多數借款都是短期性的，並非長期債務，而後者對於增強國家的財政能力、推動其轉型為近代財政國家起到重要作用（W. He 2013）。

財政構造之轉型

結果，太平天國之後三十年中，清政府的財政狀況穩步改善。與 19 世紀上半葉清政府每年約 4,000 萬兩的財政收入相比，其後三十年清政府賬面上的財政收入翻了一番。1889 年清政府財政收入達 8,076 萬兩，1891 年為 8,969 萬兩，達到了 1894 年中日戰爭前的最高水平（見表 6）。需要指出的是，各省很少向戶部如實報告所掌握的實際收入。19 世紀前，未上報的部分往往佔到實際收入的 20%—30%。太平天國之後的三十年，被隱藏的收入可能高達實際收入的 40%。假如算入未上報的部分，1880 年晚期和 1890 年代早期，清政府的年財政收入可能高達 1.4 億兩到 1.5 億兩（史志宏 2008: 279; 亦見表 6）。

表 6. 清朝國家的歲入和歲出（1841—1911）（單位：千兩）

年份[a]	田賦	釐金	鹽稅	海關稅	其他收入	歲入		歲出	結餘
						官方數據	實際數額[b]		
1841	29,432		4,958	4,208		38,598	55,000	37,340	
1842	29,576		4,982	4,130		38,688	55,000	37,140	
1845	30,214		5,074	5,511		40,799	58,000	38,816	1,796
1846						39,223	56,000	36,287	2,935
1847						39,387	56,000	35,584	3,803
1848						37,940	54,000	35,890	2,050
1849	32,813		4,986	4,705		42,504	61,000	36,444	556
1874						60,800	111,000		
1881						82,349	150,000		
1885	32,357	14,250	7,394	13,528	9,558	77,086	140,000	72,866	4,221
1886	32,805	15,693	6,735	14,366	11,669	81,270	148,000	78,552	2,718
1887	32,790	16,747	6,998	19,319	8,360	84,217	153,000	81,281	2,936
1888	33,224	15,565	7,507	17,754	13,742	87,793	160,000	81,968	6,423
1889	32,083	14,930	7,716	16,767	9,265	80,762	147,000	73,070	7,682
1890	33,736	15,324	7,428	16,710	13,609	86,808	158,000	79,411	7,397
1891	33,587	16,326	7,172	18,207	14,432	89,685	163,000	79,355	10,330
1892	33,281	15,315	7,403	17,623	10,742	84,364	153,000	79,645	7,719
1893	33,268	14,277	7,680	16,801	11,083	83,110	151,000	73,433	9,677
1894	32,669	14,216	6,737	10,674	16,737	81,034	147,000	80,276	758
1899	33,934	12,160	13,050	22,052	27,132	108,328	181,000	101,566	6,762
1903	35,460	16,000	12,500	31,500	9,460	104,920	175,000	134,920	-30,000
1906	35,000	12,000	13,000	40,000	27,000	130,000	217,000		
1908		21,000				234,820	276,000	237,000	-2,180
1909						263,219	310,000	269,876	-6,657
1911	48,101	43,188	46,312	42,139	117,221	296,962	349,000	338,652	-41,690

資料來源：*QCXW*, 66: 8225, 8227-8229; 67: 8231-8232; 68: 8245-8249; *SQYJ*: 144-148; *HBS*, 1.1: 172-173; *QSG*, 125: 3704-3709.

註釋：[a] 1911 年數據為預算而非政府實際收支額（*QCXW*, 68: 8245-8246）。

[b] 清朝國家實際歲收的估計數係基於官方歲收額，並假定在太平天國之前官方歲收數額比實際歲收數額少 25%，在 1851—1907 年期間少 40%（史志宏、徐毅 2008: 277, 279, 289），在 1908—1911 年期間少 15%（1908 年清廷的地方財政清查使上報的官方數額與實際收入之間的差額大大降低，見 *QCXW*, 68: 8249）。

　　清政府總收入的迅速成長主要靠兩方面的收入。一是上面提到的釐金，1880 年代和 1890 年代早期，每年徵收釐金 1,400 萬兩到 1,600 萬兩，大約佔清政府賬面收入的 15%—17%。另一項是海關收入，從 1840 年每年四五百萬兩增加到 1885 年的 1,447 萬兩和 1891 年的 2,351 萬兩（佔清政府總收入的 26%）（鄧紹輝 1998: 99）。結果，19 世紀下半葉清政府的財政構造發生了意義重大的變化。在 1850 年代之前，田賦是清政府最重要的財源，佔總收入的 73%—77%，而到 1890 年代晚期則降至約 40% 甚至更少。另一方面，來自貿易的收入大幅增加，從 1850 年代佔政府歲入不到 30% 上升到 1894 年前的約 60%（表 6）。

　　這裏需要進一步解釋的是釐金和海關收入的分配和使用問題。如上所述，釐金由疆吏徵收和控制，這項收入的相當大一部分被清廷以各種形式上解戶部用於全國性開支（所謂"國用"），而各省自用的釐金收入很少超過 10%（羅玉東 1970: 222-229）。海關收入也是這種情形。從 1870 年代到 1890 年代早期，海關收入中的"國用"份額約佔 70%，而省用部分僅佔 13%—19%（史志宏 2008: 186-187）。然而這兩種財源還是有著很大不同。釐金收入的大部分（70%—80%，見史志宏 2008: 123）未被上報戶部，而上報的海關收入接近其實際數額。海關由西方人有效管理，少有清朝官僚機構常見的貪污腐敗。海關收入的大部確實是"國用"的。由於本省財政收入短缺，或者為了舉辦省內的全國性項目，各省繼續截留大部分的海關收入，因此 1870 年代最終上解戶部的海關收入佔總收入的 20%—37%，1880 年代和 1890 年代初僅佔 7%—20%（史志宏 2008: 182-183）。

無論如何，清政府的財政構造經歷了一場轉型，即由依靠傳統的財源（主要是數額相對穩定的田賦）轉向越來越依靠貿易和金融。與轉型前的收入相比（比如 1849 年田賦佔政府總收入的 77%），到 1885 年，田賦僅貢獻了整個財政收入的 42%，其他則來自對貨物徵收的稅項，主要是釐金、鹽稅和海關收入。到清末，田賦進一步降至政府總收入的 16%，而來自釐金、鹽稅和海關的收入則是田賦的 2.74 倍。

　　因此，從 1860 年代到 1890 年代早期，清政府的財政狀況大大改善。整個政府系統的歲入增加了兩倍；戶部的銀庫積存也明顯增加了，到 1882 年底已達 806 萬兩，1883 年增至 985 萬兩，1891 年更達 1,038 萬兩（史志宏 2008: 276），與 1850 年代國庫空空如也形成了強烈對比。單就財政狀況而言，1885 — 1894 年的十年確實是晚清的 "黃金十年"。這十年，國內穩定，邊境安寧，經濟從戰爭的浩劫中復甦過來，並有所發展。政府收入穩步增長，並有不少盈餘。這十年中的每一年，清政府的賬面收入平均為 8,357 萬兩，超過其平均 7,759 萬兩的賬面支出，收入超過支出 7% 以上，每年財政盈餘 598 萬兩。如前文所述，清政府的實際收入，包括上報的和未上報的，每年可能高達 1.4 億 — 1.5 億兩，幾乎是它每年支出的兩倍！

督撫之財政自主及其有限性

　　然而，清政府的財源由土地向商業和借貸的轉型，並非由貿易或非農產業發展所驅動，也沒有伴隨著一個能夠有效徵收和使用稅收的中央集權的科層制政府之建立，一如早期近代歐洲那些成功的財政 — 軍事國家之所為。相反地，這種轉型是各省督撫應對內部和外部緊急需要的結果；導致這場轉型的財政措施都是被動、零碎的，且一直處在調整之中，常常因辦理地方急務而被地方官提出和執行。因而這種轉型不可避免地導致財政體制的非集中化。不像 19 世紀中期，那時清廷中央能夠把大部分收入置於自己的掌控之中，到了 19 世紀晚期，大部分財源已被地方督撫所控制，不再受中央政府的全面掌控。造成這種狀況的原因是臨時財政措施的正式化，這些措施原本是用來解決戰爭時期嚴重的財政赤字問題。其存在和發展導致地方督撫財政自主性的不斷增長。

19 世紀中期以前，清政府稅收體制的高度集中特徵，主要體現在解餉制度上。在這種體制下，各省的稅收在扣除了法定的留給省內的行政費用後，餘款必須全部上解戶部（因此被稱作"京餉"），或者遵照戶部指令解往其他省份（被稱作"協餉"）。18 世紀晚期，來自各省的京餉每年約 1,000萬兩，佔清政府年收入的四分之一（史志宏 2008: 11）。然而，在太平天國早期，受叛亂影響的省份紛紛請求推延或截留京餉以滿足地方軍需，甚至截留途經本省的鄰省解往京城或其他所需省份的款項。解餉制度的混亂和癱瘓導致清廷無款可撥，不得不在 1853 年決定允許各省督撫自行籌措所需的軍政費用，這在前文已述。然而，為了確保戶部有最低限度的收入以維持中央政府和常備軍，1856 年清廷要求各省每年總共上解 400 萬兩作為固定的京餉，這筆款項由各省分攤。這個"固定"的稅額在 1860 年提高到 500 萬兩，1861 年提高到 700 萬兩，1867 年提高到 800 萬兩，從此不再變化，直至清亡（鄧紹輝 1998: 54-60; 史志宏 2008: 136）。

但是 19 世紀晚期，京餉並非各省督撫對中央政府應盡的唯一義務。從1860 年代到 1880 年代，清廷每年還攤派給各省和海關一系列特定款項，須上解戶部，用於下列項目：

· 固本京餉（1863 年起每年 66 萬兩）

· 內務府新增經費（1869 年起每年 60 萬兩）

· 海防經費（1875 年起每年從 5 個海關的收入和沿海省份的釐金收入中抽取 400 萬兩）

· 派駐外交官經費（1876 年起每年 100 多萬兩）

· 滿洲駐防經費（1880 年起每年 200 萬兩）

· 荒年賑濟經費（1883 年起每年 12 萬兩）

· 京官津貼和加復俸餉（1883 年起每年 26 萬兩）

- 加放俸餉（1885 年起每年 120 萬兩）
- 京師旗營加餉（1885 年起每年 133 萬兩）
- 鐵路經費（1889 年起每年 80 萬兩）
- 籌備餉需（1892 年起每年 200 萬兩）（羅玉東 1970: 196-207; 史志宏 2008: 137-138）

　　到 1892 年，每年由各省和海關承擔的上解中央的強制性國庫收入（京餉和其他攤派）加在一起，增加到 2,177 萬兩。這樣，清政府的財政體制便經歷了一場轉型，由 1851 年前中央集權型、受到中央財政部門全面控制的體制，轉向 19 世紀後半期相對固定的由中央和各省共享的體制。那麼，這種地方化轉型對清政府及其財政能力到底意味著什麼？

　　這種轉型帶來的一個顯而易見的結果是各省督撫自主權的增長，他們在各自轄區內能夠控制財政收入中扣除上解中央各項攤派後的餘額。因此，為了完成各省提出和資助的各種項目，督撫們有很強的動力，運用一切可能的手段增加本省的財政收入，其中，主要是最大限度徵收釐金和田賦附加，以及向國內外借債，前文已述。各省設置了名目繁多的財稅機構，以徵收和管理各項非常例性收入，這些機構直接聽命於督撫。與此同時，戶部監管各省財務活動的權力遭到削弱。作為戶部代理機構的各省布政使司，原本負責各省的稅款徵收，並獨立於督撫，現在慢慢地變成督撫的下級。1864 年太平天國運動剛結束，清廷即試圖審計各省督撫們的軍事開支，由於措施不切實際，加上督撫們的抵制，不久便予放棄。後來清廷重新對各省的財稅徵收和管理進行年度審計（奏銷），結果也多是走過場，未能成為核查各省財務的有效手段；根本原因在於督撫們上報的數字很少能反映各省通過非常規方式徵收的各項收入的實際數額。

　　疆吏的財政自主權還體現在他們有能力與中央政府就本省被攤派的稅額進行討價還價方面。督撫們很少足額向戶部上繳應解的稅額，除非戶部三令五申，否則他們會百般延緩或減少上解。總體上看，1897 年各省僅完成稅額的 44.4%，1898 年完成 45.8%，1899 年完成 60%（史志宏 2009: 268-272; 亦見史志宏 2008: 140）。實際上，這種形勢早在 1894 年前就存在。總的說來，他們更願意承擔直接關係到京師或滿洲安危的財政責任，因為這麼做有助於他們向清廷展示忠誠。他們不願資助那些有助於增強某些督撫個人地位的建設項目，尤其是建設海防和海軍的費用，因為這些項目在 1870 年代中期到 1890 年代中期常被視為李鴻章的個人事業（詳見下文）。無論如何，太平天國之後各省督撫的財政自主權日益增長，是再清楚不過的趨勢。

不過，對於晚清省級官員的這種自主性也不能過分誇大，以為清廷已經失去了對地方財政的控制。事實上，對於所有正式上報的各項收入，戶部對其在中央與各省之間的再分配，都有最終決定權；中央所不能控制和支配的，是各省及地方州縣所未上報的部分；總體而言，未上報的各項收入，在 19 世紀後半期可能達到其實際總收入的 40% 左右（見表 6）。在所有稅源中，各省隱瞞最多的是釐金；但中央始終能夠通過京餉、協餉或各種攤派的形式，將大部分正式上報的釐金收入用於全國性的支出項目（所謂"國用"），前面對此已有詳論；在第六章中，我們還會看到，在清末三四年間，通過財政清查，中央能夠進一步控制各省原先未上報的大部分釐金收入，使戶部賬面上的釐金收入在 1911 年達到 4,300 多萬兩，為 1890 年代的三倍左右（每年在 1,200 萬兩至 1,600 萬兩之間）；各省未上報的各項隱形收入，進一步降低到佔實際總收入的 15% 左右（見表 6）。曼素恩通過對廣東和江蘇兩省歷年釐金收入劃撥的分析也得出結論，中央政府在此項收入的使用上起到決定性的作用；尤其到 20 世紀初，省內自用的部分在廣東下降到 50% 以下，在江蘇更只有 15% 至 20%（S. Mann 1987: 105-110）。她因此質疑過去把 19 世紀的中國政局簡約為"權力下移、四分五裂和中央失控"，相反，她強調中央政權各方面能力均有所提升，並且為了擴大財源而對地方政治經濟活動進行滲透；即使在此一過程中國家有所"退讓"（尤其是在商業捐稅的徵收中聽任"包收"行為），但這屬於建造現代國家的道路上取得成功所要邁出的必要步驟，屬於"有用的退讓"（同上；6）。

有條件忠誠之濫觴

漢人疆吏之崛起

重塑清政府權力結構的關鍵性事件是發生於 1850 年代及 1860 年代早期的太平天國運動。此前，清朝從中央到地方各省的整個政府體制的特徵，不僅在於其沿襲自明朝的高度集權的官僚體制，還在於讓滿人和八旗精英充任幾乎所有總督職位，以牢牢控制各省軍政大權，僅把半數的巡撫職位委任給漢人，以管理地方民事。這在乾隆朝（1736—1795）尤為突出（孔令紀等 1993: 327）。[1] 在嘉慶（1796—1820）和道光（1821—1850）兩朝，這種情況有所改善，此時，漢人精英佔據了半數總督的職位。例如，1850 年，十個總督中的六個是漢人，十五個巡撫中僅有一個是滿人，其餘全是漢人。然而，一旦遇到危機，皇帝總是委任滿人充當特使（經略大臣或參贊大臣以及後來的欽差大臣）去監督鎮壓叛亂的軍事行動，督撫們要聽從欽差大臣的指令，在軍事行動中處於輔助地位（所謂"承號令，備策應"）（QSG: 3264）。在正常年月，督撫們則與另外兩個中央派駐本省的重要機構組成錯綜複雜的監督和制約關係；其中一為布政使司，監管本省的民政和稅收，一為按察使司，掌管本省的訴訟和判決。

太平天國運動的爆發顛覆了此一傳統。在最初兩年，清廷依靠自己的正規軍即綠營鎮壓叛亂，卻未能抑制其迅速蔓延。因缺乏訓練、組織渙散、軍官腐敗，綠營早已失去了戰鬥力。結果，叛亂者很快於 1852 年 12 月進逼到

---

1 梁啟超在 1901 年也有如下觀察："本朝以東北一部落，崛起龍飛，入主中原；以數十萬之客族，而馭數萬萬之生民，其不能無彼我之見，勢使然也。…… 故二百年來，惟滿員有權臣，而漢員無權臣。若鰲拜，若和坤，若肅順、端華之徒，差足與前代權門比蹟者，皆滿人也。計歷次軍興，除定鼎之始不俟論外，若平三藩，平準噶爾，平青海，平回部，平哈薩克、布魯特、敖罕、巴達克、愛烏罕，平西藏、廓爾喀，平大小金川，平苗，平白蓮教、天理教，平喀什噶爾，出師十數，皆用旗營，以親王貝勒或滿大臣督軍。若夫平時，內而樞府，外而封疆，漢人備員而已，於政事無有所問。如順治、康熙間之洪承疇，雍正、乾隆間之張廷玉，雖位尊望重，然實一弄臣耳。自餘百僚，更不足道。故自咸豐以前，將相要職，漢人從無居之者。"（LQC, 2: 393）

湖北武昌，即將沿江而下，攻佔富庶的長江下游主要城市。此時，清廷不得不允許在籍官員就地招募成年男性，組建團練，保衛鄉土和阻擊叛亂者。這種做法在 1790 年代鎮壓白蓮教叛亂時即曾施行過。湖南的曾國藩（1811—1872）是 1853 年初被咸豐帝任命的分佈於 10 個省份的 43 位團練大臣之一。1854 年 7 月，曾國藩帶領一支人數過萬的軍隊奪回了武昌，顯示了自己的軍事能力。在隨後幾年裏，他在長江中下游各地作戰，最終成為兩江總督，1859 年升任欽差大臣，總管江南軍務。1861 年末，他進一步被授權統管江蘇、江西、安徽和浙江四省文武官員。在他的舉薦下，一大批來自湖南的下屬被任命為長江中下游各省督撫。湘系的崛起因此成為晚清數十年省級政治中引人注目的現象。軍機大臣文慶（1796—1856）很好地解釋了為什麼清廷不得不依靠漢人精英而非滿人，授之以軍政要職："欲辦天下大事，當重用漢人。彼皆從田間來，知民疾苦，熟諳情偽。豈若吾輩未出國門一步，懵然於大計者乎？"（薛福成 1987: 250）。據估計，從 1851 年到 1912 年，滿人僅佔據 34.6% 的巡撫職位和 22.2% 的總督職位，而在整個清代，滿人佔據了 57% 的巡撫和 48.4% 的總督職位（Rhoads 2000: 47-48）。

導致晚清政治中漢人督撫持續佔支配地位的原因，首先是他們牢牢控制取代正規軍而成為鎮壓太平天國主力的私人化兵勇。湘軍與正規軍的主要區別是，它用私人紐帶把不同層級的官兵連結在一起。組建團練時，每一個層級的指揮官都要負責招募下一級的軍官，直到十人一隊的頭領。頭領負責從家鄉招募士兵，知道下屬的住址、父母、性格和能力，士兵要簽押保證遵守軍隊的規定（劉偉 2003: 119; Kuhn 1970: 122-148）。這種組織手段杜絕了綠營常見的士兵戰場叛變和違法行為，也使團練淪為地方督撫的私人武裝。

團練之所以為督撫們所把持，也因為它能自我維持，無需中央的支持。督撫們須 "就地籌餉"，動用所有可能的資源供養自己的團練，比如徵收釐金、出售官銜、截留解餉和海關收入、徵收田賦附加等等，前文已述。為了確保籌集到足夠的收入並有效地經營管理，各省都建立了由督撫直接控制的財政機構，即糧台或中糧台，可以不經省布政司的監管而分配資金和報銷費用。

　　督撫們不僅控制各省的軍務和財政，使它們很大程度上擺脫了中央政府的監督；他們還把親信任命到本省的重要職位，從而控制了地方政府的人事。清朝有一個悠久的傳統，即各省督撫可以向朝廷舉薦任命本省府縣的官員；不過，他們的舉薦權是有限制的（總督每年推薦 3 名候選人，巡撫每年推薦 2 名）（劉子揚 1988: 35）。在出任兩江總督掌管長江下游四省軍務之後，曾國藩突破了上述限制，連續舉薦一系列職位，囊括從巡撫到布政使和按察使，直到更低層級的官職。只要認為合適，各省巡撫或總督便會設立名目不一的"局""台""所"，以負責辦理團練後勤以及與戰後重建有關的各項具體事務。這些機構都處在正規的政府體制之外，僅向督撫負責。

　　概言之，在鎮壓太平天國運動和戰後重建的過程中，漢人督撫日顯強勢，獨攬所轄各省的軍事、財政和人事權，這是 19 世紀中葉之前所未曾有過的。他們通過私人關係結成了官僚集團，與過去在清朝政治中一直處於支配地位的滿洲貴族分庭抗禮。因此，這場叛亂的最終結果，乃是權力由清廷向督撫傾斜，漢人取代滿洲和八旗貴族，漸成晚清政治的主角。

忠誠之再定義

　　清廷對漢人精英權力的迅速膨脹自然有所警覺。例如，1854 年曾國藩奪回武昌的消息，曾讓咸豐帝既興奮又焦慮，因為某大學士提醒他，"曾國藩以侍郎在籍，猶匹夫耳。匹夫居閭里，一呼蹶起，從之者萬餘人，恐非國家之福也"（薛福成 1987: 252）。因此，咸豐取消了原先想委任曾國藩為湖北巡撫的決定，在隨後的六年裏對曾國藩始終持有戒心。曾國藩僅憑徒有其名的兵部侍郎之銜，轉戰鄰近數省，在試圖尋求地方軍政當局提供後勤支援時，屢遭挫敗。在指揮團練在長江中下游與太平軍作戰時，清廷把自己直接控制的正規軍（即綠營），集結在太平天國首都南京附近，設江南、江北兩座大營，用來圍困南京，以待團練消滅了大部分叛軍後對南京展開進攻。換句話說，由滿人將領統率的兩大營的主要目的，是阻止由漢人統率的團練在平亂中獲取頭功。難怪兩大營於 1860 年被太平軍徹底摧毀時，曾國藩在私下與下屬交流時喜不自禁（范文瀾，1949: 144-145）。此後，清廷不得不完全依賴曾國藩和其他漢人精英統率的團練，授之以總督職位，統轄四省軍務。

不過，接下來的數年裏，清廷和漢人精英的關係依然緊張，某些時候還格外尖銳。例如在 1864 年 7 月，曾國荃（1824—1890，曾國藩之弟）率領湘軍攻破南京，決定性地擊敗太平軍。為了阻止曾氏兄弟居功自傲，予取予求，清廷威脅要調查湘兵搶劫太平天國囤積的大量財寶以及太平天國幼主的下落。曾國藩不得不做出讓步，許諾解散湘軍，削減軍事開支，讓其弟返歸原籍。結果，清廷停止了調查。再如 1865 年鎮壓太平天國後不久，恭親王因數次過錯屢被彈劾，其中一個過錯便是過於依賴像曾國藩這樣的漢人。慈禧太后也對恭親王怨恨已久，欲褫奪其所有職位。曾國藩為此 "寒心慄栗之至"，在一條小船上與親信商議應對之策時，兩人 "唏噓久之"，與清廷的關係幾近破裂（朱東安 2007: 37）。幸運的是，恭親王不久復出，曾國藩的危機得以解除。滿人統治者與漢人精英之間的聯手，實質上是有條件的：它建立在儒家的君臣倫常觀念之上，即 "君使臣以禮，臣事君以忠"。換言之，君臣關係是互惠的，君待臣以應有之道，乃是臣忠於君的前提條件。在雙方關係遭受考驗的關鍵時刻，如果其中一方不做出妥協，危機便會發展到不可收拾的地步。

幸運的是，對清廷而言，曾國藩畢竟是一位老謀深算的政治家，既熟諳儒家倫理傳統，又具有治國才略，始終能夠憑其機警和克制，駕馭一再出現的危機。在某種程度上，他對清廷的有條件的忠誠，可以被視為對清廷在過去兩個世紀裏尊崇儒學並且在任用官員方面縮小滿漢差異的一個回報。正因如此，在 18 世紀和 19 世紀早期，大部分漢人精英都認同了源自異族的清王朝，接受其統治中國的合法性，並用儒家倫理觀念來界定兩者之間的關係。曾國藩忠於清廷的另一個原因，則是雙方都面臨著同樣的敵人，即太平天國造反者。對於曾國藩和其他許多漢人精英來說，與太平天國作鬥爭不僅是為了保住大清，更是為了捍衛華夏文明。正如曾國藩在《討粵匪檄》中所雄辯地宣稱的那樣，太平天國造反者所崇拜的洋教，與儒家綱常格格不入，幾千年的中華文化傳統已經遭受根本威脅（*ZGF*, 詩文, 232-233）。

1850 年代和 1860 年代漢人精英之所以在晚清政治中如此獨特和強大，主要得益於他們擁有以前從未具備的優勢，即控制了所在省份的軍務、財政和人事大權；更重要的是，他們形成了抱團的派系，以集團的形式捍衛自身利益並與清廷打交道。湘系的核心當然是曾國藩。在 1872 年去世之前，其影響是如此之大，以至於在其職業生涯的頂峰，"當時七八省政權，皆在掌握。凡設官任職，國課軍需，悉聽調度，幾若全國聽命於一人"（容閎 1985: 107）。在曾國藩周圍，有眾多的下屬後來都升任地方要職。到 1872 年，其中十一名先後被任命為巡撫或總督。曾國藩門徒中最有名的當然是李鴻章，此人後來組建了以其省籍命名的淮軍。李鴻章和他的哥哥李瀚章（1821—1899）同時出任總督達四年，他的四個重要下屬則出任巡撫（龍盛運 1990: 482）。相形之下，同一時期僅有一兩名滿人出任總督，其中有兩年根本沒有滿人總督。同時，在此一時段，通常每年僅有一名滿人巡撫，只有其中一年存在過兩名滿人巡撫，還有一年根本沒有滿人巡撫（同上）。

總之，太平天國運動期間和之後，清廷與漢人官僚的關係發生了實質性變化。在遷都北京後逾兩個世紀的時間裏，清王朝的中樞曾經歷了一個集權的過程，其集權程度超過了此前的中國歷朝歷代。征服中原後，滿人統治者不僅從明朝繼承了一整套高度集權的政府體制，還把中原的體制與其原先的非農耕政權的一些做法（即軍事行動中的互相合作，部落聯盟體制之下各部落首領的權力共享，以及大汗對所征服和奴役對象的絕對權力）結合在一起（Crossley 1992）。18 世紀清朝皇帝一直對清初遺留下來的議政王大臣會議持抵制態度，重建了中樞決策機構，力圖把權力集中於自己手中。同樣地，在處理同漢人官僚的關係時，清朝皇帝拒絕建立一種互惠關係。儒家治國理念把這種互惠關係理想化，認為臣對君的忠誠端賴君待臣以應有之道；相反，滿人統治者把自己同漢人的關係視為征服者和被征服者之間的關係，要求後者無條件地服從和效忠（郭成康 2000）。然而，這種單向關係在 19 世紀後半葉走向終結。漢人官僚在鎮壓叛亂和處理外交危機中變得不可或缺，他們在軍事、財政和行政管理上權勢漸重，在與清廷打交道的過程中越來越具自主性，對清廷的忠誠也越來越講條件。

"十八國"

　　這裏有待澄清的是，太平天國運動期間發生的分權化趨勢，是否會在太平天國之後隨著清政府試圖恢復它已在 1850 年代和 1860 年代早期失去的軍事和財政權而扭轉過來。中央再度走向集權的一個重要跡象，是 1864 年清軍佔領太平天國首都南京之後，大部分湘軍被遣散。在數月之內，一支曾經在曾國藩弟弟曾國荃的指揮下攻陷南京的 5 萬湘兵被徹底解散，曾國荃也辭去所有職務，回原籍 "養病"。一年後，鼎盛時期一度超過 20 萬人的湘軍大部分被裁撤，只留下數營、約一萬人用於維持地方治安和實行長江巡邏。

　　然而解散湘軍只是故事的一面。另一面則是源於湘軍的淮軍的倖存和壯大。1862 年，李鴻章因指揮自己組建的淮軍（士兵多來自其家鄉安徽）抗擊太平軍，保住了上海，而被委任為江蘇巡撫。在裁減了老弱殘兵後，淮軍仍然保持超過 5 萬人的規模。後來證明，在清廷剿殺捻軍（1853—1868）的軍事行動中，尤其在 1865 年捻軍大敗清朝最強悍的正規軍並殺死其統帥蒙古將領僧格林沁（1811—1865）之後，淮軍是必不可缺的。李鴻章徹底而迅速地消滅了捻軍，在處理棘手的對外事務中也展示了很強的能力，這些都導致清廷任命他為直隸總督和北洋大臣長達二十六年之久（1870—1895），使他成為 19 世紀晚期最有影響的漢人官僚。他的淮軍也於 1875 年擴張到 95 個營，在隨後的 20 年裏擴張到 146 個營，在十多個省份都有淮軍駐紮。實際上，淮軍取代了過時而無能的八旗和綠營，成為清廷裝備最精良、最重要的防衛力量，直到義和團之後的十年才被袁世凱的新軍所取代（董叢林 1994: 28; 劉偉 2003: 277-278）。李鴻章無可匹敵的影響力使他能舉薦自己信得過的下屬出任淮軍、新建的北洋水師以及一些省級機構的重要職位。這些人憑藉家族和親屬關係、同鄉關係和庇護關係，編織成一個集團，從 1870 年代到 1890 年代，一直主宰著清朝軍隊。

清廷不僅未能重建其對軍事的集權控制，就連抑制督撫們不斷增長的行政管理自主權也困難重重。在同治、光緒兩朝，清廷一再採取措施限制督撫的權力。例如，在任命省級或更低層級的官員時，清廷只允許巡撫推薦，而把最終任命權掌握在自己手中，從同治朝伊始，便一再重申這項政策。為了阻止督撫在薦舉中任人唯親，1894 年清廷公佈了一項新政策，即只要其中一個被推薦者不合格，所有一同被推薦者都不能被錄用。為了強化對督撫的監督，清廷鼓勵各省的布政使和按察使，就其所察覺到的任何過失，彈劾當地的督撫。清廷認識到，這些專員從 1860 年代以來，除了例行向朝廷報告自己的到任和退休事宜之外，從未向朝廷提交過任何有實質內容的奏摺（劉偉 2003: 362-363）。不過，這些措施對督撫們的影響微乎其微。中央政府控制不了由督撫組建和任命的非正規機構中大量非正式的職位（諸如總辦、會辦、提調、委員、司員等等）；這些機構在 1870 年代至 1890 年代興辦洋務的過程中紛紛出現。

19 世紀晚期，清廷重新集權的最大失敗，在於它未能控制地方財政。以釐金為例。據估計，各省向清廷上報的釐金收入，僅佔其實際總收入的 30%—40%。1894 年，清朝各級政府的實際收入可能高達 1.46 億兩，而賬面上的財政收入僅為 8,100 萬兩（史志宏、徐毅 2008: 133, 275, 279, 289）。同樣，清廷很難知曉到底有多少錢花在與自強運動有關的新項目上，這些費用從未被列入常例支出。當督撫們缺錢時，他們可以自由地向外國銀行或者國內債權人借款而無需清廷批准。儘管清廷已經恢復了太平天國時期一度癱瘓的旨在監察各省財政活動的審計制度，但由於這些隱形收入和令人不明就裏的支出大量存在，這套審計制度也失去效力，變成敷衍了事。結果，晚清的督撫們在財政上日漸自主，這與 19 世紀前中央政府對地方財政的有效控制形成了鮮明對比。

鑒於各省督撫在管理地方政府的軍務、人事和財政方面的自主權不斷增長，時人把十八個行省稱為"十八國"便不足為奇（梁啟超 1999, 2: 649）。清廷在防衛和財政收入上依靠督撫的做法也使後者有能力影響中央政府的決策，不同於 19 世紀之前那些在朝廷面前束手束腳的各省督撫。以李鴻章為例，在出任直隸總督和北洋大臣期間，其權力如此之大，以至於時人這樣評論："（李）坐鎮津門，朝廷大事，悉諮而後行。北洋奏章，所請無不予也。……安內攘外，聲望極一時之盛。"（轉引自王爾敏 1987: 397）李鴻章之外，聲名顯赫的督撫還包括：左宗棠（1812—1885），係李鴻章的長期對手，從 1860 年代到 1880 年代早期，一直擔任東南、西北和長江下游諸省總督；劉坤一（1830—1902），在 1870 年代至 1890 年代多次出任長江下游和南方沿海諸省總督；張之洞（1837—1909），於 1880 至 1890 年代先後擔任三個不同地區的總督，但時間最長的是在湖北和湖南。這些封疆大吏在為清廷建言或決策過程中均起到關鍵作用。

自強新政與原初型民族主義

督撫們在財政構造和行政管理上的相對自主，也使他們能夠舉辦一系列後來名之曰"自強"或"洋務"的建設項目。在 1860 年代早期鎮壓太平天國的過程中，即曾出現過用西式方法訓練、用西式武器裝備自行招募的軍隊，可視之為自強運動的起點。自強運動的重心，是設立在上海、南京和天津的三大軍工廠、設立在福州的一座近代造船廠，以及分佈於其他各省的一些小規模兵工廠。這場近代化運動的高潮，是建立三大水師，以分別巡防華北、華東和華南近海；其中建成於 1888 年的北洋水師不僅是中國也是當時整個遠東地區最大的艦隊。為了配合國防建設，上述項目往往都還附設了把西書譯成中文的譯書局，以及招收學生學習外語和近代科學的學校。此外，這場運動在 1870 年代還延伸到民用領域，建設了輪船航運、鐵路運輸以及採礦、冶煉、電報、紡織等一系列民用項目，甚至將幼童送往美國留學。

除了水師係由中央政府籌資建設之外，其他項目均由地方督撫發起和籌資建設。從 1866 年到 1895 年，興辦和運營這些軍工廠和造船廠的費用，計達 5,000 萬兩至 6,000 萬兩。民用項目的集資方式各不相同。有的是官辦，即由地方政府全額投資，有的則是地方政府投資一部分、向社會募集一部分，也有的全部由商人投資，但須接受政府的監督，即所謂官督商辦。同一時期，地方政府花在這些民用項目上的費用，加在一起可能高達 1,500 萬兩（周育民 2000: 303-304）。

各省督撫建設軍工廠的直接原因，當然是要用先進的武器裝備自己的軍隊，抬高自身在官僚體制內的地位。但這個自私的動機並不能充分解釋為什麼這場自強運動持續了三十多年，並發展成一場涉及國防、製造業、教育和基礎設施建設的綜合性近代化運動。在為新的建設項目辯護時，李鴻章和其他領導人總是把它與中國的"自強"聯繫起來。除了通過"自強"回應西方列強的挑戰之外，還要應對日本的競爭，因為日本也在不遺餘力地使其軍隊近代化，有可能成為中國的新威脅。值得注意的是，早在明治維新前四年的 1864 年，李鴻章就意識到日本對中國的潛在危險，在呈給清廷的一份奏摺裏說："夫今之日本即明之倭寇也，距西國遠而距中國近。我有以自立，則將附麗於我，窺視西人之短長；我無以自強，則並效尤於彼，分西人之利藪。"他還寫道："中國欲自強則莫如學習外國利器。欲學習外國利器，則莫如覓製器之器，師其法而不必盡用其人。"（*LHZ*, 29: 313）

還需要注意的是，李鴻章在論及中外關係的奏章中每提到本國時，都使用"中國"二字，而不是清朝官方文獻和話語中更常見的"大清""皇朝""天朝"之類用詞，反映了 19 世紀中西衝突過程中漢人官僚意識上的微妙變化；他們更多地站在中國的國家利益角度，而非僅僅從清王朝的立場，來倡辦近代化事業並重新定位自己的認同。這種意識反映了 19 世紀後期在西方列強的反覆威脅刺激下，漢人精英的民族主義意識開始萌發。這種民族主義意識還很模糊，並與他們對清廷的忠誠糾纏在一起。不像 20 世紀民族主義之瀰漫全國，19 世紀這種初始的民族主義還只限於漢人統治精英；他們在

1894 年中日戰爭爆發前即已經接觸過西方和日本。此種意識根源於儒家治國思想中的實用主義，劉廣京謂之 "儒家愛國主義"（K. Liu 1970）。

　　各省精英的早期民族主義意識有其局限性，因為他們通常是把地區的和個人的利益而非全國性利益放在優先位置。疆吏們手中掌握大量的且不斷增長的非常例和未上報的各項收入，根據個人的立場和利益來決定資金往哪裏花、花多少。他們都熱心於把一切可獲得的經費，用於建設和強化自己的軍工和民用產業。他們也願意把資金以 "協餉" 的方式投放到親朋同僚圈內的那些督撫們所舉辦的項目上，或者用於自己所提議或支持的用兵方案。然而，他們極不情願把朝廷攤派的稅額解往與其無關的目的地，總會百般延遲或者減少他們的解款。在自強運動存續的三十多年時間裏，每個自強項目或者用兵行動能否成功，在很大程度上取決於督撫們的態度及其所貢獻的資金數額，這在下一章所討論的邊疆和海疆的防衛中，將得到最好的證明。

地方化集中主義

　　19 世紀後半期中央與地方關係的上述種種變化，一言以蔽之，可謂 "地方化集中主義"（localized centralism）。它對於晚清國家向近代主權國家的轉型，同時具有正面和負面的雙重影響。首先，在各省督撫的主導下，財政增收渠道走向多元化和地方化，導致清朝財政體制完成了由原來的低水平均衡向高度不均衡構造的過渡。各省不斷高漲的財政需求，驅動了供給的增長，導致非農業性的財政收入（間接稅、借款以及其他融資手段）取代田賦成為政府收入的最主要來源，從而具有顯著的擴張能力。發生在 1850 年代至 1870 年代的這場財政轉型，在很大程度上解釋了晚清國家政權為什麼能夠平息接二連三的內亂，從事國防近代化建設，從而在 1860 年代至 1890 年代出現所謂 "中興" 局面。但是這場轉型的代價，則是朝廷失去了對常規的和非常規的各項財政收入的集中控制，而省級精英卻因之崛起，將本地區的財政、軍事和行政資源掌握在自己手中。這些漢人疆吏與朝廷之間的關係也隨之發生微妙而非同尋常的變化，這一變化既使晚清政權得以維持國運數十年，又導致其最終滅亡。總的來說，在 1850 年代之前，上述關係的特徵在於漢人官僚對清廷的無條件的、單向的效忠。這種效忠源自兩個方面：一是清廷承襲了明代尊崇儒學的意識形態，並且在內地各省始終堅守儒家的治國理念，從而贏得漢人精英接受其合法性；再則是清廷延續了本身在入關前的半獵半耕政權的世襲父權制（patrimonial）統治傳統，視君臣關係為主僕關係，只講奴僕對主人的絕對順從，從而背離了儒家的君臣之道。按照儒家說教，大臣們肩負著天下眾生的福祉，而非僅僅是君主的個人安危；他們對君主的忠誠也有賴君主對其的尊重和信任。不過到 19 世紀後期，省級漢人官僚的崛起及其對地方財政、行政和軍事權力的操控，導致君臣關係逐漸由單向順從回歸到雙向的互惠形態。他們只有在受到朝廷的信賴並且堅守儒家修身理念的前提下，才會對朝廷保持忠誠，並願意為之服務。清朝之所以在 1850 年代和 1860 年代能夠在太平天國的大亂中倖存下來，很大程度上得益於此種君臣關係。

值得強調的是，在這種"有條件的忠誠"前提下，儘管地方督撫對轄區內的財政、軍事資源和行政系統的控制權大大增強，但中央從未失去對督撫本人任免升遷的控制和對地方上各種資源的間接掌控，朝廷也始終握有對中央與地方之間財政收入的再分配的最終決定權（詳見第五、六章）；同時也沒有任何督撫可以憑藉自己所掌控的地方資源而公開對抗中央。從這個意義上說，太平天國期間及此後的中央與地方關係的變化，並沒有對舊有的中央集權體制造成根本的衝擊；各省財政軍事權力的地方化，是以集中主義為前提的，而集中主義也靠地方化作為其支撐。總體上，在整個同治和光緒時代，地方化的正面效應，特別是對地方近代化事業的推動和整體國力的提升，遠遠超過它對中央調控能力和整個國家生存能力的負面影響。晚清國家之所以顯示出異乎尋常的韌性，關鍵即在有條件的忠誠之下的地方化。

然而，晚清國家也是脆弱的，因為它的合法性，端賴地方政治精英的認同、尤其是漢人疆吏的忠誠作為支撐。正如我們在第六章即將看到的，一旦遭到權力中心的排擠和不信任，忠誠的條件不復存在，漢人官僚和社會精英就會憑藉此前數十年在地方上積蓄的實力，公開對抗朝廷；清朝國家的集中主義基礎，最終將會被地方化所抽空，在體制外革命黨人的反叛和體制內漢人精英的壓力面前，變得不堪一擊。

第五章

從內陸到沿海：晚清地緣戰略的重新定向

清朝在 19 世紀所遭遇的地緣政治危機是雙重的。一方面，它在西北邊陲遭受亞洲內陸遊牧部落的傳統挑戰；另一方面，它還面臨海上強國對其沿海和內地的全新威脅。新的地緣政治環境迫使清廷調整自身戰略，腳步遲緩卻又堅持不懈地向西方學習；因此，儘管清朝國家在 1840 年代至 1860 年代遭受歐洲列強的反覆凌辱，但它並非沒有可能變成一個現代強國，重建其在東亞的支配地位。然而，有兩大障礙在阻止晚清中國走向成功。一是其傳統的地緣戰略，它強調把中國西北邊境地區的安全放在優先位置。支撐此戰略的則是清朝精英對中國對外關係的認知，尤其是他們對清朝邊疆危機及邊疆秩序穩定的高度重視。在中國被納入世界範圍的國家體系之前，這些統治精英很難從全球的視角觀察中國的地緣政治問題，從而形成一個有全局觀的外交戰略，超越過去那種範圍狹隘、支離破碎的邊疆戰略（參見 Mosca 2013）。從 1870 年代開始，東亞地區又出現了一個新的情勢，為本地區新出現的地緣政治現實增加了不確定性，亦即日本的崛起。日本把一個正在走向近代化的中國視作其主要的地緣競爭對手和阻止其成為本地區強權的最大障礙。因此，從 1870 年代早期開始，中日對抗便逐漸取代中西衝突，成為清朝對外關係中的主要挑戰，並對中國的國內政治產生深遠的影響。這兩大鄰國之間的區域競爭構成了東亞地緣政治的主軸；來自日本的威脅也反覆干擾中國正在進行的近代化歷程。中國正是在這樣一種全新的地緣環境中，經歷著一場從傳統的疆域國家向近代主權國家的艱難轉型。

傳統地緣秩序之終結

18 世紀晚期的中國表面上看風平浪靜，但無論其內部還是外部都在醞釀著嚴重危機。人口壓力的劇增，預示著支撐清朝國力的以低水平均衡為特徵的財政構造將不復存在，而在中國的周邊，一場全新的地緣政治挑戰也在悄然孕育著。英屬東印度公司在南亞次大陸部分地區建立起殖民統治後，為了擴展對華貿易，試圖推動英國同清廷建立正常的外交關係，這可從其資助馬戛爾尼 1793 年出使北京一事窺見端倪。由於在乾隆皇帝接見使團的禮儀問題上發生衝突，這次行動宣告失敗。但失敗的更根本原因則在於中國的經濟自給自足，國內市場廣大，因此清朝統治者對外貿興趣闕如，同時他們也擔心主導中國與周邊國家關係的現有體制可能會受到破壞。

英國商人力圖擴張對華商品輸出和鴉片走私，而清政府則堅持由廣東公行壟斷對外貿易，並從英國商人手中收繳鴉片，雙方間的緊張關係不斷升級，最終導致 1840—1842 年鴉片戰爭的爆發。出於相近的動機，英國和法國聯手於 1856—1860 年發動第二次鴉片戰爭。對這些歐洲列強來說，除了在華商業利益之外，同樣重要的是以《威斯特伐利亞和約》以來被西方國家廣泛接受的國際關係公約為基礎，按照所有主權國家法律上一律平等的原則，同中國建立外交關係。然而對於清朝來說，保持其既存的周邊關係體制，捍衛其宗主地位，是維持國內政治秩序和統治合法性的關鍵。原因很簡單，在中國傳統的政治觀念裏，中國的皇帝作為天子，是普天之下唯一合法的統治者。由於滿人統治者源自華夏本土之外，以征服者面目君臨中國，其統治的合法性始終存疑，因此確保清廷在對外關係中的宗主地位，對維持其統治華夏的正統性是尤其重要的。接受他國與中國之間地位平等，讓外國統治者與清朝皇帝平起平坐，就等於否認中國的政治想像中皇帝是"天下"至高無上的統治者，也就挑戰了傳統的政治秩序和皇權的合法性。

歐洲列強希望同中國建立平等的外交關係的要求很難被清廷接受，這並不足為奇。雖然 1842 年《南京條約》規定兩國的下級政府或官員可以在完全平等的基礎上開展交流，但中國和英國並沒有明確聲明兩國對等交往。鴉片戰爭以後，清王朝支配下的朝貢體系連同所有的外交慣例依然如故。唯一的例外是廣州的公行制度，已被條約正式終止。事實上，條約本身被清廷秘而不宣，從來不讓中國公眾知曉。直到被西方徹底擊敗之後，清朝才在軍事佔領的壓力下向歐洲人屈服，承認在外交關係中西方和中國地位平等。1858年 6 月中英兩國簽訂的《天津條約》載明"照各大邦和好常規"，一方可以向另一方的首都派駐大使、公使和其他外交使節。更重要的是，它規定駐北京的外交人員"作為代國秉權大員，覲大清皇上時，遇有礙於國體之禮，是不可行"，同時，"惟大英君主每有派員前往泰西各與國拜國主之禮，亦拜大清皇上，以昭劃一肅敬"。該條約進而要求"嗣後各式公文，無論京外，內敘大英國官民，自不得提書'夷'字"（Hertslet 1908: 33）。

不用說，英方所提的這些要求，從國際法的角度看，沒有一條是過分的和不公正的。互派大使，兩國在平等基礎上開展官方往來，確實是威斯特伐利亞體系內各主權國家的通行做法，無論如何不會損害中國的主權。置身20 世紀的中國史家體認到主權對現代民族國家的重要性，因此往往對清政府的表現頗感困惑 —— 它頑固而又徒勞地抗拒西方關於國家間一律平等的要求，與此同時又輕易地屈從英國關於割讓領土（香港）和謀取特權（諸如治外法權和片面最惠國待遇）的要求，而這些要求才真正損害了中國主權完整（蕭一山 1967, 3: 708）。事實上，領事裁判權作為清廷解決外國人在華糾紛的一個方便行事方案，其根源可以追溯到中國行政司法傳統中的所謂"法律多元主義"（參見 Cassel 2012）。因此，《天津條約》既是平等的，又是不平等的。無論如何，《天津條約》的簽訂，標誌著在東亞傳統的地緣政治秩序中清朝自詡的宗主地位的終結，清朝開始被迫捲入以歐洲為中心的國際體系。1861 年總理各國事務衙門成立，作為專門機構負責處理清廷外交事務以及與外交有關的國內事務。其任務之一，便是收集整理西方國家的外交協定，翻譯出版國際法方面的專著。事實證明，1895 年以後，這些翻譯過來的國際法書籍，在士大夫和官僚階層中間十分流行，對於改變他們在國際問題上的看法起到關鍵的催化作用；過去的那種華夏中心觀逐漸失去市場，"人們越來越清楚地把中國視作一個由國際法所界定的國家大家庭中的一個主權國家"（Svarverud 2011）。

事實上，要在完全平等的基礎上與歐洲強國開展外交活動，其困難程度並不下於談判和簽訂條約本身。1873 年，年僅 18 歲的同治帝開始親政。這年，經過數月的談判，清廷最終放棄了要求外國使節跪拜皇帝的做法，同治帝接見了英國、法國、俄國、美國、荷蘭等國的公使以及日本的大使。作為妥協，公使和大使們摘掉帽子，向皇帝鞠躬五次，而非原先他們提出的三次。1868 年初，清廷派出第一位使節志剛前往美國和歐洲。1870 年，清廷派遣崇厚（1826 — 1893）作為公使趕法國就任，他也是第一位被派往某一特定國家的公使（蕭一山 1967, 3: 861-862）。

塞防與海防

1864 年擊敗太平天國後，尤其 1860 年代末、1870 年代初平定了捻軍和回民叛亂以後，清朝進入一個國內形勢相對穩定與和平的時期。與此同時，歐洲列強的威脅也在消退。兩次鴉片戰爭之後，英法兩國看起來對幾個條約所帶來的一切感到滿足。到 1866 年，清政府也已經向這兩個歐洲國家還清了戰爭賠款。西方列強施加於中國的屈辱似乎已成過去。然而，清朝很快遭遇鄰國的新威脅。在新疆，1860 年代迅速蔓延的穆斯林叛亂招致阿古柏所領導的浩罕軍隊的入侵，他很快擊敗了其他競爭對手，於 1870 年佔據了南疆以及北疆部分地區，這又招致沙俄於 1871 年侵佔了伊犁，以擴張其在中亞的利益。另一麻煩來自日本，它於 1874 年派遣了一支超過 2,000 人的艦隊登陸台灣。最終雙方簽訂了協議，清政府支付 50 萬兩白銀，日本則同意罷兵。

這兩次威脅的性質並不相同。浩罕的軍事入侵以及在新疆建立獨立政權，重複了清朝在 17 世紀晚期和 18 世紀曾經面臨的地緣政治危機。為了征服中亞宿敵，清政府不得不動用巨額軍費，確保後勤補給，因為新疆與內地省份相距遙遠。不過，由於浩罕的軍事裝備水平並不比清軍優良，所以清軍也無需升級自己的武器裝備。日軍對台灣的入侵則是另一回事。日本對中國的威脅來自海上。海上威脅始於 1840 年的鴉片戰爭，直至 19 世紀晚期，始終對清朝構成挑戰。它具有完全不同的性質。敵人在數量上從未超過清軍，但它裝備了現代化的武器。為應對海上來敵的挑戰，清政府不得不推動防衛力量的現代化，這也就意味著要在製造業和基礎設施建設上進行長期的巨額投入。因此，考察一下清政府如何運用不同的戰略，應對這兩種地緣政治挑戰，以及剛剛轉型的財政體制將如何有效地滿足清政府克服危機的需要，是饒有趣味的。

1870 年代早期幾乎同時發生的新疆和台灣事件，在疆吏中引發了"塞防"與"海防"兩種戰略孰為優先的爭論。雙方的支持者各自給出了自己的理由。陝甘總督左宗棠身兼負責西北軍務的欽差大臣，他雖未貶低海防的重要性，但對塞防倡導最力。左氏援引歷史來說明塞防的優先地位：清朝的盛世之君反覆用兵西北，是因為在其看來，新疆是蒙古安穩的關鍵，而蒙古又是京師安穩的關鍵。對於左宗棠來說，他所處的時代與康熙和乾隆朝唯一不同的地方，在於沙俄取代準噶爾，成為中國最為嚴重的長遠威脅，因為俄國不僅與中國之間有自西北到東北的漫長邊界，而且還佔據了伊犁。如果清軍放棄西北的防衛，"則我退寸而寇進尺……，於海防未必有益，於邊塞則大有所礙"（ZZT, 6: 191）。

左宗棠在主張塞防方面並不孤單。其他某些疆吏，諸如湖南、山東、江蘇等省巡撫，也和左宗棠一樣擔憂沙俄的潛在威脅。山東巡撫丁寶楨（1820—1886）便認為，"各國之患，四肢之病，患遠而輕，俄人之患，心腹之疾，患近而重"（轉引自賈熟村 2004: 91）。左宗棠的最有力支持者是吏部尚書、軍機大臣文祥（1818—1876），他與恭親王奕訢（1833—1898）同為同治朝中樞重臣。文祥的看法與左宗棠一致，指出本朝不同於疆土僅限於內地各省的前明，因此同樣強調新疆之於蒙古、蒙古之於京師的戰略重要性。事實證明，文祥的意見後來對於慈安太后、慈禧太后決定由左宗棠出征阿古柏起了關鍵作用。

文祥實際上是最早主張海防的人。1874 年 11 月，有感於日本在台灣事件後向中國勒索賠償，他與奕訢一起上奏皇帝，提出了綜合性海防建設的建議。文祥和奕訢認為，海防所針對的並不是英國和法國，而是日本，"東洋一小國耳，新習西洋兵法，僅購鐵甲船二隻，竟敢藉端發難"，因此，現在如果不採取措施加以應對，將來會後悔莫及（*CBYW*, 同治朝 , 98: 41）。朝廷要求各省督撫就二人所提的六條具體措施上摺條陳意見。在各省的答覆中，直隸總督、北洋大臣李鴻章對海防最為熱心，而對塞防的重要性則輕描淡寫。

李鴻章首先指出，近幾十年來，中國地緣政治環境已經發生了重大變化。過去歷朝歷代均聚焦於西北內陸邊防，目下的中國正面臨 "數千年來未有之變局"，"東南海疆萬餘里，各國通商傳教，來往自如，聚集京師及各省腹地，陽託和好之名，陰懷吞噬之計，一國生事，諸國構煽"。同時，中國還遭遇 "數千年來未有之強敵"："輪船電報之速，瞬息千里；軍器機事之精，工力百倍；炮彈所到，無堅不摧，水陸關隘，不足限制。"（*LHZ*, 24: 825）一句話，中國進入了歷史上從未見過的全新時代。

李鴻章進而點出了攸關中國戰略利益的兩個沿海地區：直隸的大沽、北塘和山海關地區，是京城的門戶，"是為最要"；其次是從江蘇吳淞到江陰一帶，係長江門戶，而長江口流域是中國最富庶之地。相形之下，李鴻章發現，乾隆時期即已歸入版圖的新疆，平時每年耗費國家 300 萬兩白銀，"徒收數千里之曠地，而增千百年之漏卮，已為不值"。更有甚者，李還聲稱，西部邊陲已經被俄國、土耳其、波斯和英屬印度所包圍，"即使一時收復新疆，將來也不會保全"。因此，他主張終止在西北的軍事行動，從前線撤軍，把經費由西北轉用於海防。在他看來，解決西北邊疆危機的最好辦法，是允許那裏的穆斯林部落自治，並像越南、朝鮮和西南諸省的土著那樣接受清朝的冊封。"新疆不復，於肢體之元氣無傷；海疆不防，則腹心之大患愈棘"（*LHZ*, 24: 825）。一句話，李鴻章的觀點是讓廣袤的新疆回到 1760 年代前的初始狀態。

大部分沿海省的督撫以及一些滿人大臣也都支持李鴻章的觀點。但是在 1874 年末和 1875 年初的這場辯論中，最終勝出的還是塞防的倡導者。他們之所以獲勝，有多方面的原因。首先，不管李鴻章如何洞悉中國進入了一個在地緣政治和敵手裝備方面全然不同的時代，也不管李鴻章如何強調實現海防和海軍現代化的重要性（事後發展證明，這的確是決定 19 世紀晚期中國命運的關鍵因素），用一筆數目不大的賠款就和平解決了日本入侵台灣問題，這遠未讓清朝的上層精英從中警醒，意識到海防的重要性和李鴻章所說到的中國正面臨"數千年來未有之變局"的真正涵義。對於大多數統治精英來說，麻煩已經結束，日本這樣的"蕞爾小國"，遠非真實而急迫的威脅；海防從長遠來說對中國的生存確實十分重要，但遠不像塞防問題那樣迫在眉睫，因為此時新疆廣大區域已陷入敵手。第二，清廷和大部分統治精英在理解中國的地緣政治利益和戰略時，都依然停留在歷史的語境裏，認為中國是內陸國家，新疆之所以重要，不僅因為它拱衛蒙古和京師，還因為它是祖輩留下的遺產，對維護當朝統治者的正當性至關重要。最後，清政府挺過了 1850 年代和 1860 年代的內憂外患，各省恢復安定，與列強重新修好，財政狀況也大為改善。所有這些因素加上一起，促成清廷決定以塞防為優先，因而有 1876 — 1878 年左宗棠傳奇性的出兵西征和收復新疆。

不過，需要指出的是，清廷並未忽略海防的需要。事實上，1875 年 5 月，在決定西征的同月，清廷還決定在中國北方和南方各組建一支現代化的艦隊，任命李鴻章和沈葆楨（1820 — 1879）為欽差大臣，分別負責北方和南方的海防以及兩支水師的建設。這個發展具有戰略重要性。自鴉片戰爭結束後的三十年裏，清朝並未採取切實措施來加強海防。第二次鴉片戰爭曾經以英法軍隊佔領北京收場，即便如此，清廷亦未下決心建設現代化海軍。自1840 年以來，從林則徐和道光皇帝開始，清朝統治精英普遍認為，遠道而來的歐洲人並不想佔據中國的疆土，只是想擴展在華商業利益，因此，與歐洲列強在海上打仗既無必要也不可行，對付他們的唯一辦法是等他們上岸之後，聚而殲之。但是 1874 年日本入侵台灣情況就不同了，它預示著中國在未來將面臨更大的麻煩。在李鴻章看來，日本"事事取法英美，後必為中國肘腋之患"（*LHZ*, 30: 439-440），比西方國家更狡詐，更具威脅性，因此，建立水師和強化海防之議，主要是為了對付日本，而非西洋各國（*LHZ*, 9: 261）。

1875 年清廷決定組建兩支現代化艦隊，標誌著它從過去強調亞洲腹地塞防優先的地緣戰略，轉向兼顧塞防和海防的新戰略。晚清的塞防觀念基本上沿襲了 17 世紀晚期以來一直為清統治者所採用的傳統的亞洲腹地戰略，唯一的變化是沙俄取代中亞部落政權而成為中國西北、華北和東北邊境的最大威脅。相形之下，海防觀念是全新的，反映了清統治者對日本威脅的警覺。19 世紀晚期和 20 世紀前半期的歷史證明，正是來自日本而非西方的威脅，重新界定了現代中國的地緣政治環境，並對中國的國內政治產生了複雜的影響。以下將考察在 1870 年代至甲午戰爭前，清朝是如何同時應對這兩種不同的挑戰的。

地方化集中主義的成與敗

西征之財政支援

左宗棠西征獲勝的決定性因素是清政府提供的巨額財政支持，其中 1875—1877 年為 2,670 萬兩白銀，1887—1891 年為 2,560 萬兩白銀，這樣七年間共計 5,230 萬兩白銀（Fairbank and Liu 1980: 239）。事實上，1875—1877 年的西征實際花費可能高達 4,271 萬兩，而西北塞防的總投入（自 1875 年西征開始至 1884 年新疆設省）則更多，介於 7,000 萬兩和 8,000 萬

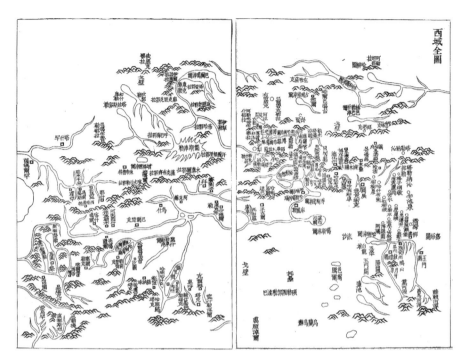

《西域全圖》，見清劉統勳、傅恆等纂《欽定皇輿西域圖志》

兩之間（周育民 2000: 266-267）。那麼，清廷是如何為塞防籌措巨資的？

　　西征最重要的財源是來自各省的協餉，總計 2,049 萬兩，大約佔左宗棠 1874—1877 年所收到的全部經費的 48%。每年清廷下派給各省的協餉數額不等，派給安徽省 240,000 兩，江蘇省 360,000 兩，福建、江西、湖北各 480,000 兩，廣東 840,000 兩，浙江 1,440,000 兩，這些款項大部分來自各省徵收的釐金。每年各省為左宗棠的西征所上解的協餉賬面總數應超過 700 萬兩（*GXCD*, 1: 167），但是各省鮮有如數上解者。例如，1874 年左宗棠實際上僅收到 469 萬兩（蔣致潔 1988）。根據左宗棠 1875 年 10 月的一份奏摺，自其 1866 年負責西北軍務以來，各省總共拖欠的協餉達 2,740 萬兩，僅福建一省就拖欠逾 300 萬兩（*GXCD*, 1: 167; 史志宏、徐毅 2008: 141）。在接下來的數年，情況亦未見好轉（蔣致潔 1988）。

　　為了彌補軍費缺口，左宗棠不得不依靠第二種來源，即向國內外借款。

在新疆西征三年，靠商人胡光墉（1823－1885）作經紀人，左宗棠從外國銀行獲得三筆貸款，其中 1875 年兩筆（分別為 100 萬兩和 200 萬兩），1877年一筆（500 萬兩）。此外，左還向國內富商借款 560 萬兩。這些債務均由各省和海關償付，以抵消他們向左宗棠拖欠的協餉。清廷要求各省和海關管理者在交易文書上蓋章，保證及時還貸（馬金華 2011: 71）。因此，這些總計達 1,360 萬兩的債務也可以被算作協餉的一部分。其他來源包括戶部從銀庫現金積存中直接撥款（1874－1877 年總共撥給左宗棠 450 萬兩，佔此間左宗棠收到的全部款項的 10.5%）、捐輸以及其他各種來源。

這樣，儘管各省普遍拖欠為西征承擔的協餉，左宗棠實際上收到的經費——在三年的軍事行動中共收到 4,200 萬餘兩，十年（1875－1884 年）的塞防共收到 7,000 萬兩以上，足夠支撐他取得戰場上的勝利。同時，左宗棠個人的果敢以及厚待士兵所激發出來的高昂士氣，對新疆的克復也發揮了不可忽視的重要作用。收復新疆是同光中興的最大亮點。

西征的財政支撐，顯示了上一章已經討論的晚清“地方化集中主義”機制實際運作的理想狀態。左宗棠軍事經費中的近 80% 係來自各省，這些資金或者是協餉，或者是因拖欠協餉而償還左宗棠所借的債款。各省經費的最主要來源是釐金，由各省徵收和管理，不受中央的直接控制。各省督撫之中，有的想方設法拖延和減少他們承擔的協餉，有的就協餉之數額與中央政府討價還價，還有的則盡其所能去援助左宗棠；其態度取決於他們與左宗棠的私人關係，因此西征印證了早在太平天國運動時即已產生的地方主義的持續存在。然而，不像 1850 年代曾國藩和其他督撫那樣——在鎮壓叛亂的艱難歲月裏，由於傳統的財政體制的崩壞，他們得不到中央政府的切實支持，只能靠自己去供養各自的軍隊，左宗棠卻源源不斷地得到了朝廷的大力支持。由於重建了解款制度，戶部有能力從國庫盈餘中撥付巨額款項給左宗棠，這與 1850 年代的捉襟見肘不可同日而語；戶部還能向各省（尤其是因徵收釐金而有巨額收入的東南省份）攤派協餉，強制拖欠協餉的省份償還左宗棠所借的國內外借款。一句話，造成西征財政供養相對成功的，是賦稅徵收上的地方主義和收入再分配上的集中主義的結合。

西征的成功也使清朝中央強化了對新疆的管轄，最終將其納入內地的行省體系。在 1750 年代末 1760 年代初平息準噶爾和維吾爾叛亂後的一個多世紀裏，除了在漢人聚居的新疆東北部設立了若干府縣之外，清廷在新疆其他地方所施行的是所謂軍府制度。在這種制度下，伊犁將軍地位最高，統帥駐守新疆各地的軍隊。各地的民事管理權則歸當地的部落首領，在伊犁和新疆南部的維吾爾人聚居地實行伯克制，在新疆其他地方蒙古人、哈薩克人、維吾爾人聚居地實行札薩克制（馬汝珩、馬大正 1994: 333-356; Perdue 2005: 338-342; Cassel 2011: 19）。而新疆各駐防單位的關鍵職位 —— 從伊犁將軍到他的層層下級，則幾乎均由滿人擔任。

各地的軍府後來大多被當地亂民和浩罕入侵勢力所摧毀。左宗棠的西征及其隨後對新疆的控制改變了當地的政治景觀。新疆各地的關鍵軍政職位均落入左宗棠屬下漢人手中（所謂 "湖湘弟子滿天山"）（王力 2010: 15）。左宗棠進而提議把新疆變成一個普通的行省，用標準的官僚體制取代當地的軍府制度。其冠冕堂皇的理由當然是為了強化清政府對新疆的控制，但更實際的考慮則是為其下屬（多為漢人）繼續掌控新疆民政職位鋪平道路。因此，新疆的行省化實質上是太平天國期間及其後漢人官僚強勢崛起這一趨勢的延續。清廷對左宗棠的建議最初猶豫不決，便不足為奇。最終落實的則是一種折衷方案，即 1884 年新疆正式變成行省，而伊犁將軍也得以保留，但不再是全疆最高軍政長官，而被降格為負責有限區域（伊犁和塔爾巴哈台）防務的八旗軍統領，新疆的其餘地區則設置府縣，由新疆巡撫管轄。全疆的伯克和札薩克制度均被取締，一大批當地土著居民由原先充當本地貴族的農奴，變成土地所有者和納稅者（馬汝珩、馬大正 1994: 359-360）。

後來的事實證明，1880 年代新疆的內地化是其在民國期間進一步融入中國的關鍵一著。由於新疆建省後大部分政府職位掌握在漢人手裏，因此辛亥易幟後，他們對新疆的控制得以延續；這些漢人官僚理所當然地視新疆為中國的一部分。與此形成鮮明對比的是，雖然清廷原本計劃在外蒙古設置兩個行省，但一直未能落實，因此漢人官僚對外蒙古行政系統的滲透有限，加上這一區域的漢人移民也很少，這些都導致清朝覆滅後外蒙古王公貴族對中國的國家認同迅速消失，最終在民國時期脫離中國（詳見第八章）。

海防之財政支援

前文提及，經過 1875 年的那場辯論，清政府也承諾投資於海防建設。但對於清廷來說，由於新疆已遭外敵入侵，塞防遠比海防急迫和重要。在其傳統地緣政治思維中，失去新疆意味著清朝亞洲腹地的穩定遭到嚴重而急迫的威脅。因此，儘管李鴻章請求至少撥款 1,000 萬兩用於海防三大項目，即"購船、練兵和簡器"，清廷僅同意每年撥款 400 萬兩，平分給李鴻章和沈葆楨，由二人分別負責籌辦北洋和南洋水師。這 400 萬兩的一半將來自海關稅，另一半則來自東南六省（江蘇、浙江、福建、江西、湖北和廣東）的釐金收入（張俠等 1982: 615-617）。

李鴻章從一開始便意識到，每年 400 萬兩的海防預算不過是畫餅而已。他清楚，海關稅在完成被攤派的協餉任務後不會有多少剩餘，而六省把大部分的釐金收入用於其他花費。因此，在最初三年（1875—1877），清廷對海防的實際投入總共僅 200 萬兩，年均約 670,000 兩，便不足為奇。李鴻章曾在 1877 年抱怨，六省僅僅上解了它們所應承擔的海防款項的一半，有的省份甚至未上解分文，而海關稅的一半要用來償還西征的債務。沈葆楨深知，比起南洋水師來，北洋水師對於確保京師安全更為重要，因此主動將原本應分配給自己的頭三年海防經費拿出一半，支援李鴻章的北洋水師建設。在隨後三年（1878—1880）裏，由於經費要在兩支水師之間平分，而六省上解的款項比從前更少，形勢更加惡化。三個省份（江蘇、廣東和福建）未上解分文，而其他三省和海關每年總共上解區區 30 餘萬兩，僅佔李鴻章應收款項的 15%。按照李鴻章的說法，上述三省之所以未解交款項，是因為這些省份皆把釐金進項留作自用，或因為它們已被京餉和名目繁多的協餉榨乾

（*LHZ*, 34: 10）。這些省份面對名目繁多的開支而資金十分有限時，一般總是優先考慮其他支出，而把海防擱置一邊。這樣，本應用作海防經費的款項便被挪作他用，諸如償還外債、補償雲南教案中受害的洋人、賑濟北方受災省份，以及其他名目繁多的建設項目。1880 年李鴻章悲嘆，這些省份 "視海防為無足輕重"（*YWYD*, 2: 424）。

李鴻章和沈葆楨在落實清廷所承諾的經費問題上所遭遇的異常困難，導致 1875—1884 年十年間海防建設進展緩慢。李鴻章最初有雄心勃勃的海防建設規劃。他本來期望，以組建北洋水師為開端，中國海軍將建立三大艦隊來守護中國北部、東部和南部的海洋。最初幾年，尤其是在日本憑藉其三艘鐵甲艦吞併了歷史上一直對清廷朝貢的琉球之後，李鴻章和沈葆楨都發現當初購得的幾艘小型炮艇（"蚊船"）僅適用於沿海巡防，不足以對付日本，因此下決心從歐洲購買當時最為先進、噸位最大的鐵甲艦，使中國的水師具備遠洋作戰的能力。在李鴻章看來，中國只需要四艘大型鐵甲艦，其中兩艘分佈北洋，兩艘分佈南洋，便足以在與日本的競爭中壓制對方。海防經費的改善使李鴻章能夠將計劃付諸行動，於 1880 年和 1881 年先後從德國船廠（Aktien-Gesellschaft Vulcan Stettin）訂購兩艘鐵甲艦，各為 7,000 多噸，但這兩艘艦隻遲至 1885 年才抵達中國並加入北洋水師。

因此，直至 1884 年中法戰爭前夕，中國海軍仍然處於初級水平。北洋水師裝備了 2 艘巡洋艦、6 艘鐵甲炮艇、4 艘木製炮艇和一些後勤和訓練艦隻，共 12,296 噸、10,655 馬力（樊百川 2003: 1017）。南洋水師要小得多，只有 14 艘低噸位艦船，主要由上海的江南造船廠和福州的福州船政局製造。此外，在福建和廣東還創辦了規模更小的水師，各有不到 10 艘大小不一的船隻。中法戰爭爆發時，東南沿海防禦薄弱，也就不足為奇了。1884 年 8 月，法軍輕而易舉地擊毀了福州水師的 11 艘艦艇，完全摧毀了福州船政局。此年 2 月，法軍在中越邊界卻大敗於清軍。

中法戰爭是海防建設的轉折點。在與法國簽訂條約後不久，清廷於 1885 年 6 月決定要 "大治水師"（*LHZ*, 11: 99）。這標誌著清朝的地緣政治戰略由 1875—1884 年間優先塞防而轉向強調海防。作為最初步驟，清廷下令於 1885 年 10 月設立海軍衙門，統一管理全國的海軍。在海軍衙門的請求下，清廷一再督促各省和海關要優先完成每年 400 萬兩的海防協餉。此後，雖然各省的拖欠行為並未絕跡，但拖欠變得越發困難。清政府通過為期三年（1885—1887）的出售官位項目（"海防捐輸"）籌集到一筆 450 萬兩的收入，第二輪（1890—1894）又籌集了四五百萬兩。清廷還要求戶部從對鴉片貿易徵收的釐金收入中調撥 100 餘萬兩用於海防（樊百川 2003: 1139-1143）。1885—1894 年的十年裏，清政府用於海防的經費總計 4,124.8 萬兩（同上：1171），年均 400 餘萬兩，僅北洋艦隊就收到 2,318 萬兩，超過清政府海防總經費的 56%（同上：1228）。與此前十年（1875—1884）北洋水師年均不足 100 萬兩（同上：1103）相比，這十年它獲得的資金翻了兩番多。這要歸功於清政府對海防的空前重視，更歸功於這十年間清政府本身的財政狀況的改善。

海防為何失敗

儘管清政府在 1875—1894 年的二十年時間裏傾注巨資於海防，總計投入約 6,900 萬兩（1875—1884 年為 2,800 萬兩，1885—1894 年為 4,100 萬兩，見樊百川 2003: 1173, 1033-1034, 1171），清政府還是未能實現最初的目標，即抵禦日本的威脅，保衛中國疆土。因 1874 年日本入侵台灣而引起的爭論，最後以 1894 年中日戰爭中北洋水師覆滅和割讓台灣給日本而告終。

為了弄清這個結局，讓我們首先看看 1885—1894 年海防經費是如何使用的。很遺憾，對北洋水師的加倍投入並未帶來其戰鬥力的顯著提升。這些資金確實被用來購置新的戰艦。1875—1884 年添置新戰艦的資金共 444 萬兩，超出北洋水師總支出的 34%（包括購置兩艘鐵甲艦的費用，1894 年它們仍然是最重要的戰艦），但是 1885—1894 年間，這項費用僅 280 萬兩，佔這一時期北洋水師總支出的 12%（主要用於購置 4 艘巡洋艦和 1 艘魚雷艇）。同樣，這些資金還被用於進口武器。1875—1884年進口武器花費270萬兩，佔同期北洋水師總支出的21%，但是在接下來的十年裏，僅花費218萬兩，佔同期總支出的9.4%。另一方面，1885—1894年，北洋艦隊向中外僱員發放的薪水將近900萬兩，超過總支出的37%，而此前的十年，這項支出僅為200萬兩，佔總支出的15%（樊百川2003: 1227-1228）。相較於第一個十年的水師人事經費僅佔船隻和武器購置費的28%，第二個十年的前項經費是後項的1.78倍。很明顯，這支水師本該把更多的錢用於提高戰鬥力而非人事方面。

應當指出的是，海軍衙門對海防經費實行統一管理，因而也就有可能增加對北洋艦隊的資金投入，然而此舉也打擊了東南沿海省份發展自己海軍的積極性。這不僅因為海軍衙門允許北洋水師以協同演練為由，使用甚至徵用東南各省的船隻，還因為它把對東南各省水師的資金投入降低到最小程度。例如，1885—1894年南洋水師撥款僅為650萬兩。後來事實證明，設立海軍衙門的另一個動機，是便利清廷從各省上解的款項中抽取一部分用於自身項目，最臭名昭著的是清廷挪用海防經費重建頤和園。據估計，通過這種方式，清廷共獲得了1,400萬兩—1,600萬兩，這些錢本來足夠建成南洋艦隊（樊百川2003: 1146-1157）。實際上，正是由於清廷挪用海防經費用於自身奢侈性消費，才導致南洋水師和福建、廣東水師建設延緩甚至停滯下來。原先提出的組建三大正規水師來巡防黃海、東海和南海的宏大規劃從未實現。

那麼，北洋水師作為唯一建制完備的艦隊，究竟在多大程度上能滿足中國的海防需求呢？李鴻章和其他海防倡導者都很清楚，北洋水師的首要目標是應對日本的威脅。確實，自從日本1874年侵略台灣和1879年強佔琉球時一再炫耀其鐵甲艦之後，這兩個國家之間的軍備競爭，幾乎成了爭相購買鐵甲艦的比賽。對李鴻章和沈葆楨這兩位分別負責組建北洋和南洋水師的欽差大臣來說，擁有噸位最大、最好裝備的鐵甲艦，是在競賽中勝出、在中國近海掃除日本威脅的唯一出路。1880年和1881年購買的"定遠"和"鎮遠"兩艘巨艦（噸位均在7,000噸以上），部分地實現了他們的目標，它們都是當時東亞最大和最先進的戰艦。到 1888 年北洋海軍全部建成時，它是遠東最大、最先進的艦隊，在噸位和戰力方面遠勝日本艦隊（樊百川 2003: 1113。關於 1875—1894 年中日兩國海軍的完整比較，見前揭書：1175-1176）。因此，李鴻章有理由自信，"就渤海門戶而論，已有深固不可搖之勢"（*YWYD*, 3: 146）。1891 年北洋水師訪問日本幾個城市，成為他期盼已久的炫耀中國海軍實力的一次機會。

不幸的是，自 1888 年建成後，由於高昂的人事經費，也由於清廷挪用海防資金用於自身消遣，北洋水師便停止採購新的軍艦和升級其武器系統。結果，一直到 1894 年，該艦隊僅添購由福州船政局製造的三艘艦船（樊百川 2003: 1095-1096）。另一方面，受前來訪問的中國艦隊的刺激，日本政府決心在海軍裝備上超越中國，大力追加對海軍的投資，從 1880 年晚期的每年約 500 萬日元，增加到 1891 年的 1,000 萬日元，此後數年為數更多，大約佔每年日本支出的十分之一，由此迅速縮小了同中國艦隊的差距。這樣，到中日戰爭爆發時，從艦隻數量、總噸位和戰鬥力來看，兩國海軍旗鼓相當。但總體來看，由於日本的軍艦很多是 1890 年代早期新建的，其速度快於中國艦隻。李鴻章意識到中國軍艦慢於日本軍艦的危險，在中日戰爭前夕曾說："日本蕞爾小國，猶能節省經費，歲添巨艦，中國自十四年（1888 年）北洋海軍開辦以後，迄今未添一船，僅能就現有二十餘艘勤加訓練，竊慮後難為繼。"（*LHZ*, 15: 335）戰爭爆發不久，李鴻章請求撥款 200 萬兩購買新的巡洋艦，但為時已晚。當戰爭結束時，李鴻章哀嘆："使海軍經費按年如數撥給，不過十年，北洋海軍船炮甲地球矣，何致大敗？此次之敗，我不任咎也。"（蕭一山 1969, 3: 942）

當然，清廷投入不足，並非甲午戰敗的唯一原因。正如朝廷所指出的，北洋水師失敗的更重要原因是軍官指揮不力、戰場表現糟糕，以及戰前缺乏充分而恰當的訓練（樊百川 2003: 1114-1128）。然而，面對日本海軍的迅速擴張，清廷未能持續提高海軍預算，隨之導致北洋水師戰鬥力陷於停滯，這些不能不影響到李鴻章的應敵策略，也影響到海戰時指揮官的士氣。

李鴻章根本沒有信心，在整場戰爭中一直要求自己的水師堅持防守戰略，目標是避戰和保存實力。政府投入不足，無疑是海防失敗的直接原因。相較於 1875—1877 年清政府曾為塞防共投入 4,200 萬兩，年均 1,400 萬兩，1885—1894 年十年間北洋水師的經費不到 2,300 萬兩，年均 229 萬兩，僅為塞防年度投入的六分之一。而中央投入不足，又是因為 1850 年代以後，各省督撫控制了地方上大部分的財政收入，尤其是其中隱性的部分；這種地方化的財政收入產生和管理機制，使得中央的財政增收能力受到嚴重限制，只能依靠固定數額的京餉和攤派（詳見上一章）。因此，對於晚清政權來說，財政體制的地方化實際上是一柄雙刃劍，既可以調動地方的積極性和緊急情況下的資源動員能力，從而能夠克服重大危機，同時又制約了自身的財政能力，不利於國家長期戰略目標的實現。

需要指出的是，海防支出實際上僅佔清政府全部軍事支出的一小部分。清政府年度預算（3,600 萬兩！）的大部分被花在過時而無用的軍事力量上（每年 1,800 萬兩用於八旗和綠營，另有 1,800 萬用於勇營）（史志宏、徐毅 2008: 227）。因此，清政府之所以在海防上如此吝嗇，並非完全因為它缺乏財力，而是因為它缺乏加大北洋水師和其他艦隊投入力度的決心，而這又可進一步歸咎於清廷對地緣政治形勢的認知，這才是甲午戰敗的最根本原因。對於 1880 年代和 1890 年代早期的清廷決策者來說，日本的威脅僅僅是潛在的，不像 1870 年代早期浩罕勢力佔據新疆那樣緊迫，後者對清廷的地緣政治利益構成了真實而致命的威脅。這在 1888 年後的幾年更為真切。那時"同光中興"似乎已經修成正果：清政府成功鎮壓了國內叛亂，與列強保持了和好關係，財政收入大增，並享有大量盈餘，對防務進行了現代化改造，北洋水師也已經建成，其規模遠勝日本艦隊。這些真實而令人印象深刻的進展，使清朝的精英們產生了幻覺，即數十年來被列強羞辱的歷史結束了，中國重新成為支配東亞的現代化國家。中國僅需遵守它同西方列強簽訂的協議，今後就可以避免出現麻煩。而日本雖曾以其現代化的艦隊在中國沿海製造麻煩，但它的艦隊規模尚小，不足以構成眼前的威脅。梁啟超在 1901 年寫《中國積弱溯源論》時，一針見血地指出了中法戰爭之後清朝精英中一度流行的“虛驕之氣”：“自越南諒山之役，以主待客，小獲勝仗，於是彼等鋪張揚厲之，以為中國兵力，足挫歐洲強國而有餘矣。坐是虛驕之氣，日盛一日，朝野上下，莫不皆然，如井底蛙，如遼東豕，如夜郎之不知漢大，如匈奴之自謂天驕，遂復歌舞湖山，粉飾藻火。”（*LQC*, 2: 275）

　　因此，儘管中國在兩次鴉片戰爭中屢敗於西方，統治精英們依然把中國定義為一個以自己為中心的獨立的政治和文化體系。他們並未認清現實，即中國已經進入了一個全新時代，僅僅是列國中的普通一員，必須不斷升級自己的軍力，改良各方面的制度，才能在國際競爭中生存。他們對支撐清朝國家和整個社會的基本制度的有效性和正當性信心滿滿。因此，他們治國的理想目標是通過重建在動盪歲月裏遭到侵蝕的體制，來維繫現狀，或者通過學習西方的先進技術來強化和保護那些歷史悠久的體制。一旦他們在內政、外交方面達到了恢復和維繫現狀的目標，便失去了繼續改善和優化現有制度的動力，更談不上動員整個國家與他國展開競爭。清朝統治精英的這種精神狀態，說明了為什麼清廷在 1880 年代和 1890 年代早期，暫時達到國內穩定和地緣政治安全的目標後，便不再增加海防投入。直到 1894 年清政府在中日戰爭中慘敗，丟失了台灣，支付了巨額戰爭賠款，清朝的統治精英才最終從“中興”的幻覺中清醒過來。這次戰敗使清政府失去東亞宗主國的身份，開啟了向近代主權國家蛻變的進程。

藩籬之失卻

　　像之前的朝代一樣，清朝遷都北京之後即與周邊各國結成了朝貢關係。在這種體制中，清廷是各國的宗主。作為國內政治秩序的延伸，清廷和屬國之間的關係被設計成一種君臣關係。屬國遣使叩訪清廷，向清朝皇帝行“三跪九叩”大禮，以彰顯中國的天朝上國地位。朝貢制度的初衷和最重要意圖是藉此證明中國是世界的中心，中國的皇帝乃天下“共主”，這樣反過來會確認和強化國內政治秩序，尤其確認皇帝統治中國的合法性。

朝貢體制的第二個意圖，是把屬國當作"藩籬"，以保障中國的安全。中國古老的地緣政治思維把安全界定為三個層次，最外層是"四夷"，然後是邊疆，最後是內地（有所謂"天子有道，守在四夷"）。清朝周邊地緣戰略的具體表述是："以琉球守東南，以高麗守東北，以蒙古守西北，以越南守西南"（轉引自孫宏年 2011: 20）。無論對清朝還是周圍藩屬來說，西方的主權觀念都是模糊不清的。它們有習慣的邊界來分割各自的疆域和治權。各藩屬國視清廷為自己在國內統治正當性的最高源泉。如果屬國表現得足夠順服和敬畏，清廷甚至會把雙方有爭議的領土賜給該國以示自己的慷慨（孫宏年 2006: 24）。

不幸的是，當西方列強來到遠東擴展其商業和殖民利益的時候，尤其是當日本迅速提升其軍力並挑戰東亞現存地緣政治的時候，清朝的屬國首當其衝地成為列強侵略和殖民的對象。因為負有保護藩屬的義務，但主要出於自身安全的考慮，清廷不可避免地捲入同列強的衝突。而它的失敗，則不僅導致朝貢體系的終結（清廷在與列強簽訂的條約中，多承認其屬國的獨立），還導致清王朝身陷前所未有的災難之中。視各藩屬戰略重要性之不同，清廷保護它們的程度和方式也不同。琉球[1]是第一個丟失的屬國。琉球於明初成為中國的藩屬，但在 17 世紀早期由日本的薩摩藩實際控制。1879 年日本明治政府正式把琉球群島改為沖繩縣。清廷對此進行干涉，試圖恢復琉球與中國的傳統關係，但很快便放棄，用李鴻章的話說："琉球以黑子彈丸之地，孤懸海外，遠於中國，而邇於日本。"（轉引自王芸生 1979, 1:155）閩浙總督何璟、福建巡撫丁日昌也稱，琉球"本非兵塞扼要之地，無捍禦邊陲之益，有鄰邦釀釁之憂"（同上 :151）。

1　根據漢語發音，Liuqiu 在 19 世紀晚期的英語文獻中被拼寫為 Loo-choo 或者 Lew Chew，20 世紀上半葉常被拼成 Liuchiu。二戰後的 1950 年 12 月，美國成立"琉球群島管理局"，此後，它的英語拼寫才根據日語發音變成 Ryukyu。為尊重歷史事實，凡涉及 1950 年以前的琉球，本書均用 Liuchiu 作為其英文名。

越南對自己的屬國地位則舉棋不定。自 19 世紀早期以來，尤其在見證了中國屢敗於歐洲列強之後，其統治者即不願承認清朝的宗主地位，欲獲得外交事務的完全自主，因此在 1862 年割讓南方三省給法國時，根本就沒有知會清廷，甚至想終止與中國的朝貢關係，轉而尋求法國的保護。另一方面，只要法國對越南的蠶食未對中國的安全構成直接威脅，清廷也對此事冷眼旁觀。然而，當 1880 年代早期法國威脅入侵越南北方時，越南朝廷便以傳統的朝貢關係為由尋求中國的保護。清朝統治精英們對此反應不一。直隸總督李鴻章堅持不干涉立場，因為中國沒有必要為一個不忠誠的鄰國去冒與歐洲強國打仗的風險，況且中國海軍尚未為一場可能的海戰做好準備。然而，由於剛剛贏得了西征，加上經歷了二十多年的軍事近代化，主張“保藩固圉”的一派勝出，認為如果讓法國完全控制了越南，就有可能對中國南疆構成威脅（鄭汕、鄭友來 1993）。清朝贏得了邊境戰役的決定性勝利，但法國艦隊對福建的艦隊和船廠進行了致命襲擊，前已述及。清政府雖不用向法國賠款，但這場戰爭使其耗費了 2,000 萬到 3,000 萬兩。中國承認法國對安南（中圻）和東京（北圻）的保護權，從此越南不再構成中國的一道藩籬。

　　捲入朝鮮危機和隨後的 1894 年中日戰爭更讓中國耗費浩繁。清朝的決策者們一致認為，朝鮮對中國的安全極其重要：它緊鄰滿洲，靠近京師，與中國的關係有如唇齒相依。因此，清朝在允許朝鮮自主管理國內事務的同時，承諾保護這個最為忠順的藩屬，該國也比任何其他屬國更頻繁地向北京遣使。當 1882 年發生兵變以及 1894 年民亂橫掃全境時，清政府均出兵干預，鎮壓叛亂，並在朝鮮制定國內外大政方針方面扮演了關鍵角色，從而在 1880 年代和 1890 年早期的危機年代，把自己由平日的宗主國變成朝鮮王朝的實際統治者，這樣就不可避免地與覬覦朝鮮半島已久的日本發生衝突。1894 年的中日戰爭對清朝而言是災難性的：它不僅失去了朝鮮這個最重要的屬國，而且把台灣割讓給日本，並賠款 2.5 億兩，這比清廷過去二十年海防總投入的 3 倍還要多。

　　儘管如此，晚清政府還是大體保住了自 18 世紀中葉以來的疆域，這可部分歸功於滿人統治者同西藏、蒙古和其他邊疆精英的歷史、文化和宗教上的聯繫，部分歸功於晚清軍事和財政力量的恢復，使其西北塞防取得成功，並且在海防方面取得進展，儘管甲午戰爭的失敗使海防計劃遭到重大挫折。還值得一提的是，在其統治的最後十年，清政府採取一系列措施，力圖將邊疆地區行省化。新政的舉措之一，便是鼓勵漢人移民邊疆，允許他們與非漢人通婚；1907 年，滿洲改制，三個將軍轄區改建行省，此前已經分別於 1884 年和 1885 年在新疆和台灣設省。在清朝覆亡前夕，內蒙古設省的計劃也接近成形，並最終在 1914 年得以落實。清政府還曾鄭重考慮在西藏和外蒙古建省，使其完全納入清王朝中央集權的行政體制（江丙明 1990: 58-60; 孫宏年 2009; 李勇軍 2011）。

綜上所述，清朝國家在 19 世紀晚期經歷了三大變化。其一是地緣政治戰略的重新定向，即為因應歐洲列強和日本的威脅，將其戰略優先目標，由傳統的防衛西北邊疆轉變為兼顧東部和東南沿海防衛，甚至以海防為主。其二是財政—軍事構造的轉型，即從中央集權的舊體制轉向各省督撫日益自主的新體制，進而重塑漢人官僚與清廷中樞的關係，使他們對朝廷的忠誠變得越來越具有條件性。這兩大趨勢加在一起，使清朝國家越來越 "內地化" 或 "中國化"，而原先的 "亞洲內陸" 特徵則日漸模糊。其三是清朝國家從過去相對於周邊藩屬國的宗主國逐漸向近代主權國家轉變。在甲午戰爭失敗，從而失去了對朝鮮的宗主權之後，清朝的朝貢體系基本終結。清朝不得不按國際法準則與周邊各國平等相處，也不得不接受與相鄰國家之間的邊界，而這些邊界在很多情況下是由外國列強通過雙邊條約強加給中國的。

第六章

邁向現代民族國家：清末新政時期的國家重建

中國在 1894 年後遭遇了前所未有的地緣政治危機和財政危機。甲午戰爭中的慘敗導致清廷割讓台灣給日本，失去了最重要的屬國朝鮮，並由此引發了外國列強在華搶佔"勢力範圍"的狂潮；中國作為東亞現代化國家的形象自此一去不復返了。不過，對清政府而言，最沉重的負擔莫過於對日本的戰爭賠償，總額 2.315 億兩的賠款，居然是政府此前十年北洋水師總花費的十倍之巨。六年後，席捲華北的義和團運動進一步導致了八國聯軍侵佔北京，以及清政府向列強賠款 9.82 億兩（包括本金和年息 4 厘的利息）。[1] 所有這些災難均從財政上和政治上極大地削弱了清朝國家。在《辛丑條約》簽訂僅僅十年後的 1911 年，清朝壽終正寢；因此我們也不難理解，為什麼涉及清末十年的著述總是傾向於將 1900 年後發生的事情解讀為一系列的失敗，認為正是這些失敗最終導致了清朝的覆滅。

然而，事實證明，義和團之後的十年卻是中國向現代國家轉變的最關鍵時期。儘管背負著戰爭賠款的沉重負擔，清政府依然啟動了大膽的新政計劃，展開涉及國家基本制度的全面變革，內容涵蓋國防、公共安全、教育、司法、財政、經濟規劃等各方面，所有這些變革都需要中央和地方政府龐大的經費支持，以及私人機構大量的資金投入。儘管如此，在此十年間，清政府的政治、經濟、法律和教育制度的變革一直在穩步推進，為中國在整個 20 世紀的進一步發展奠定了基礎。

更令人感到不可思議的是，儘管清王朝轟然倒塌了，但中國的多族群疆域卻基本保持完整，並一直延續到民國時期。在清朝覆滅前後，中國面臨著

---

1 事實上，中國在 1902—1938 年總共賠款 6.52 億兩（王年詠 1994: 177）。

三種可能的發展趨勢。最糟糕的當然是外國列強瓜分中國，然後在四分五裂的土地上建立殖民政府以取代清政府，這種可能性在 1900—1901 年八國聯軍佔領北京、華北以及東北部分地區時確實存在。比此一趨勢危害略小的是滿人、蒙古人、藏人、維吾爾人以及其他穆斯林聚居區從中國本土分離出去，中國由清廷統治下的多族群國家變回到由最初的內地十八省組成的漢人國家，這確實是辛亥易幟前夕一些反滿革命者的目標。第三種可能的發展趨勢是中國繼續作為多族群國家存在下去。在大部分漢人精英看來，這似乎是破壞性最小，而且也最符合中國利益的一種選擇。事實上，在清朝覆滅後，中國獲得了最好的結局；它在帝國主義的侵略中存活了下來，並保持了領土完整和多族群政治共同體的架構。1911 年清朝的終結僅僅反映了清廷重建自身和更新上層架構的失敗，不應由此掩蓋它在此前十年間在改造基礎性國家制度方面取得的實質性突破。

財政構造中的高度非均衡機制

新政之財政支援

1901 年，《辛丑條約》簽訂後不久，清廷便接二連三地頒佈了一系列詔令和法規，以推廣新政，包括：

· 編練一支受中央控制的 "新軍"，以取代八旗、綠營等傳統正規軍和各種非正規的地方軍隊。新軍計劃編練 36 鎮，每鎮 12,500 人；與編練新軍相關的另一項任務是建立巡警，1902 年巡警首先在直隸核心城市進行試點，不久之後推廣到全國各地；

· 改革政府體制，包括 1909 年在各省設立諮議局，1910 年在中央設立資政院；調整中央政府部門，由傳統六部變為十一部；更為重要的是，1906 年宣佈 "預備立憲"，以九年為期。所有這些均預示著清王朝為了適應新形勢的需要，從傳統的王朝國家向近代國家轉型；

· 財政金融體系的現代化，此項改革始於 1905 年中央銀行（即戶部銀行）的成立（1912 年更名為中國銀行）。1910 年清政府致力於貨幣的標準化，次年引入政府財政預決算制度；

· 頒佈一系列法令，尤其是 1904 年的《公司律》，並在城鎮普遍設立商會，藉此鼓勵和保護私人投資工商業和鐵路建設；

· 興辦各級新式學堂，講授新知，取代只注重死記硬背儒家經典的私塾教育。這項改革自 1902 年清政府頒佈法令實施新學制開始，至 1905 年廢除科舉制度時達到頂點；

· 改革法律體系，包括頒佈民律、刑事及民事訴訟法，尤其是廢除傳統酷刑，在借鑒西方制度的基礎上，以新的刑律取而代之。此外，改革還涉及陪審員、律師和監獄制度。

上述改革方案規模宏大而又詳細全面，遠遠超出了 1898 年百日維新時期的變法範圍，可謂實現整個國家現代化的一攬子計劃。儘管清政府在憲政改革上猶豫不決，辛亥易幟更進一步打斷了改革進程，但新政計劃卻在以下方面取得了成功：構建了現代司法制度的基本框架，確立了現代教育制度的雛形，設立了現代軍事機構，以及在地方層面成立了立法和自治機關。所有這些舉措均在清朝垮台後以不同形式繼續推進，並對整個 20 世紀的中國現代化進程產生了深遠影響。

在所有新政計劃中，開銷最大的當屬編練新軍，需由中央政府承擔。按計劃編練 36 鎮新軍以及附屬部隊，需要總額多達 1.2 億兩的年度預算，換言之，編練每鎮新軍大約需要 300 萬兩（鄧紹輝 1998: 211）。與中央政府比較起來，地方政府實施新政的負擔更加沉重。據估算，每省需花費 200 萬兩—300 萬兩用於維持地方警力，100 萬兩用於建立新的司法制度，此外還得花費 100 萬兩建立學堂體系。九個省份有關預備立憲的具體方案顯示，它們在 1910—1916 年間的教育、司法、警察、自治和工業發展方面的總預算將達到 4.1867 億兩（周育民 2000: 399-400）；如果其他九省的預算也大致如此，那麼全國在這幾年的新政總花費將達到 8.37 億兩。

考慮到清政府在《辛丑條約》簽訂後所承受的沉重賠款負擔，新政計劃看起來似乎是不可能實現的任務，因為其總開銷將會是支付給八國戰爭賠款本金的數倍。儘管如此，上述各項新政措施在義和團之後十年間穩步推進。袁世凱於 1901 年繼李鴻章之後擔任直隸總督和北洋大臣，在其統帥下新軍六鎮於 1904 年率先練成，分別駐紮在京畿周邊，是各省新軍中人數最多（超過 7 萬人）、裝備最好的。到清政府垮台時，總共練成 14 鎮新軍和 18 混成協，共約 168,100 人（鄧紹輝 1998: 213）。教育改革也富有成果。新式學堂 1903 年時只有 769 所，1904 年增長至 4,476 所，1905 年增長至 8,277 所，1906 年達到 23,862 所，1909 年增長至 59,117 所；學堂入學人數 1902 年時只有 6,912 人，1909 年增長至 160 萬人（桑兵 2007: 147）。同樣讓人印象深刻的是，1904 年《公司律》的頒佈和商會的廣泛建立，推動了工業發展。此前的九年間（1895—1903），平均每年成立的企業不足 23 家，年均投資總額僅為 414 萬兩，相形之下，在 1904—1911 年的八年間，年均新增公司 74 家以上，投資總額年均達 1,600 萬銀元。在 1902—1911 年的十年間，新投入中國工業企業中的資本總額超過 1.38 億銀元。此外，1905—1911 年國內投資者還籌集了 8,760 萬銀元用於修建鐵路（江敬虞 2000: 79）。總之，教育、司法、金融、警察和軍事領域的進步均推動了國家基礎性制度設施的重建，儘管它們對國家轉型的影響力不及上層建築尤其是最高層面的政府體制變革。

新政的全面展開導致政府的財政支出在義和團之後的十年間逐年飛漲。1894 年中日戰爭前，其財政支出大約是每年 8,000 萬兩，1903 年增長到近 1.35 億兩，1908 年為 2.37 億兩，1909 年為 2.70 億兩。在其垮台的 1911 年，清政府的年度財政支出達到了 3.39 億兩，超過 1894 年支出的 4 倍（見表 6）。1911 年的政府預算顯示，其開支主要用於軍隊和警察（27.16%）、戰爭賠款（16.79%）、交通運輸（15.36%）和行政管理（8.48%）；其他的預算開支則包括金融（5.82%）、司法（2.15%）、民政（1.43%）、教育（0.83%）、工業（0.52%）以及外交、海關、建築、公債和邊防等方面（QCXW: 8245）。

緊隨清政府財政支出急劇上漲而來的，是財政收入的增長：1894年其財政收入只有8,100萬兩，1903年增長到近1.05億兩，1908年達到2.35億兩，1911年更達2.97億兩。在政府財政收入的主要來源中，田賦1903年增長到3,700多萬兩，1911年達到4,800萬兩，而在1894年前的十年間，每年僅徵收3,200萬兩至3,300萬兩。儘管如此，田賦在政府財政收入中的重要性卻下降了，1849年時其收入佔政府全部歲入的77%，1894年降至40%，1911年僅佔16%（見表6）。儘管在戰亂期間或戰後恢復期，地方官員往往會強迫納稅人繳納附加稅，徵稅人員在將銅錢折算為銀元時也會上下其手，但清政府始終堅持輕徭薄賦的古訓，並未提高田賦本身的官方稅率，來自田賦的官方財政收入在1900年前並無大幅增加（自18世紀晚期一直在3,000萬兩上下浮動）。田賦在清末數年的增長，起因於地方財政收入的制度化（詳見下文）。事實上，由於白銀價格在晚清六十年間長期下跌，導致農作物價格上漲了兩倍之多，所以，清政府從田賦中獲得的實際收入，或者更確切地說，其田賦收入的實際購買力下降了（許道夫1983: 89-90; 王玉茹2007: 36,43-46）。換言之，儘管晚清時期的田賦有各種附加，土地所有者的實際賦稅負擔的增長並不像田賦徵收銀額所顯示的那麼多。

清政府主要是通過下面兩種間接的辦法增加財政收入，而不是直接對土地所有者提高稅率。一是清查和整頓各省的稅務徵收和管理制度，將田賦和釐金徵收中瞞報、少報的稅收，變為國家正項稅收，納入國家統一的預算分配。正如第四章所述，省級及以下政府未上報的非正規稅收，可能達到正式上報收入的40%。因此，1908年以後，政府財政收入中新增的收入大多屬清末最後四年清查地方財政的結果（QCXW: 8249）。

清政府在增加財政收入方面，比整頓舊稅更重要的是日益依賴非傳統的商業稅源。其中一大來源是外債和國債。中央和地方政府均頻繁舉債，以彌補赤字。例如，1900—1911 年，清政府總共舉借外債 3.4 億兩（這是戰爭賠款之外的債務），而這些外債主要是用於鐵路建設（76.86%）（徐義生 1962: 90）。不過，清末財政收入最重要的來源還是商業稅，主要為鹽稅、釐金和海關稅，這幾項在 1894 年總共徵收了 3,162 多萬兩（佔清政府歲入的 39%），1911 年達 1.3164 億兩（佔歲入的 44%）。在這三種商業稅中，海關稅數額最大且穩步增長，1871 年徵收了 1,100 萬兩，1890 年增至 1,671 萬兩，1903 年增至 3,150 萬兩，1911 年達 4,200 多萬兩。這些數據表明了國內進口商品市場的擴大以及國內經濟整體規模的擴大。其次是釐金，1908 年以前年徵收 1,200 萬兩至 1,700 萬兩。排在第三位的是鹽稅，在 19 世紀的大部分時間裏，年徵 600 萬兩至 700 萬兩，到 1900 年時，飆升至 1,300 萬兩，而到清政府覆亡前，已成為數額最高的商業稅種，高達 4,631 萬兩，這一結果得益於政府對食鹽的產銷進行統一管理。

因此，清政府的財政收入結構在其最後幾十年間發生了革命性的轉型，即從原先主要依賴於農業收入（田賦），並且很大程度上靜態、固化的傳統模式，轉變為主要依賴商業稅（工商稅、外債和國債收入），富有彈性並不斷擴張的新模式；就其財政結構而言，晚清中國已經跟 1850 年代以前的舊王朝有根本的不同，而更加接近世界其他地區的現代民族國家。

高度非均衡機制之濫觴

正如前幾章所示，在光緒朝最初二十年裏，清政府的財政收入快速增長，並且在其財政構造中重建了低度均衡機制，使財政收入略高於支出。1894 年之後，尤其在清末十年，政府的財政收入繼續以較快的速度增長；至 1911 年，其全部財政收入（2.97 億兩）已經達到 1894 年財政收入（8,103 萬兩）的 3.67 倍，即每年增長 7.94%。不過，清政府的財政支出卻以更快的速度增長，1894 年支出 8,027 萬兩，1911 年增至 3.39 億兩，每年以 12% 以上的速度增長。財政收入與支出的不均衡導致缺額日益擴大，從 1899 年尚結餘近 676 萬兩（佔政府財政收入的 6.24%），到 1903 年虧空達 3,000 萬兩，1911 年更達 4,100 多萬兩（佔政府財政收入的 14%）（見表 6）。

　　1894 年之前與之後相比，政府財政狀況最根本的不同，在於其財政結構變革背後的動力。光緒朝最初二十年間，政府財政收入的增加主要源於海關稅的快速增長；由於沒有戰爭賠款，國家能夠將新增加的財政收入用於軍事現代化的各項工程。換句話說，正是政府財政收入的增加，才使財政支出的增加成為可能。相形之下，1894 年之後，情況恰恰相反，是政府財政支出的急劇增長，驅使政府擴大財政收入來源，而這時政府的開支主要用於戰爭賠款、編練新軍和其他新政計劃上；不過，這一時期財政收入的擴大遠遠滯後於支出的增長，結果造成財政結構失衡。這種失衡狀態，過去曾在戰時發生，起初出現在 1670 年代，後在太平天國期間再度出現，不過在清朝自 1680 年代以來漫長的財政史上，這種失衡狀態屬非正常現象。但是，1900 年之後的十年間，它卻成了清朝財政構造的常態。

　　非均衡機制的再現和常態化，是否如 1911 年清王朝覆滅看起來所暗示的那樣，意味著政府的財政制度處於危機之中，並且威脅到了清廷的統治？清政府通過稅收和其他創收手段從社會上抽取資源的做法是否過度，以至於損害到了其統治的合法性？為了對此做出判斷，我們必須考慮兩方面的因素。第一個因素是 19 世紀後半葉以及 20 世紀初，國際市場上銀價長期下跌。因為普通民眾在日常交易中使用銅錢，而賦稅徵收和繳納卻使用白銀，所以伴隨著銀價下跌而來的是銅錢與白銀兌換率的提高。在清末十七年（1894—1911），由於銀賤錢貴，國內白銀的購買力下降了 40.35%（指數從 81.97 降至 48.90，見王玉茹 2007: 272-273）。清政府 1894 年的財政收入為 8,103 萬兩白銀。1911 年的財政收入為 2.97 億兩白銀，不過，1911 年財政收入的實際價值不並不像表面數字所顯示的那樣，是 1894 年財政收入的 3.67 倍，而僅僅是 2.18 倍。同樣在這一時間段裏，清政府實際收入的年增長率不是 7.94%，而僅僅是 4.69%。

　　另外一個因素是與可徵稅資源相關的清政府財政增收潛力。例如，根據中國海關總稅務司赫德（Robert Hart, 1835—1911）1899 年的判斷，中國至少有 40 億畝耕地，而這些耕地有繳納至少 4 億兩田賦的潛力（*ZGHG*: 49），這一數字相當於 1899 年實際徵收田賦的十倍以上。毫無疑問，赫德的判斷是個大膽假設，因為中國可耕地的官方最高數字僅為 7.92 億畝，晚至 1952 年可耕地實際數為 12.25 億畝，1980 年代可耕地實際數約為 20 億畝（史志宏 2011）。不過，即使我們把 12 億畝視作晚清可耕地的實際數量，政府也只會多徵收 2,490 萬兩田賦，約佔 1911 年實際徵收田賦的 52%。

我們還可以通過研究中國經濟的規模來判斷財政收入的增長潛力。歷史學家為我們提供了晚清時期各階段國民生產總值的不同數據：1800 年為 20 億兩（劉瑞中 1987），1888 年為 33 億兩（Fairbank and Liu 1980b: 2），1894 年為 42 億兩，1903 年為 58 億兩，1908 年為 69 億兩（周志初 2002: 259）。如果這些數據可信的話，那麼，清政府公佈的稅收總額佔中國經濟產值的比重，1800 年僅為 1.5%，1894 年為 1.92%，1903 年為 1.81%，1908 年為 3.4%。如果我們進一步以 69 億兩作為 1911 年中國經濟產值的保守估算，那麼清政府從中抽取的稅收僅佔 4.3%。然而，官方的財政收入記錄卻遠低於地方政府和官員的實際徵收稅額。比如，梁啟超相信，政府官員抽取的稅費是上報至中央政府的官方公佈數據的三至四倍，中國百姓的全部稅收負擔超過 4 億兩（*LQC*, 6: 597）。儘管政府財政收入快速增長，儘管地方官員瞞報、侵吞大量稅銀，晚清時期的賦稅負擔卻並不像傳統觀點認為的那樣過於沉重。即使我們認可梁啟超的觀點（4 億兩），當時的賦稅負擔也僅佔中國全部經濟產值的 5.79%。

然而，這一負擔對不同經濟領域的人口而言卻有著不同的意義。對田主而言，田賦一直相對較輕，在清末最後幾年，約佔農業產值的 2%—4%。[1] 不

---

1 1887 年官方的田賦收入為 3,279 萬兩，但地方徵稅人私吞的稅款和附加費，以及上繳給地方官府但未上報朝廷的部分，可能遠遠高於官方公佈的數據，而同一年的農業產量為 22.3 億兩。到清朝結束時，由於此前三年實施財政清理措施，官方公佈的田賦增長到 4,800 多萬兩。儘管此時的農業產量與 1908 年相比並無多大變化，但土地所有者實際繳納的稅費和附加費總額卻始終保持在 6,000 萬兩至 7,000 萬兩。

過，對城市居民尤其是以小買賣為生的百姓而言，1894 年之後尤其新政時期快速增長的新稅費確實高得離譜。清政府 1911 年的預算表明，各項雜稅已經取代海關稅，成為政府財政收入的最重要來源。1894 年前，雜稅僅佔全部財政收入的 9%—17%，相形之下，到了 1911 年，雜稅佔到了全部財政收入的 40%（見表 6）。難怪新政時期，尤其清末最後幾年，捲入各地騷亂的主要是交納各種雜稅的非農業人口，而不是交納田賦的農民（見 Roxxan 1999）。但是，這些騷亂的地理範圍較小，且多局限於當地，對清王朝而言並非致命傷，地方當局也不難加以處理。因此，我們無法僅僅用稅收負擔加重這一條原因，去解釋為什麼清王朝在新政改革達到頂點時突然垮台了。為了搞清楚事實真相，我們需要進一步研究新政計劃，以及隨之而來的高度非均衡機制如何影響清政府與地方當局的關係。

地方化集中主義的陷阱

財權之再集中

清末新政的中心議程之一是立憲。但是，不同背景的人對憲政懷著不同的目的。對具有改革意識的知識分子和新興資產階級中的憲政支持者而言，讓政府按憲法行事是使其更能承擔責任的最好辦法，也是增強他們在政策決策中的話語權的最好辦法。對地方官僚，尤其漢人官僚而言，實行憲政似乎是限制滿人皇室權力的不錯選擇；那些毫無閱歷而又反覆無常的皇室親貴，自 1908 年慈禧太后去世後便控制了朝廷。部分滿人精英也同樣歡迎憲政提案，以期藉此進一步鞏固手中的權力。因此，軍機大臣鐵良（1863—1938）在 1906 年 "預備仿行立憲" 宣佈後明確表示，"立憲非中央集權不可，實行中央集權非剝奪督撫兵權財權、收攬於中央政府則不可"（轉引自侯宜傑 1993: 79）。

清政府集中財權的舉措之一是 1908 年決議清理整頓財政。為此，中央向各省派出兩名監理官，負責監督各省新成立的清理財政局的運行，編寫各省財政收支詳細報告，尤其是其中長期瞞報中央的內容（蘇全有 2010）。各省督撫負責在限定時間內向中央上報其預算，以免受到降職和減俸一年的處分。與此同時，各省設立的所有非正規的財政機構必須撤銷，布政使司必須徹底改革，或由新成立的財政局或財政公所取代。地方督撫禁止擅自舉借外債和發行紙幣（劉增合 2014; 鄧紹輝 1998: 264-269）。清政府集中財權的另一項重大舉措，是改革食鹽產銷管理制度。1909 年滿人貴族領班的督辦鹽政處成立，清政府希望藉此打擊販運私鹽、侵蝕鹽課以及接受鹽商賄賂等猖獗行為；在這一方面，清政府採取的最重要措施，是剝奪各省當局的人事任命權和收入管理權，將鹽務管理權置於中央直接控制之下。

這些措施帶來了明顯效果。上報中央的釐金總額大幅增加，正如度支部 1911 年的預算所示，20 世紀早期每年釐金總額為 1,200 萬兩至 1,300 萬兩，1908 年增長到 2,100 萬兩，1911 年增長至 4,300 萬兩。更令人吃驚的是鹽稅的增長。1900 年前後鹽稅約在 1,300 萬兩，1911 年增至 4,600 多萬兩，超過釐金和海關稅，成為僅次於田賦的政府財政收入第二大來源（見表 6）。地方督撫從一開始便抵制中央的財政清查和整頓，拒絕按要求和盤托出瞞報的稅收，不願交出鹽稅管理權，反對將地方公益支出納入行政開支。各省督撫對 1910 年的試辦財政預算案尤為不滿，因為這　預算案將大部分行政開支劃撥給了中央各個部門，大大縮減了地方政府的預算費用（劉偉 2003: 376）。因此，1911 年財政預算計劃確定和公佈後，他們視而不見。監理官們多抱怨，各省 "用款糜濫仍復如前，預算之案置之不顧，節省之款鮮有所聞"（*DQXFL*, 11: 8）。簡言之，財政清理計劃雖然暴露了地方當局瞞報的稅收，卻未能成功地將公共資金的實際管理和支出權從地方收歸中央。

軍權之再集中

　　對清廷而言，更具挑戰性的任務是建立新軍，集中軍權。義和團運動後，清王朝儘管背負著巨額的賠款負擔，仍決定編練新軍，理由是保障京師安全，防止周邊出現騷亂，畢竟那裏的亂象剛剛平息。同時，編練新軍也是為了保護內地各省安寧，免受滿洲一觸即發的日俄戰爭的衝擊。1903 年 10 月，作為改革的第一步，練兵處成立。清政府擬在練兵處的統一指揮下，編練 36 鎮新軍，總共 45 萬人。朝廷與地方督撫之間不可避免地產生衝突，因為後者（尤其是南方各省疆吏，諸如湖廣總督張之洞、兩江總督魏光燾）抵制中央增加稅收以編練新軍的要求，並公開反對各軍事單位的統一化和標準化，因為這將威脅到他們對地方武力的控制。在與中央爭奪軍權的博弈中，地方大員們紛紛敗下陣來。與他們形成鮮明對比的是直隸總督、北洋大臣袁世凱，在各省官員中脫穎而出，成為其中最大的贏家。袁世凱對慈禧太后忠心耿耿，曾在百日維新中扮演要角，導致光緒皇帝失敗，所以太后對袁信任有加，任命他為練兵處會辦大臣。外界普遍認為練兵處總理大臣慶親王奕劻（1838—1917）對軍務一無所知，所以袁世凱掌握了編練新軍的實權。各省為編練新軍上繳的大部分資金，均用在了袁世凱自己所編練的新軍六鎮上（計 7 萬人）。新軍六鎮駐紮在直隸和山東要地，是清政府裝備最先進、訓練最好的一支部隊。袁世凱從其下屬中挑選、委派新軍高級軍官。因長期受惠於袁，這些軍官對袁死心塌地，袁亦得以牢牢控制著新軍六鎮。

　　不過，袁世凱的影響力並不僅僅局限於軍隊；1906 年，他被委派到官制編制局，主導官制改革的規劃。在所有的改革方案中，袁世凱對責任內閣的想法尤感興趣，也支持正在進行中的立憲運動，以顯示自己的開明形象。更為重要的是，立憲有助於保護自己在慈禧太后去世後免遭光緒皇帝的報復。但是，袁世凱在軍隊中無與倫比的影響力，以及他毫不掩飾的政治野心，也引起了慈禧太后的戒心。因此，1907 年 9 月袁世凱由直隸總督調任軍機大臣，實際上是中央政府陽崇其位，陰奪其權。

1908 年 11 月慈禧太后去世，不管對袁世凱的政治生涯，還是對清廷本身而言，都是一個轉折點。當慈禧太后還健在的時候，她還能起到紐帶作用，把朝廷與資深的漢人官僚連結在一起；慈禧太后在聽政幾十年間，將軍國大事均交託給漢人官僚，靠他們做出重要決策，幫助清廷度過了一場場危機，而漢人官僚也因受到適當的對待和尊重而對清廷忠心耿耿。少數滿人精英如榮祿（1836—1903）、端方（1861—1911）等人，也與漢人官僚保持著密切聯繫，並在滿漢之間進行斡旋調停，這也有助於維持朝廷與漢人官僚之間的連結。不幸的是，在慈禧太后去世前後，那些有閱歷、可信賴的漢人疆吏也先後謝世，其中最傑出的李鴻章死於 1901 年，劉坤一死於 1902 年，王文韶死於 1908 年，張之洞死於 1909 年。結果，1908 年之後，控制朝廷的新一代滿清皇室跟各省及中央的漢人官僚均無私交，只好將自己孤立在了滿人圈子裏。他們在管理國家事務上缺乏經驗，又不願輕信漢人官僚。事實上，他們在同漢人官僚尤其是其中的強勢人物相處時，始終缺乏安全感。新崛起的漢人官僚如袁世凱者，顯得自信滿滿、積極進取，不像老一代漢員那樣謹言慎行。因此，面對各種政治改革建議，皇室親貴想當然地視之為限制滿人特權、提升漢人權力的舉措。滿漢之間的隔閡過去曾經是精英們的公共話語中的一大禁忌，現在卻主導了皇族親貴的自我意識。不出所料，皇室為了增強自身的權力，在 1909 年 1 月以袁世凱患 “足疾” 需要休養為由，免除了他的職務。不過，袁世凱並未喪失對新軍六鎮的實際控制，因為他在新軍中的舊部依然對他忠心耿耿。慈禧太后的去世以及隨之而來的對袁世凱的放逐，僅僅是讓袁世凱不再有義務繼續支持清廷；對袁世凱及其追隨者而言，1850 年代以來漢人官僚對清廷有條件的忠誠最終消失殆盡了。1911 年10 月武昌首義爆發後，清廷再次委派袁世凱擔任政府和軍隊的最重要職務，只不過增加了袁的籌碼，使其能夠在脅迫清帝退位的同時，為自己在民國政府中的地位和權力，與革命黨人討價還價。各省督撫本來就不滿於清廷一再採取措施，限制其權力並抽取地方稅收，因此，當辛亥革命席捲其所在省份時，當地並未發生過多的流血事件，他們也失去了繼續效忠清廷的理由。

紳士精英

在 20 世紀最初十年間，紳士精英的構成以及他們與清政府的關係同樣經歷了明顯的世代交替。在 1900 年之前，作為清朝統治基礎的紳士階層，主要由通過各級科舉考試的秀才、舉人和進士組成，也包括部分捐得功名的人。這些紳士都受過儒家思想的熏陶，是政府官員的主要來源。那些沒有入朝為官或退休居鄉的紳士，也成為地方上非正式的領導者，在政府與鄉村之間起到居間調停的作用。因此，紳士階層的政治和社會地位，跟政府所舉辦的科舉考試及其對功名士子特權的認可直接相關。另一方面，朝廷也依靠紳士精英統治漢人百姓，把自身規模縮至最小程度，而不必擴大正規的官僚機構並向整個社會徹底滲透。

所有這些特徵在 1905 年清廷廢除科舉、施行新政之後，均不復存在。廢科舉有其正當理由：只要科舉考試依然存在，父母們就不願意送孩子進入新式學堂接受教育，而學堂傳授的知識卻是推行新政所急需的。不過，廢除科舉也意味著切斷了傳統紳士階層的產生渠道及其與國家的紐帶。在廢除科舉後，學生們不得不接受新式教育。他們要麼進入城市中紛紛出現的法政學堂或講武堂，要麼留學日本或他國接受高等教育。作為新式學堂或留學歸來的畢業生，他們的社會地位以及在各領域從事的職業不再依賴於政府的認可，當然也不必再全心全意地效忠朝廷。其中越來越多的人由原先追求仕途，轉而投身工商業尤其是現代企業（如鐵路、交通運輸或紡織業）的經營，成為所謂紳商，並作為改革精英，逐漸主導都市社會（Esherick 1976: 66-105; Bergere 1986: 37-62）。那些從國內外軍事學堂畢業的學生後來成為新軍的支柱。總之，這些新式精英開始走上舞台，主導清末和民初的政治變革。

清末新政的一攬子計劃中還包括地方自治，使得各城鎮的紳商們有機會組織或加入商會。其中最活躍的人物還被選入地方議事機構。各縣成立的議事會和董事會，作為地方自治機關，須在管理公共事務方面（尤其在決定附加稅的種類、稅率及新政費用上），同縣衙門通力合作。此外，他們還領導著新建的學堂或其他自治機構，如勸學所、巡警署或清理財政處。省級諮議局和中央的資政院分別於 1909 年和 1910 年成立。它們有權提出政策性建議以及通過或否決政府預算案。所有這些新成立的機構，均為紳士精英們提供了渠道，使其在社會中的領導地位以及對政府的影響力變得正式。這些機構也不可避免地會與各級政府官員（知縣、督撫以及中央各部大臣）發生衝突，尤其在其質疑官員們的預算案或徵稅方案，或者在其提案被官員們駁回時，關係更為緊張；這些議事機關的代表往往攻訐政府官員保成守舊，抵制改革，而政府官員則譴責議會干犯政府，桀驁不馴，所議計劃毫無必要，純屬浪費公帑（參見 Rankin 1986: 202-299; 劉偉 2003: 186-187; H. Li 2005: 196-197）。

儘管雙方經常發生此類分歧，有時甚至勢不兩立，但各級議事機構與政府官員大多能通力合作，共同對付朝廷。從各省的層面上看，情況尤為如此。各省督撫經常在轄區內主動推進自治計劃，且大多同情"收回利權"運動，地方紳商力圖通過這些運動籌集資金，從外國投資者手中贖回採礦權和築路權。督撫們對鐵路建設尤感興趣，認為這是促進地方經濟發展和增加政府收入的有效途徑。所以，他們會利用政府的影響力，或者通過對土地和貨物徵收特別捐稅，幫助紳商們籌集資金。每當因修築鐵路發生購地糾紛需要政府調停時，地方官員一般都會站在鐵路公司一邊；一旦修建鐵路遇到地方阻力，他們均會為鐵路公司提供保護。1903—1907 年，由於"官民合力"，16 家鐵路公司次第成立。時人將此一關係描述為"官用紳力，紳藉官威"（ZJTL, 2: 1012）。因此，1909 年 4 月，當清廷企圖通過與西方簽訂借款合同，控制華南和西南部兩條主要鐵路的修築權時，相關各省的官員聯合紳商發起了抵制運動。1911 年 5 月，清政府鐵路"收歸國有"的決定，更使紳商們群情激憤，聯手對抗中央。督撫們在向中央呼籲失敗後，或者在其財權、軍權被大幅削減後，多請求辭官。所以，在武昌起義爆發和湖北軍政府宣佈獨立時，各省督撫們的反應就不難理解了。他們要麼宣佈獨立，要麼持觀望態度，或者一走了之，只有少數人繼續效忠清廷。

合法性的三重危機

前兩章以及本章的論述已經揭示，晚清國家的地方化集中主義，有其成功的一面。它在 19 世紀晚期地方疆吏在對朝廷仍保持忠誠、同時中央對地方不失終極控制權的條件下，能夠充分調動地方資源，滿足國家應付國內外各種危機的財政、軍事需求，並且在 20 世紀初中央財力不足的情況下，依靠地方督撫的推動和籌資，使各項新政事業得以從中央到地方全面展開。如有必要，中央也能削減地方督撫的財政、軍事上的自主性，重新強化自身的集權能力。但是，地方化集中主義機制的有效運作，有賴一個最根本的前提條件，即中央依然維持其合法性，地方精英依然對朝廷保持認同。不幸的是，新政期間，清廷在三個層面背棄了自己的執政傳統，使得支撐它的社會政治力量出現了認同危機，隨之而來的便是其統治合法性的喪失以及 1911年的最終覆滅。首先，清廷背棄了"仁政"理念，而仁政作為儒家治國之道的核心，曾是非漢人統治下的清朝在漢人中確立合法性的法寶。對清廷具有同等殺傷力的是 1890 年代康有為、梁啟超等人所倡導的新話語的出現，他們質疑王朝國家在被征服的土地上對多元民眾實施普世統治的神聖性，要求在人民主權的基礎上打造新的民族認同（Zarrow 2012）。對清朝更致命的傷害來自紳士精英們的離心離德。自唐朝以來，紳士精英一直是中國歷史上皇權國家最重要的社會基礎，然而在清末最後十年間，他們與清政府之間的紐帶被切斷。不過，清廷所遭受的最根本挑戰卻是來自各省的漢人官僚。自1850 年代以來，各省督撫，尤其是其中的漢人，均在各自轄區內控制了大部分的財源和兵力，從而有條件地為清政府效力。他們對朝廷的忠順取決於兩個前提條件：一是朝廷尊重他們的利益，尤其是他們對地方財源的控制，從而使其轄區內各項新政事業得以存活並蓬勃發展，而這些事業對督撫們維持自己的地位和社會網絡至關重要；二是清廷按照儒家的君臣關係準則妥善地對待他們。然而清末十年所發生的一切正好與這些前提背道而馳：其一，清廷力圖剝奪督撫們的財權和軍權，以再次集權於中央，結果侵犯了他們的利益；其二，在清末最後數年，滿人親貴所控制的朝廷與漢人官員間不再相互信任，隨之而來的便是滿漢鴻溝在思想意識和政治行動上進一步擴大。

正是這場前所未有的三重合法性危機，導致清朝在新政高潮時期突然崩潰。曾經帶來同治和光緒時代國家"中興"的地方化集中主義，此時適成導致清朝覆亡的最大陷阱；掌握地方財政軍事資源的漢人精英，可以輕而易舉地反叛朝廷，宣告獨立。不過，清朝的覆滅並不等於 19 世紀和 20 世紀初中國國家重建的失敗。儘管清廷對其官僚制度及軍事、財政體制的改革失敗了，重組後的國家機構也無法正常運作，但晚清在財政、軍事現代化以及政府重構上所取得的一系列突破，開啟了 20 世紀中國國家政權建設的漫長過程。更不可思議的是，清初統治者通過軍事征服和各項鞏固措施所奠定的疆域，並未因為清朝的覆滅而分崩離析；1912 年以後的中華民國依然是一個多族群的國家，其疆域在民初與清朝相差無幾。為什麼會出現這樣的情形？

締造新的民族

滿漢一體化

對參加辛亥首義的革命黨人來說，把滿人驅逐出中國本土，建立一個全新的漢人國家，其重要性並不下於建立共和國本身。因此，在革命之前及革命過程中，"驅除韃虜，恢復中華"成為最能打動人心的口號。然而，清朝的覆滅並未導致革命黨人所希冀的漢人國家的建立，亦未帶來邊疆從內地的分離。因此，我們需要解答為什麼民國能夠全盤承襲清朝的疆域。

對於 1949 年以後的中國主流歷史學家來說，清朝與民國之間的疆域和行政的連續性是自然而然的，因為清朝已經是一個"統一的多民族的"王朝；以中華人民共和國的疆域來回溯和界定歷史上的 "中國" 的地理範圍也無可厚非。而辛亥革命以及隨後民國的肇建，只不過是形成中的中國資產階級反對專制王朝的一場革命（參見胡繩 1981）。反滿宣傳以及革命黨人與清朝非漢人精英之間的緊張關係，在 1949 年前的民族主義歷史書寫中，曾經是革命敘事的中心內容，而在 1949 年後反帝反封建鬥爭的主題下，則變得無足輕重，晦暗不明。而在西方的近代中國作品中，1950 年代及 1960 年代對現代化與文化傳統主題的關注，也導致學者們視晚清的滿漢衝突為無關緊要。例如由 1865 年清廷的一道詔令，即允許滿人脫離旗籍，自謀營生，遇有訟案則滿漢一體對待，芮瑪麗得出結論：從此以後，"將滿人與漢人隔開的最後一些限制大多已經不復存在"（Wright 1962: 53），"自 18 世紀以來一直在發展的滿漢一體，到 19 世紀中葉已經達到完全成熟的狀態"（Wright 1968: 21）。的確，到清朝最後十年，滿人的漢化已經到了如此地步，正如時人所說，"滿人全體盡操漢語，無復一人能操滿語者"，"滿人全體苟識字者，必惟識漢字而不識滿字"（楊度 2009, 1: 273）。梁啟超也說，滿人入關後，經過兩百餘年的演化，"卒由政治上之征服者，變為文化上之被征服者。及其末葉，滿洲人已無復能操滿語者，其他習俗思想皆與漢人無異。不待辛亥革命，而此族之消亡，蓋已久矣"（*LQC*, 11: 395）。清朝早期統治者鼓勵滿人精英使用滿語的努力失敗了。

晚近的歷史研究對這一看法提出質疑。克勞絲蕾認為，滿人的種族意識的產生，部分原因在於他們對太平天國期間漢人仇恨的回應，還有部分原因在於 "朝廷所提倡的滿人認同的理念，使得種族思想不僅可以接受，而且有其必要"（Crossley 1990: 228）。滿人、蒙古人以及其他非漢人群體的族群意識的 "尖銳化"，加上漢人民族主義的激發，導致 20 世紀早期在滿洲、蒙古、新疆和西藏出現分離主義運動（Crossley 2002: 343）。路康樂也質疑芮瑪麗的觀點，指出 1865 年詔令並無實效。直到清末新政開始實施時，滿漢分離的制度和做法依然存在著，滿漢不平等在各方面依然明顯：滿漢之間禁止通婚；滿人做官享有配額；旗人完全依賴政府津貼過著寄生生活，並且與漢人社會隔絕；滿漢同罪而對漢人處罰更嚴；八旗仍然駐防全國各大城市監視漢人，而在國防方面的作用卻大不如前（Rhoads 2000: 35-63）。[1] 歐立德對晚清中國的族群關係的解讀更為複雜。他強調清廷在維護滿人的所謂"族群主權"方面的成功，即通過八旗制度確保旗人作為一支征服力量在職業、法律和居住上的特別安排，使其特權一直延續至 20 世紀初。不過他也並不否認那些曾經把滿人與漢人區別開來的文化和語言特徵，到 19 世紀大多已經消失殆盡。更為重要的是，他提醒人們不要把"大清"與中國或歷史上的華夏劃上等號，因為清帝國和現代中國國家的締造之間存在種種矛盾現象；儘管如此，歐立德還是指出，清廷將其疆域的"內"（指中國本土）與"外"（指內亞邊疆）融為一體的種種努力，與 20 世紀現代中國國家的重新界定，這兩者之間存在一種歷史的連結，從而產生一種悖論，即滿人的數世紀的統治，雖然曾經是"如此的非漢人的"，卻產生了一個疆域的和族群的遺產，有助於解釋當今"統一的中國"的神話（Elliott 2001）。

　　無論作何解釋，有一點是確鑿無疑的，即在 20 世紀初期，滿漢間的族群上和制度上的鴻溝繼續影響著彼此間的相互認知，隔閡依然如故；越來越多的革命黨人藉助"排滿"口號，發動漢人民眾，以壯大自身實力，使得這道鴻溝進一步加深。從西方和日本傳入的有關民權和民族主義的新思想，在中國社會尤其漢人精英中間日漸流行，也使滿漢精英們都意識到了滿漢鴻溝帶來的危害以及其對清朝國家合法性的威脅。所以，湖廣總督張之洞 1901 年指出，"化除滿漢畛域"是庚子後清朝國家的諸多政治議題中的"上上最要之義"，也是其度過難關和消弭革命騷亂的關鍵舉措（*ZWXG*, 典牘 54, 175: 14）。署兩江總督端方也將滿漢畛域看作"中國新政莫大之障礙，為我朝前途莫大之危險"（*XHGM*, 4: 39）。因此，兩位總督建議滿漢一視同仁，取消滿人特權，以此作為解決政府危機的最基本方案，以及成功實施新政改

1　自 18 世紀初開始，清政府一直默許遼東及其他地方的漢軍旗人與普通漢人間的通婚，但嚴禁滿蒙旗人與漢人通婚（定宜莊等 2004: 272-273）。

革的前提條件。

清廷採取了相應的行動。從 1901 年開始，中央新成立的四個部門（外務部、商部、學部、巡警部）不再採用滿漢複職制。此後，在 1906 年的"官制改革"中，這一做法又推廣到了其他政府部門。與此同時，朝廷允許漢人官僚就職於曾經由滿人壟斷的職位，如將軍（邊疆地區的最高軍政長官）和都統（八旗中各旗的最高軍政長官）。1907 年，中央進一步將滿洲劃分為三個省，並設立一位總督、三位巡撫取代原先的將軍，不管是滿人還是漢人均可就職。事實上，清末九個總督有四個是漢人，兩個是有漢族血統的旗人，僅三個是滿人；十四個巡撫當中只有兩人是滿人（*QMLX*, 1: 559-665）。

清廷在縮小滿、漢普通百姓之間的差異上也採取了措施。早在 1902年，朝廷即已廢除滿漢通婚的禁令。1908 年，清政府規定滿漢同罪同罰。1909 年，刑律進一步規定涉及滿人或漢人的案件均由同一機構審判（即獨立於州縣衙門的地方法庭）。更為重要的是，1906 年，政府允許旗人自營生業以及以個人名義購買不動產；次年，朝廷進一步詔令旗人由地方當局管理，並裁撤八旗士兵，給予十年錢糧，此後須自謀生路（遲雲飛 2001）。

但是，上述消除滿漢隔閡的措施的實施效果有限。由於風俗不同，普通滿漢居民間的通婚在接下來的幾年裏依然非常少。如果清廷能夠多延續幾年，從而使這些新政有時間發揮作用，那麼，在審判和民政管理上滿漢一視同仁的舉措，無疑將有助於滿人或整個旗人集團融入漢人社會。不幸的是，行政改革的進程因為 1908 年後朝廷內部的政局變化而受到遏制，並且因為 1911 年辛亥革命的爆發而中斷。清政府將財權和軍權集中到少數滿人親貴手中的做法，更加激起了漢人官僚對滿洲貴族的仇視，讓胸懷憲政理想的紳商階層離心離德，並為反清革命者提供了發動民眾的完美藉口。

因此，晚清滿漢關係出現兩種平行走勢，彼此相互競爭：一是滿人融入漢人社會，漢人官僚在省級和中央層面日漸崛起；一是清廷試圖維護滿人精英的各項特權。總體而言，頭一種趨勢佔了上風，使得滿人精英和普通旗人全面依賴漢人，並導致新政時期滿人有系統地融入到了漢人社會中；滿人精英試圖維護乃至擴大其特權的努力，只是對滿漢融合趨勢之暫時的也是最後的抵抗，其結果是讓清朝的統治失去合法性，並加速其覆滅。歸根結底，滿人數世紀以來的漢化，滿人精英對漢人官僚的依賴，滿人與漢人社會的密不可分，以及滿洲與內地省份的一體化，所有這些均共同促成了滿漢族群所共享的民族特性（shared nationhood）的成長。

　　除了打造民族共識之外，晚清政權所施行的一系列行政措施，也有效促進了各邊疆地區與內地省份融為一體，並有助於抑制邊疆精英層的離心傾向。措施之一便是清政府在 19 世紀允許漢人移民滿洲、內蒙古和新疆的政策，導致邊疆與內地的經濟文化紐帶的增強，也促進了邊疆地區的貿易和生產活動逐漸融入內地更為廣闊的市場和經濟體，而那些非漢人土地所有者對內地市場的依賴，反過來又有助於他們對清廷產生忠順（參見 Kim 2016）。措施之二是把各邊疆地區融入內地行政體系。這一舉措始於 1884 年新疆建省，於 1907 年達到高潮，即在滿洲分設三省。結果，這些新省最重要的行政乃至軍事職位大多落入漢人官僚之手，這在很大程度上說明了為什麼在清朝垮台後這些邊疆省份對新生的民國依然表示效忠。措施之三是清廷對藏傳佛教的兩手政策，即一方面庇護西藏和蒙古各地的喇嘛們，以贏得他們的忠心，另一方面又保留朝廷對轉世手續的認可權，並在後藏地區提高班禪額爾德尼的地位，在內蒙古提高章嘉呼圖克圖的地位，以此防止西藏的達賴喇嘛和蒙古的哲布尊丹巴呼圖克圖影響力過大。民國政權之所以能夠再生並維持其對這兩個邊疆地區的主權聲索，主要是藉助於它對喇嘛教領袖們的稱號冊封權。而班禪額爾德尼和章嘉呼圖克圖對民國政權的忠誠經久不斷，也支撐並強化了民國政府的主權聲索。因此，在漢人與非漢人族群尚未建立民族共識的條件下，清朝的行政和宗教制度遺產，比其他所有因素，都更有助於中國疆土在清朝與民國之間保持其完整性和連續性。

構想 "中華民族"

　　欲理解為什麼中華民國於 1912 年肇建之時，能夠繼承清朝的全部疆域，我們有必要檢視創建民國的革命黨人及其對手在辛亥前以及革命過程中是如何重新界定他們所欲創立的新中國的。

　　首先，需要注意的是，清朝的統治精英，不管是滿人還是漢人，越來越意識到中國作為一個國家，與清朝自身比較起來，範圍更廣，也更為重要。儘管在官方用語中，尤其在討論清朝與中國歷代王朝的關係或者朝廷與臣民間的事務時，一般還將清朝稱為 "大清" "皇清" 或者 "皇朝"，不過，清朝統治者和官僚精英在討論涉及整個國家的問題時，常會使用 "中國" 一詞。當然，在 17 和 18 世紀，清朝統治者和官僚們在討論與周邊屬國和其他國家的關係時，也已經普遍使用中國一詞。在晚清，尤其新政時期，人們在討論受外部影響的國內問題時，則越來越多地使用 "中國" 二字，這是以前的官方話語中所不常見的。為了強調受外國影響所產生的國內變化，或者替那些拋卻陳規舊矩、旨在追趕西方的新政舉措辯護，人們往往將 "中國" 與 "外國" 兩相對比。在自強運動、百日維新和新政時期有關改革和新計劃的話語中，到處充斥著 "中外" 二分，並以此支撐改革的理由。換句話說，著手進行這些改革和洋務，不僅關係到清朝的存亡，也對整個中國的福祉至關重要。在 19 世紀下半葉和 20 世紀初期，滿漢精英面對來自外部世界的嚴重挑戰，共同致力於調整、改革各項軍政制度，以使整個國家度過難關，因此他們之間的那種同屬一個國家的意識也得到強化；這一共識逐漸沖淡乃至取代了陳舊的滿漢之分，在重新定義其自我認同和政治意識的過程中，起到最具有決定意義的作用，使他們（不管是漢人還是滿人）在事關中國存亡和進步的主要問題上達成一致意見，超越狹隘的滿漢畛域觀念。

　　因此毫不奇怪，19 世紀末最熱衷於自強運動的人或 20 世紀初對立憲運動最富熱忱的人，並不僅僅局限在具有改革思想的漢人官僚中；開明的滿人精英在推進現代化項目上同樣積極，甚至發揮了更重要的作用。這方面最顯著的代表是湖廣總督瑞澂（1863—1915）。他在 1910 年 10 月聯合東三省（奉天、吉林、黑龍江）總督錫良（1853—1917），發起第三次速開國會請願運動，有十九位督撫參與。這場請願迫使清廷承諾於 1913 年召開國會。時人因此評論道，"滿人非盡惡也，有革命思想謀社會進步者，固不乏，不可因其滿人而一網打盡"，另一方面，"漢人非盡良也，助紂為虐，為桀作犬者，今日之當道皆是也，不可因其漢人而置之不問"（*SLXJ*, 2: 1005-1006）。僅僅憑滿漢之別，並不能判斷一個人的政治態度。

在 20 世紀初，受西方政治學說影響、關心中國現代化改革的新一代知識分子，清楚地論述了漢人與其他族群之間構建民族認同的必要性。例如，梁啟超認為中國未來的變法必自平滿漢之界始。梁氏深受伯倫知理（Johann Kaspar Bluntschli, 1808—1881）著作的影響，曾在 1903 年提出了 "大民族主義" 的說法，即 "合漢、合滿、合回、合苗、合藏組成一大民族"，以此取代過時的 "小民族主義"，即漢人的種族中心觀。梁啟超的大民族主義以古羅馬帝國和美利堅合眾國為仿照對象，即 "謀聯合國內多數之民族而陶鑄之，始成一新民族"（*LQC*, 4: 213-215）。對梁啟超而言，漢族或 "中華民族" "自始本非一族，實由多數民族混合而成"（*LQC*, 5: 78）。另一位年輕活動家楊度（1875—1931）詳細講解了 "中華民族" 這一新概念，並將其範圍擴展至漢人以外的其他族群，認為滿人很久以前即已融入 "中華民族"，而蒙、回（即維吾爾人和其他非漢人穆斯林）、藏尚未完全融入。因此，"國民統一" 的關鍵，"首曰滿漢平等；次曰蒙、回、藏同化"；這樣的話，過去數千年中已經 "混雜數千人種" 的 "中華民族" 就不再存在族群差異。楊度進一步闡述了中國之作為地域的和民族的實體的概念，他寫道："中國之在今日世界，漢、滿、蒙、回、藏之土地，不可失其一部，漢、滿、蒙、回、藏之人民，不可失其一種。" 他建議 "合五為一" 應成為中國未來最重要的政策（*YDJ*, 1: 303）。在 20 世紀頭十年留學日本的滿蒙年輕人中，也有類似的想法。他們認為，滿漢以及整個 "中國之人民" 皆 "同民族異宗族之國民也"，"準之歷史之實例，則為同一之民族；準之列強之大勢，則受同一之迫害"（轉引自黃興濤 2011b: 77）。不過，這些滿蒙年輕人也承認，儘管滿漢已融合至很難將其分開的程度，但是蒙、回、藏充分必要的同化尚需時日，否則中國很快會有喪失國土的危險（同上：78）。

無論如何，在 20 世紀早期，漢人與非漢人精英中的年輕一代日益達成了以下共識：構建新民族與建立新國家同等重要；只有當重建後的國家充分代表各族群的利益並彌合了族群畛域時，基於對歷史的共同記憶和對家園存亡的共同關注，建立起新的民族才變得可行 , 中國也因此才能夠從一個"沒有民族的國家"（Fitzgerald 1995）轉變為現代民族國家。

從十八星旗到五色旗

這裏有必要進一步考察一下那些致力於推翻滿清的革命黨人是如何看待中國的族群分裂與融合問題的。孫中山在投身革命之初，即把革命視作"驅逐韃虜，恢復中華"的"排滿"鬥爭。據其解釋，排滿（亦即他所說的"民族主義"）係指推翻清廷和建立漢人政府，而不是"完全消滅滿人"；他提醒其追隨者："假如我們在實行革命的時候，那滿洲人不來阻害我們，決無尋仇之理"。不過，並非所有革命黨人都贊同這一觀點。其中最激進的黨人信奉狹義的民族主義，或更確切地說是一種獨特的種族主義，其目標是將非漢人族群排除在"中華"之外，以建立單一的漢人國家，而這裏的中華僅指內地十八省。來自四川的年輕革命宣傳家鄒容（1885 — 1905）便宣稱，要"誅絕五百萬有奇之滿洲種，洗盡二百六十年殘慘虐酷之大恥辱"，以建立"中華共和國"（鄒容 1983: 55）。深受漢人中心傳統熏陶的國學大師章太炎（1869 — 1936），在 20 世紀初撰寫影響力廣泛的反滿文章時，也瞄準所有滿人；對他而言，"漢族之仇滿洲，則當仇其全部"（章太炎 1977, 1: 197）。

但是，激進的革命黨人很快覺察到了他們所提倡的排他性民族主義存在問題，承認"排滿"僅僅是動員民眾的手段，而不是革命的終極目標。因此，另一位革命宣傳家陳天華（1875 — 1905）在自殺前寫道，反滿革命本質上是政治問題而非民族問題，認為革命成功後，應給予滿人同等地位，"以現世之文明，斷無有仇殺之事"（*SLXJ*, 1: 155）。章太炎後來在辛亥革命前夕也澄清道，"所謂民族革命者，本欲復我主權，勿令他人攘奪，非欲屠夷滿族，使無孑遺，效昔日揚州十日之為也；亦非欲奴視滿人，不與齊民齒序也"（*ZTY*, 1: 519）。[1] 清末流亡日本的革命黨人在其出版物中一般都承諾，推翻清廷後，當給予中國境內所有族群以同等待遇。他們還明確指出，革命是以滿洲朝廷而非所有滿人為攻擊目標的。因此，儘管反清革命者和立憲派有著不同的目標，但他們有以下共識：整合漢人和其他族群，組成一個新的民族；在他們各自努力創建的政府中，尊重各族群的政治平等。

不過，我們不應低估種族主義反滿動員的威力。畢竟，有關民族整合和族群平等的話語，很大程度上只局限於政治精英們。強調滿人入關之初對漢人的屠戮以及滿漢不平等的現實，以此動員那些大多不識字、也從未接觸過西方政治思想的普通民眾，是非常便捷和有力的做法。事實上，革命黨人也不得不從長期活躍於華南的秘密反清組織中招募成員，而這些秘密會黨一直以"反清復明"相號召。因此，當 1911 年 10 月 10 日武昌首義爆發時，革命黨人宣佈其目標為"恢復漢人統治，驅逐滿清奴隸"，便不足為奇。他們的口號是"殺光韃子"，"光復漢室，驅逐滿人"。起義者使用自己發明的十八星旗，所代表的即是內地十八省，並不包括非漢人居住的疆土。在辛亥易幟期間，其他許多省份的造反者也使用了十八星旗。武昌革命軍指揮黎元洪（1864—1928）的公告上，亦將滿、蒙、回、藏人視作潛在敵人，區別於漢人（王錫恩 2011: 23）。

辛亥革命期間，這種以漢人為中心的民族主義的極端表達方式，曾在不少地方導致針對滿人或旗人的暴行，成百上千的滿人被殺（Rhoads 2000: 187-205）。儘管如此，在內地各省，並沒有發生大規模屠戮滿人的事件（金

---

1 關於章太炎和梁啟超對族群關係的不同態度的討論，見 Crossley 1999: 345-361。不過克勞絲蕾未能指出這裏所揭示的章太炎在族群關係問題上看法的前後變化。

沖及 2001: 17）。與此同時，那些經驗豐富的革命黨領袖也對這種以漢人為中心的宣傳動員感到擔憂，他們看到滿洲以及蒙古人、維吾爾人、藏人地區脫離中國的危險。孫中山回國後，即與其夥伴反覆討論，重新設計了旗幟。新設計的五色旗由紅、黃、藍、白、黑五色橫長方條組成，代表著漢、滿、蒙、回、藏 "五族共和"，江蘇、浙江和其他地區的革命黨人隨即使用了五色旗。孫中山在 1912 年元旦發佈的《臨時大總統宣言書》中，宣佈 "國家之本，在於人民，合漢滿蒙回藏諸族為一人，是曰民族之統一"（*SZS*, 2: 2）。

然而，新成立的中華民國能否在法律上和事實上對清朝的整個疆域確立統治，不僅取決於革命黨人自己的意願和公告，更取決於清廷和邊疆精英們的態度；畢竟，革命黨人組織鬆散，在武昌首義後的幾個月裏，僅僅控制著華南、華中以及華北個別省份。華北大部分省份和各邊疆地區依然效忠清政府。因此，為了結束南北對抗，清廷和革命黨人舉行了曠日持久的談判，就退位條款問題與南方代表討價還價。結果，孫中山同意，只要清帝退位，即放棄臨時大總統一職。1912 年 1 月 17 至 23 日，清廷召開御前會議，皇室重要成員、蒙古王公代表以及袁世凱領班的內閣參加了會議，一致通過了退位條款。1912 年 2 月 12 日，隆裕太后正式頒佈《遜位詔書》，宣稱總期 "合滿、漢、蒙、回、藏五族完全領土為一大中華民國"（*MGDA*, 1: 217）。1912 年 3 月 11 日頒佈的《中華民國臨時約法》詳細闡述了 "五族共和" 概念，規定 "中華民國領土為二十二行省、內外蒙古、西藏、青海"，允許各行省以及內蒙古、外蒙古、西藏各派五人，青海派一人參加國會。《臨時約法》第二章第五條進一步規定，"中華民國人民一律平等，無種族、階級、宗教之區別"（*MGDA*, 2: 123）。

清帝遜位詔書對於中華民國合法地繼承清朝的所有疆域並行使其主權，以及對前清的邊疆繼續留在中華民國內，均至關重要。在武昌起義爆發前夕，梁啟超預見到清廷危在旦夕。目睹反滿鼓動的四處蔓延，他深深擔憂，在清廷即將垮台之後，各地邊疆有可能從中國分離出去；在梁氏看來，這些邊疆地區之所以內附，只是因為 "本朝之聲威" （*LQC*, 8: 346）。在武昌起義後的南北議和期間，蒙古王公對南方革命黨人表現出了強烈的質疑和厭惡，因為這些黨人通過宣傳 "驅逐韃虜" （不僅針對滿人，還針對蒙古人）的種族主義口號，以獲得民眾支持。因此，1911 年 11 月 26 日，24 位蒙古王公集體上書袁世凱，宣稱只效忠清帝，他們 "亦惟是率其土地人民以受統一於大皇帝，不知其他也" （*XHGM*, 7: 298-299）。在上述御前會議上，少數幾位蒙古王公甚至威脅道："蒙古自有歷史以來臣服中國惟與清廷有血統之關係，故二百數十年來列為藩屬，相親相愛。今一旦撤銷清廷，是蒙古與中國已斷絕關係。" （渤海壽臣 1969: 899）不過，他們很快又稱，他們的態度取決於會議的結果，"今惟全聽御前會議如何解決，如決定共和，我蒙古自無不加入大共和國家"。因此，清帝《遜位詔書》的發佈，使得蒙古王公失去了脫離中國的法律依據，因為隆裕太后和清朝皇帝在詔書中非常明確地將統治全國的權力轉交給了中華民國："特率皇帝將統治權公諸全國，定為共和立憲國體"；"合滿、漢、蒙、回、藏五族完全領土為一大中華民國" （*MGDA*, 1: 217）。對效忠清政府的蒙古王公尤其是內蒙古王公而言，拒不加入中華民國的理由再也站不住腳了；而對外蒙古的那些久已不滿於清末新政的王公貴族而言，脫離中國的合法理由也同樣不復存在（第八章將申論之）。

清末民初的漢人及非漢人知識分子和政治精英，是否已經在其思想意識以及話語中，開始把中國視作民族國家這樣一個 "想像的共同體"，很難加以判斷。畢竟，在不同族群背景或不同政治傾向的人士的筆端，可以發現相互矛盾的大量例證。例如在漢人知識分子當中，既有章太炎那樣的極端民族主義者，極力鼓動驅逐滿人，創建一個純粹漢人的國家，但同時也有梁啟超這樣的具有世界眼光的自由派，提倡把中國的所有族群融為單一的中華民族（Crossley 2001: 344-361）；而在非漢人精英當中，同樣既有企圖把邊疆從中國分離出去的人士，也有贊同 "五族共和" 主張的人士（黃興濤 2010）。儘管他們對未來的國家建構有不同的理念，清末民初中國政治的一個基本事實是，一個基於所有族群對中國疆域的認同的統一、集權的民族國家，尚遠未成為現實。不過，另一個同樣重要的基本事實是，清朝的覆滅並未導致各地邊疆從中國分離，從清朝到民國的過渡只捲入有限的暴力，而更為耀眼的是這兩個政權之間在疆域上的連續性。

第七章

集中化地方主義：
民國前期財政軍事政權之勃興

清朝國家財政、軍事和行政權力的下移和私人化，持續至民國初年，在1916年大總統袁世凱去世後，隨著軍閥崛起並混戰十多年而達到高潮。哪支軍閥或地方勢力能在競爭中存活下來並最終佔據優勢，從根本上來說，取決於他們怎樣組織財政和軍事機構，尤其是怎樣創造財政收入。那些將財政和軍事機構集中化和科層化，並對城市經濟有效地徵稅，且善於利用現代財政手段的勢力，最終將會戰勝那些依賴私人關係和鄉村資源的對手。因此，過去那種為人們所熟知的關於民國初年軍閥統治時期的黑暗畫面，即極度的政治分裂和頻仍、持久的混戰，僅僅是當時的歷史實際的其中一面。同樣重要且真正令人興奮的另外一面，則是在同一時期國家建設過程中省級層面的種種努力和重大突破。[1]

因此本章所關心的，並非軍閥的起源，這個題目過去已經有人做過很好的探討（McCord 1993, 1994），亦非派系組織如何支配軍閥們的行為（Ch'i

---

1 民國初年的軍閥主義常被視作政治統一的對立面。過去中西方學者的研究也多認為，各省或各地區勢力對當地武力和財源的控制和拉幫結派，導致彼此兵刃相向，競相爭奪地盤，控制中央政府，因而帶來政治混亂，經濟凋敝，以及民眾的稅費負擔加重。對外關係上，國民黨和共產黨的官方史書均把軍閥描繪為帝國主義在中國的代理人，以犧牲中國的民族利益為代價，為帝國主義列強的在華利益奔走效力於各國的勢力範圍。這並不排除其中有些軍閥在對外關係上採用了實用的、多面的做法。例如奉系首領張作霖（1875－1928），其實是縱橫捭闔的謀略高手，既藉助日本人的支持打敗對手，又拒絕做日本的傀儡（McCormack 1977）。而直系首領吳佩孚（1874－1939），為了與其他軍閥競爭，既尋求外國的貸款和軍事裝備，因而被貼上帝國主義爪牙的標籤，但同時其言行又表現得像一個愛國者，從不涉足租界，公開場合也從未放棄其抗日立場（Wou 1978；另見 Ch'en 1979）。軍閥統治下的國內政治，也並非一團漆黑。例如白魯恂即認為，北洋時期的公開競爭性政治的引入，是中國走向現代化的積極步驟，跟北洋時期之前和之後的封閉刻板的政治體系形成了鮮明對比（Pye 1971）。林蔚也批駁了過去把北洋時期視作混亂一團的負面看法，強調此一時期的經濟成長、輿論自由、文化事業繁榮、國會制度的引入（儘管亂象叢生），以及高素質的內閣成員（Waldron 1995）。儘管這些著述修正了以往的看法，但中外史學家總體上仍把1910年代晚期至1920年代的軍閥時期視作暴力橫行、政治無能、財政紊亂、經濟增長遲緩的歲月（參見 Sheridan 1975; Lary 1980）。

1976; Nathan 1976; Ch'en 1979）。筆者並不認為軍閥們的政治傾向與他們的政治軍事生涯的起伏有多大關聯；不管他們是否可以被區分為保守、反動抑或開明等類型（Sheridan 1975），其政治立場對於我們理解軍閥主義在現代中國國家形成並無多大意義。本章的主旨，是欲識別軍閥中的“贏家”（即在混戰中得以倖存並最終主導中央政權的少數軍閥）與“輸家”（在競爭中敗北、最終被贏家消滅或吞併的大多數軍閥），並探究贏家取得成功的原因，以及他們在締造現代中國國家過程中所扮演的角色。

我們將看到，各省的軍閥或軍閥派系不僅僅關注軍事建設和製造戰爭，其中最成功者還採取了強有力的措施來強化自身，包括對其轄區內的行政體制加以集中化，對其財政和金融體系加以統一和標準化，從事公路、鐵路和其他基礎設施的建設，促進公共教育和衛生，鼓勵工商業發展，提倡基層自治，允許省級或縣級議事機構的存在，以期在精英中達成共識。總之，這些努力使得那些最具野心的競爭者能夠將所轄省份變成區域性的“財政軍事政權”（fiscal-military states）；此一發展可與早期現代歐洲歷史上的國家建設（state-making）相比擬。到 1920 年代中期，在所有區域性政權中，出現了最成功和最強大的兩股勢力，即滿洲張作霖治下的奉系和廣東孫中山及後來蔣介石治下的國民黨勢力。最終，國民黨政權戰勝了其所有對手，至 1930 年代中期，在建設一個統一的現代國家道路上走得最遠。因此，現代中國的國家建構，並非遵循歐洲先驅者們所經歷的自上而下的路徑（比如法國和英國，其國家權力的集中化和科層化均係從中央向地方拓展）；相反，在清末“新政”時期自上而下的類似實驗失敗後，中國所走的是自下而上的路徑，一如德國、意大利和日本等國家建設的後起者，即由強大的區域政權在統一國家和建立全國政府的過程中起帶頭作用。

軍閥競爭中的贏家與輸家

中央與各省

　　民國初年地方派系的崛起和混戰毫不意外。正如前面各章所示，自 1850 年代末太平天國進入高潮以來，財政和軍事權力的下移已成為一種長期趨勢，重塑了清廷與地方勢力之間的關係。過去中央政府用來集中控制各省稅收的京餉和協餉制度停擺之後，產生了一種新的做法，即省級政府在完成以下兩項基本義務後，即可保留其所徵收和控制的剩餘款項：第一，專項經費，即每年上交中央的用於具體軍政項目的固定款項；第二，攤派，即強制性地分攤外債和戰爭賠款，始於 1895 年中日戰爭後，1901 年後急劇增長。在 19 世紀末和 20 世紀初，清廷的確不斷嘗試著將各省所徵收和管理的田賦、海關稅和各種捐費加以規範化和集中化。清末數年調查各省財政狀況的一系列動作，更導致正式上報的地方財政收入急劇增長。鹽稅在被納入集中管理之後，也很快超過了田賦和海關稅，成為財政收入的最大來源。此外中央還力圖建立一個近代預算體制。然而，辛亥革命的爆發中斷了通往財政集中化的這些所有進展。

　　因此，在 1912 和 1913 年間，北京的民國政府每年只有區區幾百萬元可供支配，且大多來自鄰近省份的鹽稅和內地關稅，然而其行政和軍事開銷卻高達每月四五百萬（*MGDA*, 3.1: 87; 賈士毅 1934: 45-46, 170）。滿足政府財政需求的唯一辦法是舉借外債和發行國債，其中最大宗便是 1913 年 4 月由五個外國銀團向袁世凱政府提供的 2,500 萬英鎊（相當於 2.483 億元）"善後大借款"。接下來的幾年中，在加強了對各省的控制之後，袁世凱重新建立起財政攤派系統，各省政府必須向北京提交固定數額的地方稅款。"中央借款"從 1913 的 560 萬元增至 1914 年的 1,400 萬元，1915 年更達 1,902 萬元（見表 7），此時袁的影響力也如日中天。此外，袁政府還從各省獲得被指定為中央政府的專屬稅款（即"中央專款"），包括契稅、印花稅、鹽稅和煙草銷售執照稅及銷售佣金，其數額也在逐漸增加，至 1915 年超過 1,875 萬元，1916 年增至 2,440 萬元（表 7）。上述各種稅源加在一起，使得袁世凱政府從各省獲得的收入，在 1915 年達到近 3,800 萬元，1916 年超過 4,300 萬元（約 3,000 萬兩），遠遠超過 19 世紀末各省上繳清廷的專款（2,200 萬兩，見周育民 2000: 371）。毫無疑問，對於致力於財政和軍事的重新集權的袁政府來說，這是相當大的一項成就。在鎮壓了南方各省國民黨勢力的叛亂之後，袁政府已經不再存在嚴重挑戰，袁世凱似乎已經成為最有能力在中國重建政治秩序的領袖。

不幸的是，1916 年袁世凱復辟帝制的失敗及其去世，為接下來十年間各派系之間的權力競爭打開了大門，導致政治混亂和軍事對抗的反覆出現。雖然中央政府依然存在，但其財政十分脆弱，因為 1922 年以後各省供款（借款和中央專款）不復存在，這曾經是袁統治時期政府常規財收的主要來源；而且 1921 年以後，來自 "關餘"（大部分海關稅被海關稅務司截留作為償還外債和戰爭賠款）的財政收入也告終止。"鹽餘"（1913 年以後大部分鹽稅也被留作償還外債）在 1910 年代曾是國內財政收入的最大來源，到 1920 年代也在減少，至 1926 年已不足 900 萬元。因此，北京政府這些常規來源的實際稅收，從 1917 年 1.37 億元左右縮減到 1922 年大約 1.26 億元，到 1926 年只有約 2,900 萬元（表 7）。

表 7. 民國中央政府的歲入（1912—1945）（單位：千元）

年份[a]	海關稅[b]	常關稅 /統稅[c]	鹽稅[b]	中央解款	中央專款	印花稅 /直接稅[d]	煙酒稅	外國借款[e]	公債	國庫券	銀行貸款	實際歲入
1912								111,700	6,200	0		
1913				5,600				331,900	6,800	2,200		
1914				14,000				33,500	25,000	10,100		
1915		6,000	31,389	19,018	18,748			1,600	25,800	400	1,160	130,678
1916		6,000		18,875	24,400			35,100	8,800	1,800	0	
1917	10,800	5,000		15,472	10,360	2,000	6,000	68,800	10,500	200	8,000	137,000
1918	2,700	4,200	52,800	6,043	5,755	2,000	4,000	126,200	139,400	7,000	0	350,000
1919	21,700	4,800	43,300	5,553	4,245	2,000	2,673	34,000	28,400	5,300	669	153,000

年份[a]	海關稅[b]	常關稅/統稅[c]	鹽稅[b]	中央解款	中央專款	印花稅/直接稅[d]	煙酒稅	外國借款[e]	公債	國庫券	銀行貸款	實際歲入
1920	17,800	3,500	36,100	4,917	4,245	1,500	2,230	36,200	122,000	24,700	2,736	256,000
1921	0	3,600	29,500	2,959	4,245	800	1,784	27,400	115,400	29,000	45,163	260,000
1922	0	690	21,000	0	0	750	1,450	9,700	83,200	2,200	6,885	126,000
1923	0	718	20,000	0	0	720	1,400	31,000	5,000	3,500	5,858	68,000
1924	0	668	15,000	0	0	720	1,400	16,200	5,200	100	185	39,000
1925	0	668	12,000	0	0	720	1,400	125,900	23,000	0		16,000
1926	0	668	8,900			720	1,400			1,900	15,400	29,000
1927	12,500	600	20,800						70,000			148,256
1928	179,142	27,691	29,542	14,544		3,034	3,549		44,506	24,048	28,078	434,440
1929	275,545	36,567	122,146	11,385		5,427	6,831		90,511			539,005
1930	312,987	53,330	150,484	3,548		6,111	8,617		192,816		185,458	714,468
1931	369,742	88,681	144,223	175		4,799	7,626		125,456		108,111	682,991
1932	325,500	79,600	158,100									673,300
1933	352,400	105,000	177,400						124,000			801,600
1934	71,200	115,300	206,700						124,000			1,207,000
1935	24,200	152,400	184,700						560,000			1,328,500
1936	635,900	131,300	247,400						455,000			1,972,600
1937	239,000	30,000	141,000						256,000			2,010,000
1938	78,041	9,755	29,265					$100,000	10,975			712,739
1939	98,173	6,188	17,159					$175,668	7,033			858,246
1940	2,975	5,715	6,264			5,950		$45,000	626			403,949
1941	0	6,898				6,059		$70,000	4,635			392,557
1942	0	12,864	15,104			11,046		$500,000	1,996			329,126
1943	0	12,779	14,217			17,860			18,193			287,926
1944	0	11,898	24,697			11,014		$200,000	2,799			303,103
1945	0	12,094	26,753			7,205						628,070

資料來源：楊蔭溥 1985: 7-8, 10, 12, 15-16, 22, 45, 47, 64, 104, 107, 109, 112, 150; 賈士毅 1932: 55-63, 158-159; 賈士毅 1933: 160-170, 199-206, 296-299, 409-410, 556-559; 賈士毅 1934: 60-61; *MGDA* 3.1: 197-200, 212-216; *MGDA* 5.1.1: 547-549, 551-553, 565-567, 572-581, 599-600; Young 1971: 38, 52, 56, 73。

註釋：[a] 1912—1926 年數據為銀元。1938—1945 年統計數據以 1937 年法幣的不變價折算（見楊蔭溥 1985: 159）；

[b] 1928 年前的海關稅和鹽稅為關餘和鹽餘；

[c] 1928 年前為常關稅，1928 年起為統稅；

[d] 1940 年前為印花稅，1940 年起為各項直接稅（包括印花稅、所得稅、營業稅等等）（見楊蔭溥 1985: 112）；

[e] 1938—1942 年以及 1944 年的外國貸款為美元（楊蔭溥 1985: 153）。

與北京政府的匱乏和虛弱形成鮮明對比的是，1910 年代和 1920 年代各省軍閥的財政和軍事力量穩步增長。1919 年以後，軍閥派系主要有：一、皖系，一度控制八省（山西、陝西、山東、安徽、浙江、福建、甘肅和新疆），以及熱河和察哈爾兩個特別行政區；二、直系，佔據五省（直隸、江蘇、河南、湖北和江西）以及綏遠、寧夏；三、奉系，統治東三省（奉天、吉林和黑龍江）。此外還存在一些勢力較小的派系，包括佔據廣西和廣東的桂系，以及控制雲南和貴州的滇系。

奉系之崛起

就財政力量而言，前兩個派系不相上下：皖系八省兩區的稅收總額約 5,400 萬元，而直系五省兩區的總額近 5,100 萬元（賈士毅 1932: 138-139）。皖系和直系的財政收入如此接近，在某種程度上可以解釋為什麼它們各自的軍力在 1920 年 6 月戰爭前夕旗鼓相當：皖系 55,000 人，直系 56,000 人（來新夏 2000: 618-619）。相形之下，奉系似乎稍顯弱勢，財政收入只有 2,600 萬元。但是皖系和直系也有自身的弱點。兩個派系的各自領導者，段祺瑞（1865—1936）和馮國璋（1859—1919），曾是袁世凱最能幹和最受信任的下屬，但段和馮自袁在世時便已相互競爭。袁死後，段作為國務院總理控制了中央政府，並依靠督軍們對他的效忠控制了華北大部分地區；馮則在華南佔據優勢，是最富庶的江蘇省督軍，並與長江流域各省督軍結成聯盟，同時擔任北京政府的副總統和代理總統直至 1918 年 10 月。但是，各省督軍在段或馮（1919 年馮死後的曹錕）領導下所形成的派系，只是基於他們各自與兩個派系領導者的私人關係。換句話說，段或馮（曹）之所以能夠建立各自的派系，只是藉助他們在北京政府的職位，來任命或推薦自己所信任的下屬或友人作為其勢力範圍內的各省督軍；一旦他們在任命督軍時起了衝突，段和馮不得不進行協商，來實現各自引薦人選的總體平衡。當兩個派系發生戰爭時，這種私人網絡和對派系領導者的忠誠確實起到了作用；對於督軍們來說，加入戰爭是保護其自身位置和軍事力量的最好方式。然而，無論是段或馮（以及其他領袖），都沒能成功地將各自派系的省份轉變成一個自成一體的財政軍事實體。每個督軍完全控制著各自的軍隊，並負責籌集足夠款項來供養自己的士兵；他們也完全控制了所轄省內的財政稅收，不願意上繳中央，把對身居中央高位的派系領袖的私人忠誠置諸腦後。簡而言之，皖系和直系從根本上說是軍閥之間的鬆散聯合體，它們藉助對派系領袖的私人忠誠聚在一起；其中並沒有高度集權的行政或軍事機制把各省督軍結合在一起，使其作為一個政治軍事實體的成員，保持高度的團體凝聚力。後來在 1926 和 1927 年，直系之所以失去了對長江流域的控制，正是因為這個派系的核心成員（湖北的吳佩孚和江蘇的孫傳芳）未能一致行動並相互幫襯來對抗其共有的敵人，即來自南方的國民黨勢力，結果被後者輕而易舉地各個擊破。

　　皖系和直系內部之缺乏團結，與奉系的集權式行政、軍事組織形成鮮明對比。事實上，阻礙皖系或直系建立起自己的集權式財政軍事整體的原因之一，是這些派系所屬各省在地理上分佈於不同區域，與敵對派系的各省交織在一起。這種分散性，不僅將各省暴露在敵人的軍事攻擊下，而且妨礙了同一派系內部各省調動自身資源，來建立一個集中化的政治和軍事實體。

　　奉系的情況截然不同。其領袖張作霖（1875—1928）自辛亥革命後便控制了駐守奉天省的新軍 27 師，並以此為根基，進一步佔據了奉天督軍和省長職位，1916 年後新建第 29 師，吞併第 28 師。在完全控制了奉天之後，張又通過舉薦姻親鮑貴卿（1867—1934）成為該省的新督軍，於 1917 年將其勢力範圍伸展至鄰近的黑龍江省。張自己也接受了北京政府的任命，於 1918 年擔任東三省巡閱使，正式成為滿洲的軍政統治者。通過任命親信擔任督軍以控制鄰近的兩省，就此而言，張與皖系和直系領袖建立各自派系的做法並無區別。張也本人談不上有什麼政治理念或原則，但他重用那些對他忠心不二的下屬，因此倒能吸引不少人才（McCormack 1977: 243）。不過張氏之所以能在北洋時期各軍閥派系的角逐中最終勝出，主要還是因為他充分利用滿洲相對孤立的地理位置，將東北三省變成了一個獨立的且在行政、財政和軍事上高度集權的實體。

為實現這一目標，張作霖於 1922 年 4 月直奉戰爭失利、未能將其影響力擴張到關內之後，宣告獨立於北京政府，從而切斷了東三省與直系控制的中央政府的政治聯繫。1922 年 9 月，張引進公務員考試制度，依據個人能力招納不同層次的政府官員，力圖使滿洲的行政體制正規化。張還改組了自己的軍隊，用在日本或北京軍校的畢業生替換了大部分土匪出身的中低級軍官；他還擴大了東北講武堂的規模，以培訓自己的軍官，並召集高中畢業生進行集訓，為服役做好準備。為根除軍隊中的私人網絡（在高級軍官中大部分是以結拜兄弟形式存在），張把原有的三個師（第 27、28、29 師）和新成立的一個師重組為 27 個步兵旅及其他單位，任命自己的親信為其領導。滿洲的行政和軍事統一，對奉系意義重大：它避免了三省之間的內部衝突，確保了政治穩定和社會秩序，讓滿洲免於困擾關內各省的頻仍戰亂，還能讓張調動三省資源，實現其戰略目標。

為了擴大和維持軍力，張通過幾個渠道來創造財政收入。除了徵收田賦和工商稅之外，奉系還從事大規模政府投資，範圍包括礦業、木料、紡織、電力、製糖和國防工業，最重要的是鐵路網建設。它還使用金融工具，以創造額外稅收，比如發行公債、印製 "奉票"，後者因在 1917 年至 1924 年初一直保持幣值穩定，而在滿洲地區廣為流通。

簡言之，奉系的強項，在於其有能力將東三省整合成 一個強人集中領導下的單一的行政、財政和軍事實體。這個實體中的三個省，分開來看，沒有一個算得上是中國的富省。例如，1925 年，江蘇省預算收入 1,660 萬元，遠高於奉天省（東北三省中的首富）的 1,239 萬元；另外兩個內地省份（四川和廣東）的歲入高於或接近奉天（見表 8）。但是對於關內各軍閥派系來說，問題在於同一個派系內部各省的財政資源均落入控制該省的督軍手裏，因此沒有任何一個派系領袖能夠一手控制該派系所轄各省的全部資源。相形之下，在控制了整個滿洲之後，張作霖能夠從所有三省中抽取財政資源以供其軍備建設；三省的年收入總額達 2,730 萬元（表 8），這還未包括他通過發行公債和印刷紙幣創造的額外收入。這樣，他的財力超過關內任何一個督軍。

表 8. 1925 年各省歲入歲出預算（單位：銀元）

省份	田賦	貨物稅	地方稅	地方雜費	官營企業收入	雜項收入	歲入總額	軍費	歲出總額
直隸	5,809,139	926,790	1,592,809	270,384	460,436	282,605	9,342,163	6,692,844	10,961,692
奉天	4,086,999	5,049,778	1,359,044		300,644	1,597,089	12,393,554	6,918,538	10,131,248
吉林	2,157,052	3,770,359	2,041,420	117		255,876	8,224,824	8,686,404	11,930,995
黑龍江	1,483,047	3,270,218	1,153,793	43,606	656,815	60,253	6,667,732	5,641,262	7,818,573
山東	8,135,171	797,364	1,281,933	3,500	2,860	185,441	10,406,269	13,800,000	17,306,301
河南	5,471,148	846,000	1,186,134	680,000	10,203	133,788	9,327,273	16,817,253	19,824,134
山西	5,929,289	743,980	622,423			40,000	7,335,692	5,636,044	8,021,263
陝西	3,643,281	1,010,000	195,943				4,849,224	2,468,226	4,328,662
甘肅	1,467,451	997,067	349,561	129,800	3,776	10,850	2,958,505	3,051,569	5,258,741
新疆	1,590,412	472,401	377,129		34,551	86,062	2,560,555	3,331,116	4,882,701
江蘇	8,496,046	6,428,507	1,620,000		64,612	168,150	16,777,315	6,122,374	14,892,393
安徽	3,822,137	1,538,700	1,370,800			30,380	6,762,017	3,800,305	6,472,491
江西	4,355,234	2,572,511	889,407	20,000		376,964	8,214,116	9,528,914	12,156,409
湖北	2,659,757	3,223,227	1,605,265	568,465		31,250	8,087,964	8,130,415	10,974,811
湖南	2,801,952	2,352,456	702,990			60,000	5,917,398	3,564,014	6,989,338
四川	6,861,394	819,402	4,466,484		132,287	265,000	12,544,567	26,296,358	30,061,790
浙江	5,928,980	1,819,822	869,000	2,240,475		319,591	11,177,868	9,876,625	14,371,463
福建	3,235,290	1,430,000	1,167,054			240,974	6,073,318	10,624,000	13,204,829
廣東	3,889,585	4,562,179	3,302,274	447,285		135,860	12,337,183	15,959,398	19,662,056
廣西	2,324,800	1,435,441	283,100	10,800		50,000	4,104,141	5,673,435	7,469,452
雲南	1,153,377	642,015	263,169		145,815	13,692	2,218,068	2,131,416	4,260,138
貴州	739,313	461,289	295,481				1,496,102	2,814,300	4,489,078
熱河	157,204	364,148	295,986	18,000	52,000	71,761	959,099	997,208	1,575,683
察哈爾	445,572	72,140	47,734			64,103	629,549	1,245,538	1,796,439
綏遠	94,338	66,290	58,921	262386	4,284	44,865	531,084	709,864	1,072,115
總計	87,515,719	45,428,798	28,942,549	4,768,718	1,873,283	4,561,630	173,333,992	182,418,613	253,797,479

資料來源：賈士毅 1932: 146-152。

滿洲與中國其他部分的地理隔絕，也有助於張氏在與關內軍閥派系的爭鬥中取勝。在控制東三省之後，張便介入與華北、華東地區軍閥的對抗，藉此來擴展其軍事和政治影響力。他會趁各軍閥派系互鬥之際，冒險出兵關內。一旦失著，可輕易地從關內抽身而退，保持其在滿洲的基地毫髮無損。然後他再集中全力，在滿洲積蓄足夠的財力和軍力，等待下一個入關時機的到來。而在關內各支軍閥連年混戰、耗盡資源之後，他確實成功了。這種地緣優勢，加上奉系與關內各派系（皖系和後來的直系）在財政構造方面的差異，比其他任何因素（政治的或軍事的）都更為重要，使得奉系在中國北方各支軍閥中最終勝出，並控制住北京政府。

小省強人

事實上，利用地理隔絕的優勢，建立一個高度集權的財政和軍事實體，並在與其他軍閥派系的競爭中勝出，奉系並非其中唯一的例子。另一個例子是山西省，面積雖小，但在整個民國時期的國家政治中卻具有戰略重要性。山西地處華北高原地帶，東有太行山、西有黃河作為屏障，北枕戈壁草原，西部地區則為重巒疊嶂。歷史上，該省以“易守難攻”著稱。在整個民國時期，它一直處於軍閥閻錫山（1883—1960）的控制之下。閻作為督軍統治山西始於辛亥革命後，在 1917 年控制了省內的所有武裝力量。像所有其他軍閥一樣，閻通過大力擴張軍隊來建立其權力基礎，從 1916 年前不過 7,000人，增長到 1917 年約 20,000 人，到 1930 年已超過 200,000 人；他也因此成為華北地區具有全國性影響的少數幾個地方強人之一。

閻錫山之所以能長期據守山西，固然得益於閻本人在各方勢力的角逐中善於騎牆、隨機應變，加上該省經濟落後，對省外的軍事強人也沒有多大吸引力（Gillin 1967），不過最根本的原因，還在於他充分利用山西地理位置封閉的有利條件，在全省範圍內建設和維持一個高效且高度集權的政治軍事體系，使其在日本入侵之前，基本上免於社會動盪和戰火蔓延。他將自己的親信安插在關鍵的軍事職位上，這些人多來自其故鄉五台，或者至少來自省內。但是，他也注重政治和軍事官員們的才能，因而也任用一些符合條件的應徵人員，而不論其地域來源；其中許多人因此從普通百姓晉升高級職位，並對閻終身感戴。時人因此這樣描述道："山西省的軍事和行政圈子，就像一個大家庭，閻先生是元老，所有士兵都是其弟子。"（王續添 2000: 61）為了把鄉村地區納入其有效控制，閻推動了所謂的"村本政治"，鄉村社區藉此進行"編村"，每村包含約 300 戶，分成若干閭，每閭再分成五鄰，每鄰為五戶。這些組織的首領承擔起保護本地居民、徵稅和幫助政府徵兵的責任。村本政治的目標，是所謂"兵農合一"，即為了備戰而將鄉村社會軍事化。

為了把山西建立成一個獨立的行政和軍事體系，閻錫山還投入相當大的精力，促進當地經濟的持續發展和自給自足。他在山西鄉村倡辦"六政"（即水利、植樹、蠶桑、禁煙、天足和剪辮）和"三事"（種棉、造林和畜牧），旨在增進鄉村社區的文明和繁榮（賀淵 1998: 243）。其政府還在現代工業和交通方面進行大規模投資，並以這些投資為基礎，於 1930 年代初成立西北實業公司，經營範圍囊括採礦、冶煉、發電，以及機械、化學、建築材料、紡織和皮革製品、消費品製造各行業。但最重要和最成功的項目則是著名的太原兵工廠，為 1920 和 1930 年代中國三大兵工廠中最大、最先進的一所（其他兩所位於湖北漢陽和奉天瀋陽），生產各種槍炮和彈藥。到 1920 年代末，通過動員鄉村人口和發揮兵工廠的能量，閻錫山已使其軍隊上升為華北三大勢力之一（另兩支則為張作霖和馮玉祥所部）。

我們還可以廣西省為例，看出地緣的安全屏障和地盤的集權控制，對於軍閥們生存和做強的重要性。廣西位於西南邊陲，境內群山綿綿，從來不是各地軍閥的爭奪目標，但是其位置偏遠和相對孤立，也為胸懷大志的地方強人們提供了必要條件，使其得以建立自己的獨立王國，並以此為基地，在變得足夠強大之後，開始覬覦全國。民國時期廣西的軍事強人最初是陸榮廷（1859—1928），自 1911 年起，他便以督軍身份統治該省長達十年，後來因其成功剿匪和維持地方安寧，而被當地人懷念。陸於 1917 年打敗廣東的競爭對手，統治這一鄰省長達三年，其影響力也達到鼎盛時期。然而，廣西作為其根據地畢竟資源有限，制約了他的軍事擴張，很大程度上導致他無力面對廣東新興勢力的競爭（其核心指揮官的倒戈對他更是致命一擊）。相比之下，1924 年以後取代他統治廣西的新軍閥們卻都更加成功。

不像其他各省軍閥為了獨自控制某塊地盤而相互爭奪，廣西的幾位新強人，即李宗仁（1891—1969）、白崇禧（1893—1966）和黃紹竑（1895—1966），卻能非同尋常地聯手合作，共同打造一支統一的政治軍事力量——事實上，廣西的有限地盤和資源，使得他們中的任何一位都無法經得起內耗；因此，對於他們來說，最好的生存策略就是合為一體。[1] 新桂系非常清楚，這個貧窮省份的有限收入極大地削弱了他們的軍事潛力，所以他們採取了與閻錫山在山西截然不同的辦法，來積蓄其財政和軍事實力。這個辦法被總結為"三自政策"：一是"自衛"，即軍事建設。由於缺乏足夠的財政收入來支撐一支相當規模的常備軍，他們選取社會軍事化路徑，推行所謂"三寓政策"，即"寓兵於團""寓將於學""寓徵於募"。因此，在標誌著全面抗日開始的 1937 年盧溝橋事變爆發後，廣西成為全國動員最快的省份，兩個月內即招滿足夠的士兵，組建 4 個軍和 40 個團，便不出人意料（LZR: 505）。二是"自治"，旨在清除腐敗官員、培養合格幹部，更重要的是，在保甲制度下重建鄉村社會，其中鄉長或村長兼任學校校長和民團頭領，由此力圖建立一個廉潔高效的政府。三是"自給"，即致力於投資製造業、採礦業和交通項目，推動義務教育和高等教育，發展林業和農業（LZR: 196-198; 譚肇毅 2009, 2010）。有研究者提出，桂系的這套做法，不宜簡單等同於區域主義（regionalism），因為其目標是使廣西成為"一場民族主義運動的一部分"；這些桂系領導人既是區域主義者，又是民族主義者，相信"有層次的

1　在某種程度上，這三個強人能夠通力合作，也因為他們各自性格的完美互補。據說李仁慈、寬容、慷慨，使他成為一位很受歡迎的政治領袖；白口才流利、足智多謀、堅決果斷，使其成為一名出眾的軍事指揮官；黃注重細節、講求實際，使其成為一個很好的執行者（王玉貴 1996: 76）。

民族主義"理念，即以當時的區域主義作為手段，以達到未來的民族主義目標（Lary 1975: 211-213）。

贏家與輸家

因此，奉系、晉系和桂系的成功，主要在其長期經營固定地盤和由此所產生的財政實力，它們均用盡一切辦法，盡可能多地創造稅收。除了徵收田賦和貨物稅等傳統辦法之外，它們都致力於投資現代工業和交通運輸，都利用了現代金融工具來額外創收。但是奉系與晉、桂兩系在地理面積和經濟規模上的差異巨大，也意味著它們各自的政權建設和軍事擴張道路大相徑庭。在廣袤的滿洲地區，現代工業和交通的快速發展，以及大量的工業產出，使得奉系有可能主要依靠貨物稅和營業稅，而不是田賦，來支撐其財政收入。1925 年，來源於貨物和其他非農業部門的稅收達到 1,660 萬元，是田賦的兩倍。相形之下，山西和廣西儘管也有工業化的努力，但其經濟仍然以農業為主。因此，在廣西，來自貨物和非農業部門的稅收，只相當於其田賦收入的約 73%；在山西，更低至 23%（表 8）。更令人驚訝的是奉系與晉、桂兩系在全年稅收絕對值上的對比。1925 年，奉系三省的財政收入總計為 2,730 萬元，而晉系只有約 730 萬元，桂系約 410 萬元（表 8）。所有這些，當然只是預算的數字，可能低於各自的實際收入，但卻顯示了它們之間的差距。因此，奉系能夠在軍事方面花費更多，1925 年的軍費預算超過 2,100 萬元，大約是晉系和桂系軍費的三倍，便不足為奇。對這兩個較小的派系來說，由於缺乏足夠的軍費，軍事建設不得不藉助社會軍事化這樣一種更省錢的辦法，即整編鄉村人口，廣泛建立民團，使其隨時可供動員和招募。

與贏家們形成鮮明對比的，是那些因缺乏前者所擁有的上述各種優勢而失利的軍閥派系或省份。其中之一是吳佩孚。吳在清末從保定陸軍速成學堂畢業後，從低級軍官做起，跟隨北洋將領曹錕，最終上升為直系首領，到1920 年代中葉勢力最強時曾擁兵數十萬，縱橫中原各省。但是，吳始終沒有一個屬自己的穩定地盤。儘管他在自己所控制的轄區內不擇手段地徵稅，但其"財政狀況一直十分吃緊"（Wou 1978），最終在各路勢力的角逐中敗北。更典型的例子是馮玉祥（1882—1948）。他在 1920 年代末達到事業頂峰時，曾擁有一支四十多萬人的軍隊，控制了華北和西北的大部分地區。然而，馮的最大弱點，同樣在於缺乏一個牢固可靠的基地來支撐其軍隊。其軍隊從未在任何一塊地方連續駐守超過三年，因此無法認真經營地盤，改變當地的經濟社會狀態（Sheridan 1966）。儘管他曾嘗試過各種辦法，比如截留鹽稅、提高鐵路運輸費、在佔領區強制出售公債（劉敬忠 2004: 79-82, 104-105, 275, 316, 356-357），但一直未能有效解決士兵給養問題。馮玉祥之所以能夠擴張軍力並縱橫十餘年，直至 1930 年其軍隊才最終瓦解，部分原因在於他的策略具有高度投機性，在與其他派系交手的過程中頻繁地倒戈、結盟、分裂、重組，但最重要的是 1925 年後獲得蘇聯的慷慨援助。[1] 在蘇聯切斷其供應之後，馮的競爭力迅速衰退。除了財政破產這一因素之外，同樣致命的是其所控制的區域支離破碎，因而馮從未能夠認真整編所屬各軍、師、旅，加以集中控制（同上 : 342, 397-400）。

　　與那些成功的派系形成鮮明對比的第三個例子，是四川的各支軍閥。事實上，四川有著產生一個有全國競爭力的強勢軍閥的理想條件。該省地處西南邊陲，有群山包圍，與其他省份相對隔絕，而其內部大面積的盆地是中國最肥沃的地區之一，有著高度發達的農業和高度密集的人口。因此，在全國各省中，四川的耕地面積最大（1.51 億畝），人口最多（4,700 萬）（*TJTY*, 1946: 2, 14）。該省的政府年度預算一直位居全國第二，在 1910 年代末和 1920 年代約為 1,250 萬兩，僅次於江蘇省（賈士毅 1932: 139；見表 8）。然而，正因為其面積如此之大，又是如此重要的稅源和士兵來源，省內省外的各路軍閥都想各分一杯羹，結果沒有任何一路軍閥可以獨佔全省。經過辛亥

1　到 1926 年 8 月止，蘇聯給馮玉祥的軍隊提供了 31,500 支步槍，5,100 萬發子彈，272 支機關槍，60 架大炮，58,000 發炮彈，還有 10 架飛機（劉敬忠 2004: 369）。

革命後的常年競爭和混亂之後，到 1918 和 1919 年，出現所謂"防區制"，使該省變得支離破碎。在這個制度下，全省被分成十五個（或更多）的防區，每個防區有若干個縣（少則 9 或 10 個縣，最多的達 33 縣）。各防區的部隊給養均靠區內的稅收。四川南部和成都市周圍的大多數防區，落入來自鄰省雲南和貴州的軍閥之手；其餘防區則歸四川本地勢力。儘管有一個省政府存在，但各防區的軍閥都把所佔地盤變成自己的獨立王國，自行委任區內的政府官員、徵稅並截留那些本應解送省政府或中央的稅款。為保衛或擴大所在的防區，各路軍閥年復一年地你爭我奪；因此，四川的軍事開銷也是全國最高的，在 1925 年超過 2,600 萬元，是當年全省財政預算的兩倍。四川的分裂和混亂一直持續到 1935 年，才歸國民黨政府統一控制。[1] 在此之前，行政和軍事的分裂，使得任何一個四川軍閥都無力在國內政治中發揮與該省的財富和人口相匹配的影響力。

最後，讓我們來看看在帝制和民國時期富甲全國的江蘇省。在 1910 年代末和 1920 年代初，該省預算收入超過 1,600 萬元，遠遠高於其他各省，而其實際財政收入也與預算相差無幾，每年約在 1,500 萬元，這還不包括從該省撥出的海關稅和鹽稅（總額超過 2,000 萬元）（沈嘉榮 1993: 292）。但是有兩個因素阻礙該省成為全國範圍內強大的軍事競爭者。第一是地緣格局。江蘇地處長江下游，平原遍佈，與鄰近各省之間沒有任何地理障礙可以用來隔絕和保護自己。作為中國最富饒的省份，它是外來軍閥們爭相控制的目標，但是由於各派系對該省競相爭奪，因此沒有任何一個軍閥能夠長期獨霸江蘇。令軍閥們無法以集權的方式控制江蘇的第二個因素，是該省存在一個強有力的紳商階層，對軍閥們試圖從該省榨取過多稅收進行了有效抵制。從民初至 1927 年，為了維持其合法性，統治江蘇的軍閥們一直很注意地方精英的輿論，偶爾會向後者讓步。當地士紳們提出所謂"軍民分治""蘇人治蘇"，試圖阻止督軍干涉省內行政事務，尤其是省政府的關鍵職位（包括

1　事實上，此後中央的控制力仍然有限。至 1938 年劉湘死時，軍閥主義依然在四川盛行（Kapp 1973）。

省長和財政廳長）的任命，堅持認為應由江蘇本省人而不是由軍閥強人來充任。江蘇紳商的頑強抵抗極大地限制了軍閥們榨取地方資源和擴張勢力的空間；也正因為這一事實，儘管該省的財政收入高於其他各省，但它在 1919 年的軍費開支預算卻只有 390 萬元，佔財政收入的 23%；1925 年為 610 萬元，佔財政收入的 36%，僅相當於同年四川省軍費開支的 23%。相比之下，1919 年和 1925 年全國的軍事開支分別佔政府收入的 46% 和 105%（賈士毅 1932: 140；另見表 8）。

為何國民黨勢力勝出

最後，讓我們來看看廣東的情況，這個南部省份的經濟繁榮和政府稅收僅次於江蘇。孫中山於 1917 年 8 月起任廣州軍政府大元帥，1921 年 4 月後任民國 "非常大總統"，影響力僅及廣東和廣西，但他努力要建立一支強大的軍隊，以消除軍閥和統一中國，但在 1925 年 3 月去世前，這種努力屢次失敗。不過，僅僅在他去世一年後，國民革命軍便揮師北伐，並且出人意料地，僅用十個月不到的時間，即打敗了長江中下游的軍閥，進一步北上清除了關內的奉系勢力，於 1928 年 6 月推翻北京政府。1928 年 12 月，滿洲軍閥張學良（1901—2001）宣告易幟，服從新成立的南京國民政府，孫中山統一中國的夢想，終於變成現實。

國民革命軍不同於軍閥武裝的地方，在其受蘇俄的影響，用政黨加強軍隊的凝聚力，以黨代表制消除軍閥式的自行其是，避免軍權分裂，同時注重以反帝、反軍閥的意識形態灌輸士兵，力圖克服下級對上級的私人忠誠，使部隊成為所謂 "黨軍"（McCord 1993: 313-315）。但國民革命軍之所以能夠在北伐中一路取勝，最主要的原因是其無可匹敵的財政實力。其財力的發展分三個重要步驟進行。第一步，當然是在廣東建立一個牢固的財政—軍事政權，使國民黨勢力得以發動北伐，並在數月內佔領華南的大部分和長江中下游流域。第二步，是在佔領上海後與江浙財閥結盟，使國民黨有可能通過不斷出售公債來迅速增加財政收入，為國民黨持續北伐提供補給。第三步，是在 1928 年 12 月統一全國後，恢復中國的關稅自主，並很快使關稅成為中央政府最重要的財源（1920 年代末和 1930 年代初約佔其全部歲入的 60%）。

廣東與北伐

孫中山在廣東屢遭失敗，部分原因在其過於依賴軍閥勢力，而沒有自己的軍隊。他先是尋求廣西軍閥的支持，然而後者在控制了軍政府之後，反而把他架空；後來他又轉向軍閥陳炯明（1878—1933），結果陳堅決反對他的北伐主張，只想在當地經營地盤。孫還曾於 1922 年末試圖聯合奉系來打擊直系，後來又在馮玉祥於 1924 年 10 月打敗軍閥吳佩孚並結束直系對北京政府的控制之後，試圖與馮聯盟。正是在接受馮玉祥和其他強人的邀請、為了完成統一中國的使命而趕赴北京的途中，孫中山過世了，給自己的追隨者留下 "革命尚未成功，同志仍須努力" 的遺囑。

然而，導致孫失敗的一個更根本的原因，是 1925 年前其政府沒有能力創造足夠的財政收入，而這又與 1920 年代初廣東支離破碎的政治地圖有關。1923 年 2 月，孫在廣西和雲南軍隊的幫助下打敗陳炯明，回到廣州，發現自己的命令只在廣州一地有效；廣東的其他部分要麼在陳的餘部控制之下，要麼在雲南、廣西、湖南甚至遠至河南的軍隊手中。結果，他的政府在 1924 年上半年只徵收到 460 萬元的稅款，多半是通過商人包稅獲得的，而財政部長們也因為在增加稅收上的巨大困難，一個接一個地辭職。孫的軍事建設的轉折點之一，是 1923 年 5 月後獲得來自蘇俄的財政援助和軍事供應，包括 1924 年 200 萬盧布的貸款，1925 年價值 280 萬盧布和 1926 年至少 284 萬盧布的各種援助（朱洪 2007）。蘇俄的援助，使孫有能力在 1924 年 5 月創立黃埔軍校，部署新組建的部隊，包括軍校學生，於 1925 年 2 月和 10 月先後展開兩次 "東征"，最終擊敗了陳炯明和其他軍閥勢力，將全省置於國民黨政權的控制之下。

統一廣東之後，國民黨政權的財政收入逐年激增。例如，在 1925 年，隨著國民黨迅速擴大對該省的控制，其稅收從上半年的大約 400 萬元增至下半年的 1,220 萬元，全年稅收超過 1,600 萬元，是 1924 年水平（860 萬元）的近兩倍。在接下來的兩年，國民黨在廣東的財政收入增長更為顯著，1926 年為 6,900 萬元，1927 年達 9,650 萬元，是 1924 年的十倍多，也是清末數年廣東省歲入（3,740 萬兩）的 2.4 倍（秦慶鈞 1982）。[1] 不過，全省的統一，並非國民黨財政收入暴漲的唯一原因。另一個更為重要的因素，是宋子文（1894—1971）所採取的一系列財政措施。宋是哥倫比亞大學的經濟學博士，1925 年 9 月擔任國民黨政權的財政部長和廣東省財政廳長。他所實行的措施可以分成以下幾類（*MGDA*, 4: 1400-1404; 秦慶鈞 1982）：

（1）政府財政收支的集中化，例如：

· 從駐守各地的部隊手中接管徵稅權；

· 終止商人包稅；

· 禁止各軍政機構截留稅款；

· 向新佔領區域派員建立地方財政機構，直接對省政府負責；

（2）徵稅機構的科層化，例如：

· 將現有的各自為政的印花稅、賭博稅、禁煙稅徵收機關，歸財政部統一管理；

· 在財政部內建立統計部，以增強會計和審計能力；

· 建立一個全省範圍內的武裝來稽查商品走私；

· 最重要的是，通過公開考試的方式招聘財政部公務員，並懲罰官員的腐敗行為；

（3）稅收主要來源的整頓，例如：

· 調整印花銷售渠道，對酒精和鞭炮徵收印花稅，並對所有商品的印花

1　一兩白銀在 1910 年相當於 1.09 銀元。

使用加以標準化（1926 年的印花稅年度收入因此從原來的 60 萬元增加到 304 萬元）；

- 對煤油徵收特別稅（在 1926 年下半年創造了 200 萬元收入）；

- 調查沿海的沙地並徵稅（結果年度增額超過 100 萬元）；

- 通過禁止走私，壟斷鴉片銷售（結果該項來源的半年收入從 1925 年的 200 萬元增至次年的 900 萬餘元）；

- 調查並審計對所有國內貨物的釐金徵收，1926 年 1 月增加稅率 20%，次月再增加 30%（該項來源的年度收入因此在 1926 年增加了兩倍，達到近 1,600 萬元）；

- 對所有貨物徵收 "國內稅"，普通商品稅率為 2.5%，奢侈品稅率為 5%（始於 1926 年底，每年約徵收 500 萬元）；

- 發售公債（到 1926 年 9 月總額達 2,428 萬元），以取代過去靠中央銀行發行大額紙幣，從而保障了銀行信用，也避免了通貨膨脹。

這是一個令人印象深刻的清單。這些措施匯聚在一起，創造了一個集權的、有效率的行政管理體系，能夠充分調動全省的財政資源（該省的經濟繁榮程度僅次於江蘇，而在國內和對外貿易上甚至比後者更發達）。這些措施所產生的結果令人驚訝。自從宋擔任財政部長，僅僅兩年時間裏，廣東省的年度稅收增加了十多倍，到 1927 年已超過 9,000 萬元。相較於參與武力競爭的國內其他各派勢力，國民黨的財力是最雄厚的。

多年以來，奉系曾是最具實力的，1920 年代中期滿洲三省的年度財政收入超過 2,700 萬元，使其在所有軍閥勢力中最具競爭力，在 1924 年打敗直系並控制北京政府以後，在華北已無任何對手。但是國民黨勢力在廣東的崛起改變了這一局勢，而支撐國民黨勢力迅速崛起的，則是宋子文所推動和建立的一個中央集權且富有效率的財政機器，調動了該省的財政資源，並使其發揮到極致。

宋在廣東的財政手段是強硬的。釐金和雜稅，作為該省的最大財源，覆

蓋了幾乎所有種類的商品和服務，且稅率之高前所未見。1925 年以後統治
廣西、後來加入北伐的李宗仁，因此如實地把宋在廣東的措施描繪為 "竭澤
而漁" "橫徵暴斂"（李宗仁 1995: 251）。然而，宋的政策奏效了。這些措施
所產生的充足收入，為國民黨軍隊在 1926 年北伐並在戰場上迅速成功，提
供了不可或缺的財政支撐。根據宋子文的一份財政狀況報告，1925 年 10 月
至 1926 年 9 月，廣東國民政府的財政收入總額達 8,020 萬元，其開支也增
至 7,830 萬元，其中 6,130 萬元（佔 78.3%）用於軍事。直到 1926 年 11 月，
當國民黨勢力完全佔據湖南、江西、福建和湖北省，並準備挺進河南和長江
下游區域時，廣東省依然是國民黨勢力獲取稅收的唯一來源。在北伐進入河
南、浙江和江蘇之後，每月的軍事和戰爭開支增加了 730 萬元（*MGDA*, 1.1:
518）。宋曾得意地聲稱，"惟歷來革命根據地惟有廣東一省，以一省而供給
中國全國革命之需用。最近縱橫中原，北伐經費，全賴廣東"（吳景平 1992:
43）。無疑，北伐的成功與各種因素有關，包括國民黨軍隊高漲的士氣、嚴
格的紀律以及民眾的支持，還有來自廣西的軍隊和來自西北的馮玉祥部隊的
合作，另一方面，也由於長江中下游的軍閥們之間缺乏協調。但是國民黨軍
隊之所以能夠在戰場上保持戰力並獲得勝利，關鍵在於其兵力的迅速擴充
（從北伐開始時的 13 萬人迅速發展到 1927 年初的 55 萬人），武器和彈藥的
充足供應，以及對士兵們的慷慨津貼（曾憲林等 1991: 73, 197）；如果沒有
來自廣東省的無可匹敵的財政收入至 1927 年初一直在支撐著國民黨軍隊，
所有這些均不可能發生。

武漢國民政府之困境

國民黨軍隊在 1926 年末對湖北的控制，更重要的是 1927 年 3 月對上
海的佔領，改變了供應北伐的路徑。1927 年 1 月國民政府從廣州遷到武漢
後不久，湖北便取代廣東成為其財政收入的主要來源。在財政部長宋子文看
來，在支撐了一年的北伐之後，廣東已是 "孔需亟矣，羅掘俱窮"；因此，

讓國民政府控制下的其他各省與廣東一起共同分擔財政負擔，勢在必行（吳景平 1992: 43, 61）。由於廣東不再是其財政收入的重要來源，而在佔領區實現財政統一之前，其他省又不願意貢獻其財政收入，所以武漢國民政府只能靠湖北一省作為其稅收的主要來源。為了擴大政府收入，宋在湖北嘗試了許多曾在廣東成功的措施。不幸的是，湖北的情況相當不同。在經受了不同軍閥派系之間十餘年的連年混戰之後，該省的經濟已經凋敝不堪，有待恢復；因此，儘管在湖北施行了與廣東相同的措施，武漢國民政府在 1926 年 9 月到 1927 年 9 月間，只能從各種稅收中獲得約 1,900 萬元的財政收入（賈士毅 1932: 114-116），僅相當於廣東政府在 1926 年 9 月以前通過徵稅所獲歲入的 34%（同上：112）。結果，武漢政府不得不依靠發行公債、向銀行借款、印刷紙幣作為其財政收入的主要來源（佔同期財政收入總額的 84.5%）。

然而，在牢固控制該省之前，武漢國民政府很難獲得當地商業和金融精英的合作。由於跟南京的國民黨勢力關係趨於緊張，並遭到後者的貿易禁運，其財政更加吃緊。武漢政府因此不得不採取極端措施，禁止現金流出武漢，市面上只許使用武漢政府印製的紙幣。但這些舉措只會疏離本地商業精英，引發通貨膨脹，使經濟狀況進一步惡化（*MGDA*, 4: 1485-1486; 楊天石 1996: 420-427）。在喪失了財政信用之後，武漢政府要通過發行公債或印刷紙幣來籌集資金，則越發困難；它很快便放棄了與華北軍閥和長江下游國民黨勢力的競爭。

北伐之推進

國民黨內部左右兩派之間的裂痕，早在北伐之前便已顯現。大體來說，左派聚集在汪精衛（1883—1944）周圍。汪在 1925 年 7 月出任廣東國民政府首腦，1927 年 4 月旅法歸來後成為武漢國民政府主席，堅持在其政府和軍隊中跟共產黨合作。而以國民革命軍總司令蔣介石為首的右派，則反對共產黨的激進主義和國共統一戰線。兩派之間的緊張關係在北伐期間逐漸加劇，並在 1927 年 3 月佔領上海之後，發展成為武漢國民政府與蔣於 1927 年 4 月 18 日在南京成立的國民政府之間的公開對抗。蔣對自己所控制的城市中的共產黨人進行了清洗。1927 年底，經過幾個月的努力，蔣在國民黨內鞏固了自己的權力，最終戰勝了國民黨左派，於 1928 年 1 月恢復了總司令的職位，並在三個月之後重新開始北伐。

蔣之所以能夠崛起為國民黨的新領袖，並在隨後的北伐中戰勝華北軍閥，最重要的原因是他控制了上海以及全國最富庶的長江下游地區，因而能夠充分利用這一區域豐富的財政資源。

蔣出生於浙江，曾於 1920—1921 年在上海證券物品交易所做過經紀人，該交易所由曾做過上海總商會會長的虞洽卿（1867—1945）經營；這些背景對他與那些多來自浙江的上海財閥們建立聯繫非常關鍵。為了與蔣合作，虞很快於 1927 年 3 月創立了上海商業聯合會，以取代曾經支持過軍閥孫傳芳的組織紊亂的上海總商會，並表示他對蔣的國民黨軍隊的公開支持。蔣抵達上海後，便採取行動清除共產黨，逮捕和殺害了上百人。在 1927 年 4 月南京國民政府成立兩天之後，蔣正式成立蘇滬財政委員會，其中 15 名成員中有 10 位係來自上海和江蘇的商業和金融領袖，並由上海銀行聯合會主席陳光甫（1881—1976）任主任委員，其主要職責便是為國民政府籌集資金。作為交換，蔣允許該委員會在任命和管理國民政府的所有財政機構上有完全的自主權（吳景平 1992: 58-59）。委員會的第一個舉措，是在 1927 年 4 月向蔣介石提供兩筆短期貸款，均為 300 萬元貸款（SSL: 57-59）。更大的一項舉措，是支持國民政府在 1927 年 5 月發行 3,000 萬元的公債，由政府今後通過提高海關稅率 2.5% 所獲得的額外收入作為擔保；並為此設立了一個由 14 人組成的委員會，成員多為來自江浙的商業領袖，來管理通過發行國債募集的資金（SSL: 74-75）。1927 年 10 月，國民政府又發行了 2,400 萬元國債，仍以海關稅新增收入作為擔保（MGDA, 5.1.1: 521-522）。

然而，銷售如此巨額的國債，對蔣和購買者都是一項巨大挑戰。對蔣來說，出售公債，及時募集足夠的資金，"軍政黨務之命脈全在於此"；要維持新成立的南京政府，鞏固對江浙的軍事控制，都急需大量資金。為此，蔣在 1927 年 5 月寫信求助於陳光甫："黨國存亡，民族榮辱，全在此舉（指出售政府公債）。"（ *SSL*: 110）而銀行家和企業主們則試圖以各種藉口減少或拖延購買被分攤給他們的公債。因此，蔣不斷採取強制性措施。例如，面對公債出售進展緩慢的局勢，他強迫中國銀行上海分行預付 1,000 萬元以滿足軍事開銷的緊急需求；對曾為武漢國民政府提供資金的該分行經理，以"阻礙革命"和"有意附逆"的罪名相威脅（王正華 2002: 105）。對於那些未按要求購買足夠公債的企業主，他下令逮捕企業主本人或其家人，還以其曾資助軍閥的反革命活動為藉口將其財產充公（Coble 1986: 32-35）。這些脅迫手段對於他榨取想要的資金只能一時有效，不能成為其籌措資金的常規辦法。因此，當 1927 年 10 月銷售另一筆 4,000 萬元公債時，因購買係自願行為，進展極為緩慢。身陷與武漢國民政府曠日持久的對抗，加上北伐部隊出師不利，在徐州被北方軍閥擊敗，不得不撤退到長江南部，蔣只好在 1927 年 8 月暫時辭去總司令職位，讓武漢和南京之間有時間進行和解，也使自己有時間重新建立起與上海財閥之間的私人聯繫（同上 : 32-35）。

不出眾人所料，蔣在 1928 年 1 月重新上台，此時的局面已大為改觀：武漢國民政府成員已前往南京，加入那裏的國民政府，蔣本人也於 1927 年 12 月與宋美齡完婚，成為宋子文的妹夫，最重要的是，宋子文在蔣恢復總司令職位之前，便已接受了南京政府的財政部長職位。有了宋的幫助，南京政府的財政狀況在 1928 年迅速改善。自出任財政部長六個月之後，通過銀行貸款、出售公債以及徵稅，宋子文為國民政府籌集資金計達 1.9 億元（ *MGDA*, 5.1.1: 520-521）。這筆巨額資金使得蔣可以再度北伐，並於 1928 年 4 月在北方各省對奉系發動全面攻勢。在戰爭高潮期間，宋被要求每五天提供 160 萬元。事實上，他做到了，而且所籌集的資金遠多於規定數額（賈士毅 1932: 216）。

國民革命軍於 6 月佔領北京，北伐至此達到頂峰。南京國民政府因此於 1928 年 6 月 15 日正式宣告全國統一。然而，這更多地是反映了國民黨的政治決心，而非國家的現實，因為奉系雖從北京撤退，卻仍控制著東北三省。要挺進滿洲的廣大地區，擊敗奉系軍隊，這將是國民黨人最具挑戰性的任務。幸運的是，曾抵制日本迫切要求控制滿洲的張作霖，於 1928 年 6 月 4 日死於日本關東軍所策劃的爆炸中，其子張學良成為奉系的新領袖，於 1928 年 12 月 29 日正式接受南京政府的領導，全國各省由此正式統一於蔣介石麾下。

走向國家統一

軍事統一

接下來數年國內政局的發展，很快證明 1928 年只是在名義上完成了國家統一。北伐期間，為了實現統一中國的目標，國民黨軍隊確實清除了其直接的敵人，即長江中下游的直系軍閥勢力，也擊敗了華北的奉系勢力。為了做到這些，國民黨也不得不與其他軍閥做出妥協，只要他們跟國民黨合作，承認南京政府，並接受蔣介石的領袖地位，便可保留其原有的地盤、軍隊和財政資源。因此，1928 年以後的中國仍然是分裂的。佔據各省的軍事力量分為以下四個集團：

第一軍，即 "中央軍"，約 50 萬人，受總司令蔣介石的直接控制，佔據江蘇、安徽、江西、浙江和福建等省；

第二軍，即 "西北軍"，42 萬人，由馮玉祥指揮，控制陝西、甘肅、寧夏、河南和山東等省；

第三軍，超過 20 萬人，在晉系閻錫山控制之下，駐守山西、河北、察哈爾和綏遠等省以及北京市和天津市；

第四軍，超過 20 萬人，由桂系李宗仁領導，駐守廣西、湖南和湖北。

然而，蔣介石的中央軍與其他三股地方勢力之間，不久即因蔣在 1929

年初提出的"國軍編遣"計劃產生了分歧。他們之間的公開對抗很快演化為戰爭。對蔣來說，軍事的統一和集權，對於在中國建立一個現代國家，是必不可少的。[1] 蔣介石用日本的先例，即各地大名在聯手推翻德川幕府後，將版籍和軍隊奉還明治政府，勸說那些曾一同推翻北京政府的地方軍事領袖，再次合作以執行編遣計劃。不幸的是，南京政府既沒有明治政府那樣的權威，也沒有那樣的資源。對馮、閻、李來說，蔣只不過在諸多平輩中排第一位而已，並非凌駕於他們之上。因此，誰也不願意犧牲自己的軍隊，來參與只對蔣有利的整編。真正的統一，只有在這些地方勢力被武力征服之後才有可能。

戰爭首先於 1929 年 3 月在蔣的中央軍與李宗仁的桂軍之間爆發，起因是李宗仁未經蔣允許，便撤換了湖南省長，以加強對該省的控制。戰事很快於次月結束，李遭挫敗並撤回廣西。馮玉祥一直不滿於蔣限制其向河北和山東擴張，因此在 1929 年 10 月發動另一場反蔣戰爭，但於次月迅速失敗。打敗李、馮之後，蔣將其控制區域擴展到湖南、廣東，以及河南和安徽部分地區。第三場也是最大的一場戰爭爆發於 1930 年 5 月，一方是蔣介石超過 90 萬人的軍隊，另一方則是閻、馮、李的軍事聯盟。由於張學良站在蔣的一邊，並在 9 月將東北軍派往關內，決定性地改變了交戰雙方的軍事平衡，蔣再次贏得了戰爭。戰爭的結果，馮的西北軍遭完全解散，桂系和晉系殘餘力量撤退到各自原籍省份，再也沒有能力挑戰中央政府。

各路地方軍事領袖之所以屢遭失敗，一個很明顯的原因在於彼此之間缺乏協調，在與蔣的中央軍對抗時內部頻繁發生倒戈，而這又跟這些地方勢力之間的利益和目標不一致、以及各地方勢力本身的成分複雜、組織散亂有關。但是，蔣在戰場上取得成功最重要的原因，是南京政府與其對手之間在財力和兵力上相差懸殊。在地方軍中間，馮玉祥人多勢眾，卻立足於最貧窮

1　在 1929 年 1 月 1 日國軍編遣委員會的第一次大會上，蔣作了以下發言："要造成現代式國家的條件是什麼？即是一、統一；二、集中。"（*GMWX*, 24: 4-6）

的西北省份；因此，他參加反蔣戰爭的主要目標，是要把地盤擴展到更富有的河北和山東省，並佔據華北的主要城市（北京和天津）。可是，由於沒有多少資源可以支撐其大規模的軍隊，他只好讓士兵和軍官們的津貼及生活標準都處於很低的水平，這反過來影響到西北軍的整個士氣。閻錫山的軍隊是地方派系中裝備最精良的，但是 1930 年的反蔣戰爭規模太大，來自省內的有限財政資源不足以支撐其參戰；閻試圖通過發行 600 萬元的"戰時通用票"來籌集更多經費用於戰爭，然而，相較於戰爭的巨大開銷，這不過是杯水車薪。李宗仁的軍隊在 1929 年蔣桂戰爭失敗後，退踞貧窮偏遠的廣西，在三支地方勢力中規模最小，參加 1930 年反蔣戰爭時只有 5 萬士兵。

南京政府之實力所在

不同於反蔣各方之財枯力竭，南京國民政府的強項，恰恰在於它控制了中國最富庶的省份（包括 1929 年前的江蘇、浙江和江西，以及此後的廣東和湖南，尤其是財閥聚集的上海），從而掌握了國內最大的稅源和公債發行渠道。而對國民政府的財政起著更為重要的支持作用的，則是海關稅和鹽稅收入的巨額增長。使之成為可能的，首在中國關稅自主權的恢復。1858 年簽訂《天津條約》後的七十年間，晚清和民國初年政府所徵收的進口商品關稅稅率，原則上一直限定為貨物價值的 5%，而實際徵收時只有約 3%。1910 年末和 1920 年初，北京政府力圖恢復中國關稅自主，在 1925 年的北京國際關稅會議上幾乎取得成功，十三個與會國同意允許中國自 1929 年起關稅自主。國民黨政權同樣以關稅自主作為國民革命的目標之一。因此，南京政府在 1928 年與十二個西方國家（1930 年再與日本）簽訂新約，宣佈原有關稅協定無效，確認中國完全關稅自主。1929 年 2 月 1 日，新的關稅規定生效，進口商品的海關稅上升為 7.5% 至 27.5% 不等，後於 1931 年調整到 5%—50%，1933 年後某些商品的稅率則高達 80%（吳景平 1992: 106-107）。結果，海關稅收入急劇上升，從 1928 年的 1.34 億元增至 1929 年的

2.45 億元，1930 年的 2.92 億元，1931 年更達 3.87 億元（1931 年日本佔領滿洲，導致隨後數年降至每年 3 億元左右）（*MGDA*, 5.1.1: 547-548）。

對南京政府保持財政實力同樣重要的是整頓鹽稅徵收。袁世凱政府在 1913 年向外國銀行團舉借 "善後大借款"，條件便是以中國的鹽稅作為擔保，並為此重新組織鹽稅徵收機構，每一級均由一外人和一華人共同管理，所有的鹽稅收入均存入指定的外國銀行，首先用來償還借款，剩下的款項（"鹽餘"）才可匯解中國政府。為重申中國對鹽稅徵收的主權，國民政府曾廢除這種華洋共管制度，1927 年後建立了一套新的制度，總部設在上海，但新制導致行政效率低下和鹽稅收入減少。為糾正此一問題，財政部長宋子文只好重新任用大部分原來的華洋管理者，因為他們的專業水準有目共睹；但不再把鹽稅徵收與償還外債掛鉤，而是由財政部來履行償還外債職責。所有的鹽稅收入均存入中國銀行，完全由國民政府控制。與此同時，宋的財政部還做出了一系列努力，使各地鹽稅稅率合理化，並整頓鹽稅徵收的管理和審計機構，在全國範圍內重建稅警，稽查私鹽。1931 年，推行只在鹽產地徵稅的新政，取消了過去憑鹽引在指定地區壟斷銷售的做法；到 1937 年，這項新政已推廣到全國 60% 的城鎮。結果，政府的鹽稅收入直線上升，從 1928 年的約 2,950 萬元增長到 1929 年的 1.221 億元，1930 年的 1.505 億元，以及 1936 年的 2.474 億元（表 7; 另見 Young 1971: 56）。[1]

1928 年以後南京政府財政收入的迅速增長，導致其與地方勢力之間在財政實力上的差距日漸拉大。這在很大程度上解釋了蔣在戰場上的成功。軍事預算佔了 1929—1931 年政府開支的約 44% 到 45%（楊蔭溥 1985: 70），使蔣能夠從德國進口大量先進武器；因此，中央軍之裝備精良，遠勝於地方上各支軍隊。1929 年初蔣桂戰爭期間，為了拉攏馮玉祥，蔣答應向馮提供財政援助和軍事裝備。他給李宗仁部隊的高級軍官提供的豐厚現洋獎勵，也

1　關於國民政府鹽稅收入的另一組數據如下：1928 年 5,400 萬元，1929 年 8,500 萬元，1930 年 1.3 億元，1936 年 2.18 億元（*MGDA*, 5.1.1: 551）。

加速了他們的倒戈以及李在戰爭中的失敗。後來，在 1929 年末準備與馮玉祥開戰時，蔣成功收買了韓復榘（1890—1938）和石友三（1891—1990），導致這兩位馮方最為得力的將領率領十萬餘兵力離開馮，從根本上破壞了西北軍的戰力。最後，在 1930 年中原大戰中，蔣在兵力和財力上都勝過了敵人。而且，在持續六個月的戰爭中，閻、馮和李的三方聯盟每月只花費約 1,000 萬元，而蔣方的軍隊每月耗費大約 3,000 萬元（張皓 2008: 116）。因此，蔣能給自己的將士們提供高額的獎賞，有效地鼓舞了他們在戰場上的士氣（比如他 1930 年 8 月 24 日允諾，最先攻下洛陽和鄭州的部隊可獲得 100 萬元的獎賞；最先攻下附近鞏縣的部隊，可獲得 20 萬元的獎賞。見李靜之 1984: 226）。然而，導致蔣在 1930 年大戰中取勝最重要的一步，是張學良決定站在他這一邊。這之所以成為可能，是因為蔣答應給張提供 500 萬元作為東北軍的開銷，還答應讓宋子文為其籌集 1,000 萬元公債（陳進金 2000: 12）。

因此，蔣的雄厚財力，對他制服地方勢力和統一全國，起了關鍵作用。蔣自己的觀察最為清楚地說明了在他挫敗三次反蔣戰爭前後中國政治局勢的鮮明對比。1929 年 3 月，在蔣桂戰爭前夕，蔣寫道："中國已真正統一了麼？我們只要看一看實際政治狀況，就可以斷定中國實際上還沒有統一……"（*SSJY*, 1929, 1—4 月：727）。而在中原大戰結束後，蔣於 1930 年 11 月 12 日得意地說："深信本黨統一中國之局勢已經形成，叛黨亂國之徒，今後決無能再起。"（轉引自郭緒印 1992: 193）說中國到 1930 年末已變成一個政治和軍事上統一的國家，遠非事實；從廣西、雲南、四川，到山西和東北三省，所有這些邊陲省份，均尚未完全納入中央政府控制下的行政和軍事體系，更不用說共產黨所控制的為數眾多的根據地，已趁蔣桂、蔣馮、中原大戰之機獲得迅速擴張。然而，1930 年後，蔣確實牢固建立了凌駕於各省之上的最高政治和軍事地位；再也沒有任何一支地方派系或省級領導敢公開挑戰中央政府的權威。自 1850 年代以來政治分裂和軍權下移的長期趨勢，到 1930 年終於被止住，並且在此之後被顛倒過來；在蔣介石的領導下，中國正朝著建立一個中央集權的現代國家的目標，義無反顧地向前邁進。

財政統一

就現代國家的建立而言，財政資源的統一與軍事權力的集中同樣重要。回溯過去在廣東的日子，宋子文在一省範圍內集中財政資源方面所取得的驚人成功，對國民黨勢力在北伐期間快速崛起十分關鍵。然而，在完全制服各支地方勢力之前，南京國民政府要在全國建立一個統一的財政體系仍面臨巨大障礙。南京政府成立後的最初幾年，只有三省（江蘇、浙江和安徽）在其直接控制之下，可從這些省份獲得每月大約 400 萬元的常規稅款。在全國其他地區，徵稅權仍掌握在各省或更低一級的地方政府手裏；它們截留了自己所徵得的所有稅款，對於中央政府與財政事務相關的各項任命和政策，只要不符合其利益，便加以拒絕。

1930 年以後，南京政府為統一財政所採取的最大膽和最成功的步驟，是廢除釐金，代之以“統稅”。釐金長期被視為國內工商業發展的一個重大阻礙（另一障礙當然是 19 世紀清政府與列強條約中所確定的固定關稅，稅率之低，使得進口商品價格比國內商品更具競爭力），因為貨物在運往目的地的途中，每經過一道釐卡，都需要繳納一次釐金。沉重的釐金負擔因此一直被列強作為理由，堅持因循條約中所規定的固定關稅條款，拒不同意中國的關稅自主。自 1850 年代創設以來，釐金還構成了地方軍政當局的重要稅源，不受中央的直接控制；清末民初的地方自治也得益於釐金的挹注。在 1910 和 1920 年代的內陸省份，由於資本市場的融資渠道有限或根本不存在，釐金的徵收成了當地軍閥們最重要的財源。因此，廢除釐金不僅對國內工商業的健康發展很有必要，而且對恢復中國關稅自主、削弱地方軍閥勢力的財政基礎至關緊要。

南京政府成立後不久，便於 1927 年 7 月宣佈，將在當年 9 月 1 日在長江下游和西南地區的六省廢除釐金，但由於各地的戰爭和局勢動盪，三番五次地推遲了這一計劃。不過，作為預備步驟，南京政府於 1928 年 2 月首先廢除了煙草的釐金，並代之以在出廠時徵收一次性的 27.5% 的"統稅"（對國內煙草）或海關稅（對進口煙草），此後則不再徵稅，實現自由貿易（吳景平 1992: 116）；同樣的徵稅政策也於當年施行於麵粉貿易。直到 1930 年底，中央軍取得中原大戰的決定性勝利，南京政府才宣佈於 1931 年 1 月 1 日起在全國範圍內廢除釐金。曾經依靠釐金維持正常運作的地方政府，轉而以銷售稅和中央政府的補貼作為其財政收入的新來源。為抵消廢除釐金後的稅收損失，1931 年統稅的徵收擴展到棉紗、火柴和水泥。徵收統稅的地域，從 1928 年 5 省，增加到 1933 年 15 省，1936 年 20 省。來自統稅的政府收入，也從 1928 年的 2,769 萬元，增加到 1931 年的 8,868 萬元，1933 年的 1.05 億元和 1935 年的 1.52 億元（表 7）。因此，統稅和海關稅、鹽稅一起，成為 1930 年代至 1937 年日本全面侵華之前中央財政收入的三大來源。

中國後來居上：從區域到全國的建國路徑

世界歷史上中央集權的統一民族國家的崛起，大體上可分兩種不同的路徑。一是先行者如英國、法國及其他一些西歐和西北歐國家。這些國家早在 10 至 13 世紀便通過征服實現了擴張和鞏固其領土的目標，進而形成範圍涵蓋全國的中央集權的君主制；在接下來的幾個世紀，它們通過消除各種中間勢力（諸如教士、土地貴族、城市寡頭或封建騎士）的自主權，建立常備軍以取代僱傭兵，並擴大政府官僚機器，以增強其徵稅和軍備能力，從而將君主對國家的間接統治變成了直接統治，由此鞏固了國家權力。另一路徑流行於較晚才出現的那些現代民族國家，諸如德國、意大利以及 19 世紀倖免於歐洲殖民統治的亞洲國家。這些國家在現代國家建設過程中最大的挑戰，是其國土四分五裂，多個區域性政權並存，或者由列強間接支配乃至直接統治其部分土地。所以，後進國的國家建設，首先意味著統一國土，掃除外來支配勢力。因此，不同於先行者的建國軌跡（即國家權力自上而下地向地方滲透），後進國的國家建設往往是從區域向全國鋪展，始於地方財政—軍事政權之間的相互競爭，每個地方政權為求生存都致力於行政體系的集中化和軍事的現代化，其中最強大的一方，在打敗所有競爭對手或者驅逐外國勢力之後，最終崛起，建立了全國統治。德國和意大利均沿著此一路徑，在 1871 年次第完成統一；同一年，日本的大名也在推翻幕府後，將各自的領地紛紛奉還新成立的中央政府。對於這些後進國來說，地方勢力（德國的普魯士、意大利的皮德蒙特、日本的薩摩藩）在現代國家建設中起了最具決定性的作用。

　　作為現代國家建設的後來者，中國走的是第二條道路，即 "集中化地方主義"（centralized localism）。它源自晚清的地方化集中主義；人們很容易在太平天國以後軍事、財政和用人權力的下移，與民國初年省級軍事強人和軍閥派系的崛起之間，找到各種直接或間接的聯繫。但是，它與晚清的地方化集中主義又有著根本的不同。首先，民初的地方勢力擁有自己的完全獨立於中央的軍隊、財政乃至行政體系，且這種獨立性是公開的、不加掩飾的，甚至是合法的；那些獨霸一方的軍事強人，都用自己所創設的一套冠冕堂皇的說辭或綱領，為轄區內自成一體的建設項目加以合法化。而 19 世紀後半期各省督撫的自主性通常都是以一種臨時的權宜措施或者掩蔽的、不合法的手法出現的。其次，更為重要的是，它們與中央政權的關係完全不同。晚清的中央政權雖然不能完全掌握地方的財源及那些作為權宜之計而設置的臨時機構的用人權，後來也無法控制 "新軍" 內部中下層軍官的任免，但是，清廷始終控制了那些封疆大吏以及清末新設置的軍政機構關鍵職位的任免權；對於中央與地方之間的財政收入的再分配以及軍隊的調配和使用，也有最終的決定權。地方疆吏只能在中央許可或容忍的範圍內，在自己的轄區內便宜行事，但絕不能公開對抗中央。歸根到底，晚清的中央與地方關係，仍具有 "集中主義" 的根本特徵；地方的自主性是在中央集權的前提下存在和運作的。而民初的地方強人和派系首領，則擁有對轄區內的軍事、財政資源和行政體系的完全控制權，可以不聽命於中央，甚至公開與中央叫板，以武力推翻當政者，具有"地方主義"的本質特徵。最後，也是最為重要的，晚清地方化集中主義，雖然對於整個王朝在內亂和外患中存續下來，甚至一度走向"中興"至關重要，但是也導致中央對地方的控制變得日益脆弱：一旦掌控地方資源的漢人精英失去對朝廷的認同，這種控制便不再有任何效力，這正是清末最後幾年出現的局面。辛亥易幟期間，那些擁兵一方的督撫們紛紛宣告獨立，便不足為奇。相比之下，民國早期的地方強人和派系首領雖然不聽命於中央，但並不尋求獨立，相反，他們均以民族主義為號召，以全國的統一為職志，並往往把阻擾統一、破壞和平當作攻擊對方的藉口。事實上，實現全國統一，不光光是軍閥們為掩飾自己濫用武力的說辭；通過戰爭手段打敗所有對手，也是在分裂和混亂中賴以自存和壯大實力的最佳途徑。

因此，滿洲、廣東和其他省份多個地方政權的崛起，從更為寬廣的國家轉型視角來看，是中國長達一個世紀之久的國家重建過程中最為重要的突破，開啟了中國走上國家權力重新集中和國土重新統一的道路。這些地方勢力的國家建設的努力，可以跟世界其他地區的國家建設過程中最令人激動的時刻相提並論。例如，奉系控制下的滿洲，如果其發展進程不是受到日本的阻礙並在 1930 年代初最終被打斷，很有可能在統一中國過程中扮演著類似普魯士在德國的角色。國民黨在財政部長宋子文領導下，努力在廣東打造一個強大、健全的財政體系，對於國民黨崛起於華南起到關鍵作用，這在很多方面與皮埃蒙特—撒丁王國的財政大臣（後來的首相）加富爾（1810—1861）遙相呼應，後者曾使意大利北方的這個王國在統一整個半島的過程中起到主導作用。

但是中國至少在以下四個方面不同於其他後進國。首先，它地域遼闊，這意味著必定比其他小規模的國家，有更多的國內競爭對手，在爭奪國家統治權；打敗所有對手，實現國家統一和權力集中，對於中國的國家建設者來說，是更為艱難的目標。第二，中國的地緣政治環境比其他後進國家更嚴峻，因為它所面臨的威脅來自比中國更強大更富有的列強，尤其是其中的日本，作為極具侵略性的鄰居，始終構成中國追求統一的最大障礙。第三，不像德國或意大利，在從事領土擴張和國家統一之前，便已建立了一個強大的集權的地方政權，民國初期的各個地方政權，儘管已在省內的軍事建設、經濟重建和權力整合方面做出諸多努力，仍只停留在國家建設的最初階段；它們中的每一個，距離建設一個發達的經濟、高效的行政體系和強大的軍事機器的目標，都還有很長的路要走。對於從 1920 年代後期開始統治全國的國民黨政權來說，怎樣鞏固其統治，並將中國變成一個真正統一、集權的民族國家，仍然是接下來幾十年最具挑戰性的任務。

第四，最為重要的是，在北京政府和南京政府時期國內各支地方勢力相互競爭和絞殺的背後，我們還應該看到它們在中國政治統一問題上所結成的共識，其重要性在過去的各種歷史敘事中被低估。各支軍閥勢力在軍事上的自主及其對各省的實際控制，本來為它們各自建立獨立的主權國家提供了肥沃的土壤，這在現代世界的其他許多地方已經司空見慣。的確，邊陲省份的軍閥們，尤其是東北三省的張作霖，廣西省的陸榮廷（1859—1928）和後來的李宗仁、白崇禧，雲南省的唐繼堯（1883—1927）和後來的龍雲（1884—1962），以及山西省的閻錫山等等，都已經把自己的省份變成了實際上獨立的政權，不受中央政府的行政控制。儘管如此，其中卻沒有任何一個軍閥公開挑戰中國作為一個領土完整的單一國家的觀念。恰恰相反，每當某個軍閥或軍閥派系對其敵手發起進攻之時，事先總要發表一則通電，攻擊對方破壞國家統一，聲稱自己出兵，正是為了捍衛中國的政治統一和國家利益（*MGDA,* 3.2: 4, 6, 63, 65, 74, 79, 180, 276），或者為了全國的和平和秩序（同上：6, 74, 181, 276），或者為了保衛約法，反對當政派系的獨裁和濫權（同上：12, 13, 15, 74, 277, 383）。在多數時候，這些通電只不過是冠冕堂皇的藉口而已，他們的真正意圖主要是在擴大地盤，或者阻止對方吞併自己的現有的地盤。不過，各路軍閥之間在中國的政治和領土統一上的共識又是真實的；這一共識阻止了其中任何一方公然分裂國家，或將自己掌控的地盤出賣給外國列強，以換取後者的軍事援助。事實上，為了使自己的統治正當化，控制中央和地方各省的軍閥們都不遺餘力地或者至少是擺出姿態捍衛中國的邊疆。個別時候，那些控制南方或西南部分省份的地方勢力也建立起自己的權力中心，挑戰北京的中央政府的合法性，但沒有哪一支軍閥試圖脫離中國，另建一個獨立國家。這種致力於中國的政治和領土統一的共識反映了一個事實，即民國時代所有的漢人政治精英，包括那些大大小小的軍閥，都繼承了帝制時代所遺留下來的關於族群和政治認同的傳統價值觀，以及晚清以來日漸流行的民族主義觀念。因此，儘管民國早期出現曠日持久的政治紊亂和軍事競爭，儘管中央政府軟弱無力，而國土又如此廣袤，其族群和政治構成又如此多樣，中國依然能夠作為一個單一的政治實體倖存下來，避免了分裂為多個各自獨立的國家，避免了把自己的領土割讓給外國列強。這不能不說是中國現代歷史上的一個奇跡。

第八章

追求民族之統一：
民國時期的邊疆重建

1912 年 1 月 1 日中華民國就職典禮上，孫中山在《臨時大總統就職宣言》中闡明了"民族之統一"的原則："國家之本在於人民，合漢、滿、蒙、回、藏諸地為一國，即合漢、滿、蒙、回、藏諸族為一人。"宣言還陳述了"領土之統一"的原則，以回應在辛亥革命中通告獨立於清廷的各省："所謂獨立，對於清廷為脫離，對於各省為聯合。蒙古、西藏，意亦同此。"（XZDA, 6: 2346）幾個月後，袁世凱就任民國正式大總統，重申了"五族共和"的觀念（MGWJ, 1: 84）。哲布尊丹巴呼圖克圖曾於 1911 年 12 月 1 日在庫倫宣佈外蒙古從清廷獨立，袁世凱在與其通電中，援引清廷退位詔書，反對獨立（MGWJ, 1: 99）；支撐袁的立場的是其對外蒙古已與中國合為一體這一歷史的理解："外蒙同為中華民族，數百年來，儼如一家。現在時局阽危，邊事日棘，萬無可分之理。"（MGWJ, 1: 86）這是官方最早使用廣義上的"中華民族"的例證之一；此一概念將很快主導 20 世紀中國的國家統一的話語。

　　在力圖維持中國領土統一時，北京的最大挑戰來自三個方面：一是英國，正打算在西藏建立其政治和軍事支配地位，並以西藏作為一個緩衝，避免在辛亥革命後極有可能走向統一的現代中國對英屬印度構成潛在威脅；二是俄國，其目標在於把外蒙古變成一個獨立的國家，並利用它作為一個緩衝來增強其在遠東地區的地緣政治安全；三是日本，在 1910 年吞併朝鮮後，其領土擴張的野心鎖定在滿洲和內蒙古的東部地區。

　　邊疆危機發生之時，正值中國在政治上四分五裂之秋。袁在世時，中央政府把平息此起彼伏的內亂視作當務之急；此後，各省軍閥為控制中央政府和擴張地盤而陷入混戰，給邊疆地區離心勢力的興起提供了可乘之機。但是，也存在著對中國有利的條件，以防止邊疆地區的丟失。首先，由於中國社會精英階層對民族存亡的關注日益增加，加上兩個世紀以來邊疆與內地的日漸融合，因此到清朝末年，中國人已不再將自己的國家等同於內地十八個省而已；公眾通常都接受一個擴大了的"中國"的概念，其領土既包括以漢人為主的內地，也包含非漢人為主的邊疆地區（參見 Esherick 2006）。因此，政府是否有能力保衛邊疆，維持中國的遼闊疆域，直接影響到它的正當性。中央政府以及各支地方勢力，都不約而同地面臨來自公眾的巨大壓力，即無論任何時候邊疆受到威脅，都要採取行動加以保護。另一個同樣重要的事實是，邊疆地區的統治精英們並非鐵板一塊皆尋求脫離中國；他們可分為兩類，一類是那些從中國中央政府與地方宗教及行政機構的既有安排中獲得好處的人，另一類是挑戰現存的利益和權力關係模式的人。更具決定性的，是邊疆地區所處的地緣政治環境：周邊列強的實力消長和戰略目標，直接影響到邊疆領袖們的決定，是尋求分裂和列強的保護，還是留在中國。因此，民國時期中國在多大程度上能保衛和重建邊疆，取決於三種因素的相互影響：中國國內領導者的決心和能力，邊疆統治精英們的態度和實力，以及周圍列強的戰略。

民國時期邊疆各地區局勢的變化，還取決於它們在清朝覆亡之前與內地在行政上的整合程度。自把新疆納入版圖之後，清廷即鼓勵漢人遷居至該地區的東部和北部經商和從事農耕；至 19 世紀早期，清廷在新疆南部也因不再信任當地原著居民，轉而日益依靠在那裏經商的漢人（Millward 1998: 114-117, 225-226）。總體而言，1884 年建省以後，新疆對北京麻煩最小，這是因為在 1875—1878 年左宗棠遠征之後，其行政體制一直掌握在漢人手裏；左宗棠的那些多半來自其故鄉湖南的下屬們，後來執掌了該省大部分區域的地方權力機構。在清朝的最後幾年，新疆的省長職位一直由漢人官僚充任，而另一職位伊犁將軍，則由滿人控制，負責地方防衛和對外事務，但其影響力局限於該省西北邊境沿線的伊犁和塔城地區。1911 年後，督軍楊增新（1864—1928）統治新疆十七年，直至死於暗殺。他將全省的管理體制加以集中化，在 1916 到 1919 年間，把伊犁、塔城和阿爾泰的軍權置於其直接控制之下（谷苞 2005, 5: 52；陳慧生、陳超 2007: 71-73）。和其他省份的軍閥一樣，楊獨攬新疆的軍政大權，使該省具有獨立於北京的高度自主性，但是他也致力於捍衛中國對新疆的主權，從未打算將該省脫離民國。因此，對北京政府來說，在維護中國的領土完整方面，麻煩主要來自西藏和外蒙古，這兩個地區在清代大體上已具有一定自主性，而在 1912 年之後，則對民國政府更具離心傾向。

宗主權下的自主：1912－1950 年的西藏

相較於新疆和蒙古，西藏在清代並沒有多少漢人遷入，並且與內地之間也缺少任何實質性的行政整合。這一事實，加上在地理上與內地隔絕，使得西藏最有可能尋求脫離中國。不過，西藏從未正式宣佈建立一個屬於自己的獨立國家；整個民國時代，西藏的宗教和世俗領袖及其背後的外國勢力，從未正式否定過中國對這片高原的主權或至少是他們所說的"宗主權"（suzerainty）。所有這些，都為日後中華人民共和國提供了歷史依據，使其能夠在 1950 年代採取堅決措施，將西藏變成其自治區，置於北京的行政和軍事的完全控制之下。

離心傾向

西藏精英們對清廷的漠視，最初表現在 1890 年和 1893 年分別與英國簽訂的兩個條約，割讓西藏的部分領土給英國的保護國錫金（哲孟雄），以及開放鄰近錫金的西藏亞東給英國臣民前往貿易。但在十三世達賴喇嘛的領導下，西藏也對英國的滲透加以抵制，並在 1904 年 7 月江孜的武裝抵抗中達到頂峰。結果西藏軍隊潰敗，英軍隨後佔領拉薩，達賴喇嘛逃往外蒙古。同年，西藏代理攝政王和英國代表簽訂條約，規定西藏再開放兩個通商口岸，拆除通往拉薩的沿途防衛設施，支付英國戰爭賠款，最重要的是，西藏將不許任何其他外來國家干涉西藏的內部事務、使用其土地或者經商，除非也給英國提供同樣的通商權利。然而，由於沒有達賴喇嘛和清朝駐藏大臣簽字，該條約缺乏足夠的合法性。因此，英國與北京政府於 1906 年 4 月 27 日談判並簽署了另一個條約，將 1904 年的條約作為附件包含在內，但承認中國對西藏的主權（Hertslet 1908: 203）。

然而，清廷始終未能獲得西藏領袖們的順服。駐藏大臣有泰（1846—1910）對西藏武裝抗英持反對態度，但後來卻把藏軍的失敗歸咎於達賴喇嘛。基於他的這一誤導性報告，清廷於 1904 年剝奪了土登嘉措（1876—1933）的達賴喇嘛尊號。1907 年，土登嘉措拜訪北京期間，清廷恢復了他的達賴喇嘛尊號。土登嘉措還要求有權直接向朝廷報告，但遭到拒絕；清廷堅持由駐藏大臣作為兩者之間的中介。1909 年達賴喇嘛回到西藏後，形勢更加惡化。應新任駐藏大臣聯豫之請，四川的 2,000 名訓練極差的新軍士兵不顧達賴喇嘛的反對，進入西藏。他們在拉薩肆意射殺，導致達賴喇嘛逃往印度。清廷於 1910 年 2 月再次褫奪了他的尊號。

民國成立後不久，大總統袁世凱便於 1912 年 10 月決定派遣更多的軍隊到西藏，並"恢復"土登嘉措的達賴喇嘛尊號。1913 年 10 月至 1914 年 7 月，為重新界定西藏的地位，在印度北部的西姆拉舉行了　次會議。與會三方都有各自的目標。西藏代表最初的目標是尋求"西藏獨立"，並劃分與中國內地的界線，欲將整個青海省和四川邊界地區劃入其疆域範圍。英國沒有公開提出西藏從中國獨立，但希望將西藏變成印度和中國之間的一個緩衝，迫使中國從 1906 年條約所規定的位置撤退，從而建立起它在西藏的支配地位，把中國在西藏的角色縮減成一個有名無實的宗主國。北京則想要捍衛其地位，堅稱西藏是中國的一部分，維持其在拉薩 2,600 人的駐防力量，並對西藏內外事務擁有最終決定權。然而，由於面臨著更為緊要的任務，包括平息華南各省叛亂和尋求西方列強（尤其是英國）的承認，除了將西藏劃分為所謂"內藏"和"外藏"地區的提議之外,北京不得不對英國的其他各項要求讓步。該會議的結果是英國和西藏代表們正式簽署所謂《西姆拉條約》,承認中國對西藏的"宗主權"和"外藏自治"。條約還規定中國"不能將西藏變成中國的一個省",英國"不能吞併西藏或其任何部分"(Goldstein 1989: 833)。然而,儘管會議結束時中國代表在條約草案上已預先簽過字,但由於細節披露後政府內部的強烈反對,北京拒絕批准該條約。[1]

"向內"

因此,在接下來的幾十年,西藏仍處於相對於中國政府的"自主"狀態,但並未作為一個主權國家正式宣稱其"獨立"。拉薩和北京(1927年後的南京)之間的實際關係,會根據不同的西藏領導者而改變。十三世達賴喇嘛不時地表達其"向內"的意願,以改善與北京或南京的民國政府的關係,同時與英國保持距離,並懲罰拉薩的親英派精英。他這一態度上的改變,部分是與西藏精英兩個派系之間的分裂有關。老派主要由拉薩重要佛寺的高僧和領袖組成,為了保持既有身份和特權,他們贊成維持現狀,包括西藏與北京的傳統紐帶,同時反對加重其納稅負擔的西化改革。新派由世俗的行政領袖組成,尤其是那些控制了新建或改良的軍隊、警察力量,因而能從他們與英國的關係中獲益的人,他們主張親英的政策和西藏從中國獨立。年輕的親英派軍官們在1923年策劃了一場反對達賴喇嘛的政變,儘管無疾而終,但達賴喇嘛本人還是感受到了一種直接的威脅。為遏制新派精英的影響,他把這些軍官調離其職位,解散軍事訓練中心,關閉拉薩的英語學校,禁止藏人有西式穿著。

---

1 英國和西藏代表在會議上的秘密協定,重新確定了西藏和印度之間的界線,在西藏政府沒有預先授權其代表就邊界問題進行協商的情況下,西藏代表並未正式報告給達賴喇嘛,會議多年之後也沒有被英國政府公開(Goldstein 1989: 75-76, 299-309, 412-419)。這一界線(以英國代表命名,被稱為"麥克馬洪線")將一直在西藏政府治下的七萬多平方公里的土地,擅自劃歸印度。這一偽造的"邊界線"歷屆中國政府都明確反對,更從未承認。後來這成為1960年代初中國和印度邊界爭端的焦點。

導致達賴喇嘛傾向於親近北京和後來的南京的另一個因素，是西藏經濟形勢的惡化。1910 年代到 1930 年代初期，西藏與內地四川、青海交界地帶持續出現緊張狀態乃至戰事，阻礙了雙方的貿易活動，因此從內地輸入商品的價格直線上升。貢覺仲尼（1883—1944）以達賴喇嘛代表的身份於 1929 年訪問南京，親自向蔣介石表達達賴喇嘛"向內"的意願，據其所言，由於西藏與內地關係不穩，茶葉價格已經上升了十倍（XZDA, 6: 2481）。由於無法從鄰近省份採購糧食，邊界沿線的藏軍不得不轉而向當地藏民尋求食物供應，影響到百姓生計。西藏還試圖從英國和印度進口商品，或購買西藏本地產品，以減少對內地貿易的依賴，但是英國和西藏貨幣之間的兌換率不公平，給西藏帶來巨大損失。達賴喇嘛積極考慮"向內"政策，還因為他與九世班禪額爾德尼（圖丹曲吉尼瑪，1883—1937）之間有競爭關係，後者因無法忍受達賴喇嘛的敵意和人身威脅，於 1924 年逃往內地。班禪額爾德尼受到中央和各省當局的熱烈歡迎，無論走到哪裏，都獲得儀式莊嚴的禮待。為抵消班禪額爾德尼在內地的影響力，達賴喇嘛很有必要通過緩和與民國政府的關係，來提升自己在內地的形象。

達賴喇嘛的"向內"姿態，始於 1919 年 11 月接見甘肅督軍派往拉薩的代表。據說，達賴喇嘛在餞別宴會上告訴客人，他過去的"親英"行為並不體現他的"真正意圖"，而是清朝駐藏大臣們"過分強迫"所致。此外，他還表達了"傾心向內，同謀五族幸福"的決心（XZDF: 353）。在南京國民政府成立後，達賴喇嘛還讓他的上述代表訪問山西和南京，解釋了達賴喇嘛的三項要點，即"不與英國為友，不背叛中央政府，願意歡迎班禪額爾德尼返藏"（XZDA, 6: 2475）。據貢覺仲尼解釋，達賴喇嘛從未與英國結盟，他承諾西藏的行政、軍事和外交事務將來都服從中央政府的管理，並允許中央政府的代表常駐西藏，同時西藏也應有充分的自主。南京政府特使劉曼卿（1906—1942）於 1930 年 2 月至 5 月訪問了拉薩。據說，達賴喇嘛在與她的談話中作了以下表示："英國的確打算引誘我，但我知道我們的主權不能妥協。〔英國人和西藏人〕性格和天性互不相容，因此，當他們來這裏時，我只是敷衍地應付他們，不會對他們有一丁點兒的權利讓步。只要中國實現國內統一，和平解決西藏和西康問題就不難。"達賴喇嘛還告訴劉，在目睹"印度人在最近抵抗英國殘酷剝削時無法言說的痛苦"之後，"我最希望的是中國真正的和平統一"，西藏和內地省份的邊界爭端絕對不應通過暴力解決，因為它們"都屬中國的領土"（XZDF: 357-358）。達賴喇嘛還答應國民政府的邀請，派了六名正式代表和三名不投票代表，參加 1931 年 5 月在南京召開的國民會議；班禪額爾德尼也派了四名正式代表和五名不投票代表參加同一會議。

班禪額爾德尼是提倡親內地政策最熱心的西藏領袖。他在 1929 年 1 月南京"班禪額爾德尼駐京辦事處"揭幕典禮上發言時，這樣描述西藏與內地的關係："原西藏立於中國，自漢唐以還，關係日深，清季更置官兵戍守，徵諸歷史與地理上之關係，西藏欲捨中國而謀自主，實不可能；及之中國失去西藏，亦猶車之失輔，故中藏關係，合則兩益，分則俱傷，此一定之道也。"（XZDA, 7: 3089）他渴望返回西藏，於 1932 年 12 月接受了南京政府"西陲宣化使"的任命，開始為歸途作準備。他還接受了南京 100 萬元的經費和一支 300 人的護衛隊。十三世達賴喇嘛也歡迎他的歸來。不幸的是，1933 年 12 月十三世達賴喇嘛去世後，班禪額爾德尼的返藏計劃並未成功。一個原因是西藏世俗當權人物的反對，他們把班禪的回歸，視作對其政治地位和經濟利益的威脅，因為班禪一旦回來，便將是西藏唯一存世的宗教領袖，享有崇高的地位，而後藏的世俗機構將再也不能在當地徵稅，因為後藏在班禪 1924 年出走前一直在其統治之下；那些曾捲入迫使班禪出走的活動的人，也擔心他回來後會報復。然而，更重要的原因是英國的反對，它把親內地領袖的回歸視為其在西藏影響力的直接威脅。英方與班禪及南京政府之間的爭議，集中在伴隨班禪回藏的 300 個內地護衛上。南京政府確實打算以此為手段，增強其在西藏的存在感，而英國和西藏世俗政權卻將其解釋成內地政權重新控制西藏的第一步。1937 年 7 月抗日戰爭全面爆發後，南京政府急需西方列強的幫助，只好不再堅持，讓班禪的回歸之旅延後。班禪額爾德尼於 1937 年 12 月在憂憤中去世。

1934 年後國民政府影響力之消長

　　十三世達賴喇嘛去世後，五世熱振活佛（1912─1947）於 1934 年 1 月被選為西藏攝政王，直至 1941 年辭職。南京政府對西藏的影響在其攝政期間達到高潮。熱振就任攝政王伊始，便向南京報告其履新；自 1912 年民國成立以來，西藏領袖的這種行為算是首次，很明顯是因為他想獲得國民政府對其權力的確認，因為此時的國民政府剛在內地制服了所有地方軍閥，一個統一、強大的中國的前景近在眼前。當年 8 月，西藏政府接待了由黃慕松（1884─1937）率領的國民政府代表團，參加已過世的達賴喇嘛的葬禮。接待禮儀堪比 1911 年前對清廷駐藏大臣的歡迎場面。在與黃的對話中，西藏領袖們堅持反對在拉薩駐紮內地軍隊，堅持在西藏與西康邊界問題上的立場，但是他們同意 "對外西藏為中國之領土"，"西藏內外之大小權力暨法規等，無違害政教者，可以依從中國政府之諭"；此外，"西藏與外國立約而洽商之重大事宜，則由漢藏共同辦理"（*XZDA*, 6: 2684）。換言之，西藏政府繼續捍衛其自主，但不否認中國對西藏的主權。

　　熱振攝政時期有國民政府代表團介入的另一個重要事件，是十四世達賴喇嘛的選擇和冊封。在確認了三位靈童候選人之後，熱振即向國民政府報告，並邀請中央派代表來參加儀式，按照清代既有慣例，抽籤選定新達賴喇嘛。作為回應，國民政府於 1938 年 12 月派出蒙藏委員會委員長吳忠信（1884─1959）作為代表。吳於 1940 年 1 月 15 日抵達拉薩，受到西藏政府的熱烈歡迎。然而，此時熱振已選定來自青海的靈童，作為真正的轉世達賴喇嘛。吳堅持要在免除抽籤之前親自驗看靈童。他此後的所有活動均順利進行，直到 2 月 22 日在新達賴喇嘛冊封儀式上出現座位問題。由於吳的堅持和熱振的支持，吳挨著新達賴喇嘛坐在其右側，面朝南方，而不是與達賴喇嘛面前的其他嘉賓坐在一起，面朝北方。本應與其他嘉賓坐在一起的英國代表，最後沒有出席儀式。兩周之後，也就是在吳離開前的 4 月 1 日，也因為熱振的支持，國民政府在拉薩成立了一個永久性的蒙藏事務委員會駐藏辦事處（CMTA）（*XZZL*: 297-305）。

在熱振下台、三世達扎活佛（1874—1952）成為攝政王（1941—1950）之後，西藏與國民政府的關係開始惡化。為謀求"西藏獨立"，達扎於 1942 年 7 月宣佈成立"外事局"，停止其政府對蒙藏事務委員會駐藏辦事處的供應，並告知辦事處，有關漢人和藏人的任何問題皆須直接與外事局聯繫，但是辦事處堅決拒絕與外事局打交道，這導致西藏政府在 1943 年另設機構來與其接洽。尋求"西藏獨立"地位的第二項嘗試，是他聽從英國政府在拉薩代表黎吉生（Hugh Edward Richardson, 1905—2000）的建議，決定派一個代表團參加 1947 年 3 月在新德里召開的亞洲關係會議。在中國代表團抗議之後，會議組織者從各與會國的一排國旗中撤掉了藏軍所使用的"雪獅旗"，並修改了講壇後面將西藏作為另一個國家區別於中國的巨幅亞洲地圖。試圖在國際上顯示"西藏獨立"姿態的另一個動作，是派出一個"商業代表團"於 1947 年 12 月到 1949 年 3 月出境旅行。西藏和國民政府所關心的，都是目的地國家如何對待代表團，尤其是如何處理代表團成員的旅行文件。對西藏代表團來說，攜帶一個被到訪國所接受的"西藏護照"，毫無疑問是西藏被認可為獨立國家的標誌。不過，代表團所訪問的國家中，沒有一個官方承認他們的護照。為回應中國大使的質詢，印度政府答覆稱，按照慣例西藏旅行者無需任何護照或官方文件即可合法進入印度。美國國務卿喬治·馬歇爾（1880—1959）向中國大使保證，他的政府完全尊重國民政府的立場，因此，其在香港的總領事館只向西藏代表團簽發入境許可證，而非在其成員護照上使用標準簽證。英國政府向中國大使館解釋說，它把代表團的拜訪僅僅當作"一次私人的商業事務，不具備任何官方效力"（Grunfeld 1996: 89），而且只要求代表團成員使用宣誓書而非護照，以頒發簽證（周谷 1990）。

一個 "獨立的西藏"？

西藏與民國政府之間關係的不斷變化，某種程度上反映了英國與中國內地政權對這片高原的主導權之爭。事實證明，來自英國政府或其在西藏的代理人的支持，對於親英派精英們追求 "西藏獨立" 的活動十分關鍵。但是英國始終避免公開倡導 "西藏獨立"，它感興趣的只是將西藏變成一個中印之間的緩衝；只有在認可中國對西藏的名義上的宗主權的同時，建立其在該緩衝地帶的主導權，這一策略才符合英國全球性目標的最大利益，包括其在遠東的影響力。對英國政府來講，保持其在中國內地和香港地區的政治影響和商業利益，遠遠超過它從一個獨立的西藏政權所能獲取的潛在物質好處。美國也不想通過支持西藏的獨立來冒犯中國。在二戰期間，它需要中國作為盟國，保持合作，並在戰後繼續支持國民黨中國，以便在與蘇聯即將到來的衝突中保衛其在亞洲的利益。中國在 1945 年後成為聯合國安理會五個常任理事國之一，在全球事務中扮演日益重要的角色，也使得包括印度在內的其他國家，對公開支持 "西藏獨立" 有所收斂。

自 1912 年民國肇建以來，中國政府既沒有謀求對西藏內部事務的實際控制，也沒有將西藏納入內地的行政體制。由於要專心對付逼迫甚緊的諸多國內外對手，北京政府以及後來的南京國民政府，既沒有決心也沒有能力將西藏置於其行政和軍事控制之下。因此，它們在西藏的目標，只是防止這片高原正式從中國脫離，以維護中國的領土統一，這對於中央政府維持其合法性至關重要。可以理解，民國政府處理與西藏關係的基本方針是維持現狀，亦即維持承襲自清代的既有制度安排，這方面最好的例證便是 1946 年蒙藏事務委員會給駐拉薩辦事處的訓令："以無事為大事，無功為大功"（*WSZL*, 79: 130）。

所以，民國政府捍衛其在西藏權利的努力，以及親英派藏人謀求 "西藏獨立" 的嘗試，都只限於象徵性層面，這在前者堅持其代表團在冊封十四世達賴喇嘛時的座次，或後者在境外試圖使用自己的護照和旗幟上，皆可窺見一斑。而最終決定西藏與內地關係或其他國家之間關係的，依然是 20 世紀上半期的地緣政治環境。這體現於兩個基本事實。其一，儘管國民政府不斷努力捍衛中國對於西藏的統治權，但它對西藏的內部事務卻幾乎沒有任何控制能力，包括達賴喇嘛的選定和冊封。與清廷相比，民國政府在 1934 年之前並無代表機構常駐西藏，因此它在拉薩的影響力受到極大限制；1934 年以後，蒙藏事務委員會駐拉薩辦事處也並不比清廷的駐藏大臣更具影響力，後者在 1911 年以前，位居西藏政府的世俗權力之上。民國政權甚至未能扮演其為英國所認可的"宗主國"角色，在處理西藏的對外關係和冊封其領導層方面，並未主動積極地行使其宗主權；它對西藏的控制通常採取消極、被動的方式：對外，它只力圖阻止西藏與其他國家發展正式的外交關係；對內，它只想要確保從清朝繼承而來的權利受西藏尊重。

其二，儘管有著相對於中國的實質性"自主"，西藏政府在 20 世紀上半葉從未成功或者甚至從未認真地嘗試在西藏建立一個"獨立國家"。部分支持獨立的藏人願意把十三世達賴喇嘛於 1913 年 1 月從印度回到拉薩之後所發佈的一份給藏人官民的文告，視作西藏的"獨立宣言"。的確，達賴在通告中責怪四川、雲南的漢人當局"力圖對我們的疆土進行殖民"（指 1909 年數千川兵進藏），宣稱"現在中國要在護主與僧侶的關係下對西藏殖民的企圖已經猶如天上的一道彩虹消失了"（指 1911 年 10 月武昌辛亥首義爆發後，藏人也展開武裝暴動，於 1912 年 4 月把約三千駐藏漢人官兵逐出藏區），並且表示"我們必須保衛'我們的國家'"（Shakabpa 1967: 246-247）。但達賴這樣做有一個特定的背景。如前所述，在此之前，他曾經被清廷兩次褫奪其尊號，被迫流亡印度。民國成立後，大總統袁世凱致電達賴，再次"恢復"其尊號。達賴對前清的上述做法依然心懷憤恨，因此答覆袁世凱，他並未要求中國政府給以尊號，並且說，他"有意在西藏施行世俗的和僧侶的統治"（Goldstein 1989: 59-60）。但同樣清楚的是，達賴在這篇文告中，並沒有說內地中央政權與藏人之間的"護主—僧侶"關係已經如同彩虹一般不復存在，他在這裏所指的僅僅是漢人對藏區的"殖民"企圖，事實上他此時依

然 "樂見護主—僧侶理念的繼續存在"（van Schaik 2011: 285）。其次，與達賴的宗教地位同樣重要的另一位藏傳佛教領袖，統治後藏和倉地區（Tsang）的班禪額爾德尼，在此期間一直對達賴持拒不合作的態度，其支持者在班禪的家鄉日喀則地區也拒絕趕走漢人（Goldstein 1989: 62-63）。因此，達賴的文告並不能代表全體藏人的立場。再者，如前所述，十三世達賴本人的態度後來也發生了明顯的變化，至少在口頭上承認西藏是中國領土的一部分。最為重要的是，世界上沒有任何國家官方承認西藏的獨立，並與其建立正式的外交關係；1945 年以後，它也沒有被新成立的聯合國接受為成員之一。換句話說，西藏缺乏被認定為 "一個獨立國家" 的基本特徵。另一方面，中國對西藏的權利卻被廣泛認可。不僅英國始終官方承認中國對西藏的 "宗主權"，西藏的領袖們包括十三世達賴喇嘛、九世班禪額爾德尼和攝政王熱振都在特定場合承認過西藏是中國領土的一部分，接受北京或南京的民國政府是西藏的 "中央政府"。1949 年後的中華人民共和國政府與西藏地方之間的關係，正是在此種背景下展開的。人民共和國的領導者像民國的前輩們一樣致力於中國的領土統一；其唯一不同於 1949 年以前的地方在於，他們不僅認為捍衛中國對西藏的主權是正確的，而且更重要的是，他們有決心、有能力去這樣做。畢竟，對於 1950 年代的共產黨領導者們來說，把西藏變成中華人民共和國的自治區，並且派遣內地軍隊到拉薩，只是恢復和延續了 1911 年以前便已存在、而後來只不過一度弱化了的中央政府與西藏地區的關係。

從自主到獨立：1911—1946 年的外蒙古

未獲承認的獨立

與地理位置上遠離內地政治中心的西藏相較，外蒙古離北京更近，因此受清末十年新政影響更大。外蒙古的宗教和政治精英對損害其特權的新政普遍感到憤懣，因而也比西藏更具脫離中國的傾向；這一點，再加上有沙俄撐腰，導致蒙古精英比藏人走得更遠，終於在 1911 年末正式宣告外蒙古從中國獨立。

外蒙古的獨立，在某種程度上跟當地精英抵制清廷新政有關。不同於其涉藏政策，清廷積極致力於對外蒙古的統治，讓庫倫（今烏蘭巴托）的辦事大臣監督哲布尊丹巴呼圖克圖的活動，讓烏里雅蘇台將軍和科布多參贊大臣負責當地防務。最後一任辦事大臣三多（1871—1941）在 1900 年以後積極推行 "新政"，創設了許多新的政府機構和軍事單位，以及學堂、警察、診所、商品陳列廳、郵政局、電報局等。當地人反對這些項目，因為他們從中看不到有何好處，而納稅負擔卻大為增加。那些以遊牧為生的人，也反對鼓勵漢人遷移和把牧場開墾為農田的政策，認為這只是增加了當地政府的田賦和地租收入（汪炳明 1990）。外蒙古精英中最為不滿的是那些王公貴族，他們原先享有的政府津貼被取消或降低，還不得不為當地新政項目出資。比如，八世哲布尊丹巴呼圖克圖本人便購買了 6 萬兩債券（海純良 2009）。

蒙古人很清楚，如果沒有俄國的支持，要尋求獨立是不可能成功的。但是俄國在外蒙古的策略，與蒙古人的目標並非一致。它只打算把外蒙古變成自己與中國和日本之間的一個緩衝區；在俄國看來，蒙古的獨立將會惡化俄國與日本的關係，導致列強們相互競爭，從而威脅俄國在該地區的統治，並且將來還會對俄國構成一個潛在的麻煩鄰居（Paine 1996: 290-291）。因此，沙皇俄國的最大利益在於使外蒙古成為其保護國，接受中國的宗主權，但保持其完全的自主，這與英國對西藏的策略本質上是一樣的。因此，不足為奇的是，1911 年 7 月，當杭達多爾濟（1869—1915）率領蒙古代表團於訪問俄國，尋求對方支持外蒙古獨立時，俄國只答應做中國和蒙古之間的調停者，建議清廷停止在外蒙古的新政。然而，為增強在外蒙古的影響力，俄國給蒙古人提供了一筆 200 萬盧布的貸款和大量武器，幫助訓練蒙古士兵，同時派遣一支 800 多人的騎兵隊伍來到庫倫，以強化其影響力。不久，武昌辛亥革命爆發，蒙古領導層視之為爭取獨立的絕佳機會，在庫倫集結蒙古軍隊，解除了那裏的清軍駐防力量，強迫三多及其隨從離開，並在 1911 年 12 月 1 日宣佈成立一個獨立的蒙古國家，八世哲布尊丹巴呼圖克圖登基，稱作博格多汗，成為一名神權統治者。

1912 年 11 月俄國與蒙古簽訂的《俄蒙協約》，反映了俄國在該地區未曾改變的策略：它支持蒙古維持自主，但拒絕承認蒙古是一個獨立國家；然而，雙方都同意，不允許任何中國軍隊進入蒙古領土，不允許任何漢人遷往蒙古並在此拓殖。北京的民國政府作出回應，拒絕承認該條約，堅持外蒙古是中國的一部分，有關外蒙古的任何條約都必須與中國中央政府而不是與庫倫簽訂。然而，當時的袁世凱還面臨著更為緊要的任務，包括對付支持國民黨的南方各省、尋求列強對北京政府的承認，並獲取包括俄國銀行參加的巨額外國貸款，因此他不得不從原有立場後退，開始就外蒙古的地位問題與俄國談判。結果於 1913 年 5 月簽署了關於蒙古的六條協定，其中俄國承認蒙古是中國領土的一部分，同意不再往外蒙古派遣軍隊；中國同意不改變蒙古已有的自主制度，認可其有權組織自己的軍隊和警察，有權拒絕非蒙古人民的移入，承認 1912 年《俄蒙協約》中所規定的俄國在外蒙古的商業特權（*MGWJ*, 1: 120）。

然而，協定不能使任何一方滿意，很快就被國民黨控制的北京政府參議院否決，並被俄國政府單方面廢止。隨後談判又在北京恢復了，結果於 1913 年 11 月簽署了五條協定。根據該協定，俄國承認中國對外蒙古的"宗主權"，同意不往外蒙古派遣軍隊和移民；中國承認外蒙古自主及其有權處理內部事務，但保留北京派遣專員和武裝部隊駐紮庫倫及外蒙古其他地方的權利。在協定的四項附加條款中，俄國進一步承認外蒙古是中國領土的一部分，中國政府同意將來任何有關外蒙古的政治和領土問題都與俄國政府商議（*YZHB*, 2: 947-948）。中、俄、外蒙於 1915 年 6 月簽署的另一條約中大體上重申了這些條款（同上：1116-1120）。結果是外蒙古未能成為一個獨立的國家。北京繼續派遣專員和駐防部隊到庫倫和外蒙古的其他地方；最重要的是，北京保留了冊封蒙古政府實際領導者哲布尊丹巴呼圖克圖尊號的權利，並且在 1916 年 7 月也確實做到了。

從取消自治到最終獨立

　　1917 年俄國十月革命的爆發，對外蒙古產生了直接影響。由於再也不能向俄國尋求保護，蒙古人在境內境外均面臨各種不確定性。外有白俄軍隊的迅速增長，蘇俄紅軍以鎮壓白軍為藉口入侵，以及日本人的滲透，並試圖與白俄合作，建立一個獨立的蒙古政府，進而將整個蒙古置於其控制之下；內有蒙古精英之間的分裂與衝突。博格多汗身邊的所謂"黃派"在 1911 年底宣告獨立之後繼續控制政府職位，而 1911 年以前曾統治喀爾喀蒙古的"黑派"貴族則試圖將政府權力從黃派手裏奪回來。1917 年以後，黃派失去俄國支持，派系鬥爭加劇。為達到目標，黑派成員不顧黃派的反對，向駐庫倫的北京特派員表達了結束外蒙古自主的意願，以換取北京的支持。經過蒙古貴族與北京政府之間的協商，加上新任西北籌邊使徐樹錚（1880—1925）的壓力，外蒙古領導者於 1919 年 11 月 18 日向北京請求結束其政府的自主狀態。四天之後，北京正式宣佈取消外蒙古自治，並恢復與外蒙古在清朝便已存在的關係（*MGWJ*, 1: 513-514）。

　　然而，北京與外蒙古之間原初關係的恢復為時短暫。1921 年 2 月，由恩琴男爵率領的一支沙俄騎兵佔領了庫倫並驅逐了中國軍隊。在恩琴策劃下，博格多汗再次宣告外蒙古獨立。五個月後，由蘇赫巴托爾領導的一支蒙古抵抗力量，和蘇俄紅軍部隊一起佔領了庫倫，於 1921 年 7 月 11 日成立了一個獨立的"人民政府"，以博格多汗為名義上的首腦。1924 年，博格多汗神秘死亡，君主制隨即被廢除，該政權也被重新命名為蒙古人民共和國。

　　蘇俄的支持是外蒙古成功獨立的關鍵。蘇俄政府在 1919 年 8 月 3 日發佈聲明，宣稱蒙古是"一個自由的國家"，權力屬蒙古人民。1921 年 7 月，紅軍（含步兵、騎兵、炮兵共超過 10,000 人）進入外蒙古，打敗白軍，佔領庫倫，直接導致蒙古"人民政府"的成立。在 11 月 5 日與蒙古新政權簽

署的協定中，蘇俄承認其為蒙古"唯一合法的政府"。1923 年 2 月 20 日，
蘇俄與蒙古政府簽署秘密協定，進一步規定蒙古政府使用蘇俄顧問，蘇俄
軍隊駐紮蒙古（敖光旭 2007: 60）。而在此前不到一個月，蘇俄外交官越飛
（1883—1927）還在中國向廣州革命政府領袖孫中山保證，"俄國現政府決
無意思與目的，在外蒙古實施帝國主義之政策，或使其與中國分立"（SZS,
7: 52）。為改善與中國的關係，蘇聯駐北京大使加拉罕（1889—1937）與中
國外務部長顧維鈞（1888—1985）於 1924 年 5 月 31 日簽署協定，其中第
五條為"蘇聯政府承認外蒙古為完全中華民國之一部分，及尊重在該領土
內中國之主權"（YZHB, 3: 423）。可是五個月後，蒙古人民共和國即宣告成
立，蘇俄顧問在其政府中起到關鍵作用，蘇俄軍隊也控制了其領土。然而，
除了蘇聯之外，沒有其他國家承認蒙古是一個獨立國家。

　　這裏很有必要審視一下中國內部的各支政治力量對外蒙古獨立及蘇聯所
扮演角色的不同態度。1917 年後的幾年裏，北京政府發現自己在與蘇聯交
往中佔有優勢，後者於 1918—1919 年間遭受多國聯手圍攻，尤其是日本在
俄國遠東地區的威脅一直持續到 1922 年；在經受了各國聯合干涉之後，蘇
俄急需獲得各國的外交承認，來結束其在國際社會的孤立。為了爭取中國支
持，與中國重新建立貿易關係，以克服國內的食物短缺，蘇維埃政府宣告願
意放棄所有在華特權，包括沙俄政府在中國獲得的庚子賠款。然而，北京政
府懷疑蘇維埃政府的誠意，擔心俄國革命在中國的影響，因而忽略了這項宣
告，對蘇俄依然採取敵視態度，並且作為協約國成員，加入了各國對蘇俄的
干涉行動。為捍衛中國對外蒙古的主權，北京政府於 1921 年 4 月計劃遠征
該地區，作為對恩琴佔領庫倫的回應。在蘇俄軍隊擊敗那裏的白軍之後，北
京進一步要求歸還庫倫和其他被紅軍佔領的地方，並要求蘇俄軍隊從外蒙古
撤出。它還抗議蘇俄與蒙古新政權在 1922 年簽署的秘密協定，使蘇俄在上
述 1924 年協定中承認外蒙古是中國的一部分，並承諾從那裏撤軍。

　　因此，儘管輪番控制中央政府的軍閥們之間衝突不斷，北京始終堅持捍
衛中國在北部邊疆的利益和權利，部分是因為他們自身對政權合法性的需

要，部分是因為在西方接受訓練的新一代中國外交官的專業能力。相比之下，地方派系對邊疆問題採取了更為實用的方法。例如，為獲取蘇俄的軍事和財政援助，孫中山於 1922 年 8 月致信越飛，稱蘇俄軍隊不必從外蒙古撤退，因為蘇俄無意佔領該區域。作為回報，越飛提議給孫提供為時十個月計 2,000 萬美元的貸款，條件是孫要與開明的直系軍閥吳佩孚合作，共同對付與蘇俄公開為敵的奉系，並在中國建立一個親蘇政府（*GCGJ*, 1: 130-146）。不出意料，在 1923 年 1 月簽署的孫文越飛宣言中，二人一致同意蘇俄軍隊無需立即撤離外蒙古，曾由沙俄投資的滿洲鐵路，仍將由俄國人管理（*SZS*, 7: 52）。奉系首領張作霖，則更加投機取巧。在 1921 年 4 月由華北各路軍閥參加的天津會議上，張表現得最為熱情，要率領一支遠征部隊，將外蒙古從白俄手中奪回來。在收到北京政府提供的 300 萬元資助後，他把自己的部隊派往熱河，將該省置於其控制之下，卻拒絕命令其部隊再往北開進；在蘇俄軍隊佔領庫倫之後，他停止了出兵行動，並請求北京與莫斯科就歸還該城的問題進行談判（胡玉海、里蓉 2005: 260）。

外蒙古在二戰以後作為一個獨立國家獲得外交承認，是蘇、美、英三國首腦之間秘密交易和中、蘇政府之間協商的結果。根據斯大林、羅斯福和丘吉爾在 1945 年 2 月 11 日雅爾塔會議上簽署的關於日本的秘密協定，蘇聯將在德國投降兩到三個月之後參加對日作戰，條件是 “外蒙古（蒙古人民共和國）現狀須予維持”，“由日本 1904 年背信棄義進攻所破壞” 的俄國在滿洲的權益須予恢復。但各方對外蒙古的 “現狀” 有不同的理解。對斯大林來說，這即意味著蘇聯否定了早先在 1924 年中蘇協定中所申明的立場，並意味著中國承認外蒙古的獨立。然而，對美國來說，這意味著中國對外蒙古的 “宗主權” 繼續存在，儘管在實際上已無力執行。對南京政府而言，這僅僅意味著 1924 年中蘇協定中所確認的中國對外蒙古的主權（吳景平 1998: 465）。

南京政府遲至 1945 年 6 月 14 日才得知這份協定。實際上，當時它已不再需要為了讓蘇聯加入對日作戰而接受斯大林所提出的條件，因為 8 月 6 日廣島原子彈爆炸之後，即使沒有蘇聯參戰，日本的失敗也已成定局。然而，為確保蘇聯在日本投降後有權力討價還價，斯大林於 8 月 9 日匆忙對日宣戰。不過，此時能令其滿意的中蘇條約尚未簽署。斯大林逼迫南京接受其條款的真正砝碼，其實是他對中國即將到來的國共內戰的態度，以及日本投降後對蘇聯佔領滿洲的態度。在協商中，斯大林威脅南京政府外交部長宋子文，如果兩國政府之間不簽署條約的話，中國共產黨的軍隊將被允許進入滿洲（Harriman 1975: 496）。對蔣來說，蘇聯的站隊，在他與共產黨的對抗中具有決定性。在獲得斯大林的保證（即蘇聯不會向共產黨提供精神上和物質上的援助，中國所有的軍事力量都應受國民政府控制，且蘇聯會盡力促成中國在蔣介石領導下的統一）之後，蔣終於向斯大林的壓力讓步（Truman 1999: 269）。1945 年 10 月 20 日外蒙古舉行公投，結果毫無意外地支持從中國獨立。1946 年 1 月 5 日，國民政府正式承認外蒙古成為獨立國家。但是，斯大林的保證在接下來的內戰中並未真正兌現，而中國卻永遠失去了外蒙古。

滿洲與內蒙古東部

　　不像西藏和外蒙古，滿洲和內蒙古東部在 20 世紀初經歷了與內地省份的穩步整合過程。該地區（內地謂之"關東"）在清初即有限制地向漢人開放，允許其遷入和墾地（定宜莊等 2004: 6-7）。1860 年代以後，漢人大規模遷移奉天，1904 年後更可在整個滿洲地區自由定居。1907 年，滿洲設立三省（奉天、吉林和黑龍江），並計劃在內蒙古東部另外設立三省，其基礎是已在此定居和墾種的漢人所屬的 26 個州縣。1914 年，內蒙古東部正式成為北京政府的三個"特別行政區"，並於 1928 年最終成為在南京政府治下的三個省，即熱河、察哈爾和綏遠（譚其驤 1991: 72-73）。因此，到 1920 年代末，該地區在經濟、人口構成和行政體系上已經基本上與內地無異。關東在 20 世紀頭三十年由於與內地隔開，避免了地方軍閥派系之間曠日持久的傾軋；相對的社會穩定，加上大量漢人移入，促進了農業擴張，經濟迅速增長。經濟繁榮所帶來的巨大財政收入，以及快速發展的現代工業與交通，使奉系在國民黨勢力崛起之前的 1920 年代大部分時間成為最強大的競爭者。如第七章所述，奉系在中國國內政治中時常扮演決定性的角色；在內地的各派系軍事力量中，奉系的站邊常常決定了角鬥的結果。

張作霖與滿蒙問題

由於其戰略重要性和經濟潛能，滿洲也成為以俄、日為主的外國侵略勢力的目標。自 1890 年代末以來，俄國便將滿洲看作其 "勢力範圍"，投資於鐵路和軍事設施的建設，這使得它與日本的衝突不可避免，後者已於 1894 年中日戰爭之後佔領了朝鮮半島，並準備在滿洲擴展其勢力。作為 1904—1905 年日俄戰爭的結果，日本接管了俄國在南滿的租借地、鐵路和所有權利，而俄國只能保留其在北滿的權益。俄國和日本都同意恢復中國在滿洲的 "排他性治權"，卻在各自控制的鐵路沿線駐紮自己的軍隊。俄國與日本在 1907、1910 和 1912 年簽訂的三個秘密協定，進一步確定外蒙古、內蒙古西部和滿洲北部為俄國的勢力範圍，內蒙古東部和滿州南部為日本的勢力範圍（王芸生 1979, 5: 67-69, 290-291; 6: 5-6）。1917 年十月革命後，中國軍隊將駐紮在北滿鐵路沿線的俄國軍隊從該地區逐出，但是 1918 年中、日之間有關 "共同防敵（即蘇俄）" 的協定，允許日軍駐紮北滿並留在該地區直到 1922 年。

為保護其在南滿和內蒙古東部的利益，日本強迫袁世凱政府於 1915 年 5 月 25 日簽署了一個條約，規定延長日本對旅順—大連和兩條南滿鐵路的租期至 99 年，並允許日本居民為商業目的租借土地、旅行、定居和自由經商，且受治外法權保護（王芸生 1979, 6: 261-273）。但是日本並不滿足於將其勢力限制在南滿和內蒙古東部。根據日本政府於 1927 年發佈的對華政策綱要，整個滿洲地區在其防衛和"國家生存"戰略中具有關鍵的重要性。日本軍國主義者和宣傳家們普遍把所謂的"滿蒙"地區（滿洲所有地區和內蒙古東部）描述為日本的軍事和經濟"生命線"，必須予以保護（金海 1997）。為實現該目標，日本政府自 1920 年代初便採取措施，支持統治滿洲和內蒙古東部的軍閥張作霖，企圖通過張來提升日本在該地區的特殊權益。

張作霖的對日態度，因此在很大程度上決定了日本多大程度上能在該地區實現其目標。張在成為滿洲統治者之前，即以其反日立場聞名。作為第 27 師師長，他不顧 1915 年為應付北京政府調查而召開的高級軍官會議上通過的決議，公開反對日本政府臭名昭著的"二十一條"。在 1916 年 4 月接受奉天督軍和省長職位之後，意識到自己尚無力公開挑戰日本在滿洲的利益，張調整了態度，似乎要與日本人合作。對日本來說，控制滿洲最有效的方法是建設一個鐵路網，以所謂"滿蒙五路"的建設為其開端。這一計劃於 1913 年袁世凱在任時被首次提議，但由於北京政府的局勢不穩被一再拖延。由於有張的合作，其中三條鐵路分別於 1917、1921 和 1923 年完成。1924 年，日本政府進一步提議修建四條新鐵路，再次獲得張的支持，其時他正為第二次直奉戰爭做準備，急需日本的財政和軍事援助（王海晨 2004）。

但是張對日本要求的讓步是有限度和經過盤算的。作為滿洲的最高領導者，他不想將自己變成日本的傀儡。他對日本的抵制，始於對"南滿"的界定，因為日本在該地區享有超過俄國和其他列強的優先權。習慣上，對中國居民和政府官員而言，"南滿"係指長春南部和遼河東部的三十一個縣。然而，日本當局把"南滿"解釋為一個更廣泛的區域，還包括遼河西部的十個縣在內；日俄戰爭之後，日本不顧北京政府的反覆抗議和協商，鼓勵其居民在這十個縣份遷徙和定居。由於無法阻止日本向西部的滲透，張於 1916 和 1917 年施行了有關治安、商業租賃、護照登記、採礦和聯合的農工業企業等一系列規章，目的即為限制和削弱日本的權利及影響。比如，這些規章要求，日本在合資辦廠時，其投資額不得高於中方的投資，日本人不得享有土地所有權，且在租賃土地方面也受到多種限制。為禁止中國的土地所有者非法租地給日本人，日本人的商業租地須向當地縣政府登記，並由政府頒發正式許可證。出於同樣目的，這些規章要求中國田主不得以其地契作為抵押，向外國人借款。為削減中國田主將土地租給日本人的意願，按要求，承租人必須代表土地所有者向政府繳納土地稅，這一政策將導致承租者向田主要求減少租金。張還試圖阻止日本政府在南滿地區建立領事館或其分支機構，這是北京政府在事先沒有與張商議的情況下同意的。在給北京外交部的電文中，張指出在滿洲增設日本領事館的危險：新領事館的設立，會導致其在所在地實行治外法權和佈置警力。為捍衛中國的國權，他敦請北京在與日本交涉任何涉及滿洲地區的外交問題之前，先與他商議（車維漢等 2001: 55）。1916 年，張在滿洲採取果斷措施，鎮壓了由宗社黨策劃的獨立運動，該組織由前清的滿人和蒙古貴族領導，並受日本浪人和軍事當局的支持。他還率領部隊擊敗了一股超過 6,000 蒙古人的土匪勢力，後者獲日本的支持，企圖佔領奉天，建立一個獨立的滿蒙國。

張在鞏固了滿洲的統治，尤其在 1922 年宣佈奉天脫離北京政府"自治"後，開始疏遠日本，轉而向西方列強尋求技術、軍事和財政援助。為擴大和更新兵工廠，他僱傭了 1,500 多個外國工程師和技術工人，其中多數來自俄國、德國、英國和美國，並很快將其兵工廠變成了中國最大也是亞洲最好的兵工廠之一（馬尚斌 2001: 105）。他還從美國和歐洲國家採購了大量武器，以減少對日本設備的依賴。他歡迎歐洲和美國在滿洲的投資，在 1928 年獲得了來自英國和美國銀行 2,000 萬元的貸款；同時，他限制滿洲的中日合資企業，1922 年以後這些企業便無多少增長。不過，張挑戰日本在滿洲利益的最大膽措施，則是欲建設一個獨立的鐵路網，減少對日本公司所經營的南滿鐵路的依賴，並與之展開競爭。為此新成立東三省交通委員會，於 1922 年計劃並在 1924 年開始建設南滿鐵路東部和西部的兩條主要鐵路，無視日本抗議這些線路因與滿鐵並行而威脅其利益。到 1920 年代末，十多條鐵路線完工，從而在滿洲地區出現了一個由中國人經營的鐵路網，終結了日本在鐵路運輸上的壟斷（王海晨 2004: 45）。

與日本決裂

　　儘管有這些措施限制和削弱日本在滿洲的影響，然而，為應對日漸加大的日方壓力，張時不時地也得與日本當局妥協，尤其是 1924 年打敗直系、實際控制了北京政府之後，直至 1928 年去世。對日本政府來說，這是全面實現 1915 年條約相關要求的絕佳機會，該條約部分條款曾被延期和暫停（尤其是日本為 "商業" 目的租賃土地的權利），成為中日之間長達十年的所謂 "滿蒙懸案"。1925 年 12 月，面對指揮官郭松齡帶領的一支 7 萬人的軍隊叛亂，張急需日本的支持，私下與日本簽署了一個非正式的秘密協定，大體上重新確認 1915 年條約中所含的日本權益。然而，在打敗郭之後，張後悔自己簽署的秘密協定，聲稱 "咱們絕對不能承認日本二十一條要求以內事項，以免讓東三省父老罵我張作霖是賣國賊"（*BYJF* 1990, 5: 503）。因此他指示省議會成員公開譴責該協定，並以奉天議會及其他組織的抵制為藉口，拒絕與日本達成最終協定。

　　張與滿洲的日本當局之間的緊張關係在其最後兩年有增無減。1927 年 8 月，日本政府決定實行 "攻勢的滿蒙政策"，要求張批准滿鐵建設五條新鐵路，中方停止建設與滿鐵線路相衝突的任何鐵路，並威脅，如果張拒絕這些請求，那麼滿鐵線路將拒絕運輸他的軍隊，張的火車將不得通過日本控制的滿鐵沿線 "毗鄰區域"，日本政府將支持張的新敵人，即在北伐中進展迅速的國民黨軍隊。張別無選擇，只好在 1927 年 11 月 15 日予以批准，但又是以非正式的方式，只在文件末尾寫有三個字（"閱，准行"），而無正式的署名和日期，且堅持對這個協定嚴格保密。對日本人來說，這只能說明張對接受和執行該協定缺乏誠意（來新夏 2000: 1057）。

　　1928 年初，國民黨軍隊再度北伐，決定性地擊敗華北奉系軍隊，即將佔領北京和天津，奉系的形勢愈加惡化。在 1928 年 5 月給南京和北京政府的通告中，日本內閣表達了對維持滿洲秩序和安全的關注，並準備為此 "採取適當的有效措施"。駐京日本公使照會張作霖，要求其部隊撤回滿洲，並保證日本在滿蒙地區的權益。張拒絕了所有這些請求，宣稱他不會做"叫我子子孫孫抬不起頭的事情"。北京政府外交部長也響應張對日本公使照會的答覆，在 1928 年 5 月 25 日的聲明中警告日本，"於戰亂及於京津地區，影響波及滿洲地區時，日本將採取機宜措施一節，中國政府斷難承認。東三省及京津地區，均為中國領土，主權所在，不容漠視"（郝稟讓 2001: 316）。十天之後，張作霖死於日本關東軍所策劃的爆炸中。

張作霖之子、奉系新首領張學良（1901—2001）繼續其父的政策，遏止日本建設五條新鐵路；在張氏父子看來，這五條鐵路及沿線區域，加上已有的滿鐵線路，將使整個滿洲處於日本的經濟和軍事控制之下，因而"此路為東省生死攸關"（張德良、周毅 1987: 124）。面對直接威脅奉系大本營的日本關東軍，以及已在關內擊敗奉系勢力的國民黨政府，張學良左右為難：他要麼繼續與國民黨勢力為敵，與日本聯手，尋求滿洲從中國獨立，一如張作霖死後日本人所勸說的那樣，將奉系勢力從關內撤出；要麼接受國民黨政府，與關內政權聯手反抗日本在滿洲的統治。張學良最終選擇了後者，於 1928 年 12 月 19 日宣佈滿洲（東北）"易幟"，這不僅僅是因為其父之死加深了他對日本人的敵意，也跟他本人的民族主義立場和"完成中國統一"的志向有關（ZXL, 1: 110）；他曾反對其父繼續與國民黨軍隊對抗，一再宣稱滿洲是"中國重要之一部分"（同上 : 93），且一直公開支持 1920 年代在滿洲和關內城市時常發生的民眾反帝活動，包括 1928 年晚些時候發生在吉林和哈爾濱的反日示威（ZXL, 1: 1, 133, 139）。

有了南京政府的支持，張學良在對日態度上愈發毫不讓步。他拒絕與日本直接協商滿洲新鐵路的建設問題，理由是他已將協商權移交給中央政府；他逮捕了奉系軍隊最重要的指揮官之一楊宇霆（1886—1929），並於 1929 年 1 月將其處死，理由是楊在鐵路問題上與日本人非法合作，這一舉動粉碎了日本人通過鐵路滲透來增強在滿洲的勢力的唯一希望；他還正式通知滿鐵行政機構，他的政府不會同意有關滿鐵貸款和建設新鐵路的任何協議。同時，張及其政府在滿洲加速建設自己的三條新鐵路，其中包括日本人在五條新鐵路項目中已經規劃的一條。1930 年 9 月，其政府治下的東北交通委員會宣佈在接下來十年內建設貫穿滿洲地區三條主幹線的計劃；日本政府視此為與滿鐵的直接競爭，最終目的是要從日本人手中奪回南滿鐵路。對日本來說，愈發明晰的是，在滿洲保衛和擴張其利益的唯一選擇，是軍事佔領整個區域，並將其置於日本當局的直接控制下。1931 年 9 月 18 日，日本關東軍襲擊瀋陽，沒有遭遇中國軍隊多少抵抗便迅速佔領了東三省，原因是國民政府對日本侵略採取不抵抗政策。在接下來的十四年（1932—1945）裏，滿洲處於滿洲國傀儡政權統治之下，受到日本的完全控制，直至二戰結束日本投降，才回歸中華民國。

恢復中國的領土完整

1943 年開羅會議

1943 年 11 月 22 日至 26 日召開的開羅會議，對於中國恢復領土完整的要求，具有決定性意義。在該會上，中國、英國和美國的領導人預期，盟軍在歐洲和西太平洋戰爭中發動攻勢之後，對德、日的勝利即將到來，因此討論了為結束戰爭而採取的合作行動，以及戰後國際關係的安排和日本戰前所佔領土的處置問題。作為中國領導人的蔣介石對參加會議有所期待，而他的期待又是基於他對近代以來中國的國家轉型的認知。對蔣介石和其他國民黨精英來說，中國已經不再是一個向周邊屬國宣稱其宗主權的王朝國家；從前的屬國也不再是中國的藩籬，中國的藩籬主要是其邊疆。蔣在其出版於 1943 年 3 月的《中國之命運》一書中清楚地表達了此一觀點："琉球、台灣、澎湖、東北、內外蒙古、新疆、西藏無一處不是保衛民族生存之要塞，這些地方之割裂，即為中國國防之撤除。"（蔣介石 1958）因此，捍衛民族生存和尋求領土完整，當務之急是恢復已經丟失的中國固有領土，主要包括 1885 年建省卻於 1895 年割讓給日本的台灣，和 1907 年已置三省卻於 1931 年被日本關東軍佔領而後處於其傀儡滿洲國控制下的東北。蔣參加開羅會議的另一項重要目標，是讓中國以前的屬國脫離歐洲或日本的殖民統治，使它們成為獨立國家；對蔣和國民政府來說，這不僅是中國作為原宗主國對其屬國的道德義務（其中最重要的是朝鮮），同時也是確保中國戰後地緣政治安全的一個戰略選擇。因此，蔣在 11 月 17 日的日記中寫道，在他計劃與美國總統羅斯福和和英國首相丘吉爾討論的“最大之問題”中，與領土相關的兩個問題是：（1）“東北與台灣應歸還我國”；（2）“朝鮮獨立”（*JJSR*：11/17/1943）。

　　蔣在開羅確實這麼做了。據蔣日記所載，在 11 月 23 日由羅斯福主持的晚宴上，蔣在與羅斯福的談話中提出了領土問題，堅持“東北四省、台灣和澎湖列島”應歸還中國。羅斯福同意蔣的提議。這一談話也被另一資料所證實，即 1956 年蔣氏政權駐華盛頓全權大使董顯光（1887—1971）所提供的一個官方版“中國摘要”英譯本，收錄在《美國對外關係文件集》中。根據這份資料，“蔣總司令與羅斯福總統一致同意，日本通過武力從中國攘取的東北四省、台灣和澎湖列島在戰後須歸還中國，且認識到，遼東半島及其兩個口岸旅順和大連亦須包括在內”（*USFR*：324）。因此，儘管丘吉爾建議改變有關前述三部分中國領土的措辭，把“歸還中國”改為蔣所反對的“日本放棄”，然而三位首腦聯合聲明的最終草案反映了中國的目標：“三大盟國作戰之目的在於制止及懲罰日本之侵略。三國決不為自身圖利，亦無拓展領土之意。三國之宗旨，⋯⋯在使日本所竊取於中國之領土，例如東北四省、台灣、澎湖群島等，歸還中華民國。”（同上：448）蘇聯領導人斯大林並未參加會議，但他在 1943 年 11 月 28 日至 12 月 1 日與羅斯福和丘吉爾召開的德黑蘭會議上同意前述聲明。根據會議記錄，斯大林“完全同意公報及其所有內容”。他還進一步聲明，“朝鮮應該獨立，滿洲、福爾摩沙（台灣）和澎湖列島應該歸還中國，這是正確的”（同上：566）。因此，包括中、美、英、蘇在內的盟國領導人明確並完全達成了滿洲、台灣和澎湖列島歸還中國的共識。

琉球議題

　　這裏值得進一步探討的，是同盟國領導人在開羅會議和德黑蘭會議上就戰後琉球群島的地位問題所交換的意見。根據前述由董所提供的記錄，在11月23日晚宴上與蔣介石的對話中，羅斯福"不止一次詢問中國是否想要回琉球"，蔣回應稱"中國將樂意由中、美共同佔有琉球，最終在一個國際組織託管下由兩國共同管理"（同上：324）。蔣在這裏對羅斯福的答覆並非臨時和毫無準備的。一周之前的11月15日，蔣在日記中寫道："琉球與台灣在我國歷史地位不同，以琉球為一王國，其地位與朝鮮相等，故此次提案對於琉球問題決定不提。"（*JJSR*: 11/15/1943）

　　因此，這裏有兩個問題存疑。第一，在提議琉球群島歸還中國時，羅斯福是否有誠意？有兩條證據顯示羅是認真的。一是如上所引羅斯福"不止一次"向蔣提出該問題的事實，表明這一詢問並非羅斯福的隨意之言，而是他想與蔣交換意見的一個嚴肅問題。另一條更有說服力的證據，來自1944年1月12日在華盛頓召開的太平洋戰爭委員會會議記錄，會議參加者有羅斯福總統，荷蘭、中國、加拿大的大使，英國大使的代表，菲律賓副總統以及新西蘭首相和澳大利亞首相。根據這份記錄，羅斯福告知委員會，他對在開羅會議和德黑蘭會議上分別與蔣介石和斯大林的討論"非常滿意"。"羅斯福總統還回憶說，"會議記錄繼續寫道，"斯大林熟悉琉球群島的歷史，他完全同意它們屬中國並應該歸還於她"（*USFR*: 869）。這份記錄表明，羅斯福不僅在開羅會議上與蔣討論了琉球問題，還進一步在德黑蘭會議上與斯大林討論了同一問題，而且美國和蘇聯領導人都同意中國在歷史上對琉球群島的合法權利。應該注意的是，羅斯福與斯大林就琉球問題交換意見和達成協議，發生在蔣介石多次明確表達由中國和美國共同軍事佔領和管理這一觀點之後。羅斯福主張將琉球歸還中國，背後的原因仍然不太清楚。但是三個明顯的事實確實共同影響了羅斯福的態度。首先，歷史上中國和日本都宣稱各自對琉球擁有宗主權，在日本被剝奪權利之後，中國是唯一有權對該群島聲索其權利的國家。其次，蔣介石一直堅持由中國和美國共同佔有和管理群島，實際上會使美國成為戰後佔領和管理群島的唯一或主導國家，因為在與美國就此進行合作方面，中國軍事能力有限。再次，通過承認中國對琉球的主權，羅斯福想要確保中國在東南亞戰場與美國合作，並最終將中國變成美國在西太平洋的盟國，以保證美國在戰後遠東地區的主導權。

第二個問題是，為什麼蔣屢次拒絕羅斯福關於歸還琉球給中國的提議，並堅持兩國對其共同控制。前面已述及，在《中國之命運》所列出的一系列對中國的安全十分關鍵的領土清單中，琉球居於首位。對蔣來說，琉球的戰略重要性顯而易見。在 11 月 23 日的日記中，蔣給出了不接受羅斯福建議的三個原因。第一是"安美國之心"；在蔣看來，羅斯福的意圖，是要通過佔領該群島，確保其在西太平洋的戰略主導地位。第二是"琉球在甲午以前已屬日本"；蔣此處再次把自己的目標限定在恢復日本於 1895 年後所佔領的中國領土，主要是台灣、澎湖列島和滿洲，無視日本晚至 1879 年才吞併琉球的事實。第三是"此區由美國共管比我專有為妥"（*JJSR*：11/23/1943）。蔣深知中國軍事上太過薄弱，無法單獨佔有琉球群島；在有美國作為中國的戰後盟國的條件下，讓中國獨自承擔佔領和管理該群島的所有職責和成本，既無必要，也不明智。

歷史、地緣政治與領土完整

總而言之，蔣介石對歷史上的中國疆域的理解，以及對當時中國軍事和地緣政治所面臨的各種制約的認知，決定了他在恢復中國領土完整和戰後國際地位問題上的目標。對他來說，東北、台灣和澎湖列島在清代已構成了中國疆域不可缺少的一部分；將它們從日本手裏奪回來，對中國領土完整和國家安全至關重要。朝鮮從日本殖民統治中獨立，對蔣來說同樣重要，這不僅僅是履行中國對其原屬國的道德義務，更重要的是清除日本的威脅和確保中國的地緣政治安全。因此在開羅會議結束後，他掩飾不住興奮和自豪，寫了如下文字："東三省與台灣、澎湖島已經失去五十年或十二年以上之領土，而能獲得美英共同聲明歸還我國，而且承認朝鮮於戰後獨立自由，此何等大事，此何等提案，何等希望，而今竟能發表於三國共同聲明之中，實為中外古今所未曾有之外交成功也。"（*JJSR*: 11/26/1943）

不幸的是，由於蔣介石把收回東北、台灣和澎湖列島當作當務之急，由於他對中國在戰後遠東和西太平洋的角色的考慮目光短淺，最重要的是，由於他對中國軍事能力的認知和對國內政治的關注，尤其是國共關係日益緊張，所有這些，都阻礙了他充分意識到琉球群島對於中國安全戰略的重要性。中國因此失去了恢復對該群島權利的最佳機會。如前所述，在蔣介石領導下，中國領土的最大損失當然是外蒙古，這是由於蔣對蘇聯壓力讓步，以換取後者對國民政府的支持，好讓國民黨軍隊在國共內戰全面爆發之前佔領東北。國家利益再次讓步於不同政治勢力之間的對抗和權力角逐。

還值得一提的是前述 1945 年 2 月 11 日英、美、蘇三國首腦簽署的雅爾塔協議中的一個秘密附件，規定蘇聯參加對日作戰的條件，其中涉及中國東北的條款為：中蘇共同經營中東、南滿鐵路，租借旅順軍港，大連商港國際化，以及"蘇聯（在東北）的特別利益，應予保障"。事後蔣介石獲知秘密協議的部分內容，感到中國被出賣。列強居然可以背著中國，自作主張，任意宰割其主權和利益，蔣為此感到"痛憤"，悲嘆："雅爾塔果已賣華乎⋯⋯果爾，則此次抗倭戰爭之理想，恐成夢幻矣。"（*JJSR*: 3/15/1945）

儘管有這些挫折和失敗，不應低估國民黨的國家重建的努力。中國在二戰後期崛起為盟國四強之一，與美國、蘇聯和英國一同在決定戰後遠東地區的國際秩序中起到重要作用。二戰期間中國國際地位的提升，使其後來有資格成為聯合國安理會五個常任理事國之一，為其在世界政治中扮演日益重要的角色和擺脫遭受列強欺侮的弱國形象奠定了基礎。最重要的是，在遭受以日本為主的列強的反覆侵略和喪權失地之後，中國最終收復了對其領土完整最為重要的部分。1945 年日本投降後，國民黨政權能夠行使或聲索其主權的領土範圍，與清帝國在 18 世紀中葉全盛期的疆域，並無多大不同：從東北的滿洲，北部的內外蒙古，西北的新疆，到西南的西藏和東南的台灣；甚至作為二戰中的盟國成員，從被打敗的日本手裏接收了南海群島，並通過畫 U 形九段線的方式，正式確立了中國對南海群島和相關水域的主權要求（Chung 2016）。中國與美國在二戰中的結盟，以及羅斯福總統對中國戰後領土問題的處理所採取的支持態度，對達成開羅會議的結果及其在戰後得以實現，無疑是一個重要因素。然而，真正支撐中國在有關結束戰爭的相關條款的談判中扮演重要角色，以及中國在戰後國際政治中提升自己地位的，是中國在整個戰爭期間對日作戰，以及與盟軍合作擊敗敵人並使其無條件投降這一過程中的巨大作用。[1]正是中國在抗日戰爭中所表現出來的令人稱奇的韌勁（詳見第九章），使其得以成功收復二戰前所丟失的大部分國土。

維護領土完整過程中的得與失

在 1930 年代和 1940 年代初，中華民國在捍衛其繼承自清朝的疆土方面，曾遭遇嚴峻危機。與 18 世紀處於全盛期的清朝相比，清末的中國業已失去了對周邊所屬國的宗主權，且把台灣割讓給日本，東北和西北邊疆的部分地區也遭俄國侵佔；1924 年成立的蒙古人民共和國和 1932 年成立的偽滿洲國，儘管只作為蘇聯和日本各自的傀儡而存在，並且直至二戰結束從未獲得國際社會的普遍承認，但還是導致中國失去了對外蒙古及東北四省的實際控制。國民政府在新疆和西藏這些地區的實際影響力也十分有限。總而言之，二戰時期中國的實際疆域，基本上回歸到了清代以前的狀態。而導致這一後果的，則是以下三方之間錯綜複雜的互動關係，即覬覦中國領土的外國

1　中國在盟國對日作戰中的重要性，可見於日本在中國部署的兵力數量。例如，1938 年末，94% 的日本軍隊被派往中國。1941 年，日本將約 80% 的軍隊派往中國。1943 年，64% 的日本軍隊和 45% 的空軍被部署在中國。1944 年，仍有 40% 的日本軍隊留在中國（Hattori 1956, 1: 表 2；防衛廳防衛研修所戰史室 1967, 3: 表 3.2, 7: 271）。

列強，邊疆地區的統治精英，中國內地各支政治力量之間的博弈。

首先，讓我們來總結一下列強的角色。英、俄、日三國對中國各懷覬覦之心，策略也各不相同，但都對民國時期中國領土的範圍起到重大影響作用。英國在中國內地比在西藏有更多的商業利益；保護其在中國內地的利益之重要性，並不輸於維持其在西藏的影響力。所以，它避免公開支持西藏從中國分離，不願冒險觸犯中國，犧牲自己的利益。保持西藏的自主權和事實上的獨立，同時又承認中國對這片高原的宗主權，無論在哪方面都最符合其利益。

相形之下，蘇聯在中國的商業利益微不足道，但它卻與中國三個邊疆地區（即新疆、外蒙古和東北）直接相鄰。這些地區都對其安全意義重大，因此它對中國各邊疆地區的策略也不一樣。俄國人認為東北最難滲透，在那裏遭遇了一個充滿敵意的奉系軍閥政權，和一個強勢的日本存在；因此，它在該地區採取防守策略，避免與日本直接對抗，後者是它在遠東地區最強勁的競爭對手。俄國感覺最為安全的是其與新疆的關係，那裏沒有來自任何其他列強的競爭；另一方面，蘇聯領導人也發現，要滲透中國邊疆並非易事，因為新疆尚在漢人省長楊增新（1864—1928）的牢固控制之下，而楊在遭暗殺前一直對北京保持忠誠。他們還發現，新疆的繼任軍閥盛世才（1897—1970）儘管有著明顯的親蘇立場，但要公然支持他並因此疏離國民黨政府也不明智，因為在二戰之前和期間，與中國結為夥伴以遏制日本的威脅，對於俄國來說很重要。相比之下，俄國在外蒙古有最大勝算，將這片中國的邊疆變成一個獨立國對其戰略利益最為有利，這不僅因為中國在外蒙古的弱勢存在使其有可能相對容易地將該地區從中國分裂出來，還因為一個獨立的外蒙古會成為它與中國、日本之間的緩衝；畢竟，1910 年代和 1920 年代北京政府治下的中國對莫斯科充滿敵意，而日本則自 1904—1905 年日俄戰爭以來一直在東北地區居支配地位。蘇聯因此鼓動外蒙古的分裂運動，並在其脫離中國尋求獨立的過程中扮演了關鍵角色。

對日本來說，東北至關重要，不僅僅因為它在該地區有巨大投資，並依賴該地區的資源和市場，還因為在其擴張戰略中，東北構成其進一步侵略中國內地的跳板。直接佔領東北，或者通過一個傀儡政權來控制這一地區，最有利於其經濟和戰略利益。但在實現這些目標之前，日本不得不清除兩個障礙：一是張作霖的奉系，它表面上與日本虛與委蛇，但強烈抵制日本威脅其自身利益的任何舉動；二是奉系背後的南京國民政府，它將要接管東北，從而建立一個統一的強大的國家，這一前景將從根本上終結日本將其帝國擴張到整個東亞地區的野心。所以，將奉系勢力從東北清除掉，在軍事上佔領該地區，並通過發動一場對中國的全面戰爭，來阻止南京政府領導的統一中國的崛起，是日本為實現其戰略目標而勢必採取的步驟。

其次，再來回顧一下民國時期邊疆統治精英們的所為。各邊疆地區在與列強博弈時表現各異。奉系儘管在中國各支地方勢力中最為強大，但其實力無法與日本抗衡。它在 1931 年不得不遵從南京政府的指令，棄守東北，聽任日本關東軍的全面佔領，因為 1930 年代初的南京國民政府想儘量避免與日本全面對抗。新疆在整個 1930 年代和 1940 年代一直處於國民政府領導之下，因為斯大林對吞併這個中國省份並無興趣，而該地區對俄國也從未構成嚴重威脅；更重要的是，二戰最後幾年，中國在盟軍協同作戰以打敗日本方面所起的作用日漸重要，這也是盛世才在 1943 年後改變其親蘇立場、轉而向國民政府投誠的背後原因。在西藏和外蒙古，宗教和世俗精英之間的分裂，以及精神領袖們彼此之間的分裂，導致這些地區與北京或南京政府之間關係的錯綜複雜和變化無常。然而，儘管北京政府及後來的南京政府在拉薩影響力有限，西藏的統治精英從未公開挑戰中國的主權。英國不願公開支持分裂主義者，毫無疑問是其中一個重要原因。然而，比這一事實更為重要的原因，是清朝所遺留的西藏與內地中央政權之間的宗教和政治紐帶；同時西藏的精神和世俗領袖之間的派系分裂，也阻礙了他們就藏區與內地的關係達成明確共識。同樣，在外蒙古，世俗和精神領袖之間的派系分裂也導致 1910 年代這一地區與北京關係的變化無常；只是在 1920 年代初親蘇的蒙古人開始控制政府之後，外蒙古從中國獨立才變得不可逆轉，這既因為蘇聯的公然支持和幕後策劃，也由於外蒙古的革命者缺乏與北京的宗教或歷史聯繫，而這種聯繫在以前的蒙古王公和喇嘛中間是始終存在的。

第三，民國中央政權和地方勢力對邊疆的態度，對於理解各邊疆地區在其與北京或南京的關係中所持立場同樣重要。的確，國內各支勢力之間的派系分裂和外來威脅的強大壓力，使中央政權幾乎不太可能在邊疆問題上扮演像 18 世紀清朝那樣的強勢角色。然而同樣明顯的是，不同於清末那些顢頇無能、導致內政外交失敗的滿洲貴族，中華民國的所有政治軍事領袖，都是憑靠自己的功績和才能，才從普通百姓上升為國家或地方權要的；因此，他們在處理邊疆危機時更有技巧，也更為老練。儘管他們在國內政治上所採取的立場主要基於對自身利益的盤算，但是在面臨外來威脅或邊疆危機時，國家和地方領袖們不得不承擔起維護中國國家利益和捍衛邊疆安全的責任，這部分出於他們自身政權的合法性需要，部分因為他們所懷有的近代民族主義理念或繼承自帝制時代的愛國情操（見第七章）。因此，大總統袁世凱在處理對外關係時，既顯得妥協忍讓，又頗具民族主義色彩。皖系首領段祺瑞、直系首領吳佩孚也同樣如此，在與西方和日本帝國主義打交道時，既講求實際，也有毫不妥協的一面。張作霖領導的奉系勢力之所以能夠壯大，與他能迎合日本在東北的存在和利益有關，因此常被稱為親日派軍閥；但是，在保衛中國主權、拒絕日本對其轄區提出過多的權利和特權要求時，張卻立場堅定，這也導致了他在 1928 年被日本人謀殺。總而言之，儘管在北京及後來的南京政府統治下，全國和地方領袖們在國內問題上有著激烈衝突，但他們置身民族主義時代，均對自身的合法性有著共同的需求，至少在公眾面前須承擔起捍衛國家主權的責任；這些因素均或多或少有助於民國政府維持其繼承自清朝的大部分邊疆。

然而，歸根到底，最終對現代中國的國家形成起決定作用的，依然是中國的地緣政治格局與國內政治權力關係之間的相互作用。盟國在 1945 年太平洋戰爭中對日本的勝利，直接導致中國對東北、台灣和澎湖列島主權的恢復；1945 年日本投降後不久，國民政府所宣稱的領土範圍，與清朝全盛期的版圖相差無幾。若是蔣介石能更自信、更積極地接受羅斯福總統的再三提議，中國或許還可以建立對琉球群島的治權。然而，就在中國剛剛度過八年抗戰、恢復了曾被日本佔有的所有失地之際，由於國民政府在與蘇聯打交道方面的劣勢，加上蔣介石的失算，中國卻永久失去了外蒙古；純粹就面積而言，中國之所失，遠遠超過它在二戰結束時所收復之地。儘管如此，中華民國還是成功保住或恢復了它繼承自清朝的大部分邊疆，這的確可算得上是"民國外交的最大成就"（Kirby 1997: 437）。20世紀中國疆土的延續，很大程度上應歸功於清廷與蒙古和西藏精英們所建立的歷史和宗教聯繫，以及北京政府治下全國和地方領袖們的民族主義立場。然而，一個更具決定性的因素，是在1930年代末和1940年代初中國遭受日本侵佔的最艱難時期，蔣介石領導下的國民政府的不屈不撓和頑強生命力。沒有中國政府的韌性、抵抗及其在盟軍對日作戰中的貢獻，中國從日本收回失地的努力，將會被大大延遲並打上折扣。國民黨政府到底是如何進行自身建設，並能夠在內部分裂和外來入侵的危機中倖存下來的，將是下一章所要審視的問題。

第九章

半集中主義的宿命：國民黨國家的成長與頓挫

從 1920 年代到 1940 年代，中國在國家重建的道路上經歷了最嚴重的挑戰和挫折，同時也取得了最重要的突破。除了國內地方軍事勢力的競爭，使得國家統一的進程受阻之外，國外的威脅主要來自日本，其力圖在商業和軍事上主導東亞的野心，驅使它於 1931 年佔領東北，並在 1937 年發動全面侵華戰爭。如果國民黨未能在此之前建立一個全國政權，或者在對日戰爭中最終敗北，那麼，第二次世界大戰在遠東的結局以及現代中國的歷史軌跡都將改寫。然而，事實上，國民政府不僅經受住了日本的侵略，而且在 1945 年經過八年抗戰之後以勝者的姿態出現。更令人訝異的是，中國還恢復了所有自 1894 年甲午戰爭以來喪失給日本的國土，並且與美國、蘇聯、英國和法國一道，作為“五強”之一，共同創建了聯合國。在國內，國民黨領袖蔣介石的個人影響力和威望也在日本投降後達到頂峰，並就民主聯合政府的組建展開國共談判。此時的中國，不僅已經成功地維護了自己的領土完整，成為一個獨立的主權國家，而且似乎也快要建立一個基於政治自由和代議制民主的政府，成為受世人尊重的大國。但是，國家重建的這一關鍵步驟在 1946 年戛然而止，國共之間開始了新一輪內戰，共產黨最終在 1949 年獲勝。原先建立一個擁抱資本主義和民主制度的新國家的夢景，讓位給此後共產黨領導下的權力高度集中的國家這一現實。因此，這裏的問題是，為什麼國民黨能夠成功抵禦日本的侵略，卻最終輸給了共產黨？

要理解南京國民黨政府的強項和軟肋，我們首先須觀察一下導致其於 1927 年建立政權的北伐戰爭；正是在這場歷時兩年的戰役中，國民黨勢力從一個區域競爭者，在制服了各地區的其他軍閥之後，一躍而成為全國政權的主導者。過去人們在解讀國民黨的崛起時，多注重導致北伐成功的各種因素，諸如國民黨的民族主義意識形態和民眾的支持（Isaacs 1951; Ch'i 1976）或者仿效蘇俄模式所建立的"黨軍"，使其軍隊具有高度的組織凝聚力（McCord 1993: 313-314）。當然也有人質疑民眾動員的重要性，轉而強調蔣介石對各個軍閥的妥協收買（例如 Jordan 1976）。儘管對國民黨起家的解讀各不相同，但幾乎所有史家都同意，蔣介石收編軍閥的做法，對其一手創建的黨國危害甚大；把一大批保守、自私的軍閥或軍閥政府的舊官僚吸納進來，隨即導致國民黨組織和政府內部貪污、裙帶主義和辦事效率低下等各種問題的橫行。人們還認為，由於中央政府無力向各省滲透，蔣介石不得不在南京政府的十年統治時期（1927—1937），通過在黨內、軍內精英中培養對他的私人忠誠，並藉助種種形式的政治迫害，來鞏固自己的領袖地位（Tien 1972; Eastman 1974）。史家們還注意到，在 1937 年抗戰爆發之初，以及後來 1944 年日軍再次大舉進攻之時，蔣介石不僅失去了自己直接控制的裝備最為精良的部隊，且對地方實力派的抗命和國民黨政府內部的貪腐成風無能為力，黨國機器幾度瀕臨癱瘓的邊緣（Ch'i 1982; Eastman 1984）。

晚近的研究讓我們看到國民黨政府的不同形象。其中有人側重國民黨政權在制度建設上的成就，尤其是中央各機關的組織和運作，據稱從中可以看出國民黨繼承了清末民初以來"自上而下、中央集權的國家建設"之端緒（Strauss 1998: 25）。也有人發現民國時期中國在各方面的國際合作上所取得的突破，以及為改善其國際地位所取得的可觀成效（Kirby 1984, 1997; 另見 Taylor 2009: 589-590），並把南京時期的國民黨政權描述為一個"發展型國家"，其特徵是利用訓練有素的官僚和技術專家制定國家工業化計劃，並致力於經濟和工業的協調發展，而 1949 年後的共產黨國家則進一步繼承了這套戰略（Kirby 2000）。還有人沿著這條思路，研究 1930 年代和 1940 年代中國的軍火工業及相關的重工業，為應對日本的入侵所進行的制度合理化趨勢（Bian 2005a, 2005b）。對戰時武漢的研究也把該城市在 1938 年面對日軍進攻而展開的為期四個月的防守，描繪為一個傳奇般的時刻，當時無論國民黨中央政權還是非黃埔嫡系的軍事首領，包括共產黨力量，都共赴國難，相互合作，使中國得以在抗戰中倖存下來；尤其是井然有序地從武漢撤退，與滬寧失陷時的潰敗形成鮮明對比（MacKinnon 2009）。

　　無論國民政府只不過是又一個腐敗無能、迫害異己的軍閥政權，還是一支致力於現代化的力量，有兩個跟它相關的基本事實是無法否認的：一是它有能力經受住日本的進攻，並在八年抗戰中生存下來。正如盟軍中國戰區參謀長魏德邁所說的，中國軍隊“在抵抗日本方面表現出令人驚訝的頑強和韌性”，這跟二戰時期的法國在跟納粹德國交戰六周之後便徹底崩潰形成鮮明對比（Wedemeyer 1958: 277-278）。因此，即使是對國民黨政權最不以為然的易勞逸，也把當時中國的抵抗行動讚許為“決心和自力更生的奇跡”，通過纏住“亞洲大陸的約一百萬日軍 —— 這些軍隊要不然會派往太平洋，與西方盟國跳島部隊作戰”，“為盟國對軸心國的全面作戰做出了巨大貢獻”（Eastman 1984: 130-131）。另一個基本事實，當然是國民黨政權在內戰中迅速崩潰，從而證實了其與生俱來的脆弱性。

　　為了對國民黨的建國努力作一個公允的評估，本章將討論，到底是什麼原因導致它能在抗戰之前和抗戰期間呈現其能力和韌勁，卻又在國共內戰的關鍵數年裏變得不堪一擊。第七章在考察 1920 年代國民黨政府的起源時，曾把國民黨在全國各地方勢力的競爭中所取得的成功，歸之於三個因素，即（1）蘇俄的支援，導致國共合作和軍隊的重新組建；（2）國民黨之注重意識形態的灌輸，在不同社會政治背景的勢力之間打造政治認同，從而提高了國民黨軍隊的士氣，在北伐戰場上所向披靡；以及（3）最為重要的是國民黨對其財政能力的打造。這裏將把關注的焦點放在 1927 年建立全國統治之後，南京國民黨政權是如何重新打造其意識形態、政治認同和黨國機器的。這對認識國民政府在此後二十多年（直至 1949 年）的成敗至關緊要。

製造新的正統

　　民國初期，政治舞台發生巨大變化。從民國肇建之初的政黨政治和代議制民主，到數年後帝制一再復辟，不同形式的政府形式此消彼長，並在1920年代中期演變為獨裁。儘管北京的權力角逐變幻莫測，但最終決定對抗結果的是各競爭對手的軍事實力。總的來說，在民國最初十五年，南北軍閥持續混戰，其中北方軍閥多是在袁世凱的提攜下發展起來的，因此基本上支持袁世凱的獨裁或帝制，以及此後段祺瑞和張作霖的專政；南方和西南各省的軍隊則傾向於抵制袁世凱及其繼任者們的武力統一。隨後，南北方的對抗因北方軍閥之間矛盾加劇而暫時消退，北方軍閥分裂成皖系、直系和奉系三大派系，由勝出的一派輪流執掌北京政府。在這一過程中，華北的軍事強人，從袁世凱到張勳、曹錕、段祺瑞和張作霖，無一不對代議制民主的標誌物 —— 臨時憲法和首屆國會 —— 構成威脅。而南方和西南各省的軍閥則在維護和恢復憲法及國會方面發揮了重要作用，因為維持一個具有某些制衡機制的中央政府有利於他們的生存。在此期間，孫中山的作用是有限的。孫中山曾經滿腔熱忱地維護臨時憲法和恢復國會，但後來他放棄了在中國建立代議制民主的理想，轉而接受蘇聯模式的高度集權黨治國家；此前，他在1920年代早期依賴南方和西南各省軍閥的行動均以失敗告終（*SZS*, 8: 437, 11: 145）。

　　因此，在民國時期，中國試驗了不同的政府制度，從代議制民主的初始形態、帝制復辟，到名為共和實則獨裁的強人政治，以及最後對列寧式黨治國家的借鑒。由於政局動盪，這一時期沒有一種思想被主流精英的政治話語所接受。政治精英和知識精英堅持的理念是多樣而矛盾的：如共和主義、開明專制、國家主義，以及某種程度的馬列主義；然而，這其中確有一種理念真正盛行。在沒有意識形態霸權的情況下，軍閥和其他政治精英達成的唯一共識是捍衛中國領土和政治統一的承諾，至少口頭上達成了一致。這在第七章已經論及。

宣揚三民主義

國民政府（1927—1949）不同於之前中國歷史上任何政權，它有一套獨特的意識形態，即三民主義（民族主義、民權主義和民生主義），在國民黨官方政治話語中居於正統地位。三民主義最初是作為 1905 年成立的同盟會的指導方針提出來的，在 1923 年後經孫中山大力宣傳，成為國民黨及其支持者打造政治認同的工具。在經歷了多次失敗之後 —— 包括 1913 的二次革命，1917—1918 年的護法運動，特別是 1922 年第一輪北伐也由於其最信任的追隨者、廣東省長陳炯明（1878—1933）的叛變而中斷，孫中山認為，革命之所以失敗，根本原因是國民黨 "武力的奮鬥太多，宣傳的奮鬥太少"（SZS, 8: 568）；換言之，"全國大多數人民，還不十分明白革命的道理；人民不明白革命道理的原因，便是在沒有普及的宣傳"（同上：322）。因此，孫中山在 1923 年 12 月提出：國民黨此後的另一個任務是宣傳三民主義並贏得人民的支持，即 "以主義征服"（同上：432），"主義勝過武力"，從而實現國民黨的國家建設目標（SZS, 9: 107）。

1925 年 3 月 12 日孫中山去世後，國民黨領導層更是熱情地宣傳三民主義。1925 年底以及 1926 年初恢復北伐之前，汪精衛和其他國民黨高層常在各種場合舉辦關於三民主義的公開講座。1925 年 7 月 1 日，新成立於廣州的國民政府在公立學校大力促進 "黨化教育"，要求 "一切教育措施皆依三民主義之精神，對於各級教育儘量灌輸以黨義"（轉引自陳進金 1997: 116）。隨後，國民黨控制區的學校課程中加入每周至少 50 分鐘的三民主義必修課，並對教材進行審核和修訂，以確保黨的說教和政策在教育中的中心地位。每周在學校定期召開孫中山紀念會，學生被編入國民黨組織的童子軍，接受系統和程式化的思想灌輸。[1]

在 1927 年 4 月遷都南京、並於 1928 年 6 月初步統一全國後，國民黨進一步採取措施，建立其意識形態在政治話語中的正統地位，使其在中國的統治合法化。孫中山被尊崇為“國父”，並通過各種紀念儀式和典禮而在某種程度上被神化了。他的畫像須掛在所有官方建築的中心位置，並在畫像兩邊配有楹聯，上書孫中山的兩句名言：“革命尚未成功，同志仍須努力。”1928年 3 月開始，政府官員，及至後來所有公務員和學校男性教師，都得穿以孫中山名字命名的制服。這種制服與紀律、刻苦和服從的革命精神有關，而且其設計也包含孫中山的思想象徵。[2] 民國本身的歷史也進行了重構，以使孫中山在其中佔據中心地位。根據國民黨的黨史敘事，國民革命始於 1894 年孫中山成立興中會，1905 年創辦同盟會，至 1911 年辛亥革命達到高潮，而孫中山則是辛亥革命的精神領袖，雖然他並未親身參與。革命因偏離了孫中山的正確路徑而失敗，但在 1920 年代初孫中山完全掌握黨和軍隊的領導權後再次進入高潮（歐陽軍喜 2011）。相形之下，北京政府刻意淡化辛亥革命，而且在 1910 年代和 1920 年代初，未受國民黨影響的媒體和公共話語中，孫中山的形象基本上是負面的。

由於三民主義在國民黨治下被奉為正統思想，在 1920 年代後期及 1930年代，各地軍閥被南京政府接納以實現政治統一的一個前提，便是要接受三民主義，實即認可國民政府的正當性。例如，在 1926 年 9 月宣誓效忠國民黨並率部加入蔣介石領導的國民革命軍時，馮玉祥正式宣佈他接受三民主

1　歷史學家何兆武的回憶最好地說明了國民黨與此前民國政府的區別：“國民黨有意識形態的灌輸，開口三民主義、閉口三民主義，但在這之前完全不是這樣。北洋軍閥沒有意識形態的統治，這是和國民黨時期最大的一點不同。記得我很小的時候，各系的軍閥紛紛爭著佔領北京，今天這個軍隊來，明天那個軍隊來，也不知道他們是哪一系的，什麼奉系、直系的、皖系的，我都不了解。過軍隊的時候，他們也是排隊唱著軍歌，唱些什麼呢？說起來非常可笑，他們唱：‘三國戰將勇，首推趙子龍，長坂坡前逞英雄！’……20 年代末，國民黨北伐，國旗和國歌都改了，五色旗變成青天白日滿地旗，國歌裏唱：‘三民主義，吾黨所宗，以建民國，以進大同。’ 這是我們小時候唱的第二首國歌。”（何兆武、文靖 2008: 10）

2　例如，前襟的五個紐扣分別代表孫中山的“五權分立”思想，左右袖口的三個紐扣代表三民主義，而四個口袋表示禮、義、廉、恥“四維”。（陳蘊茜 2007: 140）

義。早前，為了將馮玉祥轉變為親國民黨派，孫中山曾在 1925 年初訪問北京時，送給他六千份三民主義小冊子，以及一千份自己的作品（馮理達、羅元錚 2009: 6）。閻錫山也在 1927 年 6 月被蔣介石任命為“北方國民革命軍總司令”時，宣佈接受三民主義（*SSJY*, 1928, 1-6 月：4）。張作霖的奉系軍閥曾在 1926 年和 1927 年主導“討赤”，即與國民黨北伐軍交戰，據稱是因為他仇視當時國民黨受到中共和蘇聯顧問“激進”學說的影響。因此，張作霖從未正式接受三民主義。不過，在 1927 年 4 月蔣介石“清黨”後，張作霖開始尋求與國民黨妥協、合作，表示“本人將繼續孫中山先生之志，不背三民主義之原則，並與孫中山之信仰者一致對抗共黨”，並指責“過激分子誤解中山先生主義”。張作霖死後，其子張學良表示有意傾向國民黨並接受三民主義，在與南京政府就易幟問題進行談判時，便解除了對親國民黨雜誌、報紙和書籍的禁令。1928 年 12 月 29 日，他最終宣佈歸附國民政府，並懸掛青天白日旗，“服從三民主義”（*BYJF* 1990, 5: 895）。總之，在 1927年後，接受三民主義成了不同的政治勢力歸順南京政府的基本條件。

三民主義之紊亂

儘管國民黨成功地將其意識形態塑造成新的正統思想，但三民主義未能成為南京政府打造政治認同的有效工具，反而使得國民黨統治的合法性不斷遭到國民黨內部不同派系及黨外力量的侵蝕。自由派文人胡適（1891—1962）直言不諱地批評說：“三民主義算不上是什麼主義，只是一個‘大雜燴’罷了。孫先生思想不細密，又在忙於革命，只是為了給革命作號召，東抄一點西抄一點而已，哪裏談得是什麼主義？……國民黨內有思想的人，一定承認我的話——三民主義是雜亂無章的東西！”（*LZA*: 384）

三民主義的最大弱點，在於它當初只不過是一個無所不包的政治行動方案，用來解決革命者所面臨的各種現實挑戰，而不是一種邏輯一貫、理論複雜和有說服力的成熟思想體系。例如，在 1905 年一篇介紹三民主義的文章中，孫中山便稱，構成其"主義"的三大支柱，即民族主義、民主主義和民生主義，反映了從羅馬帝國的崩潰到 20 世紀的歐洲歷史上接連發生的三大趨勢，他將這三大主義運用於中國，並將其確定為同盟會的三項具體任務，即推翻滿清、建立共和國和改善民生，以避免在政治革命完成後再發生社會革命（SZS, 1: 288-283）。因此，在清朝覆滅、民國肇建後，孫中山曾稱，三民主義的三項任務已完成了兩項（即民族主義和民主主義），只有民生主義尚未實現。此後十年，即從 1913 年的二次革命到 1923 年，孫中山專心於討伐袁世凱和其他軍閥，很少關注新意識形態的建設和傳播。他在 1917 年到 1920 年間撰寫的《建國方略》（SZS, 6: 157-493），只是關於未來中國經濟建設的方案以及關於知識與實踐關係的哲學論著，與三民主義的理論闡發幾無關聯。在決定尋求蘇俄的幫助後，孫中山才體認到意識形態的重要性，開始在俄羅斯顧問鮑羅廷（1884—1951）的協助下，認真重建其思想框架。結果，在鮑羅廷起草的《中國國民黨第一次代表大會宣言》中，孫中山重新界定了三民主義。宣言稱，民族主義主要指中華民族反對帝國主義的鬥爭，民主主義則是要建立一個"五權分立"（即立法、司法、行政、考試、監察權）的政府，並給予"真正反對帝國主義的個人和團體"一切自由及權利；而民生主義旨在平均地權和節制資本（SZS, 9: 114-125）。對中國社會和中國革命性質的斯大林式分析，明顯影響了這份宣言和經過重新定義的三民主義。主導國民黨宣傳部的中共黨員進一步把"聯俄、聯共、扶助農工"的"三大政策"確定為國民黨的優先目標（王奇生 2003: 21-22）。因此，國民黨的意識形態在孫中山去世前兩年，呈現出明顯的激進化趨勢，這有助於克服三民主義的弱點，因為早在 1924 年的國民黨代表大會之前，三民主義已經失去了與國民黨當下議程的關聯。

　　毫不奇怪，在 1925 年 3 月孫中山逝世後，特別是 1927 年 4 月蔣介石對共產黨人進行清洗後，三民主義又經過了重大修改，以適應各派政治勢力的不同需求。蔣介石所信賴的理論家戴季陶（1891—1949），力圖去掉三民主義的激進色彩。他首先將孫中山的思想界定為始自堯舜，但在孔孟之後失傳的中國傳統道德正統的復興。戴氏斷言，孫中山三民主義的核心是"仁愛思想"，亦即"不同階級的聯盟"，而不是階級鬥爭；馬克思主義的歷史唯物主義和階級鬥爭觀並不適合中國國情。因此，國民革命不應該是"兩個階級對打的革命"（*JJSY*, 1925, 1—6 月：801），因為這兩個階級之間並沒有矛盾；各階層的人們都應該拋棄他們的"階級性"，並恢復他們的"民族性"和"人性"（同上：803）。當然，戴氏的真正目的，是為蔣介石把主張階級鬥爭的共產黨和同情共產黨人的國民黨左翼分子驅逐出"統一戰線"的做法辯護。隨後，蔣介石延續了戴季陶的修正，聲稱三民主義的道德和政治基礎只能是所謂"八德"（忠、孝、仁、愛、信、義、和、平）；踐行三民主義，首先要推廣"四維"（禮、義、廉、恥）。這裏，蔣介石實際上違背了孫中山所倡民主主義的核心 —— 自由、平等的價值觀，聲稱這些價值觀不適合中國國情；相反，他後來認為法西斯主義是解決中國的混亂和腐敗問題最有效的路徑，並要求國民黨成員"對最高領袖絕對信任"，並"將其所有託付給他們的領袖"，即放棄個人權利（*JGSX*: 566-567）。

對三民主義的另一種解釋來自汪精衛（1883—1944）。汪是蔣介石的長期對手，自稱孫文學說的傳人，後來成為南京汪偽政府的領袖（1940—1944）。如戴季陶和蔣介石一樣，汪精衛強調"階級合作"和以漸進和平的改革來解決民生問題，也重視"一個黨"和"一個主義"在團結所有政治力量中的核心作用，以實現"全體自由"而不是"個人的自由"。他與蔣介石的根本區別，在於對民族主義的重新定義。汪精衛繼承了孫中山幾乎毫不掩飾的親日立場，認為民族主義即是與日本一道，把西方帝國主義驅逐出亞洲，實現孫中山的"大亞洲主義"理想；對他來說，三民主義的"根本精神"在於中日兩國"善鄰友好，共同防共，經濟提攜"（*WWZQ*, 1: 104, 217-218）。

抗戰時期（1937—1945），在國共"統一戰線"政策下，為了替自己的存在辯護，中國共產黨也將三民主義納入其意識形態，但進行了修改，以適應其不斷變化的政治合法性需求。自從兩黨第二次合作之初，中共就有別於國民黨，在其 1936 年 8 月致國民黨的信中，呼籲"恢復孫中山先生革命的三民主義精神，重振孫中山先生聯俄聯共與農工三大政策"。一年後，中共宣告接受蔣介石的領導，踐行統一戰線政策，承認"孫中山先生的三民主義為中國今日之必需，本黨願為其徹底的實現而奮鬥"。在統一戰線的最初幾年，由於其力量仍很脆弱，並在一定程度上依靠國民黨政府的物資供應，中共看起來是忠實於三民主義的，例如毛澤東在 1938 年 10 月聲稱：抗戰後將要組建的中國政府，應是"一個三民主義共和國"。毛澤東在此對三民主義的定義基本上與孫中山本人的解釋一致。對毛澤東來說，民族主義意味著中國完全獨立並與其他國家平等；民主主義則指所有十八歲以上公民享有一切政治權利；而民生主義的目標是確保耕者有其田，但不否認財產私有權（*ZGZY*, 11: 633-434）。然而，隨著中共力量的迅速壯大，與國民黨軍隊的摩擦升級，他們與國民黨精英之間關於三民主義不同解釋的論戰也愈演愈烈。毛澤東明確區分了舊的與新的或真的與假的三民主義。他認為，真的新三民主義是在國民黨第一次代表大會宣言中所提出的，三大政策是其最好體現，而所有其他版本，不管是戴季陶和蔣介石還是汪精衛所提出的，都是過時或錯誤的三民主義。原本包含在孫中山民生主義思想中的"一次革命論"，對中國共產黨自己理論的正當性是致命的。為了反駁國民黨喉舌所宣傳的"一次革命論"，毛澤東在其《新民主主義論》（寫於 1940 年 1 月）中區分了中國革命的兩個階段。在反帝反封建的"舊民主主義革命"時期，中共的任務與國民黨的目標有共同之處，因此才有統一戰線；而在"新民主主義革命"階段，中共將領導中國從資本主義過渡到社會主義（*MXJ*, 2: 662-711, 671-672）。通過公開主張從未見於孫中山思想的新民主主義，中國共產黨實際上放棄了其在統一戰線下賴以生存的三民主義，轉而為日本投降後與國民黨進行第二次內戰做好了準備。

因此，儘管佔據著意識形態正統地位，並且在維護國民政府合法性方面起著核心作用，三民主義並未成為國民黨塑造政治認同的思想基礎。相反，由於缺乏理論連貫性且只是一個無所不包的框架，三民主義被賦予不同的解釋，因此實際上助長了政治分裂和對立。汪精衛的親日勢力和毛澤東領導的共產黨武裝，都能夠對同一套意識形態作出不同解釋，以使各自的存在合法化，增強各自與蔣介石的國民黨的競爭力。在國民黨內部，由於三民主義缺乏足夠的說服力，蔣介石也未能藉助這一說教，在黨內打造組織凝聚力以及對他個人的忠誠。[1] 每個星期一由軍事、教育、政府部門所有公務員出席的"總理紀念周"淪為純粹的儀式，除了朗誦孫中山的遺囑，並無實質性的教化和認同建構。在意識形態和政治認同缺失的情況下，能夠將國民黨精英維繫在一起的，只有他們共同的利益和權力，而這將不可避免地導致衝突和腐敗。預見到國民黨這一根本性弱點及在認同建構方面的失敗，國民黨元老胡漢民（1879—1936）在 1927 年南京國民政府就職後曾做出如下評論："歸根結底還是因為對於主義沒有徹底的了解。故沒有堅決的信仰，所以也生不出一種力量來抵抗引誘和威迫。……這如何能做忠實的黨員？這樣的黨員如何能夠團結起來？這樣的黨如何能不坍台？"（SSJY, 1927, 1—6 月：883）。胡漢民的話不幸而言中。二十年後，在 1948 年夏國民黨瀕臨全面崩潰之際，國民黨高層內部自稱"最肯也是最敢說話"的張治中（1890—1969），也給蔣介石上書，痛陳國民黨執政二十年來"兩種最嚴重之錯誤"：

　　第一，為本黨不革命 —— 本黨之所以獲得群眾擁護，由於本黨之革命號召，在兩次東征、統一兩廣以至北伐成功，凡本黨勢力所至，人民咸響應本黨之號召，與本黨凝為一體，當時掃除反動軍閥，若摧枯拉朽。但北伐將告完成，即形成所謂"軍事北伐、政治南伐"之趨勢，本黨革命政權，漸次喪失革命之意志。蓋革命之目的，在乎除舊佈新，而社會之封建殘餘及腐舊勢力，凡足為實行三民主義之障礙者，均在根本鏟除之列。然本黨取得政權以後，不特對此種落伍勢力未予排除，反而

1　國民黨中央監察委員會秘書長王子壯在 1930 年代後期寫道："自北伐迄今已達十餘載，而黨義著作之貧乏，不特未能表現於社會科學各方面，甚且解釋主義之著作亦寥寥可數。"（WZZ, 5: 102）

與之妥協，使政治成為官僚政治，經濟成為官僚資本。本黨在二十年來被此種勢力毒化，遂形成今日之內潰局面。

第二，為本黨不實行三民主義 —— 本黨為奉行三民主義之革命政黨，黨之一切政策，自應以總理所創造之三民主義為最高準則。但本黨取得政權之後，並未實行三民主義。雖本黨之政綱悉以三民主義為內容，然一切未付實施，如同廢紙。……標榜革命而實不革命，標榜三民主義而不實行三民主義之政策，實無任何理由可以自解。此之謂數典忘祖，根本失其立場，已無以取信於人民，更無以對流血犧牲之先烈。今日本黨之地位，由革命集團變為革命對象，夫豈無因而致者？（ZZZ: 251-252）

黨國之政治認同

以黨領政

國民黨政府有別於中國以往政權的地方，不僅在於它重視黨的意識形態在政治生活中的作用，還在於它確立了黨在整個國家機器中的領導地位。建立黨治國家的想法，可追溯到孫中山關於中華革命黨在革命後政府中獨特作用的論述。他在 1914 年的設想是，在整個革命期間，中華革命黨將"肩負管理國家所有軍政事務的全部責任"。革命將始於"軍政"，即用暴力清除所有障礙，以實現真正的共和，繼而是"訓政"，即推動基層自治，最後是"憲政"（SZS, 3: 97）。然而，在革命時期，只有黨員有選舉和被選舉的權利，而且其權利的多少，取決於他們的入黨時間，而非黨員不得進入政府工作，並且在憲法頒佈之前，不享有公民權利（同上：98, 104）。此外，所有黨員必須放棄個人自由，無條件地服從黨的領袖（即孫中山本人）的意志，這對克服內部分歧、加強組織團結是必要的（同上：92, 105, 184）。

孫中山建立黨治國家的思想早在 1920 年代就已成形，當時他正努力借鑒蘇俄的經驗改造國民黨。他認為，蘇俄的一黨制比歐美的議會民主更加優越。正如他所說，"法、美共和國皆舊式的，今日唯俄國為新式的；吾人今日當造成一最新式的共和國"（*SZS*, 6: 56）。他表示，"吾等欲革命成功，要學俄國的方法、組織及訓練，方有成功的希望"（*SZS*, 8: 437）。在他看來，俄國的方法，無非是高度集權的組織和嚴明的紀律措施，其中最重要的則是黨對軍隊的嚴密掌控（"以黨領軍"），以及向官兵灌輸黨的思想（"主義建軍"）。1925 年 7 月，國民政府在廣州成立，受國民黨中央執行委員會和政治委員會的監督，成為孫中山所設想的黨治國家的原型。政治委員會以孫中山為主席，為黨、政、軍所有機構的最高決策部門；政治委員會成員擔任政府各部門領導，這些部門只執行由政治委員會做出的決定。（陳福霖、余炎光 1991: 337-338, 347）

南京政府統一全國後，革命進入"訓政"階段，在"以黨治國"的口號下，國民黨的黨治國家終於在 1920 年代後期成形。根據國民黨中央 1928 年 10 月宣佈的《訓政綱領》，訓政時期由國民黨代表大會代表國民大會行使政府權力；大會閉會期間，則將政權託付給黨的政治委員會。國民大會最終在 1931 年 5 月召開，但它所通過的《訓政時期約法》只是重申了《訓政綱領》所述的原則，甚至擴大了國民政府主席的權力，由其任命五院院長和各部部長，兼陸海空軍總司令。蔣介石再次當選為國民政府主席，並自任行政院院長，從而正式成為黨、政、軍最高領導人。國民黨政府的制度建設，因此一直帶有軍事化的傾向，不僅中央政府被控制在武人手裏，具有軍人干政的特色，而且中央政權也依靠軍事手段控制各省（Tien 1972）。

蔣介石領導權的鞏固

但是，從 1920 年代到 1930 年代，蔣介石統攬國民黨大權的努力遠非一帆風順。對於蔣介石這位浙江籍軍事領袖來說，在國民黨內升遷的最大挑戰在於，國民黨從一開始即為廣東人所主導，他們以國民革命的正宗力量和黨的正統領導自居，而這種感覺又因為他們皆屬一個排他的粵語族群而變得更加強烈。事實上，國民黨的前身即同盟會曾是比較開放的，它 1905 年由幾個反清團體在東京聯合組成，包括以海外廣東人為主的興中會，湖南籍革命黨人的華興會，以及浙江籍留學生的光復會。然而，在 1914 年成立中華革命黨（1919 年改名為中國國民黨）之後，以及後來從事護法運動和北伐期間，孫中山轉而主要在廣東人中間招募黨員，其軍事活動也主要是以廣州為基地，這不可避免地導致了粵籍黨員在黨內領導層佔主導地位（金以林 2005: 116）。因此，在國民黨的頭兩次全國代表大會上，粵語成了官方語言，講官話的代表們的發言和提案須譯成粵語。孫中山去世後，隨著北伐戰爭的推進，國民革命從廣東擴展到華中和華東，不過，粵籍國民黨精英們仍將廣東視為革命基地，這不僅是因為他們在黨內佔據重要位置，更因為廣東仍然是最重要的財政來源，如第七章所述，在蔣介石轉向江浙財閥尋求幫助前，廣東一直負擔著國民黨的軍事費用。毫不奇怪，國民黨的粵籍高級領導人傲慢地自詡為代表黨的正統；他們可以接受蔣介石擔任國民革命軍總司令，但始終抵禦蔣介石試圖接替已故的傳奇式領袖孫中山成為國民黨最高政治領導人。

蔣介石不得不轉向浙江籍的同鄉尋求幫助，使自己上升到國民黨最高領導地位。蔣介石的浙江籍支持者主要有：張靜江（1877　1950），他既是孫中山的老友兼贊助人，也是蔣介石的忠實庇護者，是他向孫中山舉薦蔣介石並任蔣為國民革命軍總司令的；戴季陶（1891—1949），曾擔任孫中山的秘書，也曾是一名馬克思主義信徒，在孫中山去世後，成為支持蔣反共策略的主要右翼宣傳者；虞洽卿（1867—1945），上海證券物品交易所聯合創始人，在 1920 年代初擔任上海總商會會長，為蔣介石獲得江浙財閥的支持發揮了關鍵作用。[1] 在 1920 年代到 1930 年代，蔣介石通往國民黨權力巔峰的最大障礙，主要是廣東籍人士，其中最突出的是胡漢民（1879—1936）和汪精衛，兩人自同盟會成立起便是孫中山的忠實追隨者，在孫去世後，均為國民黨資深領導人；此外，還有孫中山之子孫科（1891—1973），為國民黨中央執行委員會委員。

蔣介石與國民黨粵籍精英的對抗，始於他參與調查廖仲愷（1877—1925）案。廖是國民黨高級領導人中最著名的左派，也是廣州新成立的國民政府財政部長，於 1925 年 8 月 20 日被暗殺。胡漢民作為著名的右派和最有可能的嫌疑人，遭到拘捕，隨後被送往蘇聯 "旅遊"。另一位右派主要人物許崇智（1887—1965），廣州本地人，任國民政府軍事部長兼廣東省政府主席，也因為保護有謀反嫌疑的下屬而被迫下台，從而為蔣介石控制軍隊掃清了障礙。1926 年 3 月又發生中山艦事件。中山艦艦長是一名中共黨員，被指控反抗國民黨政府。此一事件導致所有共產黨員退出國民黨軍隊。事件發生後，汪精衛也因其明顯的親共傾向而辭去國民政府主席兼國民黨軍事委員會主席職務，遠走法國。兩個月後，在國民黨二屆二中全會上，蔣介石不但提出了一項議案，限制中共黨員在國民黨的地位，還任命他的庇護人張靜江為中央執行委員會常務委員會主席，以提高自己的影響力。

但是，在 1927 年國民黨二屆三中全會上，蔣介石遭受了第一次挫敗。此次會議在武漢召開，由國民黨左翼和共產黨成員主導，推選當時缺席的汪精衛為國民黨中央執行委員會常務委員會主席兼國民黨中央組織部部長，同時廢除了此前由蔣介石擔任的國民黨中央軍事委員會主席一職，但仍保留蔣介石的國民革命軍總司令職位。蔣介石的反應是在南京另組國民政府，以對抗武漢政府，此舉導致國民黨中央在孫科的提議下決定開除蔣介石的黨籍。

1　此後，蔣介石繼續依靠浙江同鄉來維持他對國民政府的控制，其中有負責國民黨組織系統的陳立夫（1900—2001）和陳果夫（1892—1951）兄弟，蔣最信任的軍隊將領陳誠（1898—1965）、湯恩伯（1899—1954）和胡宗南（1896—1962），軍統局局長戴笠（1897—1946），中統局局長徐恩曾（1896—1985）以及蔣介石的文膽陳布雷（1890—1948）。

為了在武漢和南京之間達成和解，蔣介石於 1927 年 8 月辭去了國民革命軍總司令之職，當時蔣的部隊在江蘇北部遭遇了重大失敗，此外，李宗仁的桂系與汪精衛的武漢政府合作並清除共產黨，也對南京構成致命威脅（黃道炫 1999）。在 1928 年恢復國民革命軍總司令之職後，蔣介石不得不允許粵籍國民黨精英在南京政府中擔任要職，以此來加強他作為國民政府新領導人的合法性，但他與粵籍人士的對抗遠未結束；後者雖然接受蔣介石作為軍事統帥，卻拒絕承認他為政治領袖（董顯光 1952: 108）。

蔣介石與粵籍高層的第二輪對抗發生在 1931 年 2 月，當時蔣介石藉口胡漢民反對頒佈《訓政時期約法》而將其羈押，實際上卻是因為胡漢民蔑視蔣介石的領導；至此，蔣介石已制服了那些最強勁的對手，包括曾在 1930 年聯合反蔣的李宗仁、馮玉祥和閻錫山，確立了無可爭議的全國領袖地位。為了反對蔣介石扣押胡漢民，幾乎所有的粵籍高層都離開南京回到廣州，於 1931 年 5 月 27 日在廣州建立了國民黨中央執行委員會特別委員會，並於次日成立了獨立的國民政府。蔣介石隨後經歷了噩夢般的幾個月，不得不同時對抗三股力量：在中南諸省迅速壯大的共產黨部隊；廣州的國民黨反對勢力；更為致命的，是乘中國國內混亂之機佔領了東北的日本軍隊。蔣介石備受挫折，他指責廣東方面的要求太過分，在與南京談判時，"粵方所推出改組政府之代表，盡為粵人，是廣東儼然成一粵國，將與倭國攻守同盟，而來圍攻我中國乎？"（*SLGB*, 12: 196）在他看來，廣東方面聯合反對南京政府，只因為他們是廣東人，"以粵籍少數同志與全國對抗，不啻自示其褊狹也"（轉引自金以林 2005: 123-124）。在廣州和南京政府的壓力下，蔣介石於 1931 年 12 月 15 日再次下野。

為了防止黨內獨裁，12 月下旬在南京召開的國民黨四屆一中全會通過了一項決議，宣佈行政院取代國民政府主席，行使政府權力。在此次會議上，蔣介石、胡漢民和汪精衛當選為國民黨中央政治委員會三名常務委員，並輪流擔任委員會主席。隨後，新內閣在 1932 年元旦誕生。在十四名內閣成員（包括行政院院長及各部長）中，有九名來自廣東，其中包括行政院院長孫科。如此看來，粵派似乎在與蔣介石的對抗中獲勝了。然而，由於缺乏必要的經驗和政治資源，孫科很快在執掌政府方面遇到了巨大困難，儘管得到了胡漢民道義上的支持，但就任不到一個月就被迫辭職。胡漢民拒絕去南京，在 1936 年去世前一直留在廣州，並在廣州正式負責國民黨和國民政府在西南的行政事務，實際上保持半獨立於南京政府的狀態。孫科辭職後，汪精衛和蔣介石達成了妥協，二人分別掌管政務和軍務。汪精衛於 1932 年 1 月 28 日成為行政院院長，而蔣介石則在 3 月 6 日當選為國民黨中央軍事委員會主席。七個月後，汪精衛辭職再次遠赴法國，因為他意識到，自己作為政府首腦的權力已大部分被蔣介石剝奪了，而且他所接管的行政院只能處理瑣碎的行政事務。隨後，蔣介石重新確立了他對黨國的控制。直到 1949 年垮台之前，國民黨權力中心不會再出現對蔣介石的領導權更具實質性的挑戰。

派系傾軋

至 1932 年，蔣介石終於建立了自己在國民黨高層無可爭議的領導地位，但這並非意味著他已建立起對政府系統和全國軍隊的有效控制。可以肯定的是，自 1928 年完成北伐並宣佈中國統一以來，南京國民政府已確立了其作為唯一合法的中央政府的地位，得到各省當局的一致認可。在 1930 年中原大戰後，蔣介石直接領導的國民革命軍，即中央軍，成為全國一家獨大的軍事力量，已沒有其他地方勢力可與之匹敵。不過，地方實權人物雖然宣稱服從南京政府，接受蔣介石的最高領導，但在很大程度上仍然是半獨立的，並且抵制南京政府插手他們的軍政事務。在 1930 年代早期到中期，這些半獨立的勢力主要包括：

（1）廣東的陳濟棠；
（2）廣西的李宗仁、白崇禧；

（3）雲南的龍雲；

（4）貴州的王家烈；

（5）四川的劉湘；

（6）1934 年前據四川、此後據川邊（西康）的劉文輝；

（7）青海的馬步芳；

（8）山西的閻錫山；

（9）擁有北平、天津、河北、察哈爾的宋哲元；

（10）山東的韓復榘。

然而，對南京政府而言，其國內統治的最大威脅來自兩個方面：1930年代早期在中南各省壯大起來的共產黨根據地，以及從 1931 年起佔領東北的日本侵略勢力。對於這兩個對手，蔣介石認為前者是"心腹之患"（*MGSL*, 1.3: 35），並因此提出了優先鎮壓共產黨的策略，即"攘外必先安內"（楊樹標、楊菁 2008: 171）。至於地方軍事派系將如何應對蔣介石的"剿共"和抗日行動，則取決於他們與中央政府之間的實際關係。

雖然南京方面和地方上半自主的勢力都將共產黨視為敵人，但他們與紅軍作戰的策略卻有所不同。蔣介石的策略通常是儘可能地讓地方派系出頭打擊紅軍；不管結果如何，這種戰略都對他有利，因為無論是共產黨勢力還是地方部隊受損或兩敗俱傷，都會增強他自己軍隊的地位，並幫助其擴大對地方勢力範圍的控制。在追擊紅軍時，蔣介石有時會故意讓敵方進入地方勢力控制的地區，這樣他便有理由派部隊到該地區，從而在此建立他的控制。而對地方勢力來說，打擊共產黨軍隊，只是為了防止共產黨以及蔣介石的中央軍進入其勢力範圍。對於他們來說，一個強大的共產黨軍隊的存在，可以使蔣介石專心對付共產黨，從而改善他們自己的生存際遇。因此，他們會儘可能避免與紅軍直接衝突，以保存實力。在第五次反圍剿失敗並從江西根據地撤離後，紅軍得以在 1935 年 10 月和 12 月躲過國民黨軍隊，在廣東和江西交界地區的第一和第二封鎖線倖存下來，原因即在，此前共產黨曾與陳濟棠訂有秘密協議，共產黨承諾不深入廣東省，也不會在廣東駐紮或建立根據地，陳濟棠則承諾在共產黨軍隊途經其轄地時不予打擊，實際上還為紅軍提供大量的鹽和彈藥（*ZHWS*, 3: 303）。[1] 同樣，1934 年 11 月下旬紅軍經過廣西北部的時候，李宗仁和白崇禧故意讓行，並未執行蔣介石命令進行阻攔，只是在共產黨隊伍已大半離開其轄地時作勢追趕。李宗仁後來在回憶錄中為此辯解：蔣介石 "屯兵湘北，任紅軍西行，然後中央軍緩緩南行，迫使共軍入桂。……其期待我和共軍互鬥而兩敗俱傷之後，中央軍可有藉口入廣西，居心極為險惡"（*LZR*, 2: 488）。龍雲也命令他的軍隊讓紅軍和平經過雲南省，然後假裝追趕而不是真正打擊，同時努力防止蔣介石的中央軍進入雲南的首府昆明；事後，龍雲不過罷免了幾個 "剿共不力" 的縣長，向蔣介石交差（*WSZL*, 62: 14, 130）。而紅軍在 1935 年 5 月成功地渡過大渡河，也有國民黨地方派系的因素。國民黨地方勢力派中唯一的例外是王家烈（1893—1966），一心想取悅蔣介石，因而很賣力地打擊紅軍，結果一敗再敗，使中央軍得以在 1935 年 1 月進入並佔領了貴州省；王家烈後來丟掉了軍長和貴州省長之職（*WSZL*, 93: 51-59）。

民族危機與政治團結

　　日本侵略是對中華民國的另一個致命威脅。如第五章所述，自 1870 年代以來，日本已取代歐洲列強成為中國最主要和直接的威脅。日本 1879 年吞併琉球以及 1895 年吞併台灣，只是其長期擴張計劃的第一步。1905 年打敗俄羅斯並將東北南部劃入其勢力範圍，標誌著日本開始了對中國東北地區的侵略。在 1910 年吞併朝鮮後，中國東北自然成為其下一個征服目標。在

1　陳濟棠（1890—1954），孫中山的忠實追隨者，廣東實力派，1920 年代後期與廣西軍閥李宗仁經常發生戰爭，在胡漢民被蔣介石扣押後聯合李宗仁和兩廣的其他軍閥公然挑戰蔣介石。1931 年以後，成為國民黨西南執行部和國民政府西南政務委員會常委，仍然是廣東的法定統治者，使廣東省很大程度上獨立於南京政府，直到 1936 他與李宗仁聯手反蔣失敗。

隨後幾年中，日本不僅在東北南部獲得了其獨有的特權，而且還多次試圖將其勢力範圍擴大到內蒙古東部，但遭到了袁世凱政權的堅決抵抗。到 1920 年代末和 1930 年代初，日本侵略真正成為國民政府的致命威脅，當時國民黨終結了中國長達近一個世紀的混亂和分裂趨勢，首次有跡象表明，中國將在蔣介石的領導下成為一個統一的、走向現代化的國家。對於日本來說，一個統一強大的中國必然意味著它在亞洲的領土擴張野心受阻；因此，它必須盡一切可能阻止國民政府控制東北、統一全國。日本為此採取的一個重要步驟，就是在 1931 年完全佔領東北，並在這一地區建立傀儡政權。這對蔣介石的統一大業是一個沉重打擊。但日本的野心並沒有就此打住；在接下來的幾年裏，日本不斷將其軍事佔領推進到鄰近東北的華北各省，這不可避免地導致了 1937 年的直接對抗，日本對中國關內省份的入侵全面爆發，並在隨後的八年（1937—1945）裏，佔領了中國東部和中部大部分地區。這是中國現代史上最嚴重的民族生存危機，也是國家重建的百年歷程中所遭遇的最大挫折。

在對日問題上，蔣介石與半自主的地方勢力之間再次出現巨大分歧。作為一個雄心勃勃的政治和軍事領導人，蔣介石的民族主義情緒和爭取國家獨立、民族平等的願望是強烈的，但在制定政府的外交政策時，蔣介石則格外謹慎，實際上他對中國抵抗日本侵略的能力特別悲觀。在 1931 年 "九一八" 事變的前後幾年，他堅持對日本的軍事進攻實行不抵抗政策，聲稱 "不僅十天之內，三天之內他們（日本）就可以把我們中國所有沿海地區都佔領起來，無論哪一個地方"（*GMWX*, 72: 361）。這一政策導致日本僅花了約四個月時間就於 1932 年 2 月佔領了東北。1933 年 5 月，國民黨政府代表與日本軍事當局簽署了《塘沽停戰協定》，使日本得以進一步佔領長城以北地區。不過，地方軍事領導人的想法與蔣介石不同。那些控制著北方省份的勢力直接面對著日本的威脅，因此在抵抗日本的入侵問題上態度積極；宋哲元的第二十九軍和張學良的東北軍都是 1933 年初長城以北地區抵抗日軍入侵的第一批力量。然而，在此後的三年，與日本的衝突暫時平息，北方各省的地方領導人，包括宋哲元、閻錫山和韓復榘，轉而在日本和南京政府之間周旋；他們一方面謀求與日本妥協，一方面與南京政府討價還價，以獲得在各自地盤上更大的行政、財政和軍事控制權。例如，宋哲元在 1935 年 12 月被南京政府任命為冀察政務委員會主席，使其對華北廣大地區的控制得以合法化。對於他與南京政府的半自主關係，宋哲元對其下屬說："咱們對中央，絕不說脫離的話，但也絕對不做蔣介石個人玩弄的工具。"（轉引自程舒偉、常家樹 1997: 204）

不同於華北的地方實力派為了保衛自己的地盤而對日軍既抵抗又妥協，華南和西南各省勢力似乎一致明確主張抗日，這部分是因為他們的民族主義，部分是希望通過作為愛國民主力量在與蔣介石的對抗中加強自己的合法性。由於不贊同蔣介石的不抵抗政策和獨裁統治，他們曾兩次公開挑戰蔣介石。第一次是第十九路軍軍官及其支持者於 1933 年 11 月在福建省福州建立人民革命政府，十九路軍因 1932 年上海 "一二八" 事變中英勇抗擊日軍而聞名。第二次是廣東陳濟棠以及廣西李宗仁和白崇禧於 1936 年 6 月聯合舉兵對抗蔣介石的中央軍，以此抗拒南京政府希望在胡漢民死後統一這兩省的企圖。然而，在國家生死存亡的關頭，這些反政府的行為很少得到公眾的同情。蔣介石利用軍事上的優勢和輿論的支持，平息了福建的事變。陳濟棠、李宗仁和白崇禧的聯盟也因為粵軍內部的倒戈而瓦解；陳濟棠離開廣州並完全失去了影響力，不過桂系基本完好無損。蔣介石面臨的最大挑戰，無疑來自東北軍的張學良和第十七軍的楊虎城（1893—1949）。因為不願進攻紅軍，張、楊於 1936 年 12 月 12 日在西安扣留了蔣介石（史稱西安事變），經過為期兩周的談判才予釋放，蔣介石在談判中口頭答應停止反對紅軍的內戰。蔣的意外被拘，使國家瀕於分裂和內戰，而當時日本全面侵華的威脅已迫在眉睫，因此蔣介石贏得了整個國家幾乎一致的同情和支持。他回到南京的那一刻，舉國稱慶。

1937 年 7 月 7 日盧溝橋事變爆發，日本全面侵華戰爭開始後，蔣介石表示決心領導全民抗戰，最終確立了自己無可爭議的國家領袖地位，所有半自主地區的軍事力量，包括共產黨人，都一致同意團結起來，在國民政府的領導下共同抗日。1938 年 4 月在漢口召開的國民黨臨時代表大會上，蔣介石當選為黨的總裁，標誌著作為國家領袖的蔣介石在國民黨內獲得了前所未有的影響力。總裁這個新設立的職位，使蔣介石得以牢固控制國民黨，並擁有了比之前孫中山的總理身份更大的權力。1940 年 7 月，國民黨的第五次代表大會第七次會議進一步確定 7 月 7 日為國民黨所有黨員宣誓效忠總裁的日子。蔣介石不無得意地說："余為黨國奮鬥三十年，至今方得全黨之認識。本黨動搖已十有五年，至今方得穩定。"（GMDD, 2: 647）不過，正如張治中所說："總裁制確立以後，黨之民主空氣，益見消沉，一切唯總裁是賴。而總裁又集萬幾於一身，對黨之最高權力會議 —— 中央常會，恆不能親臨主持，致失以黨治國之領導權威。"（ZZZ: 252）

抗戰初期，中國形成了近代以來第一次非同一般的政治和軍事統一。地方勢力積極參加了戰爭。事實上，淞滬戰役後，他們在對日軍的主要作戰行動中起到了關鍵作用。在淞滬戰役中，蔣介石投入了七十萬裝備良好的軍隊，其中大約一半在 1937 年 8 月 13 日到 11 月 12 日的三個月裏犧牲了。地方勢力中，四川省有超過六十萬士兵在八年抗戰中喪生、受傷或失蹤，約佔全國傷亡總人數的五分之一（馬宣偉、溫賢美 1986: 276）；在廣西，有超過八十萬人被動員參戰，約十二萬人傷亡（高曉林 1999）；龍雲從雲南派出約二十萬士兵奔赴前線，其中一半以上傷亡（謝本書、牛鴻賓 1990: 199）。由於他們在戰場上損失嚴重，加上蔣介石對軍隊進行了重組，到抗戰結束時，以前半自主地區的部隊大部分被消滅或大大削弱了。張學良的東北軍在西安事變後被分派到全國不同地區，張本人則被長期軟禁；宋哲元的第二十九軍在華北戰場遭受了巨大傷亡並被蔣介石重組，他本人於 1940 年去世；韓復榘因為違抗蔣介石的命令導致山東淪陷而被槍決；劉湘則在 1938 年神秘死亡，其地盤四川省也在 1937 年 12 月國民政府遷到重慶後落入蔣介石的控制之下；龍雲則在 1945 年意外失去了對雲南的控制，他的部隊被派遣到越南接受日軍投降。主要的例外是李宗仁和白崇禧的廣西軍隊，閻錫山和傅作義的山西、綏遠軍隊，他們在日本投降後的內戰期間成為令蔣介石頭痛的力量。

國民黨政權的半集中主義

在抗戰前和抗戰期間（1937—1945），國民黨在構建一個統一的中央集權國家方面取得了進展。它恢復了中國的領土完整和主權，在控制並消除國內分裂狀態方面邁出了堅實步伐。在1937年7月日本全面侵華戰爭爆發時，蔣介石已擊敗黨內的對手；中央政權的有效控制範圍，也從華東數省擴張到其他地區，特別是華南和西南各省。在所有這些省份，一個中央集權的架構已經在行政、軍事、財政、教育等領域建立起來。在財政上，國民黨政府通過有力的集中化和標準化措施，控制了全國的間接稅，大大拓寬了稅收基礎，從而推動國民政府努力尋求整個國家的軍事和行政集權。這些突破使蔣介石及其政府得以調動全國的財政、軍事和政治資源抵抗日本侵略，得以在1937年11月淞滬戰役後將其政治中心和軍隊從華東遷至西南地區，得以在盟國對日作戰中構成最重要的力量，直到1941年12月太平洋戰爭爆發。此後，為數約四百萬的國民黨軍隊"牽制了約五十萬或更多的日本軍隊，否則這些日軍會被派遣到其他地方"（Mitter 2013: 379）。假如日本的全面侵華戰爭爆發於國民黨統一全國、蔣介石鞏固其國家領袖地位之前的話，中華民國的生存機會將會很渺茫。

事實上，國民政府不僅存活了下來，而且最終在二戰結束時戰勝了日本，更奇跡般地和美國、蘇聯、英國一起，成為1943年開羅會議的四巨頭之一，決定戰後遠東國際秩序的形成，後來在1945年還成為聯合國安理會的五個常任理事國之一。[1] 儘管盟軍的進攻直接迫使日本無條件投降，但中國

1　關於國民政府重建中國國際關係的成就，見 Kirby 1997。

能夠經受住歷時八年的日本全面侵略戰爭，且在二戰的最後幾年對盟軍打敗日軍做出巨大貢獻，這在很大程度上應歸功於抗戰前後國民黨的建國努力。

當然，值得一提的還有地方勢力在抗日戰爭中所扮演的重要角色，尤其是那些來自廣西、雲南和四川的軍隊，他們接受蔣介石的領導並不是因為已被完全納入蔣的黨國體系；與此相反，他們一直遭到蔣的懷疑並被部署到抗戰前線，往往比蔣的嫡系部隊承受更多傷亡。儘管如此，這些地方領導人還是主動從遙遠的南部或西南省份派遣了自己最優良的部隊到華東和華中地區，積極參加徐州、武漢和長沙等最重要的戰役（例見 *LZR*: 504-505）。他們願意做出巨大的犧牲，更多地是出於全民族救亡圖存的動機，這遠遠超過了他們對個人或地方利益的盤算。換句話說，民族主義成為共同的基礎，使多年來衝突不斷的中央和地方力量走到一起，為了抗日這一共同目標而團結起來。歸根到底，一個凝聚所有抗日力量的統一戰線的形成，以及蔣介石的國家領袖地位的確立，是國民黨多年來的建國努力和地方領導人致力於民族生存的共同結果；而他們能夠做到共赴國難，也是基於各自的合法性需求，因為在 20 世紀的中國，民族主義已經在政治話語中佔據絕對優勢。

然而，同樣清楚的是，國民黨的國家建設遠沒有取得切實的成功。而制約國民黨建國成敗的關鍵，則在體現於其財政構造、國家組織機構和政治認同上的＂半集中主義＂特徵。這種半集中主義，是此前曾構成廣東國民黨區域性政權之最大優勢的＂集中化地方主義＂在全國的放大、稀釋和扭曲。就財政構造和收支總量而言，在 1928 年以前，宋子文在廣東打造的高度集中統一的財政體系，曾經為國民黨政權每年產生 8,000 萬至 9,000 萬銀元的年收入，如果加上公債，在 1927 年更達到近 1.5 億銀元，使國民黨政權的財力在全國各支地方勢力中首屈一指，為其軍事上統一全國提供了有力支撐。但是在 1928 年名義上統一全國之後，南京政權既沒有能力把廣東模式的財政體系移植到已經被中央控制的鄰近各省，更談不上建立一個全國範圍的從中央到地方高度統一集中的財政體系。因此，南京政府的財政增收，不得不靠海關稅、統稅、鹽稅等間接稅和發行公債等相對簡便的途徑，財政收入的增長幅度遠遠跟不上一個全國性政權的開支需求，特別是事業性機構和公務員隊伍的急劇擴大所帶來的非軍事性開支的膨脹（詳見第十章），結果反過來制約了軍事開支的增長。直至 1935 年，南京政府的軍務費僅為 3.6 億銀元，相當於 1927 年的 2.76 倍（楊蔭溥 1985: 70）。軍費的不足使得蔣介石無法實現真正意義上的軍事統一，從而將中央對各級地方政權的直接控制推廣至全國。

在組織結構和政治認同方面，1927 年以前，國民黨內部的相對團結，國共兩黨之間的和衷共濟，以及反帝反軍閥的政治宣傳，曾經使國民革命軍成為一支士氣旺盛、所向披靡的部隊。但是 1928 年定都南京之後，蔣介石政權在追求黨內政治統一方面困難重重，更無力建立一個全國範圍的高度統一集中的行政管理體系。整個 1920 年代和 1930 年代，蔣介石一直面臨著來自粵籍國民黨高層的持續挑戰和抗拒；在權力中心之外，蔣介石還要應對地方勢力。這些地方勢力雖然宣稱忠誠於國民政府，承認蔣介石的國家領導地位，但不管是在抗戰前還是抗戰後，依然與南京政府離心離德。在思想層面上，國民黨雖然成功建立了三民主義的正統地位，取代了民初的共和主義，但三民主義本身缺乏嚴密的理論建構，容易被挑戰國民黨政府的各種勢力進行不同解讀和操縱。蔣介石因此不得不轉向國家主義，要求將國家目標和國家權力凌駕於個人權利之上，甚至引入法西斯主義，以聚集人氣支持其獨裁，同時依靠特務機構（軍統和中統）以及法西斯組織（最出名的是藍衣社）來增強自己的力量（Eastman 1974: 31-84）。由於缺乏基於共同理念和使命的政治認同，蔣介石不得不依靠傳統的人際關係和小團體的忠誠來進行統治，以暴力和恐怖手段對付持不同政見者。正如張治中所陳，執政後的國民黨"以派系意識代替黨之組織關係，使以主義為中心、以革命為任務之黨，變為以派系甚至以個人為中心之黨。黨員不為革命入黨，而以私人權力入黨，使有志氣有革命性之人士，咸望望焉去之"（ZZZ: 252-253）。

國民黨政府對基層社會的滲透也是淺嘗輒止。1930 年前後，國民黨曾在所控制的地區展開鄉鎮自治運動。自治的核心是重新組織基層政權，以區和鄉取代北洋時期的警區和自然村，鄉進一步分為閭（平均 25 戶）和鄰（平均 5 戶）；鄉長由村民選舉產生。與清朝和民國初期相比，國民黨政權的行政觸角的確更深地進入到鄉村基層。以"黑地"調查為例，依靠鄉、閭、鄰組織和發動的基層行政人員舉報，國民黨地方政權得以掌握大量曾被長期隱瞞的土地，數量之多，遠遠超過北洋時期的歷次清查黑地舉措。國民黨的民族主義宣傳也成功地滲透到鄉村地區，確立了其在地方精英中的話語霸權（H. Li 2005）。然而，由於沒有觸動鄉村的經濟基礎特別是土地所有制和相應的社會結構，國民黨的地方行政重組往往流於形式。基於血緣、鄰里關係的社區傳統紐帶，或基於自衛、治水、宗教儀式等集體活動的跨村社會網絡，繼續支配著農民的社會空間和村莊社區的自治機制。大多數村民仍主要以其家族、村落或鄰近區域，而非以整個民族或國家，來界定自己的認同。國民黨政權依然無力動員農村人口參與國家建設，更無意實現孫中山"耕者有其田"的政綱。張治中在檢討國民黨執政後的鄉村政策時，即曾抱怨，"對全國人口百分之八十五以上之農民問題，亦即土地問題，在此二十年間，理應加以解決，但非不能為而根本忽略而不為，致坐失最大多數之群眾基礎"（ZZZ: 253）。從 1920 年代末到 1930 年代初，國民黨一直專注於擊敗地方軍閥和共產黨軍隊，沒有時間也沒有精力認真進行鄉村重組，展開土地改革，從而有效地控制農村社會和財政資源。結果，田賦的徵收和使用落入省級和地方當局手中，而這本可能成為中央政府最大的收入來源。1946 年國共內戰爆發後，國民黨政權的財政體制走向崩潰從而導致戰場上敗北，與此不無關聯。

概而言之，國民黨在抗戰前十餘年的建國努力，使南京國民政府比晚清和民初國家政權都更具財政軍事實力，更有條件終結 19 世紀後期以來的國家權力非集中化趨勢。不過，國民黨政府只是在其上層的正式結構方面實現了相當程度的集中化；這種集中主義是不完全的，蔣介石未能在意識形態和組織控制方面建立一個強有力的黨治國家，也無法在其追隨者和支持者中打造高度的政治認同，更沒有動員社會底層資源的能力。八年抗戰期間，蔣介石之所以能夠維持其全國領袖地位，國民黨政權之所以顯示出非同尋常的韌性，更多地有賴各黨各派在民族危急關頭所自發形成的共同禦敵的使命感，而非國家政權本身的統一和集權。當時各支政治力量之間所展示的團結，更多地是一種表象或暫時現象，而非可以持久的實際狀況。事實上，在 1940 年代初，國民黨內部蔣介石和汪精衛之間已存在嚴重的分歧，導致汪精衛於 1940 年在南京成立另一個親日的國民政府。此外，國民黨與共產黨之間的分歧也日益嚴重，抗戰後期更是摩擦不斷。1945 年日本投降後，民族危機一旦解除，地方勢力與中央合作的基礎也隨之消失，蔣介石的全國領袖地位將遭到來自各方異己力量特別是共產黨的挑戰，國民黨政府的生存也將成問題。

第十章

國家建造的全面集中主義路徑：
一系列歷史性突破之交匯

要了解共產黨革命的興起和最終勝利，重要的是要區分其相互關聯但實質上不同的三個階段。第一階段（1927—1935）從國共合作破裂、蔣介石清黨開始，到共產黨反圍剿失利後從華南撤退為止。在此期間，共產黨曾利用國民黨專心對付地方軍閥之機，在華南和華中建立並擴大其根據地，使其勢力迅速壯大，但隨後遭到國民黨的反覆圍剿，在輾轉至陝北途中，喪失了大部分兵力。第二階段（1937—1945）是八年抗戰時期，共產黨軍隊華北敵後根據地蓬勃發展。1935 年 11 月中央紅軍抵達陝北時，只剩約 1 萬人，而到抗戰結束時，共產黨正規部隊已擴大到超過 91 萬人，擁有 19 個根據地，總人口近 1 億（逄先知、金沖及 2011, 1: 372; 2: 714-713），構成了國民黨政權的最大挑戰。

毫不奇怪，過去對共產黨革命的研究，也主要集中在這兩個階段，尤其是其中第二階段。由於這些研究的資料來源不同，考察的根據地不一，因此對共產黨革命的動力和過程也作出了各不相同的解釋。研究的路徑之一，是視鄉村民眾之紛紛加入或擁護共產黨革命為外來刺激或壓迫的結果，是一種被動的反應。例如，有人利用日本機構關於共產黨敵後活動的相關資料，發現抗戰期間共產黨力量在華北迅速壯大，得益於鄉村民眾對日軍掃蕩暴行的反抗，認為正是農民的民族主義意識的覺醒，為共產黨滲透當地農村、開闢敵後根據地鋪平了道路（Johnson 1962）。再如，有學者研究 1930 年代和 1940 年代冀魯豫邊區的農民，強調農民對軍閥、地主及國民黨政權的不滿和反抗所起的核心作用，認為正是因為地主的租佃條件苛刻和地方政權在食鹽產銷上的壟斷政策，威脅了當地農民的生計，才導致共產黨趁勢而為，以鄉村民眾的道德規範和生存需求為訴求，推動當地的革命進程；共產黨在農民動員過程中所起的作用只是間接的（Thaxton 1983, 1997）。

與這些將共產黨革命解釋為一種以農民為主體的被動反應的觀點相反，另一種研究路徑則強調共產黨的首創精神和組織能力，認為革命是"製造"出來的。例如，研究陝甘寧邊區的學者發現，共產黨成功的原因，是其在西北貧困地區所展開的大膽、靈活的社會、經濟、政治變革，重點是發動群眾、合作生產、自力更生和純潔黨的隊伍，亦即"延安道路"（Selden 1971）。不過，也有人對中共在延安周邊地區所實行的靈活漸進措施能否適用於其他地區持懷疑態度，因為這些地區具有不同的自然環境和社會經濟狀況；在這些地方，針對來自根深蒂固的地方權力關係的反抗，共產黨不得不用由上至下的強制手段和威權主義的方式來推動革命（Keating 1997）。而在蘇皖根據地，研究發現，在日軍佔領該地區和國民黨政權撤退之後，中共之所以在那裏獲得成功，原因在於發展出一套複雜的策略，即對上層精英曉以民族大義，以贏得其支持，同時進行溫和的改革和選舉，以重建基層的經濟和政治關係（Chen 1986）。對皖豫革命活動的研究，也強調中共通過各種措施使農民得到切實利益來積極動員民眾（Wou 1994）。總之，這些研究表明，共產黨的鄉村動員效果卓著；1945年日本投降後，國民黨重返華北和華中地區時，發現共產黨已在農村地區牢固扎根。

儘管共產黨軍隊在抗戰時期快速壯大，但不可否認的是，到1945年抗戰結束時，共產黨的實力還不足以決定後來在1949年形成的革命結局。此前近二十年裏，共產黨相對於國民黨一直處於劣勢。就地緣而言，儘管其根據地在抗戰期間發展迅速，但都限於邊遠、貧困的鄉村地區。因此共產黨力量的裝備落後，進一步發展受到牽制。政治上，共產黨受困於領導層內部的宗派主義。有研究認為，從莫斯科回來的留洋派與毛澤東為首的本土派嫌隙甚深，而散佈各地的根據地也難以協調，山頭主義嚴重。從1945年9月日本投降到1946年新一輪內戰爆發，在此過渡時期，共產黨似乎各方面均輸國民黨一籌。當時，抗戰剛剛取得勝利，國民政府及其領導人蔣介石的威望如日中天。在美國的軍事和財力支持下，國民黨軍隊無論在裝備還是規模上都遠遠超過了共產黨。因此，毛澤東儘管對共產黨軍隊的戰鬥力充滿自信，也不得不綜合考慮斯大林以及國內輿論的影響，勉為其難地於 1945 年 8 月飛赴重慶，就組建聯合政府事宜進行談判。很顯然，即使談判順利，重組後的政府仍將受國民黨控制。對中共來說，最好的結果，無非是和其他政黨一道，在中央領導層佔據幾個席位，但其保留下來的軍隊會比國民黨的少得多。事實上，在 1946 年 1 月國共雙方談判完成並簽訂協議時，中共領導人認真考慮了停止軍事鬥爭，迎接 "和平民主建設的新階段"（ZGZY, 16: 62），將其總部從延安遷往鄰近南京的蘇北清江，準備 "用選票而代替子彈"，就近與國民黨展開競爭（胡繩 2001: 13）。後來，當國共兩方軍隊在華北和東北的軍事對峙升級，內戰變得迫在眉睫，時人多排除了共產黨取勝的可能性，例如民盟秘書長梁漱溟（1893—1988）即認為，國民黨 "兵多裝備好，掌握著全國政權，又有美國支持"。在其看來，只要 "蔣介石不死，不倒，最多是南北朝的局面，不可能出現旁的局面"（梁漱溟 2006: 318）。

　　所有這些都顯示，共產黨力量在抗戰時期的壯大無論多麼迅速，都遠不足以決定 1949 年的革命結局。真正決定共產黨命運的是其在內戰時期（1946—1949）的發展，即共產黨革命的第三階段。關於內戰的傳統觀點，通常將共產黨在 1946 年之後數年的成功，歸因於其通過土地改革動員農村人口，招募大量農民士兵並得到村民提供的後勤服務（如 Pepper 1978），同時把國民黨失敗歸咎於政府官僚在接收沿海城市後上上下下貪腐盛行，失去鬥志；蔣介石堅持發動內戰，不得人心；城市物價飛漲，百姓怨聲載道；而最致命的則是國民黨各部隊間缺乏協作（Eastman 1974, 1984; Pepper 1978）。晚近的解讀越來越重視軍事因素，尤其是東北的戰事在整個內戰中的關鍵作用，同時也不貶低土地改革對共產黨增強實力的意義（Levine 1987; Tanner 2013, 2015）。也有研究強調毛澤東的高超領導和戰略思維，以及其手下將領的戰場經歷（Cheng 2005; Lew 2009）；或只關注國民黨在東北及華東戰事中的戰略、戰術上的失誤，而忽視土地改革對中共的重要性以及國民黨政權的經濟和金融政策失敗對其合法性的破壞（Westad 2003）。

本章不像以往的研究那樣只側重某個特定階段的某一方面，而是以一種綜合的視角，強調三種關鍵因素的交互作用，即（1）形塑雙方戰略目標的地緣政治環境，（2）決定各自軍事實力強弱的財政構造體系，以及（3）決定資源的有效抽取和利用能力以實現戰略目標的認同構建。以下的討論揭示，中共在上述每一個階段都取得了某些突破，但只是到第三階段，這些突破才匯聚到一起，使其得以在 1949 年取得成功。

中共的最初突破是在 1935 年以前向鄉村滲透，依賴以農業經濟為基礎的財政體制而存活下來；此後至 1943 年，中共進一步取得了認同構建的成功，建立了毛澤東領導下的高度組織團結，使分散在不同根據地的政治和軍事力量得以統一協調。然而，最重要的突破發生在 1945 年之後，當時，中國的地緣政治環境發生了有利於共產黨的根本改變。在控制了國共內戰中最具戰略意義、農業可抽取資源最為豐富、軍火工業和現代交通運輸最為發達的東北地區之後，共產黨勢力的財政構造也從原先資源貧乏分散、主要依賴貧困偏遠的農村地區的狀態，轉變為各種新舊資源的集中控制與鄉村草根層面的分散動員合二為一的新模式。總之，只有把 1945 年之前已經積蓄的實力（即整個共產黨力量從上到下的高度政治認同，及其滲透到鄉村最底層的民眾動員能力）與 1945 年後的新發展（即地緣環境的改變和財政軍事力量的重新構造）結合到一起之後，共產黨力量才能夠與國民黨軍隊展開對等的較量，並轉變其軍事戰略，從 1945 年之前以防守的游擊戰為上，轉變為 1947 年後越來越具進攻性的正規戰。

共產黨革命的地緣政治

關於中共歷史的一個基本事實是，在其最初的二十年中，它屬共產國際的一個支部；在決策、政治合法性甚至資金方面，都在一定程度上依賴於共產國際。而對於當時的蘇聯來說，決定它與中共關係的關鍵因素，始終是蘇聯自身的國家利益和地緣政治安全。在第二次世界大戰結束前，蘇聯在遠東的主要威脅來自日本。因此，一個強大到足以抵抗日本侵略、牽制日本的擴張並阻止其北上進攻蘇聯的友好、統一的中國，最符合莫斯科的利益，反之，一個敵對或分裂的中國，會對其構成直接的麻煩，也會鼓勵日本在征服中國、建立親日政權後，進一步覬覦俄羅斯。1945 年日本投降後，蘇聯依然認為，中國的統一、和平，最符合其在遠東的利益；一旦中國發生內戰，將會破壞二戰結束時由三巨頭（英國、蘇聯、美國）在雅爾塔會議確立的世界格局，且美蘇兩國將可能捲入其中，從而引發新一輪世界大戰。這些地緣政治的現實意味著，中共發現自己往往在一些緊要關頭受到俄國人的牽制，尤其當國共衝突危及國內的團結和穩定、進而威脅蘇聯的戰略安全時。如何擺脫蘇聯的桎梏，成為一個真正自主的政治軍事力量，最大程度地追求並實現自身利益，對中共在與國民黨的競爭中取勝至關緊要。

中共與莫斯科的關係

共產國際在塑造中共早期歷史的過程中扮演了重要角色。對列寧和蘇俄共產黨其他領導人來說，國際政治不過是無產階級國家與資本主義國家之間的 "階級鬥爭"；蘇維埃俄國（1923 年後的蘇聯）是第一次世界大戰後世界上第一個也是唯一的社會主義國家，代表著各國無產階級的根本利益；作為創始國以及反對資本主義和帝國主義的世界無產階級革命中心，它有義務在世界其他國家倡導革命。同時，世界上所有的共產黨也都有義務共同維護俄國的蘇維埃政權，這是世界性革命成功的關鍵，也是維護所有共產黨利益的關鍵。共產國際因此於 1919 年 3 月在莫斯科成立，將各國共產黨轉變為其分支以協調各自的活動。

毫不奇怪，在中共籌建階段，共產國際在中國的代表馬林（1883—1942）即曾試圖說服籌備者，讓中共成為共產國際的一個支部，並在 1921 年 7 月的中共成立大會上正式提議。中共第一任總書記陳獨秀拒絕了這個提議，只同意與共產國際保持常規的"接觸"，並在會議通過的第一項決議中予以聲明（*ZGZY*, 1: 8）。然而，從 1922 年 7 月"二大"開始，中共正式接受共產國際的支部身份，部分是出於自外於國際共產主義運動的擔憂，但更重要的是因為迫切需要莫斯科的資金支持。可以肯定的是，中共並不完全依賴共產國際的資助；它也在國內尋求援助渠道。陳獨秀承認，在 1923 年漢口大罷工期間，一直與直系軍閥吳佩孚對抗的奉系軍閥張作霖曾慷慨捐贈 1 萬元（*GCGJ*, 1: 262）。不過，在 1920 年代，共產國際的資助是中共唯一穩定的也是最重要的外部財源。在其誕生後約十年的時間裏，中共每月從共產國際收到津貼以及不同數量、不同外幣的不定期匯款，1927 年之前這些匯款數額為每月數千美元，1928 年增加到兩萬多美元，在接下來的幾年約為每月 15,000 美元（楊奎松 2004）。此外在 1927 年 8 月，中共還收到一筆 30 萬美元的資助（Taylor 2009: 72）。共產國際的資助在某種程度上影響到中共黨員數量和活動範圍的擴張；當莫斯科的資助增加時，中共的規模便擴大並變得活躍，反之亦然。

由於其支部地位和對共產國際一定程度的依賴，共產黨早期領導層受莫斯科的影響很大。例如，1923 年中共在共產國際的指導下開始與國民黨"合作"，允許中共黨員單獨加入國民黨的組織，儘管陳獨秀最初反對；共產國際促進國共合作的原因，是為了推翻華北和東北的軍閥，把中國變成蘇聯的友好鄰邦，而且因為當時俄國在十月革命後被西方列強和日本孤立，蘇俄迫切需要一個革命的中國作為其在遠東的盟友。共產國際認為，國共統一戰線的建立，以及國民黨所領導的國民革命的成功，對蘇聯的安全異常重要，因此始終堅持中共對國民黨右翼領導和蔣介石讓步，並在 1927 年 4 月 12 日蔣介石發動清黨後，又指示中共對武漢的汪精衛國民政府讓步，直到 1927 年 7 月 15 日汪精衛反目。蘇聯的經濟和軍事援助是廣東國民黨部隊崛起及其早期北伐成功的關鍵。然而，由於共產國際代表鮑羅廷（1884－1951）著重培養蔣介石領導下的國民黨軍事力量，並限制中共在政治工作中的作用，中共對蔣介石和汪精衛的清洗均準備不足。

1927 年以後，中共高層領導如博古（1907—1946）和王明（1904—1974）等人，多在莫斯科受訓過或為莫斯科所指派，以維護蘇聯的利益為優先目標。一個頗具代表性的事件便是 1929 年的"中東鐵路事件"。當時張學良奉南京國民政府的命令，在 7 月 10 日通過武力從蘇聯手中接管沙俄於 1897—1903 年在滿洲修建的中東鐵路，並逮捕和驅逐蘇聯人，導致兩國武裝衝突和外交關係暫時中止。共產國際將此次事件理解為帝國主義列強利用中國的民族主義對抗俄羅斯，並指示中共"變帝國主義進攻蘇聯的戰爭為擁護蘇聯的革命戰爭"（*JDYL*, 6: 337）。中共高層對此積極響應，把此次事件看作"對蘇聯進攻的開始"，並於 7 月 12 日在其宣言中呼籲"武裝保衛蘇聯"（同上）。共產國際顯然誇大了此次事件的可能後果，因為負責此次事件的南京政府在整個事件中並未得到任何外國勢力的支持，而且很快與俄羅斯簽署協議，將中東鐵路的管理恢復到事件發生前的狀態。然而，在全國民族主義高漲的當口，中共高層所面臨的輿論壓力可想而知。

兩年後，即在 1931 年，"九一八"事變爆發，日本關東軍進攻張學良的軍隊，隨後佔領了中國東北。對共產國際來說，這一事件是日本"進攻蘇聯的前奏"；因此再次呼籲"保衛所有勞動人民的祖國——蘇聯"（*GJWX*, 2: 167-169）。作為回應，中共高層通過了一項決議，認為事變是"反蘇聯戰爭的序幕"，並指出"現在全國無產階級及勞苦群眾身上放著偉大的歷史的任務：這一任務便是武裝保衛蘇聯"（*ZGZY*, 7: 419, 420）。這一說令大部分中國民眾感到驚訝和困惑，因為他們認為這一事件構成中華民族的嚴重危機，愛國軍民正奮起抗擊日本侵略、保衛中國領土。不用說，當時的中共個別領導人之所以把蘇聯利益凌駕於民族利益之上，是因為他們認為自己與莫斯科是一體的。他們不僅在莫斯科接受了多年培訓並認可它的意識形態，而且他們在中共的職位和權力也來自共產國際的任命；因此，忠誠於莫斯科是他們維持自己在黨內地位的前提。事實上，這些領導人對共產國際的忠誠，不僅導致他們優先考慮蘇聯利益從而在國內不受歡迎，也傷害了中共本身。根據共產國際的指示，他們在蔣介石"四一二"政變後即堅持共產黨革命

"以城市為中心"的方法，並在 1933 年至 1934 年任命共產國際指派的李德（Otto Braun, 1900—1974）為紅軍總指揮。上述做法造成了中共反圍剿戰爭中多次失敗，導致紅軍撤出根據地。

毛澤東的對蘇策略

毛澤東升至黨內最高領導地位，是中共在 1930 年代後期和 1940 年代前期尋求擺脫蘇聯影響、走向自主的關鍵。首先，要區分共產國際與中共內部親共產國際的個別領導對待毛澤東的不同態度。自 1930 年開始，毛澤東在黨內高層屢遭排擠，並最終在 1932 年的寧都會議丟失紅軍總政委之職位，送其前往蘇聯的提議也在 1934 年 4 月被否決。在這期間，共產國際更多地是充當中共最高領導與毛澤東之間的調解人，警告中共高層在批評毛澤東時要明智且有節制。後來，毛澤東在 1935 年 1 月的遵義會議上恢復了對紅軍的實際指揮權，共產國際轉而支持毛澤東在中共領導層的主導地位。但遵義會議之後中共的官方領導人是張聞天（1900—1976），他與毛澤東交往過程中始終保持低姿態，這就為 1937 年 11 月從莫斯科回到延安的王明提供了機會，對毛澤東的領導地位構成威脅，此時的王明是共產國際代表並擔任中共武漢長江局書記（HQM: 67）。因此，毛澤東並未牢固樹立他在黨內的領導地位，這種情況直至 1938 年 9 月長江局被撤銷、共產國際表示明確支持毛澤東之後，才有所改變（中共中央文獻研究室 2004: 372; LWH, 1: 416）。

而在此之前，中共在做出最重要的決定時，依然要考慮共產國際的指示，如 1935 年 12 月瓦窰堡會議的政策調整，中共便接受了共產國際關於建立"抗日反蔣"統一戰線的指示，決定停止沒收富農的財產，並將共產黨政權的性質從"蘇維埃工農共和國"重新定義為"蘇維埃人民共和國"，以吸納小資產階級和資產階級（ZGZY, 10: 609-610）。莫斯科還影響了中共對 1936 年 12 月 12 日發生的西安事變的處理。毛澤東對事件的最初反應，是支持張學良扣留蔣介石，並"審蔣""除蔣"，雖然他可能在 12 月 13 日收到斯大林的電報，敦促中共謀求和平解決危機並釋放蔣介石（*ZGT*, 3: 333），而且總書記張聞天以及博古均反對毛的意見，二人皆為中共中央政治局委員，且站在斯大林一方。毛澤東及其支持者們在 12 月 15 日給南京發了一封集體電報，要求停止反共內戰並對蔣介石革職和審判；不過，這封電報並沒有得到張聞天和博古的認可，署名是含義模糊的"紅軍將領"而不是中共中央（*ZGZY*, 11: 123-125）。毛澤東並沒有改變主意，直到他可能在 12 月 16 日收到莫斯科的另一份電報，敦促中共在南京政府答應重組並與紅軍合作抗日的條件下和平解決西安事變（*GCGJ*, 15: 265-266）。儘管毛主席和中共領導層聲稱，由於電報的亂碼（一個長期受史家爭議的謎題），他們並沒有及時收到電報，導致共產國際收到中共的請求兩天之後，於 12 月 20 日重發了這份電報。這兩天的間歇（12 月 16 — 18 日）讓毛澤東有足夠的時間來調整自己原來的計劃，並通過周恩來在西安與張學良和蔣介石的談判，制定符合共產國際指示的解決方案。

　　由於幾方面的原因，毛澤東及其支持者在 12 月 16 日後不得不改變原初的想法。除了張聞天和博古的反對，保持與共產國際的工作關係，並避免像第二封如最後通牒似的電報中暗示的那樣被逐出共產國際（Smedley 1938: 122-123），對毛澤東仍然極其重要。畢竟，對中共來說，無論是制定任何重大政策還是任命關鍵人員，共產國際都是合法性的最終來源，在 1935 — 1938 年尤為如此。當時毛澤東剛在黨內建立了自己對軍事事務的無可匹配的影響力，但他的地位還沒有穩固，且尚未得到共產國際的正式承認；換言之，對於當時的中共高層領導來說，毛澤東只是在同儕中位居第一（特別是在軍事方面），但在政治或意識形態方面，毛還遠非高居其上。財政上，共產國際仍是重要的資助渠道。在 1937 年 7 月前約一年半的時間內，中共總計收到了來自莫斯科近 200 萬美元的資助，並在此後幾年收到莫斯科的不定期匯款，從 1939 年和 1940 年的 30 萬和 50 萬，到 1941 年 7 月的 100 萬美元。這些資助對中共在貧困的陝西生存下來是必不可少的。相形之下，當時國民政府撥給中共的經費太少（每月 50 萬元），僅佔八路軍 1939 年每月支出的 20% 左右（張澤宇 2011）。對於中共同樣重要的是蘇聯的物質支持，如提供醫療、軍事和技術設備，以及為中共領導提供培訓和保健康復服務等。然而，蘇聯支持最重要的方面是精神上而非物質上的：正是蘇聯承諾支持中共和中共致力於在蘇聯的支持下取得革命勝利，才得以保持黨內領導和普通成員的士氣，也正是這樣的心理影響，使得共產黨的合作夥伴如張學良，以及對手蔣介石，在長征後不久，即認真對待裝備落後且人數不多的中共勢力。

不過，通過對西安事變的處理，毛澤東向莫斯科和黨內的同志發出了一個信號，雖然共產國際的支持對中共決策的合法性仍很重要，但他並不會像其前任那樣聽從莫斯科的指示。事實上，隨著毛澤東完全確立起在黨內的領導，他對蘇聯的抗爭在 1940 年代也進一步加強，當時共產黨控制的根據地迅速擴大，對蘇聯支持的依賴也在減少。毛澤東違抗蘇聯的明確無誤的最初跡象，是中共的新四軍與國民黨軍隊之間的一系列摩擦，其高潮是 1940 年 10 月發生在江蘇中部的黃橋戰役，新四軍獲勝，隨後卻在 1941 年 1 月的皖南事變中失利。共產國際多次警告，反對不利於國共統一戰線的軍事行動，並敦促毛改善中共與蔣介石的關係，但無濟於事（*GJWX*, 3: 50-51）。當然，在俄國人看來，毛澤東最傲慢的行動，是他無視共產國際在 1941 年 6 月德國入侵蘇聯後發出的讓各國共產黨 "武裝保衛蘇聯" 的呼籲。毛拒絕了莫斯科要求其在張家口和包頭周邊地區部署八路軍阻止口軍向北集中的指示（*MJS*, 2: 651）。1942 年 7 月，在德國軍隊進攻斯大林格勒後，儘管斯大林一再發電報敦促，但毛再次拒絕派遣八路軍到內、外蒙古交界區。因此，毛澤東後來被指責只有 "民族主義"，不講 "國際主義"（*HQM*: 163）。共產國際領導人對毛澤東在 1942 年整風運動期間對黨內對手的做法也頗為不滿，認為整風運動對親蘇領導人的攻擊（主要針對王明，也波及博古、張聞天和周恩來），不過是派系之爭，"只能造成互相猜疑，只能引起普通黨員群眾強烈不滿和幫助敵人瓦解黨"（*GCGJ*, 19: 393），同時會助長對蘇聯的一種 "不健康" 情緒（*GJWX*, 3: 60-61）。

共產國際於 1943 年 5 月 22 日正式解散，這是因為斯大林需要與英美結成強大的聯盟，以對抗納粹德國。這一事件無疑使中共有了更大的決策自主權，儘管當時國民黨政府施壓要求中共也隨共產國際一同解散。不過，中共對蘇聯支持的需求仍在持續。這在 1945 年和 1946 年時尤為明顯，當時抗戰剛剛結束，而中共面臨著與國民黨的另一輪內戰；共產黨人迫切需要從佔領東北地區的蘇軍那裏獲得軍事援助。東北的戰略意義十分重要，共產黨和國民黨都不惜一切代價爭奪其控制權。到第二次世界大戰結束時，中共已擁有近 1 億人口、100 萬正規軍和 200 多萬非正規部隊，毛澤東對即將到來的內戰充滿信心，而國民黨在 1944 年抵抗日軍在中國中南部的進攻時已表現出戰鬥力的整體缺乏。然而，讓毛澤東感到驚訝和受挫的是，他在 1945 年 8 月收到了斯大林的一份電報，要求他接受蔣介石的邀請，前往重慶進行組建聯合政府的談判。在斯大林看來，內戰的爆發和升級將牽涉到美國，並使蘇聯不可避免地參與其中，可能引發第三次世界大戰。因此，防止內戰並建立一個由蔣介石領導的聯合政府，最符合蘇聯的利益。毛澤東對此感到十分沮喪，但他再一次退讓了。他清楚地知道，蔣介石不會真心組建一個基於政黨政治的聯合政府；他也知道，蘇聯的援助將對共產黨佔領東北起關鍵作用，這反過來又將決定共產黨在內戰中的成敗。因此，最終使得毛澤東與其前任領導人不同的是，後者總是將蘇聯的利益凌駕於中國利益之上，而毛澤東總是經過深思熟慮，才決定是接受還是抵制莫斯科的意見；他的目標是使其努力建立和捍衛的黨和國家的利益最大化。

毛澤東領導下的政治認同

掌控軍事和政治權力

在 1930 年代後期，蔣介石和毛澤東分別成為國民黨和共產黨的最高領袖，但他們追求政治支配地位的道路卻不同。蔣介石總是以對軍隊的控制支撐他的領導；國民黨軍隊無可匹配的財政和軍事實力，使他得以在 1930 年代早期制服各路軍閥。也正是因為有軍事力量的支持，蔣介石才能戰勝他在國民黨內的對手。

然而，蔣介石的領導是脆弱且不完整的。蔣介石統治地位的建立，主要是通過對黨內外對手的妥協或收編地方異己勢力，而不是完全消除他們，這種方法使他的國家建設代價最小，但也導致其地位不穩和領導乏力。儘管在抗戰期間和日本投降後不久，蔣介石暫時獲得了作為一個國家領袖的聲譽，但蔣介石主要是作為一個軍事強人行使其權力，而不是一個在國民黨政府內擁有絕對合法性和影響力的魅力型領袖。在思想上，蔣介石頂多是孫中山三民主義的一個蹩腳的解釋者；他從未發展過自己的一套思想，更不用說讓國民黨內部對他思想的正統產生一個共識。總之，蔣介石缺乏軟實力；他的統治主要是基於軍事力量，而不是思想說服和精神召喚。

毛澤東對共產黨的領導也是從他對黨內軍事力量的控制開始的。作為紅軍的主要締造者，毛澤東在 1932 年 10 月的寧都會議中失去了總政委職位，不再指揮紅軍，並在隨後被逐出中共領導層（逄先知、金沖及 1: 297-300）。直到紅軍屢遭失敗、從江西根據地撤出後，由於數月之內其兵力即從 8.7 萬人驟減至約 3 萬人，毛澤東才得以在 1934 年底以中共政治局委員的身份，建議改變紅軍的撤退路線。在 1935 年 1 月 15 日至 17 日召開的著名的遵義會議上，毛主席當選為中共政治局常委，成為紅軍最高指揮官周恩來的副手。遵義會議後，周恩來、毛澤東和王稼祥很快形成了三人團，以周恩來為團長，指揮軍隊，毛澤東主導用兵決策（同上：353）。隨後在 1935 年 8 月黨的政治局會議上，毛澤東正式接管軍事事務（同上：364）。在 1936 年 12 月紅軍遷至陝西後，毛澤東被任命為黨的革命軍事委員會主席，進一步鞏固了他的軍事領導權。然而，黨的正式領導人仍然是張聞天，他在遵義會議後不久即 1935 年 2 月，便開始擔任總書記（程中原 2006: 140）。

毛澤東上升到中共最高領導地位的最大挑戰來自於王明，王明自 1931

年即已在莫斯科為共產國際工作，在 1937 年 12 月被派回延安；當時國共已形成抗日統一戰線（*HQM*: 44）。他很快就被任命為中共武漢長江局書記，周恩來為副書記，代表中共與已從南京遷至武漢的國民黨政府溝通。毛澤東繼續掌控黨的軍事工作。然而，與毛澤東堅持黨的自主性相反，王明堅持執行共產國際的指示，強調統一戰線的極端重要性及中共毫無保留地接受蔣介石的領導，包括蔣在對日軍正規 "運動戰" 中調用共產黨部隊。王明的立場背後是共產國際擔憂蔣介石可能會與日本妥協，以及日本會在控制中國後進攻蘇聯。因此，毛澤東後來有理由指責王明 "對〔中國〕自己的事考慮得太少了，對別人的事卻操心得太多了"（師哲 1991: 263）。因為有共產國際的支持，王明自認為要比其他所有中共領導高人一等，並因此獨斷專行。這一情況一直持續到 1938 年 9 月，當時王稼祥從莫斯科帶回共產國際的新消息：中共的領導應該 "以毛澤東為首"，並且應該營造一個 "親密團結的空氣"（逄先知、金沖及 2011, 2: 519）。王明因此失去了在黨內的共產國際代表地位及與之相關的影響力。張聞天還提出要把總書記的位置讓給毛，但毛並未接受（程中原 2006: 140）。在共產國際的支持下，毛在 1938 年 9 月 29 日到 11 月 6 日召開的第六次代表大會第六次會議上，最終確立了中共的最高領導地位。他在會上批駁了王明的 "一切為了統一戰線" 的口號，強調共產黨在統一戰線中保持獨立的重要性；他進一步闡明 "馬克思主義中國化" 亦即 "馬克思主義與中國的具體特點相結合" 的必要性，使之成為中共思想建設的方法，從而再次挑戰王明和其他在莫斯科受過訓練的中共領導層 "正宗" 馬列派地位（逄先知、金沖及 2011, 2: 522-523）。至此，毛澤東不僅確立了自己作為中共最高軍事統帥的地位，也成為了中共事實上的政治領袖。

確立意識形態之主導地位

然而，毛澤東領導地位的確立並未就此結束。為了使其權力合法化並賦之以堅實的意識形態基礎，他進一步創建了一套新的思想，後來被稱為 "毛澤東思想"。這正是毛澤東與蔣介石不同的地方,也是他的高超之處。毛澤東將其政治思想變成中共意識形態的唯一正統說教的能力,加上他鞏固組織的不懈努力,使黨內形成了高度認同和團結,這對中共在隨後幾年打敗國民黨尤為關鍵。

在把自己打造為中共最高的意識形態權威之前,毛澤東只是被公認為一個軍事人才;雖然他在 1938 年 9 月後也被接受為黨的實際領導人,但他的演講和著作並未得到中共領導層的充分尊重和接受。當時中共內部的意識形態權威仍是那些在莫斯科接受過 "正宗" 馬列主義訓練的人,主要是王明和張聞天。1940 年 3 月王明在延安將自己在 1931 年寫的《為中共更加布爾什維克化而鬥爭》第三次重印,並在黨員中廣泛流傳(逄先知、金沖及 2011, 2: 634)。作為中共總書記,張聞天則在 1937 年編寫了一本教科書《中國現代革命運動史》,是中共從馬克思主義的視角對中國近代史最權威的敘述(H. Li 2013: 95-102)。作為理論權威的標誌,張聞天還擔任馬克思列寧學院(後改名為中央研究院)院長,該所成立於 1938 年 5 月,專為中共幹部們培訓馬列主義理論(程中原 2006: 275-285)。相形之下,毛澤東在意識形態領域的影響並不大。例如,在 1941 年初,毛澤東想出版自己在 1930 到 1933 年間寫的《鄉村調查》一書,該書強調實地調查的重要性,但難以實現這一願望。1941 年 5 月,毛澤東在延安幹部會議上做了演講《改造我們的學習》,強調 "實事求是" 的原則,但他後來抱怨說,這個報告 "毫無影響"(逄先知、金沖及 2011, 2: 641)。由於缺乏足夠的理論影響力,毛澤東發現甚至很難在中共黨校做演講(*HQM*: 287; 逄先知、金沖及 2011, 2: 645)。

為了建立自己的思想影響力,毛澤東在 1939 年底和 1940 年初撰寫了一系列文章。他的著作有兩個抨擊目標。一個是王明。王明認為,中國革命由三個階段組成,與帝國主義的鬥爭是正在進行的第一階段的唯一任務,應當區別於未來第二、第三階段的任務,即分別為反封建主義和過渡到社會主義的鬥爭,並因此強調統一戰線以及中共接受國民黨領導以完成抗日任務的重要性(*HQM*: 198)。另一個目標是國民黨理論家們,他們倡導 "一個政黨""一個主義"，質疑中國共產黨及其馬克思主義意識形態的正當性。為了駁斥黨內外這兩個對手，毛澤東創建自己的"新民主主義"理論，認為中國革命分"新民主主義革命"和社會主義革命兩步。毛寫道，新民主主義革命既是反對帝國主義壓迫的國民革命，也是反對國內封建壓迫的民主革命，其中，反對帝國主義的鬥爭是首要任務。然而，要完成新民主主義革命，中國無產階級（亦即被界定為無產階級先鋒隊的中國共產黨）應該發揮領導作用並與農民、小資產階級以及民族資產階級形成統一戰線；中國資產階級已被證明容易向這兩個敵人妥協，因此沒有資格成為革命的領導者。毛澤東進一步闡釋，革命後建立的國家，既不應該是一個資產階級共和國，也不應該是無產階級專政的國家；相反，它應該是一個由無產階級亦即共產黨領導的、致力於反對帝國主義和封建主義的所有階級聯盟的專政。而且，政府本身應採取"民主集中制"的形式。這個國家將允許私人所有制，不禁止資本主義的生產，但國有的社會主義企業應該是國民經濟的主導部門。在農村地區，封建地主的財產將被沒收並重新分配給無地或少地的農民，同時允許富農經濟存在，並鼓勵各種合作經濟。總之，新民主主義革命將為資本主義發展掃清道路，同時醞釀社會主義因素；在未來，中國革命的最終目標是向社會主義過渡（*MXJ*, 2: 602-614, 621-656, 662-711）。

毛澤東的新民主主義理論定義明確且結構連貫，與三民主義截然不同。如前所述，三民主義無所不包，且易受到高度主觀和靈活的解讀，以服務於不同目的。新民主主義理論也不同於經典的馬克思主義理論，後者呼籲通過資產階級和無產階級之間的階級鬥爭直接從資本主義過渡到社會主義。作為其追求中共思想自主性的關鍵一步，毛澤東的新民主主義理論為中共存在的合法化提供了一個有效的工具；當時中共正準備與國民黨及其意識形態決裂，並爭奪國內政治的主導權。

然而，在把自己的理論轉變為全黨的意識形態之前，毛澤東首先要推翻黨內既有的意識形態權威。為此，毛澤東和他的助手們把之前十三年中共的所有相關文件匯編成卷，題為《六大以來》，出版了兩個版本（原版和節選），分發給所有高級幹部閱讀。這部書被譽為“黨書”，首次系統地說明了黨內不同路線之間的鬥爭，即王明及其追隨者所奉行的導致中共屢遭挫折的“左傾”路線，與毛澤東所確立的曾讓紅軍獲得早期成功的“正確路線”。這本書產生了立竿見影的效果。正如毛澤東所描述的，“黨書一出許多同志解除武器”（逄先知、金沖及 2011, 2: 641）。那些曾支持或同情王明的人改變了態度，轉而支持毛澤東。正是在這樣的背景下，中共中央政治局於 1941 年 9 月召開了“擴大會議”（即“九月會議”），會上，中共領導層對毛澤東的意識形態霸權達成了共識。會議開始，毛澤東攻擊王明和博古錯誤路線的“主觀主義”和“宗派主義”特性。他贏得了高級幹部壓倒性的支持，包括那些曾經追隨或支持王明的人，如博古、張聞天和王稼祥等，都對他們的錯誤進行了“自我批評”（*HQM*: 194-195; 逄先知、金沖及 2011, 2: 641-643）。毛澤東因此不僅最終確立了他作為最高軍事指揮官和政治領袖的地位，也成為中共唯一的思想權威（*HQM*: 48）。

形塑政治認同

然而，毛澤東並沒有滿足於僅在領導層範圍內對其政治領導地位和意識形態上的最高地位達成共識，這在九月會議上已明顯實現。為了確保全黨從上到下對毛澤東毫無保留的忠誠，把共產黨變成一個高度認同和團結的組織，並使共產黨擺脫宗派之爭、作風腐敗和缺乏紀律的狀態，毛澤東面臨兩個任務：在所有黨員中宣傳他的思想；更重要的是，要純潔黨員幹部隊伍，清除那些支持黨內政敵或可能對黨不忠的人。基於這兩個目的，毛澤東在 1942 年 2 月發起了“整風運動”。

此次運動的起源，可追溯到共產國際 1940 年 3 月 11 日的決議。決議敦促中共採取措施淨化黨的幹部隊伍。毛澤東對該決議以及斯大林早些時候談及的各國共產黨的布爾什維克化表示歡迎（張喜德 2009），並以此為理由發動整風運動，以實現自己的政治目的。整風運動首先針對延安的一萬餘名黨員幹部和左翼知識分子，要求他們學習毛澤東的著作和黨的文件，並檢查自己的"非無產階級思想"。經過幾個月密集的灌輸和自我反省，毛澤東認為存在於"大批青年幹部（老幹部亦然）及文化人"的那種"極龐雜的思想"已不復存在，他們的思想已經得到"統一"（逢先知、金沖及 2011, 2: 657）。因此，整風運動在 1942 年 6 月進一步擴大至全國各根據地，主要針對地方黨組織的中高級幹部，重點是讓黨員幹部檢查自己的"自由主義"問題（即不遵守黨的紀律和指令）和"對黨鬧獨立性問題"。為了確保對黨的"一元化領導"，毛澤東在 1943 年 3 月擔任中共中央政治局和書記處主席，取代張聞天，正式成為中共領袖（同上, 2: 659）。

1943 年 4 月後，整風運動進入第二階段，任務是調查每個幹部的政治背景，將"不純"成分從黨的幹部隊伍中清除，以此應對國民黨軍隊的滲透和破壞。但這種清查很快發展成不受控制的逼、供、信。僅延安一地，在約兩個星期內就有 1,400 多人被認定為國民黨特務（同上, 2: 663）。毛澤東後來意識到這種不分青紅皂白地迫害知識分子的嚴重後果，下令禁止對任何被迫害者執行死刑，並在 1944 年初為大部分被迫害者平反。彼時，毛澤東確已通過整風運動實現了他的目的：基於黨內各級領導幹部和普通黨員對毛澤東領袖地位的認可而形成的高度政治認同和組織團結，因為他們對毛澤東思想正確性的信仰以及擔心被清除出黨而進一步加強。

似乎這些還嫌不夠，毛澤東又採取了兩個行動來鞏固他無可爭議的領導地位。一是在 1943 年 9 月 7 日至 10 月 6 日主持召開中共政治局的會議。在會上，毛澤東嚴厲批評兩種"宗派主義"，即"教條主義"和"經驗主義"。自王明和博古失勢後，教條主義派已不再對黨構成威脅，因此毛澤東的真正目標是"經驗主義"派，而周恩來首當其衝（石仲泉 2012: 17; *HQM*: 295）。在毛澤東升至最高領袖地位之前，周恩來是黨內資歷最深的領導人。因為對毛澤東在 1932 年寧都會議上失去軍權負部分責任，且在之後多年取代毛澤東成為其上級和紅軍最高指揮官，周恩來當時意識到自己的微妙處境；為此，他在會上做了最長、最徹底的"自我反思"和"歷史檢查"。毛澤東對周恩來的態度是矛盾的。一方面,他對周恩來多次縱容教條主義領導人並與之妥協頗為不滿,但另一方面,他又依賴周恩來的能力來處理來自黨內外最棘手的挑戰。最重要的是,周恩來從來沒有率先公開挑戰毛澤東,反倒在遵義會議後在支持毛澤東的領導方面發揮了關鍵作用。因此,毛澤東並沒有採取進一步的行動。

毛澤東為確定自己在黨內最高領導地位所採取的最後一步,是在 1945 年 4 月 20 日中共第六次代表大會第七次會議上一致通過了《關於若干歷史問題的決議》。該決議的核心是重新解讀黨的歷史,強調了以毛澤東為代表的正確路線與教條主義者所堅持的錯誤路線之間的反覆鬥爭。儘管如此,這項決議不應該僅僅被解釋為毛澤東為了個人權力操縱黨的領導的結果,也不應該把整風運動簡單地看作毛澤東與黨內政敵的另一輪權力鬥爭。事實上,如前所述,在 1938 年 9 月獲得共產國際的支持後,已沒有人能夠挑戰毛澤東在中共的領導地位。可以肯定的是,毛澤東開展整風運動的部分原因,可能是針對他的老對手和競爭者(包括王明等黨內教條主義者以及周恩來等經驗主義者)。不過,對毛澤東來說,整風運動以及決議的起草和通過是必要的,不僅是因為這些做法能使自己在各方面成為全黨的領袖,給他的領導地位增添一層魅力,更重要的是因為它們對中共實現高度的政治認同和組織團結是不可或缺的,而團結的基礎則在全黨對毛路線正確和思想偉大的共識。同樣,中共領導層接受毛澤東的領導,不能簡單地解釋為是因為他們與毛鬥爭失敗或屈服於毛在黨內的專權;而是多少折射了他們對毛澤東領導紅軍和全黨的卓越才能的認可,以及對毛澤東中國革命理論獨創性的信服。因此,決議開篇中對毛的描述並沒有那麼多的奉承,而是體現了中共上層精英對毛澤東領導才能的共同認知:

中國共產黨自一九二一年產生以來,就以馬克思列寧主義的普遍真理和中國革命的具體實踐相結合為自己一切工作的指針,毛澤東同志關於中國革命的理論和實踐便是此種結合的代表。我們黨一成立,就展開了中國革命的新階段 —— 毛澤東同志所指出的新民主主義革命的階段。在為實現新民主主義而進行的二十四年（一九二一年至一九四五年）的奮鬥中，在第一次大革命、土地革命和抗日戰爭的三個歷史時期中，我們黨始終一貫地領導了廣大的中國人民，向中國人民的敵人 —— 帝國主義和封建主義，進行了艱苦卓絕的革命鬥爭，取得了偉大的成績和豐富的經驗。黨在奮鬥的過程中產生了自己的領袖毛澤東同志。毛澤東同志代表中國無產階級和中國人民，將人類最高智慧 —— 馬克思列寧主義的科學理論，創造地應用於中國這樣的以農民為主要群眾、以反帝反封建為直接任務而又地廣人眾、情況極複雜、鬥爭極困難的半封建半殖民地的大國，光輝地發展了列寧斯大林關於殖民地半殖民地問題的學說和斯大林關於中國革命問題的學說。由於堅持了正確的馬克思列寧主義的路線，並向一切與之相反的錯誤思想作了勝利的鬥爭，黨才在三個時期中取得了偉大的成績……（*MXJ*, 3: 952-953）

然而，同樣不可否認，毛澤東與其他領導人的關係也發生了微妙變化。過去那種自由、誠實、同事式的意見交流，逐漸讓位於高層領導們對毛澤東尊重乃至敬畏。在整風運動中是這樣，在 1943 年 11 月中央政治局會議期間及會後更是如此，在會上，博古、張聞天和周恩來不得不對他們在黨的歷史上犯下的錯誤進行了冗長的自我剖析。從那之後，毛澤東越來越傾向於依靠個人意志行使其領導。但是，毛澤東的這種領導不同於蔣介石的獨裁；如前章所示，蔣介石主要將其領導地位建立在軍事控制的基礎上，他從未能壓制黨內挑戰者的不同聲音，也未能徹底消除地方實力派的自主性。與此形成鮮明對比的是，通過整風運動，毛澤東不僅有效地、全面地控制了軍隊，而且在思想統一的堅實基礎上進一步鞏固了自己的領導權，消滅了各種"宗派主義"和"山頭主義"。到抗日戰爭結束時，中國共產黨及其軍隊的確已經取得了毛所說的"在思想上、政治上、組織上的空前的鞏固和統一"（*MXJ*, 3: 953），從而為他們贏得 1946 年後即將到來的內戰鋪平了道路。

東北地區與國共內戰

為什麼東北如此重要？

1937 年抗戰全面爆發後，紅軍的地緣政治環境一度有所改善，在統一戰線建立之初獲得國民政府的津貼和補給；1939 年以後，國共關係漸趨緊張，摩擦加劇，但畢竟沒有遭到國民黨軍隊的大規模進攻。共產黨軍隊和敵後根據地由此迅速擴張。然而，共產黨部隊遭受了日本軍隊的反覆掃蕩，以及後來國民黨軍隊的封鎖和局部攻擊。因此，通常情況下，共產黨在戰場上仍處於守勢。對陝北和華北其他地區共產黨部隊來說，最為不利的條件是，這些地區均是中國最貧窮的地方，他們很難獲得足夠的糧食和其他物資，以支撐快速擴張的部隊。正是因為陝北土地貧瘠、人口稀少，難以招募士兵，才迫使紅軍於 1936 年 1 月發起"東征"，進入山西（逢先知、金沖及 2011, 1: 383）。出於同樣原因，紅軍在 1936 年 5 月籌劃西征，進入寧夏，以便接收從蘇聯獲得的物資（同上：383, 389, 402）。後來，1946 年內戰爆發，中共控制的陝甘寧地區糧食供應嚴重短缺，導致其他地區的共產黨部隊無法進入，打擊國民黨軍隊；當時國民黨軍隊在該地區的兵力為共產黨的八倍以上（國民黨 25 萬人，共產黨還不到 3 萬人），一度使得毛澤東和共產黨總部陷入險境（同上 , 2: 803）。正因如此，在抗戰接近尾聲時，隨著國共之間的緊張關係升級，中共領導人曾試圖調整其軍隊和根據地擴張策略，優先考慮在相對繁榮的南方省份發展；1944 年底和 1945 年初，毛澤東和黨中央接連發出指令，要求派遣共產黨軍隊南下，在湖南、廣東、福建、浙江、江蘇等省新建或擴大根據地（ *TDGG*, 15: 32-36, 145-147, 181-187）。

但是，1945 年 8 月發生的幾起意外事件 —— 8 月 6 日廣島原子彈爆炸，8 月 8 日蘇聯對日宣戰，及其隨後在 9 月 2 日進入並完全佔領中國東北 —— 使共產黨戰後發展戰略發生了根本變化。東北地區的戰略優勢和極端重要性對中共而言是顯而易見的。首先，東北北鄰蘇聯，西接蒙古，東接朝鮮——這些都是共產黨國家或地區且對中共友好；一旦佔領東北，中共部隊將擁有一個安全而穩定的根據地，而且，它從那裏可以採取進攻性戰略，對關內的國民黨軍隊發動大規模作戰。其次，與中共已有的小而分散的根據地不同，東北地域遼闊，面積達約 130 萬平方公里。當時面臨兩種可能，即既可能讓國民黨軍隊在日本投降後隨即佔領整個東北地區，同時也可以為中共提供足夠的空間來建立自己的根據地；一旦遭到該地區國民黨軍隊的進攻，也能夠後退，並在規劃大規模攻勢以最終從該地區驅逐和消滅國民黨部隊方面，擁有高度的機動性。第三，東北很富裕。該地區廣袤而肥沃的土壤帶來了農業高產，加上人口密度相對較低，產生了比其他地區多得多的富餘糧食，使東北成為糧食淨出口地區。更重要的是，東北有發達的工業，尤其是重工業和能源生產，佔 1940 年代末全國重工業總產量的 90% 左右；這裏的兵工廠在中國首屈一指。[1] 此外，東北還有高度發達的交通網絡，鐵路里程達到 14,000 公里，約佔全國鐵路總里程的一半（朱建華 1987a: 140）。一旦佔據東北，這裏將成為共產黨部隊向全國其他地區進攻的堅實後方。

對共產黨而言，東北的戰略重要性是顯而易見的。如果不能控制東北，他們只好把作為國民黨政治經濟中心的華東地區作為爭奪目標，但這樣做勝算不大，因為這裏駐紮有國民政府裝備最精良的部隊，依靠美國的慷慨支持，他們可以輕易地包圍並擊潰裝備落後的共產黨力量。事實的確如此，國民黨僅將約三分之一的部隊集中在江蘇和山東，便在 1947 下半年輕鬆地摧毀了共產黨在江蘇中部和北部的根據地，並將共產黨軍隊逼回到山東南部，又在 1947 年 5 月進一步將其逼至山東中部。或者，如果共產黨軍隊以華北為優先進攻目標，他們將面臨國民黨從東北和華東的夾擊。因此，最好的選擇是先控制滿洲，利用該地區被蘇方佔領的優勢，"封死"剛剛進入該地區的國民黨軍隊並徹底消滅他們。只有在完全控制滿洲後，共產黨的部隊才能

1　據估計，東北在 1943 年分別生產了中國 88% 的生鐵、93% 的鋼材、66% 的水泥、78% 的電力和 50% 的煤炭（朱建華 1987a: 11）。

依賴滿洲充裕的軍事和後勤供應,集中兵力在華東地區殲滅國民黨主力部隊
(葉劍英 1982)。

由於指望從相鄰的共產黨國家(特別是從直至 1946 年 4 月仍然佔領滿
洲的蘇聯)獲得實質性支持,毛澤東和中共領導層很快放棄了原定的向南擴
張戰略,轉而在 1945 年 9 月制定了新的"向北發展,向南防禦"戰略(*LSQ*,
1: 371-372)。毛澤東在調整這一戰略時曾說:"東北是一個極其重要的區
域,將來有可能在我們的領導下。如果東北能在我們領導之下,那對中國革
命有什麼意義呢?我看可以這樣說,我們的勝利就有了基礎,也就是說確定
了我們的勝利……如果我們有了東北,大城市和根據地打成一片,那末,
我們在全國的勝利,就有了鞏固的基礎了。""從我們黨,從中國革命的最
近將來的前途考慮,東北是特別重要的。如果我們把現有的一切根據地都丟
了,只要我們有了東北,那麼中國革命就有了鞏固的基礎。當然,其他根據
地沒有丟,我們又有了東北,中國革命的基礎就更鞏固了。"(*MWJ*, 3: 410-
411, 426)七大後黨內地位僅次於毛澤東的劉少奇,在毛澤東赴重慶談判期
間代理中共中央主席的時候,第一個提出"向北發展"的戰略。他也表達了
類似的觀點:"只要我能夠控制東北及熱、察兩省,並有全國各解放區及全
國人民配合鬥爭,即能保障中國人民的勝利。"(*LSQ*, 1: 372)

蘇聯的支援

儘管蘇聯有義務遵守其與國民政府之間的協議,使中共不得不放棄其
原有的"獨佔東北"計劃,轉而實施"讓開大路,佔領兩廂"的策略,不
過,蘇聯佔領軍的合作仍然是中共在那裏立足並成功控制整個東北的關鍵
(*TDGG*, 15: 433-436; 金沖及 2006: 14-15)。1945 年初,蘇聯軍隊歡迎共產
黨部隊到達山海關,並允許他們接管當地政府的權力。後來,蘇方允許東北
各地的共產黨軍隊自由行動,只要後者不使用中共部隊的正式番號;在其
進入東北的最初兩個月,情形尤為如此(李運昌 1988)。蘇方慷慨提供的武

器使共產黨在東北被稱為"抗聯"的原有部隊，能夠在一個月內組建一支48,500人的"自衛武裝"。蘇軍還向曾克林（1913—2007）麾下的共產黨部隊移交了原日本關東軍離瀋陽不遠的一座軍火庫，使曾的部隊能夠從4,000人擴大到6萬人。10月初，蘇方又通知中共滿洲當局，準備交給後者原關東軍在滿洲的所有軍事設備，這些武器足以裝備數十萬士兵。然而，因為數量過於龐大，最初共產黨軍隊實際上只能接收1萬支步槍、3,400挺機槍、100門大炮和2,000萬發子彈。10月下旬，蘇軍將在滿洲南部的所有武器和彈藥庫以及一些重型武器甚至飛機都交給了共產黨軍隊。在1946年4月從東北撤軍前，蘇軍進一步將在滿洲北部的日本武器移交給共產黨軍隊，其中包括1萬多挺機槍和100門大炮。據未經證實的資料統計，共產黨從蘇軍手中接收的日本武器，總計約有70萬支步槍、13,000挺機槍、4,000門炮、600輛坦克、2,000輛軍車、679個彈藥庫、800架飛機和一些炮艇（楊奎松1999: 262；另有不同估計，見劉統2000）。因此，不管是武器裝備還是人力方面，共產黨軍隊均在滿洲擁有絕對優勢。1946年初，為了確保共產黨軍隊在蘇軍撤離東北後有足夠的時間來準備迅速佔領小城市和農村地區，蘇方以各種藉口故意拖延撤軍，並阻止國民黨軍隊按計劃進駐大連，接管城市（杜聿明1985: 519-520, 536-545）。

東北的實力

東北地區因此成為國共內戰期間三大戰役的首役（遼瀋戰役）戰場，共產黨在此經過七個多星期的戰鬥，徹底打敗了國民黨，並在1948年11月初佔領了該地區。正如毛澤東所預料的那樣，東北成為中共最大和最重要的根據地。由於擁有高度發達的現代工業和交通運輸以及高產的農業，這一地區很快便成為巨大供應基地，為中共提供人力、武器和後勤支持，使其得以贏得接下來的兩大戰役，即華東的淮海戰役（1948年11月6日至1949年1月10日）和華北的平津戰役（1948年11月29日至1949年1月31日）。

東北首先是中共在內戰期間最重要的士兵來源。由於其積極招募且武器供應充足，當地的共產黨部隊迅速擴大，從 1945 年底的約 20 萬人增加到一年後的 38 萬人，到 1947 年底幾乎翻了一番，達到 70 多萬多人（朱建華 1987b: 602, 604），佔中共在全國新增兵力的一半；共產黨部隊在西北、華北、華東和中部省份的兵力，到 1947 年總共才增加了 30 萬人。[1] 到 1948 年 8 月遼瀋戰役打響前，中共在東北的兵力進一步增加到 103 萬，遠遠超過了只有約 50 萬人的國軍（王淼生 1997: 94）。它們不僅是共產黨控制地區力量最大的一支，佔整個中共軍隊的近 37%，而且是裝備最好的。從 1945 年到 1948 年 7 月，中共招募了 120 萬名來自東北的士兵，佔整個共軍同期新增士兵的 60% 以上（朱建華 1987a: 286）。在遼瀋戰役獲勝後，東北地區共產黨派出一支 80 多萬人的部隊，加上 15 萬名提供後勤的民工到關內，構成了平津戰役中擊敗國民黨軍隊的主力（朱建華 1987b: 69）。

同樣重要的是東北的軍火生產及其對關內作戰所起的支持作用。1945 年之前，在與國民黨和日本軍隊打游擊戰時，共產黨部隊很少或沒有使用重武器；相形之下，中共部隊在內戰期間的三大戰役，採取了大規模的運動戰和陣地戰形式，每場戰役涉及數百萬兵力部署，密集使用炮火，消耗大量彈藥。蘇聯移交的原日本關東軍武器只能部分滿足中共部隊在東北戰場的需求。因此，共產黨軍隊在進入和佔領東北後，利用現有設備和仍在服務的日本技術人員，迅速恢復並擴大武器生產。到 1948 年夏，已擁有 55 個不同規模的軍工廠，每年生產約 1,700 萬顆子彈、150 萬枚手榴彈、50 萬枚炮彈和 2,000 門 60 毫米大炮（黃瑤等 1993: 436）。1949 年，其能力進一步提高到每年生產 230 萬發炮彈，2,170 萬發子彈以及各種火炮，並僱傭了 43,000 多名工人（朱建華 1987b: 70）。東北兵工廠生產的彈藥對共產黨軍隊在關內打敗國民黨起到不可或缺的作用。

---

1 另據李宗仁回憶，日本投降後，國民黨政府參謀總長陳誠秉承蔣介石的意旨，下令解散東北 40 萬偽軍，"林彪乃乘機延攬，偽軍的精華遂悉為中共所吸收"（*LZR*: 659）。

最後，東北通過提供大量的後勤物資，為中共在關內的作戰做出了貢獻。在 1948 和 1949 年，東北的農業產量介於每坰（約一公頃）900 到 1,000 公斤之間，每年合計生產 1,200 萬噸到 1,300 萬噸糧食（朱建華 1987b: 141-143），共產黨在這一地區年徵農業稅共計 230 萬噸至 240 萬噸（1947 年稅率為 21%，1948 和 1949 年為 18%）（同上：446）。在 1946 至 1949 年整個內戰時期，從東北徵收的公糧達 686 萬噸；此外，還從農民手中徵購了 180 萬噸糧食和 7,488 噸棉花以及其他各種農產品（*DBCJ*: 210）。中共向蘇聯大量出口這些產品，以購買蘇方的工業、醫療和軍事物資。來自農業稅和其他渠道的財政收入使得東北共產黨在 1949 年可以支出相當於 380 萬噸糧食的軍費，其中 45% 用於關內各省的部隊。此外，東北當局為關內提供了超過 300 萬噸的貨物，包括 80 萬噸糧食、20 萬噸鋼鐵及 150 萬立方的木材（朱建華 1987a: 384; 1987b: 71）。

支撐內戰：共產黨根據地的財政構造

從分權到集權：1945 年前的經歷

這裏有必要考察一下中共是如何獲得財政收入以支撐其作戰行動和軍事建設的。總的來說，從 1920 年代末至 1949 年，共產黨軍隊經歷了三個擴張和收縮周期，每一個周期皆以分散的籌款方式開始，繼而逐步建立一個集中的財政體系。第一個周期是在江西蘇維埃時期，當時新組建的紅軍除了通過收繳被擊潰的國民黨部隊和土匪的財物來保障自己的供給之外，更為重要的方式是"打土豪"，即沒收地主豪紳的土地和房產，以及珠寶、家具、家畜和工具等動產，或迫使他們支付巨額罰金或贖金，以取回被查封的財產；此外，還要求富農和店舖按其財力提供不同數額的"捐款"，以免財產被沒收（許毅 1982: 414-417, 458-466）。這些經費籌集活動並無高層的通盤安排。

沒收財產或要求捐款的對象由各支紅軍部隊自行確定，開支也談不上有什麼預算，典型的方式是"來一點用一點"（王禮琦、李炳俊 1981: 29）。雖然有共產黨的階級鬥爭意識形態作為支撐，而且在紅軍成立之初，由於缺乏足以維持其生存的穩固地盤，上述活動確實必要，但這些活動並不能產生穩定和充裕的財政收入，基本上與傳統的土匪和亂民的補給方式無異；紅軍因此在國民黨的宣傳中被誣為"赤匪"，也不是毫無根據的。

後來"打土豪"的對象越來越少，加上根據地規模擴大，紅軍逐步轉向實施更規範和集中的方式產生財政收入。例如，到 1931 年 1 月中華蘇維埃共和國臨時中央政府在江西瑞金成立時，中央革命根據地（中南部地區最大的共產黨根據地）的面積已擴大到 5 萬平方公里，覆蓋 21 個縣和 250 萬人口（楊菁 2002: 49）。中共當局以累進稅制向所有土地所有者徵收田賦，其中富農承擔的稅率最高。他們還向店舖徵收營業稅，對經過中央根據地 24 個關卡的貨物徵收過境稅。因此，1932 年 7 月以後，紅軍部隊不再擔負籌款任務，而由根據地的中央政府財政部門為其提供給養（許毅 1982: 434-438, 467-486）。

雖然隨著在江西及周邊省份的根據地面積驚人的發展，紅軍的收入穩定增長，但其財政狀況與國民黨早期在廣東的狀況相比，仍不可同日而語。如第七章所述，廣州國民政府地處華南商業中心，因此在財政部長宋子文的領導下，能夠把自己打造成 個真正的財政軍事機器，通過各種現代稅收和融資手段，獲取足夠的收入，以維持快速壯大的軍隊並支撐其北伐。相形之下，共產黨控制的根據地多為偏僻的山區，商業和現代工業均不發達，耕地也遠不如國民黨政府所控制的珠江下游和長江下游肥沃。而到 1933 年底，中央根據地的紅軍已超過 10 萬人（僅 1933 年 9 月到 1934 年 9 月即增加 10 萬多新兵，見楊菁 2002: 53），由於沒有足夠的田賦或工商稅收入來支持紅軍，中共只能通過強制措施來增加其收入，包括強迫人們用糧食或現金購買政府債券，派出"突擊隊"到各地以實物形式徵收田賦，並要求農戶"捐"或"借"糧給紅軍（許毅 1982: 486-497; *ZGZY*, 9: 263-268, 10: 82-86, 323-

326, 351-354）。1934 年初，中央根據地的中共政府在創收上遇到了瓶頸。到 1934 年 1 月底，在將近三個月中，只徵收了不到計劃數額十分之一的田賦，且主要是現金而非實物支付；在為期五個多月的活動中，他們僅出售了不到一半的政府債券。因此，糧食短缺成為一個嚴重的問題，紅軍連生存都難以為繼，更不用說擴張了（ZGZY, 10: 82）。為了完成 "擴紅" 任務，蘇區各地普遍存在 "強迫、命令、欺騙、引誘、收買" 等等辦法；即便如此，那些工作做得最好的地方，也往往只能完成計劃的 20%（黃道炫 2011: 254, 332）。由於新兵缺乏應有的訓練，加上伙食供應嚴重短缺，槍械、彈藥質量差、數量少，士兵士氣低落，官兵開小差現象時有發生（同上：328-339）。正是財政軟肋以及因此帶來的軍事頹勢，而不是任何其他因素，導致紅軍在 1934 年 10 月第五次 "反圍剿" 失敗；此次圍剿，國民政府共動用了 100 萬名士兵、200 架飛機及各種火炮。

抗日戰爭時期，中共的財政狀況並無改善。"打土豪" 已不可能，因為在國共統一戰線下，中共不得不吸收 "開明紳士"（即同情共產黨和支持抗日的地主和官僚精英）進入根據地的政權機構。中共轉而依靠沒收漢奸財產，富人和平民的捐獻（"有錢出錢，有糧出糧"），以及國民政府在統一戰線建立後最初幾年的物資劃撥（ZGZY, 11: 327-330）。指導各根據地共產黨創收的總原則是 "自籌自用"（盧世川 1987: 235）或 "誰籌誰支"，沒有預算（魏宏運等 1984, 4: 53）。後來，中共軍隊逐步轉向以累進制徵收田賦、發行 "救國公債"、向富戶徵收 "救國捐"、向共產黨控制的村公所徵收軍糧，或在村公所不受共產黨控制的地方直接向農戶 "借" 糧草（ZGZY, 11: 615, 842）。共產黨控制下的村公所在收到根據地政權發行的 "軍用糧票" 後，須向共產黨軍隊提供 "救國公糧"（魏宏運等 1984, 4: 180-182, 188-189）。無論是被共產黨部隊還是其他軍隊徵收，成倍增加的軍事課徵和雜項費用，使得根據地的村莊到 1940 年代初時已經筋疲力盡。後來，因為國共關係日益緊張，國民政府切斷了對中共軍隊的供給並封鎖了根據地，中共的食物和軍用物資嚴重短缺。為了生存，共產黨採取了兩項措施，即精兵簡政

（*WXJ*, 3: 880-883）以及大生產運動，以求自給自足。這些措施有助於共產黨部隊解決生存問題。但是，農村人口的極度貧困，加上根據地生產武器的能力不足，限制了共產黨的作戰能力。他們想要生存和發展，最佳的選擇就是避免與日本佔領軍大規模作戰，並避免與國民黨的衝突升級，同時利用日本和國民黨在華北廣大農村地區力量薄弱的機會，廣泛建立黨的基層組織以向"敵後"滲透，儘可能多地招募村民加入共產黨及其游擊隊，同時讓他們自力更生、自給自足。這一策略行之有效。在八年抗戰期間，共產黨根據地如雨後春筍般在各地建立，到 1945 年，覆蓋面積約 88 萬平方公里，人口超過 1 億；黨員人數從 1937 年的約 4 萬猛增至 120 萬人（*MXJ*, 3: 1108）；其武裝力量同樣劇增了 28 倍，從抗戰開始時的大約 4.5 萬人增加到 1945 年日本投降時的 127 萬人（逢先知、金沖及 2011, 2: 713-715）。

走向財政統一

1946 年 7 月內戰全面爆發後，僅有 130 萬部隊且裝備落後的共產黨，面臨著嚴峻的挑戰。首先，其對手國民黨軍隊擁有 430 萬人，規模是共產黨軍隊的 3.3 倍（張憲文 2005, 4: 199）。而且，在從日軍手裏接收了可裝備超過 100 萬人的武器並獲得美國的軍事支援後，國民黨軍隊裝備更具優勢，其中 22 個師完全或部分配備美國武器。雙方可用來支撐戰爭的資源也不相稱：國民黨政府控制著中國四分之三的領土、三分之二的人口以及主要的工業城市和交通網絡，還獲得了美國大量的經濟和軍事援助。其次，中共部隊雖在迅速擴大，到 1947 年底，兵員人數已經達到 200 萬，1948 年底 300 萬，1949 年中達到 400 萬，但供養這些士兵的耗費是巨大的。根據 1947 年 4 月有中共各根據地代表參加的華北財經會議估計，供養一個士兵需要相當於每年 16 石小米（包括每天 1.5 至 2 斤糧食，每月 1 到 2 斤肉，如此等等），按每個農民平均每年可以生產 2.5 石（合 400 斤）小米，並將其中 15% 至 20% 用以繳納賦稅來計算，相當於 60 到 80 個農民所繳納的賦稅總額。也就是說，共產黨軍隊總規模應限制在其所控制人口的 1% 到 1.5% 以內；當時"解放區"的 1.3 億人口只能維持最多 200 萬人的軍隊（*FDS*: 589）。發動一場戰爭的成本也是高昂的。內戰期間，一場戰役往往部署數十萬士兵，消耗數萬枚炮彈和數百萬顆子彈，而僅一枚炮彈就要花費一個中等收入的農民一兩年的收入（李煒光 2000: 248-249; 馮田夫、李煒光 2006: 193）。後勤服務的人力投入也是巨大的；通常一個民工在戰時需要負責一名士兵，在和平時期則負責三名士兵（*HBJ*: 296）。華北共產黨部隊的名將劉伯承（1892—1986）因此說："供應一個大兵團相當於供應一座流動的城市。"（李煒光 2000: 249）

為了保障數百萬部隊的給養並負擔巨大的戰爭開支，中共實施了三個解決方案：建立一個集中化的財政體制以統一各解放區的資源；發動土地改革以擴大納稅人基礎；建立村級動員機制。

與前兩個周期一樣，共產黨軍隊在內戰開始時仍依靠分散的後勤給養方法，特別是在進入新解放區或在根據地以外作戰時。例如，在東北地區，"分散自給"在 1946 年是其後勤供給的指導原則。中共政權在這一地區的全年收入有 36.7% 來自沒收日本人和偽滿洲國的財產（朱建華 1987b: 427）。進入新解放區後，面對糧食和其他物品的供應短缺，共產黨部隊總是先向地主和富農借，有時也向中農甚至貧農少量借些（馮田夫、李煒光 2006: 197）。毛澤東在 1947 年 12 月制定的十個軍事原則之一，便是部隊必須"以俘獲敵人的全部武器和大部分人員，補充自己。我軍人力物力的來源，主要在前線"（*MXJ*, 4: 1248）。到了 1948 年 10 月，毛澤東還下令，"大軍進入國民黨區域執行無後方的或半有後方的作戰，一切軍事需要必須完全地或大部地自己解決"（同上 : 1348）。

各根據地之間的相互協調，始於前文提到的 1947 年 4 月華北財經會議。會上，各根據地達成協議，拆除彼此之間的貿易壁壘，相互援助因此成為可能。例如，晉冀魯豫邊區政府 1947 年 9 月承諾為華東野戰軍在華北各省的活動提供給養，而中共華東局則負責為邊區提供物質補償（田夫、李煒光 2006: 176)。邁向財政統一的更重要一步,是在 1948 年 7 月成立中共中央財經部,由董必武（1886—1975）任部長。在該部領導下,設立了華北財經委員會,負責統一華北、西北和山東三大解放區的貨幣及貿易、金融政策。從 1949 年 1 月起,這三個地區合併了銀行和貿易機構,使用標準的新貨幣,即人民幣,並統一了財政收入和預算系統（同上：180）。同時,中共中央軍事委員會於 1948 年 4 月成立了總後勤部,確保在不同地區建立多層次的後勤系統,並且在淮海戰役爆發後,協調華北、中原和華東三大區及五省（江蘇、安徽、山東、河南、河北）的後勤（同上：197）。

在進行全國範圍的財政集中之前,各解放區內部也在著手其財政體系的鞏固和統一。陳雲（1905—1995）領導下的東北在這方面尤為成功。陳雲自 1945 年底即為這一地區的主要中共領導,並在 1948 年任東北財經委員會主席。該解放區的財政制度的鞏固和統一始於 1947 年,包括以下步驟:建立預算制度,每月須做經常性開支預算並報告實際支出;建立審計制度,安排審計人員入駐各機關,負責按月檢查;建立統一的多層次國庫制度,嚴格按規定調撥資金;將中央收入來源（包括所有的農業稅和國企利潤以及大部分商業稅）與省級收入來源（省屬企業收入和特定稅收）分開;將中央的支出（主要用於中共主力部隊）與省級支出（主要用於地方治安、建設、教育等）分開;規範財政管理制度,包括人事管理和會計手續;對各種商品和服務統一徵稅;等等。在 1948 年 11 月全面控制整個東北地區後,為了最大限度地增加政府收入,中共當局進一步提高農業稅稅率,實行煙酒專賣,發行政府債券,促進對外貿易,以及穩定物價（朱建華 1987b: 432-438, 487-496）。

所有這些措施都令人聯想到 1920 年代後期宋子文在廣東採取的類似舉措。憑靠高度工業化的經濟和陳雲管理財政的非凡能力,東北成為所有解放區中財政狀況最健康、財源最充裕的地區;就其收入構成而言,東北解放區也比所有其他地區更接近歐洲近代史上的 "財政軍事政權"。不同於其他解放區以傳統農業稅為主（公糧佔財政收入 70% 到 80%）（*FDS*: 585）,

在東北，公糧（計 134 萬噸）在 1948 年僅佔全年財政收入的 37.04%，而對外貿易和紡織製造業貢獻了當年收入的 23.32%，商業稅則貢獻了 17.15%。在 1949 年，來自公糧的收入進一步下降至 23.32%（248 萬噸），而工業利潤佔收入的最大部分（30.41%），商業稅佔第三位（17.33%）（朱建華 1987b: 440；另有不同的數據，見 *FDS*: 795）。作為經濟最發達地區和最重要的解放區，東北對中共在 1940 年代末打敗國民黨並拿下全國的重要性，可媲美廣東在國民黨軍隊於 1920 年代後期擊敗軍閥並統一全國過程中所扮演的角色。

動員與滲透：土地改革的雙重意圖

總的來說，華北村莊在土地所有權和財富分配上處於相對較低的分化水平。零星的調查表明，在被調查地區，佔農戶總數 10% 到 30% 的地主和富農，擁有約 30% 至 50% 的耕地（李里峰 2008: 69）。抗戰期間，華北各根據地的貧農受益於中共的 "減租減息" 政策（即地主減租 25%，債主減息至 15%）和累進稅政策（地主富農稅率較高，貧農稅率較低）。在很多地方，中農數量在迅速增加，而無地少地的貧農以及地主和富農都在減少（羅平漢 2005: 49）。在一些地區，到 1940 年代中期，地主和富農已經很少甚至完全消失（參見 Hinton 1966: 209; Crook and Crook 1979: 62; Friedman 等 1991: 42-43; 張佩國 2000: 70, 152）。那麼，中共為什麼要在 1946 年發動土改，並在 1947 年推行更為激進的土地分配政策？

土地改革始於 1946 年 5 月 4 日中共中央發佈 "五四指示"，宣佈以 "耕者有其田" 為目標，鼓勵農民群眾 "從反奸、清算、減租、減息、退租、退息等鬥爭中，從地主手中獲得土地"。指示同時警告，不要試圖傷害富農或曾在抗日鬥爭與中共積極合作的有地鄉紳；還敦促地方政權 "對於中小地主的生活應給以相當照顧"，將他們區別於 "大地主、豪紳、惡霸"（*ZGDS*, 6: 128）。指示的溫和性是不難理解的。由於尚未與國民黨政府完全決裂，且須依賴"開明紳士"的支持,以保持其在根據地的合法性,更重要的是為了贏得在國共之間保持中立的社會群體的同情,共產黨領導必須堅持其原有的統一戰線政策,避免對所有地主階層不加區別地採取行動而被孤立。這對總部仍在陝甘寧邊區的中共來說尤為重要,因為他們已跟當地"開明紳士"建立了良好關係,並吸收了一些人進入根據地政權。

然而,毛澤東預見到與國民黨的全面衝突即將到來,認為土地改革是贏得農民支持並動員其加入共產黨部隊的最有效手段。因此,在指示發佈兩周後,毛即命令共產黨地方政權,在土地集中、無地少地農民佔絕大多數的地區,將此次運動的焦點從沒收日軍、日偽政權和漢奸的財產,轉變為利用各種方式,"使地主土地大量轉移到農民手裏",以應對國共衝突的升級(ZGZY, 16: 164)。1946 年 7 月內戰全面爆發後,毛澤東公開敦促中共地方政權實施土改,作為動員農民的根本途徑,正如他在 1946 年 10 月所說:"三個月經驗證明:凡堅決和迅速地執行了中央五月四日的指示,深入和徹底地解決了土地問題的地方,農民即和我黨我軍站在一道反對蔣軍進攻。凡對《五四指示》執行得不堅決,或佈置太晚,或機械地分為幾個階段,或藉口戰爭忙而忽視土地改革的地方,農民即站在觀望地位。"(MXJ, 4: 1208)

因此,中共放棄了溫和的土改政策,在 1947 年 7 月呼籲以激進方式進行土地再分配,當時共產黨軍隊正在東北及關內各戰線上與佔壓倒性優勢的國民黨軍隊艱苦作戰,並把沒收地主財產的政策一直延續到 1949 年夏,此時中共武裝已增加到 195 萬,從而在規模上超過了國民黨,開始對國民黨進行戰略反攻。隨著動員農民參軍壓力的大大減輕,1947 年 7 月以後,中共在所有"新解放區"重新採用溫和的減租減息政策。正如毛澤東在 1948 年 5 月所坦陳的,這種轉變是為了確保"社會財富不分散,社會秩序較穩定,利於集中一切力量消滅國民黨反動派"(MXJ, 4: 1326)。這一做法一直持續到第二年,毛澤東強調"盡可能地維持農業生產的現有水平不使降低",以此作為中共在華南鄉村的政策目標(MXJ, 4: 1429)。

滲透到村落

然而，動員農民支持共產黨的戰爭努力，並不是中共實施土改的唯一動機。更為重要的是，土改是其滲透到村落的一種手段。共產黨到來之前，各根據地的鄉村跟其他地方一樣，居支配地位的主要是宗族組織，或其他形式的內生組織，以及為防匪、防洪、節慶和宗教目的而結成的非正式社會網絡；在其中扮演領導角色的是當地的精英人物，包括族長、士紳、退休官僚、地主，或才能、人品卓著的普通村民。抗戰時期，中共在各地建立自己的根據地時，不少地方精英支持中共抗戰，因而繼續佔據著鄉村政權的位置。然而，在 1945 年日本投降後，由於他們中的許多人是地主或富農，這些地方精英很快就成了共產黨動員民眾的障礙。因此，為了有效地進行農村土地改革，中共派"工作隊"到各村進行宣傳動員，並直接跟當地的貧農聯繫，建立以"貧農團"為核心的"農會"（後改名為"農民代表大會"）。在"一切權力歸農會"的口號下，農會取代了原有的黨支部書記和村幹部，成為每個村的管理機構，由農會領導人擔任地方要職（*TDGG*: 89; Hinton 1966: 306-311）。

除了內戰爆發之初曾把徵招年輕村民入伍作為頭等大事之外，在內戰的最後兩年，解放區的村政權越來越把精力集中於另外兩件任務：徵收公糧和為部隊提供後勤。土改明顯增強了共產黨人的徵稅能力。在土改之前，解放區的土地稅稅率是累進式的，地主和富農的稅率為收入的 40% 至 50%，貧農的稅率要低很多。總體上，在 1946 年，解放區每個農戶所交納的農業稅相當於其農業收入的 9% 到 20%（*FDS*: 601）。在 1947 年底全面推行土地改革後，比例稅制取代了累進稅制，所有農戶均按固定的普遍稅率繳納農業稅，不管其有無減免（但在"新解放區"，徵稅仍使用累進稅制，對地主和富裕農民仍執行減租減息政策）。農村人口的整體納稅負擔也加重了，在山東，從 1946 年佔農戶收入的 16% 增加到 1947 年的 20%；在東北，從 20% 增加到 24%；在陝甘寧邊區，從 9% 增加到 27%（同上：601-602）。而在晉察冀邊區和晉冀魯豫邊區，1947 年的納稅負擔分別增加了 28% 和 38%，1948 年分別增加了 24% 和 9%（同上：639）。納稅負擔的增加反映了兩個基本事實：一是納稅人基礎從土改前以地主和富農為主，發展到所有農戶均按逐年增加的普遍稅率納稅；另一個更為重要的事實是，中共政權在鄉村建立了基層組織之後，其控制農村人口和抽取農業資源的能力增強了。

　　共產黨對解放區鄉村的成功滲透，使其得以充分動員農民，為戰時後勤提供保障。例如在東北地區歷時三年的內戰期間，據估計，當地共動員了 313 萬農民，為部隊提供了超過 30 萬副擔架和同樣數量的手推車，以及 90 多萬頭馱畜（*FDS*: 800-801）。同一時期，冀魯豫地區也動員了 290 多萬名農民、10 萬副擔架以及近 40 萬輛手推車為戰爭服務（同上：651）。在三大戰役中規模最大的淮海戰役中，計徵用了 540 多萬名農民，他們從前線救出了超過 11 萬名傷員。在戰役後期，每個士兵平均有九個民工提供後勤支持（馮田夫、李煒光 2006: 194）。總體而言，在上述地區，每個成年農民一年平均花 9 到 10 天提供後勤；而在交戰區或交通沿線，每個民工要花 20 至 28 天執行後勤任務（*FDS*: 603, 801）。

一個比較分析

地緣政治與軍事戰略

　　1927 至 1949 年間，共產黨革命的地緣政治中心發生了兩次重大轉移，先從南方轉至西北，再從西北轉至東北，導致其軍事戰略發生相應的變化，並給國共雙方的競爭帶來不同結局。當其活躍範圍主要局限於中南部各省和西北地區時，共產黨軍隊具有鮮明的鄉村特色，不僅因為其士兵幾乎全部是農民，而且其給養也主要依靠農村根據地，這又進一步導致其軍隊建設以動員民眾為主，武器裝備低劣，以及在對敵作戰時以防禦為主。只有在 1946

年將其地緣政治中心移至東北後，中共軍隊在規模和質量方面才迅速改觀。東北的農業生產率人均水平遠高於全國，現代工業和交通運輸業也比其他地區更為發達；正是在東北戰場上，共產黨軍隊第一次能與國民黨平起平坐，軍事戰略也由防禦轉變為進攻，並最終在大規模決戰中打敗對手。不用說，蘇聯在二戰結束時佔領東北以及從這一地區撤出的過程中所提供的援助，對中共成功控制東北，並在軍事戰略和敵我力量對比上發生根本轉變，起到不可或缺的作用。

公平地說，蔣介石對東北在其政府和軍隊的戰略重要性並非不明白；他甚至願意放棄中國對外蒙古的主權，以換取蘇聯承諾及時撤出東北，並把該地區移交給他的部隊。但是，國民黨政權的經濟和政治中心在長江下游地區，這意味著他必須優先考慮周邊地區的防守；他對防守東北一直舉棋不定，這不僅是因為它與其經濟和政治中心相距遙遠，運輸足夠的士兵前往該地區，從蘇軍手中正式接管東北三省，對國民黨軍隊是一個巨大的挑戰，還因為共產黨軍隊無視中蘇協議進入了該地區，其速度之快大大出乎他的預料。內戰爆發後，蔣介石在江蘇北部、華北和東北的各條戰線對共產黨軍隊發動了全面進攻，以為只要 "八個月到十個月" 就可以消滅共產黨的武力（*ZMGX*, 1: 258）。然而，由於缺乏一個清晰而周密的戰略，蔣介石和他的高級指揮官們也不知道他們是應該優先考慮東北還是關內的軍事行動，或是應該將戰略重點從南方轉移到北方抑或相反（汪朝光 2005: 100）。相形之下，共產黨的策略是清晰且明智的：他們優先考慮控制東北；一旦實現了這一目標，他們很快就把戰略重點改為消滅華東的國民黨軍隊，然後回師北方，消滅平津地區以及華北和西北各省的敵軍殘部。因此，蔣介石對共產黨軍隊在華東部署重大戰役毫無準備，而且他在這場戰役中對國民黨軍隊的指揮大體上是一場災難。

美國對中國內戰的態度變化，也加劇了蔣介石的軍事失敗。正如蘇軍的佔領和援助曾對共產黨在東北取勝起過關鍵作用一樣，美國也為國民黨提供了實質性的支持。例如，僅在 1946 年上半年，美國就提供給國民黨政府 13.3 億美元的援助（Department of State 1972: 48）。1948 年 4 月，美國還批准了一個法案，為國民政府提供 4.63 億美元的經濟援助（Department of State 1967: 389）。但是美國的援助是有條件的。例如，在 1946 年初，美國軍隊運送國民黨軍隊到東北，條件是蔣介石接受馬歇爾將軍的調解，與共產黨妥協，且美國威脅蔣介石，如果拒不接受調解的話，將停止運送軍隊或出售武器（*JJSR*: 4/22/1946, 8/30/1946）。後來，由於國民黨在內戰中接連失利，加上政府腐敗嚴重，令美國觀察家感到失望，由此美國政府拒絕了南京的多次援助請求，甚至暫停實施上面提到的 1948 年法案，導致 1949 上半年運往中國的物資急劇減少，加速了國民黨政權的崩潰。

認同與士氣

　　然而，比國共雙方各自所處地緣政治環境的優劣更具決定意義的，是這兩支力量在其自身建設上的反差。如前一章所述，在 1920 年代末、1930 年代初，蔣介石將各路地方勢力納入其政府，但從未成功地將他的影響力真正擴大到這些地方實力派控制的省份。對於非黃埔畢業的將領或非嫡系的地方部隊，蔣一直視為異己的雜牌力量，只可加以利用並在對敵作戰中消耗掉，卻從來不予信任（*LZR*: 608-609, 660, 665-666）。1937 年後，日本全面侵華所引發的民族危機，曾使蔣介石得以在整個抗戰時期動員這些地方勢力，並因此鞏固自己的領導，其影響力也在抗戰結束、日本投降時達到頂峰。但蔣介石與地方競爭對手的分歧，在內戰期間很快重新浮出水面，並隨著蔣介石屢遭敗績、嫡系部隊大大削弱而進一步惡化。和抗戰之前一樣，在抗戰結束後，國民黨勢力內部對蔣介石領導權的最大挑戰，仍來自桂系的李宗仁和白崇禧。因此，蔣介石一面在 1948 年 6 月任命白崇禧為華中軍政長官，以阻止劉伯承和鄧小平指揮的共產黨軍隊南下，一面借劉鄧之手，削弱白崇禧的部隊。因為預料到蔣介石的嫡系部隊會被共產黨消滅，而桂系集團將取代蔣介石重新崛起，白崇禧後來拒絕了蔣介石在 1948 年 12 月要求他出兵華東參加淮海戰役的命令。果不其然，在國民黨淮海戰役慘敗後，擁有 30 多萬士兵的李宗仁、白崇禧等人，呼籲與共產黨進行和平談判，迫使蔣介石在 1949 年 1 月下台，李宗仁隨後出任代總統。不過，蔣介石從來沒有放棄他對政府和軍隊的實際控制，而他自己的部隊與白崇禧指揮的部隊間缺乏協調，在很大程度上導致了國民黨在長江沿線的防守失敗及共產黨快速佔領華南。

同樣致命的是國民黨軍隊的士氣低落，在 1948 年底和 1949 年初國民黨在東北和華東的戰事中失利後，更是如此。1949 年 1 月，已贏得三大戰役的中共領導人預計，在佔領南京、武漢和西安等主要城市前，還會打幾場大仗，並計劃到當年冬天，將其控制範圍擴大到華中、華東和西北的九個省份。然而，令他們吃驚的是，到當年年底，共產黨軍隊沒費太大力氣，便佔領了這些城市，且以秋風掃落葉之勢，佔領了除西藏外幾乎所有大陸省份。國民黨在這一過程中未能組織有效的抵抗。到處都在發生叛變。整個內戰期間，國民黨軍隊中發生了近 500 起有組織的叛變，涉及 153 個整編師、1,000 多名高級指揮官和 177 萬名士兵（蔡惠霖、孫維吼 1987, 1: 1）。長春和北平幾乎未發生重大戰鬥即落入共產黨手中。在與共產黨軍隊戰鬥或撤離戰場時，國軍各師只關心自己的生存，彼此之間沒有什麼協調。蔣介石對部下在 1947 年 5 月孟良崮戰役中的表現大為失望，抱怨道："高級軍官已成了軍閥，腐敗墮落，自保實力，不能緩急相救。"（轉引自汪朝光 2005: 103）他在 1949 年底回顧國民黨內戰失敗時承認："我們這次失敗，是本身而不是敵人打倒的。"（*JGSX*, 23: 133）他在 1949 年最後一天的日記中，很好地總結了國民黨失敗的原因："軍隊為作戰而消滅者十之二，為投機而降服者十之二，為避戰圖逃而滅亡者十之五，其他運來台灣及各島整訓存留者不過十之一而已。"（*JJSR*: 12/31/1949）

相較於國民黨軍政系統內部的地方勢力整合失敗，軍隊上下人心渙散，中共的最大優勢正是其 "全方位集中主義"（all-round centralism），即通過組織清理和意識形態的重建，不僅使整個黨政軍機構達到高度的統一集中，建立了毛澤東的最高權威地位，而且通過土改和對鄉村民眾的動員，也使其組織力量滲透到社會底層，進而隨著根據地的擴大，建立了一個統一集中的財政收支管理體制和後勤供應系統。

具體而言，共產黨超越國民黨之處，首在其於 1940 年代初便已實現了高度政治統一。通過多種方法，鞏固了毛澤東在黨內的領導地位，進而在 1942 年 9 月實行了黨對軍隊的"一元化領導"，即把分散在全國各根據地的黨組織和軍事單位，透過中央機關和各分局，置於黨的最高層控制之下（*ZGZY*, 13: 426-436）。1945 年 6 月，中共決定在部隊中重建各級委員會。內戰爆發後，中共所有部隊分編為若干"野戰軍"，由中共中央軍事委員會直接指揮；每次作戰時，每個野戰軍都要建立一個"前線委員會"，在兩個或多個軍隊聯合作戰時須建立一個"總前委"。這兩類委員會都要服從中央委員會的指示（張馭濤等 1991: 4）。自 1948 年 1 月始，中共進一步實行"報告和請示"制度，以遏制戰爭期間加劇的"無組織無政府"傾向；中共各地方局書記須按例每兩個月向中共中央和主席報告該區的軍事和所有其他事務；各野戰軍總指揮須每月向軍事委員會報告戰爭結果、傷亡情況和部隊實力，並每兩個月報告一次軍隊的整體狀況（*MXJ*, 4: 1264-1266, 1332-1333）。上述措施確保了中共領導對野戰軍的指揮及協調作戰，同時也未妨礙野戰軍指揮官的主動權。事實上，毛澤東一再鼓勵這些指揮官在緊急情況下自己做出有利的決定，而不必事事都向上請示。

不僅野戰軍的指揮官們一致服從黨中央的領導，士兵們的士氣也很高。內戰之初，中共在提高士氣方面面臨著雙重挑戰。一方面，大部分戰士是在抗戰時期出於愛國熱忱而參軍的。因此，在抗戰結束後，特別是國共兩黨的和談持續了幾個月後，戰士中退役回家過和平生活的想法越來越普遍。果然，內戰爆發時，很多人都不願意認真地打這場仗，堅持"中國人不打中國人"的觀念，從戰場上逃走的也不在少數。另一方面，越來越多的戰士是從被俘的國民黨軍隊轉變來的，他們在加入共產黨軍隊後仍有紀律鬆散、鬥毆、搶劫等惡習。[1]為了解決這些問題，中共採取了兩項措施。一是從 1947 年冬到 1948 年夏，在戰士中廣泛進行"訴苦"活動，以培養他們的政治忠誠。在會上發言的人都經過精心挑選，控訴他們在參軍前的艱辛生活，特別是地主惡霸的刻薄和殘酷。這些訴苦往往還輔以同一主題的戲劇演出。據稱，這些發言和表演如此感人，以至於會議經常以全場戰士放聲大哭而結束，戰士們紛紛發誓要頑強戰鬥，結束萬惡的"舊社會"，把人民救出"苦海"（張永 2010: 76）。這些"訴苦"會議被認為是提高戰士對共產黨的認同並激發其對國民黨仇恨的最有效方式。另一個措施是所謂的"三查"，即調查士兵的階級地位、活動和士氣。這樣做有幾個目的：通過觀察這些士兵對土改和地主的態度，來檢驗他們對黨是否忠誠；通過搜查奸細，特別是偽裝成普通戰俘加入解放軍的前國民黨軍官，以防止叛變和陰謀破壞；同時抑制各級軍官的各種腐敗現象，並促進官兵平等。所有這些措施據稱使得士兵們遵守軍紀且士氣高昂（汪朝光 2005: 104）。

財政制度

國民黨和共產黨如何在財政上供養各自的公職人員和維持自己的軍隊，對決定內戰結果所起的作用，跟地緣格局和政治認同一樣重要。國民黨政府有兩項主要的財務負擔：供養不斷擴大的公務員隊伍，以及滿足快速增加的軍費需求。關於 1945 年之前國民政府的公務員規模，並無可靠的數據留存。不過，1931 年的一項調查顯示，南京中央政府及其附屬機構的工作人員多達 46,266 人。據估計，全國省級政府的公職人員規模可能會是十倍以上，即大約 50 萬人（李里峰 2004: 103）。如果以每個縣平均 300 名公務員計算，全國 1,800 多個縣（譚其驤 1991: 70-71）可能有 54 萬名公務員。那

1　在三年內戰期間，有 280 萬名國民黨戰俘加入了共產黨軍隊，佔 1949 年解放軍人數的 65% 至 70%（張永 2010: 72）。

麼，在抗戰前，國民政府的公務員總數可達 100 萬人左右。雖然在抗戰期間，國民黨政府所控制的地盤大為減少，公務員規模也因此萎縮，但在日本投降之前，可能至少有 50 萬人。但在抗戰結束後，國民黨政府接收了被日偽軍佔領的各省市，其公務員規模迅速擴大。至 1947 年，中央、省、市級公務員總數已達 678,472 人（包括政府官員、職員、軍官、警察和其他行政、司法、執法、國防各部門的所有職員）（何家偉 2009: 146）。如果算上縣級及以下的公薪人員，其總規模可能高達 120 萬至 130 萬人。如果公務員的範圍擴大到包括各級公立學校的教師和職員以及靠政府工資生活的所有僱員，其總人數將大大超過 1,100 萬人（何家偉、駱軍 2011: 42）。

在 1945 年後的幾年間，供養規模不斷擴大的公務員隊伍對國民政府來說是一個巨大的負擔。行政費用從 1944 年佔政府總支出的 18.10%（何家偉 2009: 147）增加到 1946 年的 28.5% 和 1947 年的 29.7%（張公權、楊志信 1986: 127），其中很大部分用於支付薪水。國民政府開支的大頭當然是軍費，1946 年佔總開支近 60%，1947 年佔 55%，而 1948 年的前七個月佔 69%（楊蔭溥 1985: 173）。這兩項開支推動國民政府收支差額迅速上升，導致了嚴重的財政赤字，1945 年赤字佔總支出的 47%，1946 年佔 62%，1947 年佔 68%（張公權、楊志信 1986: 244）。濫發紙幣成為國民政府抵消赤字最方便的手段，但這反過來又引發了通貨膨脹；從 1946 年 1 月到 1948 年 7 月，物價上漲了 157 萬倍，而從 1948 年 8 月到 1949 年 4 月，物價又上漲了 112,490 倍（同上：243）。

這種融資方式的社會成本是巨大的。例如，在抗戰前，作為社會上最受尊重的群體，大學教師的薪金（每月 200—600 元）通常是普通工人（每月 10—20 元）的二十倍以上，使他們可以過上非常舒適的生活。但由於通貨膨脹，到抗戰結束時，他們的生活水平已不斷惡化，實際收入不及抗戰前的十分之一。內戰爆發後，物價飛漲很快導致學校教師和公務員以及所有工薪階層陷入貧困，只能勉強餬口。他們中很多人負債累累，忍飢挨餓，有些甚至自殺（慈鴻飛 1994; 王印煥 2005）。公務員腐敗猖獗，這是他們在物質奇缺時代維持生存的必然選擇；軍官克扣兵餉，中飽私囊，挫傷了部隊士氣。所有這些都加劇了公眾的反政府情緒。蔣介石 1948 年 11 月在其日記中承認："一般知識人士，尤以左派教授及報章評論，對政府詆毀污衊，無所不至。蓋人心之動搖怨恨，從來未有如今日之甚者。" 他很苦惱，因為這樣的 "造謠中傷" "不意今竟深入黨政軍幹部之中"，其破壞力之大，"實較任何武器尤厲"（*JJSR*: 11/5/1948）。

共產黨的財政制度在幾個方面不同於國民黨政權。首先，其幹部隊伍相對較少，在內戰前夕只有約 20 萬到 30 萬人，僅為國民黨政府公務員規模的五分之一到四分之一。[1] 更重要的是，所有的幹部都沒有工資；他們靠所謂的 "供給制" 供養，按級別為幹部及家屬免費提供不同數量和種類的食物、住房和其他生活必需品，從而使他們免受國統區通貨膨脹所造成的生存危機。供給制並未給共產黨中央政權造成財政負擔，因為它是分散的；中共控制下的各根據地負責供養自己的幹部，且給養標準根據當地財政狀況隨時調整，往往在供應物資匱乏時更具平均主義色彩，而在供應相對充足時則上下有別。這種分散供給制在大多數時候搞平均主義，有效地保障了共產黨軍隊的生存，保持幹部隊伍的士氣高昂，並最大限度地減少了他們中的腐敗問題。朱德因此在 1948 年底共產黨革命即將成功時，做了這樣評價："我們是在供給制條件下過來的，打仗不要錢，伙夫不要錢，什麼都不要錢，革命成功就靠這個制度，將來建設新的國家也要靠這個制度。"（轉引自楊奎松 2007: 116）

共產黨為戰爭提供財政支持的方式也不同。國民黨軍隊完全依賴中央政府的財政預算，而其預算已因通貨膨脹和腐敗猖獗而難以執行。與之不同的是，共產黨軍隊採取的是將其各地部隊分散籌資與中央政府統一協調相結合的方法。分散籌資是地方部隊在根據地之外打仗或建立新根據地，或在沒有

1　這一估計是基於這樣的假設，即幹部佔黨員的四分之一或更少。1945 年黨員人數為 121 萬人，到 1949 年增加至將近 449 萬人，而黨員幹部的規模也達到了近 100 萬。

中央資金供給的地方維持自己的主要方法。在這些情況下，軍隊供養自己並補充戰鬥力，主要是通過從戰敗的敵人手中繳獲武器和給養，沒收富裕家庭的財產，或者向普通居民徵稅。隨著根據地的穩定和擴大，特別是在共產黨發起了部署數十萬軍隊並影響數省的大規模決定性戰役時，集中規劃成了為作戰部隊提供大量人力、武器和給養的必要手段。為了達到這個目標，共產黨再次採用了兩方面的措施。一是自下而上的傳統方法，即動員數百萬農民提供人力和給養，通過農民參軍入伍、參與後勤服務並提供軍隊所需的糧食，大大減少了中央政權的支出。另一個措施是中共政權從農村轉移到城市後新獲得的集中規劃能力，通過統籌管理工業生產、利用金融槓桿以及從市場採購資源，以確保軍隊在戰時獲得及時和充分的武器和物質供應。淮海戰役中，中共軍隊的主要指揮官粟裕（1907—1984）便曾這樣說：“華東的解放，特別是淮海戰役的勝利，離不開華東民工的小推車和大連製造的大炮彈。”（*LSJZ*: 587）

綜上所述，共產黨之所以在內戰中取勝，是其在地緣環境、財政構造和政治認同三方面共同突破、交相作用的結果。地緣上，不僅日本作為近代以來中國最大的建國障礙已經被徹底掃除，而且蘇聯的介入也使國共雙方的實力對比發生根本變化。蘇方對中共的援助使後者能夠迅速滲透並最終佔領東北，從而在內戰中佔據了最為有利的戰略態勢。中共的財政體系也因此發生根本變化，從原來主要依靠貧困、偏遠的鄉村根據地，過渡到依託中國的工農業生產率最高、軍火供應最充足的地區。中共武裝因此第一次成為令人生畏的戰爭機器，可以跟國民黨部隊一決高下。對中共來說，更具決定意義的是其持續不斷地向鄉村滲透之後所產生的驚人的動員能力，從而能夠透過其農村基層組織提供大規模的人力和後勤支援。共產黨力量的特徵，因此是其新獲得的對城市產業和財政資源的集中化控制，與其傳統的鄉村人力、物力動員機制兩者之間奇特的互補性結合。中共對城鄉兩類不同資源的控制和調配，產生了一種全新的財政構造，不僅能自我持續，而且可以不斷擴張。最後，最為重要的是，共產黨在 1940 年代早期克服了高層內部的宗派主義以及各根據地的離心傾向,並建立了毛澤東的政治和意識形態最高地位之後,達成高度的政治認同和組織團結。這些突破,加上內戰之初中共在部隊規模和裝備上的劣勢所產生的危機感,使各根據地和地方武裝能夠在中央的統一領導下,彼此協調,共同對敵作戰。與此同時,中共強調部隊基層的思想工作和政治宣傳,加上土改所帶來的實實在在的物質利益,使部隊保持著旺盛的士氣。整個中共組織及其武裝力量,從上到下,都產生了求勝的強烈動機;所有這些,都跟國民黨部隊指揮官互不協調、缺乏信心,士兵紀律鬆懈,形成了鮮明對比。

　　中共在國家重建的道路上取得成功的原因,一言以蔽之,是它在 1940 年代內戰之前和內戰期間所經歷的一場蛻變,使其從聽命於共產國際,到立足本土、為自身目標而奮鬥,從困頓於窮鄉僻壤、為生存而掙扎的政權,變成一個把現代工業都市與傳統鄉村資源巧妙結合的強大財政軍事實體,從長期被宗派主義所困擾到變成一個高度整合和協調的組織。

第十一章

比較視野下的現代國家轉型

前面各章已經揭示，中國從早期近代疆域國家到現代主權國家的轉型，是一個包含了三個關鍵環節的連貫過程，即（1）17世紀下半葉和18世紀上半葉清朝的邊陲用兵和疆域整合，（2）19世紀下半葉清朝在納入全球國家體系過程中所進行的調適，以及（3）20世紀上半葉統一集權的現代主權國家的鞏固成形。本章進一步從比較的視角闡明此一過程。有關清朝國家與早期近代歐洲的比較，第三章已經涵蓋。下面再把中國與三個穆斯林帝國加以比較，即奧斯曼（以安納托利亞和巴爾幹地區為主，不斷向外擴張，到17世紀頂峰階段，其版圖已涵蓋從北非到俄國南部，從匈牙利到紅海南端的遼闊地帶）、薩法維（控制了今天的伊朗和阿富汗）和莫臥兒（在南亞次大陸）。重點放在與奧斯曼（土耳其）的比較。我們將會發現，奧斯曼帝國向近代土耳其民族國家的過渡，在很多方面與中國的國家轉型既有可比之處，又有根本的不同。這些可比和反差之處，可以進一步彰顯出現代國家形成的中國路徑。

疆域的擴張與整合

因為有著共同的中亞草原的突厥遊牧文化源頭，上述三個穆斯林帝國都是作為征服王朝而崛起的，其領土不斷擴張，囊括了不同種群和宗教背景的民眾。它們在戰場上取勝主要是依靠軍隊的機動性，最為重要的是使用火炮以攻取石築堡壘；因此，歷史學家將由此建成的這些穆斯林帝國稱作"火藥帝國"（Hodgson 1974; Streusand 2010）。[1] 滿人也以類似的方式建立了清朝。他們起初只是一個邊陲遊牧部落，對明朝保持名義上的藩屬地位，在長達一個半世紀的時間裏，不斷從事征戰，逐步佔據了整個滿洲，進而擊敗明朝，並有效控制了蒙古、中亞以及西藏，最終使清朝在 18 世紀中期成為亞洲最大的帝國。火器的運用也在清朝的軍事擴張中扮演了關鍵角色（Di Cosmo 2004），當然，這在很大程度上要歸功於軍中負責鑄造和使用火炮的漢人（李洵、薛虹 1991: 306）。

在管理各自境內的多元族群方面，清朝與上述三個穆斯林帝國也頗多相似之處。所有這些王朝都體現出韋伯所謂的"世襲君主官僚制"（patrimonial bureaucracy）的某些特徵，亦即兩種截然不同的理想型政體的混合物：一方面是世襲父權制和封建制下的君主個人專制，另一方面則是職業官僚制度下非私人的、常規化的權力運作體系（Weber 1978: 956-1069）。儘管國家權力的世襲父權因素多少可以追溯至這些征服王朝的遊牧傳統 —— 傳統遊牧部落首領的個人魅力和領導能力對王朝的崛起起到關鍵作用，但是在版圖擴張的過程中，統治機構的職業官僚制度也在逐漸形成，最終產生了一種更為複雜、集權和持久的方法，來管理龐大且種族多元的人口（Streusand 2010: 291-298）。因此，儘管這三個穆斯林帝國在國家權力官僚化和集中化的程度上有很大不同（這種不同影響了每個帝國的壽命），但是研究者仍將它們歸入"世襲君主官僚制"類型，其中奧斯曼帝國的職業官僚化程度最高，而薩法維最低，莫臥兒則居兩者之間（Dale 2010: 5; Streusand 2010: 293-294）。同樣值得關注的是這三個帝國對內部不同族群和宗教的寬容及和睦相處。奧斯曼和莫臥兒所征服的部分地區以基督徒或印度教信徒為主，但是這兩個王朝卻能對非穆斯林社群成功地實施包容和融入政策。而薩法維王朝更具宗教狂熱，但是也能容納那些亞美尼亞人並在貿易方面給他們以特權（Dale

---

[1] 當然，火器的使用在這三個穆斯林帝國並不均衡。火藥和火炮在奧斯曼進攻歐洲的過程中曾起到關鍵作用，但在薩法維和莫臥兒帝國的擴張過程中，作用並不那麼重要。有史家用"火藥帝國"這一術語，所指的是"火藥時代的帝國"而非"靠火藥武器創建的帝國"（Streusand 2010: 3）。

2010: 77-105）。

　　與這三個穆斯林帝國相比，清朝更接近奧斯曼帝國，而在官僚系統的集中化以及控制整個社會方面，則走得更遠。清朝通過不同等級的行政體系，將漢人置於其直接統治之下，這種行政體系理論上能使政令達及每家每戶，並能向民眾直接徵稅，而無需依靠中間商；省級和州縣衙門在財政方面沒有自主權。因此，清朝國家的治理特徵，乃是君主的個人專斷與職業官僚依據常規履行政府職能的矛盾結合（Kuhn 1990: 187-222; Huang 1996: 229-234），同時也是滿人統治者沿襲自早期遊牧時代的統治傳統，與糅雜儒家和法家說教的漢人傳統治國之道，這兩者之間的結合（Crossly 1992）。清廷還施行了滿漢共治的政策，通過繼承前明的科舉考試和諸多政府機構，來吸納漢人精英進入統治層；同時，清廷對於邊疆地區的各種宗教也予以庇護，因此能夠與蒙古和西藏精神領袖維持穩定的關係。

　　然而，清朝與三個穆斯林帝國在王朝的創建和統治方面，也有根本的區別。首先，清朝和這些穆斯林帝國開疆擴土的原因不盡相同。穆斯林軍事貴族持續不斷對外擴張和進攻，主要是出於他們對於傳播伊斯蘭教的狂熱；通過發動聖戰來傳播他們的信仰，比其他任何考量都更能打動這些突厥騎兵。當然也有經濟和社會方面的動力。一種典型的做法是把新征服的土地劃成小塊，分給統治精英以及軍隊士兵，成為世襲的或非世襲的授地，作為其收入來源（即奧斯曼帝國的 timars，莫臥兒王朝的 Jagirs），這種做法構成了對外擴張的強大動力（Streusand 2011: 81, 208）；對土地的不斷需求，迫使統治者持續地發動征服戰爭。因此，這些穆斯林帝國的整個國家機器，包括其軍事組織、內政機構、土地所有制和稅收系統，都要適應於軍事擴張以及對異教徒領土進行殖民的需求。對奧斯曼而言，戰爭對於整個國家的運行來說至關重要；持續不斷發動戰爭，以保護和傳播其宗教信仰的觀念，成為他們世界觀不可或缺的一部分。除非其征服行動受到氣候、地理或是現有運輸條件的限制，否則他們的擴張將永不停息。然而，一旦擴張受阻，無法獲取更多資源，那麼為戰爭而設並依賴於戰爭的臃腫的官僚體系和軍事機器便會萎縮並衰弱（Guilmartin 1988; 另見 Lewis 1958）。

相比之下，宗教因素並未在滿人入關作戰以及整合邊疆的過程中起驅動作用；1640 年代以後，尤其在 17 世紀末和 18 世紀前期，清廷發動一系列征戰，亦非出於經濟原因。遷都北京之後，滿人的主要目標是取代明朝，成為統治中國的合法王朝。因此，其征討行動在 1690 年代之前，一直限於前明曾經統治的區域；一旦達到此一目標，清廷便失去了繼續征伐的動力。為了將清朝從一個外來征服王朝變成一個合法的華夏王朝，滿人統治者不得不強調他們是從前明順接了天命，並且弘揚儒家意識形態，也接受內地長期以來所形成的社會、經濟、政治制度。不同於前述三個穆斯林王朝之受宗教和經濟目的驅動而持續不停地對外征伐，清朝主要關心的是確保自己在內地各省的統治及其合法性；清朝並不尋求去征服前明的那些屬國。遷都北京之後的幾十年間，清廷一直滿足於其對周邊屬國的宗主國地位，並將它們置於從前明繼承下來的朝貢制度之下，其中包括外蒙古、西藏以及一些中亞國家。這些地方後來被清廷納入有效治理範圍，整合為清朝的邊疆地區，是 1690 年代至 1750 年代一系列討伐準噶爾部落的戰役的結果，而這些戰役在很大程度上是被動和防禦性的；只是在準噶爾不斷地入侵外蒙、內蒙以及西藏地區，對清朝的地緣政治安全構成了持續性的威脅之後，清廷才發動了這些戰役，其中並無穆斯林帝國那樣的宗教或經濟動機；因此不能簡單地把清朝與其他征服帝國劃上等號。對於那些穆斯林帝國來說，對外征戰是其生存的基本形式；而對於遷都北京後的清朝來說，在華夏本土之外進行疆域整合，是應對其地緣安全危機的結果，在危機發生之前的近半個世紀，以及危機解決之後，都不存在以擴張版圖為目的的軍事行動。

是否依靠武力擴張來維持王朝的生存，是理解奧斯曼與清朝不同結局的關鍵所在。早在 1915 年，對於時人常把中國與土耳其相提並論一直感到"羞憤"的梁啟超，即指出了兩國之間的根本差異，並預言阿士曼（奧斯曼）帝國必將"瓦解"，而中國"決非土耳其之比"："阿士曼純以武力創造此國、維繫此國，及其武力既衰，則此國遂漸瓦解，理固然也。……且立國各有其本，恃武力以立國者，武力盡而國亡。故亞歷山以武力建大帝國，亞歷山死而彼帝國亡；拿破崙亦以武力建大帝國，拿破崙死而彼帝國亡……我國民之結合以成為一國，自有大本大原，而絕無所賴於一姓一家之武力，與土耳其恰為反比例＂，因此＂中國現時雖極屯蹇，而決不至與土同其命運，可斷言也＂（*LQC*, 9: 201-203）。

不僅武力擴張對兩個王朝所起的作用有根本不同，在內部治理方式上，清朝與奧斯曼帝國之間也存在實質性的區別。和清朝一樣，奧斯曼帝國地域遼闊，人口來源多樣，具有不同的族群和宗教背景。它允許境內的埃及、北非以及阿拉伯世界的絕大部分地區擁有高度的行政和財政自主，滿足於收取這些地方所提供的年貢或當地包稅人上交的固定數量的稅額（Streusand 2011: 102; Shaw 1976: 121-122），而在帝國的核心地帶，亦即所屬的歐洲和安納托利亞各省，中央政府則通過建立於 15 世紀後期和 16 世紀的高度集權的授地制度實現對地方的財政和軍事控制。在此制度下，約 80% 的田地歸農戶耕作（即所謂 miri 地），並由中央政府收稅。其中一半左右的土地（也是最肥沃的部分）歸政府直接控制，耕種這些土地的農戶直接向政府納稅，或由包稅人經手。另外一半則授給帝國的騎士，由騎士向其封地（即 timars）上的農戶收稅，稅金即作為其服役的報酬，包括養馬的費用在內。如果騎士連續七年未能履行服役義務，政府則有權沒收其授地。但是到了 17 和 18 世紀，這種高度集權的稅收制度日漸衰退，即使中央一再力圖整頓、重建，也無法挽回其頹勢。衰退的原因部分在於授地上的農戶因無法忍受高額稅款而棄地逃亡，還有部分原因在於授地擁有者無力提供軍事服務，地方豪強趁機而起，通過各種手段將授地佔為己有，從事包稅活動，將三分之二的稅款淨額納入私囊（Karaman and Pamuk 2010: 609）。

所有這些，皆跟清朝形成了鮮明的對比。不同於奧斯曼腹地（包括首都伊斯坦布爾以及巴爾幹和安納托利亞諸省）之人口龐雜，使得中央只能根據其宗教的不同而分為大小不同的所謂 millets 加以統治，清朝的腹地（內地十八省）以漢人為主，人口高度同質，因而中央有能力建立一套高度統一的官僚制度，使政府的權力能夠從最高層透過行省和州縣衙門到達每個村落，地方衙門進一步依靠半官半民的保甲制或其名目不一的地方變種跟每家每戶打交道（Hsiao 1960; Ch'u 1962; H. Li 2005）。更為不同的是，儘管中國人口龐大，為奧斯曼 17 世紀初期人口的 5 倍、18 世紀後期人口的 13 倍，但是清朝在建立中央集權的財政體系方面，比奧斯曼走得更遠。朝廷通過規範田賦的徵收和解運，控制了全國各省的稅款；1720 年代進一步通過火耗歸公等措施杜絕或限制其中的舞弊行為（Zelin 1984: 130）。奧斯曼帝國對地方徵稅主要靠包收，而清代則明令禁止於國於民皆為不利的包收行為（Wang 1973; Bernhardt 1992）。

但是清代國家的高度集權，並未給王朝帶來比奧斯曼帝國更長的壽命。它的最大弱項是其財政體系中的低度均衡陷阱。在 18 世紀和 19 世紀前半期，清朝財政制度的基本特徵是日常收支款項的相對固定，收稍大於支，且收入主要來自稅率很低的田賦；但這一制度本身的存在依賴兩個前提條件：一是清朝相對於周邊各國的軍事優勢和地緣安全，使得朝廷可以維持軍事開支固定不變；二是人口與耕地的比率適度，使中央可以把田賦限制在一個較低的水平，同時納稅人也有能力交稅。但是這兩個條件到 18 世紀晚期和 19 世紀前期皆次第消失：人口的劇增，白銀的外流，使經濟資源中可供國家抽取的部分越來越少，田主的納稅能力也受到影響；而歐洲列強的到來則從根本上改變了清朝原有的地緣格局。

奧斯曼帝國的財政體系則顯示出完全不同的驅動機制。它的整部帝國歷史，自始至終充滿了跟周邊對手（哈布斯堡、俄羅斯、薩法維等等）爭奪領土和宗主權的戰爭，不存在像清朝 18 世紀中葉以後所呈現的長期和平。由於可供分配給騎兵部隊的授地日漸減少，帝國不得不一直進行領土的擴張；而新征服的土地所帶來的財源，總落後於支撐其軍隊所需的開支，所以統治者在其行政機器無力滲透地方村社的情況下，不得不把土地的徵稅權發放給地方上的包稅人，以求國庫收入的最大化。清代國家財政體制在 18 世紀所特有的供需均衡狀態，在奧斯曼帝國極少出現。不過，另一方面，不同於清代中國之人口劇增，至 1800 年前後已達清初的三倍，導致土地資源緊張和大規模造反（包括 1796 年開始的川楚白蓮教起事和 1851 年開始的太平天國），在奧斯曼帝國，如此規模的社會動盪並不存在，這不僅因為其人口規模相對較小（在 1800 年前後，還不到清代中國的十分之一），而且在整個 17 和 18 世紀，其規模並無多大變化。帝國統治者無疑也受到其腹地安納托利亞農民抗爭的困擾，因為經過長時期的人口增長，到 16 世紀晚期，那裏也有不少農戶失去了土地（Shaw 1976: 156, 174）。但在此之後，其人口與土地的比率一直保持穩定，很少出現大規模騷亂；國內的不穩定因素主要來自士兵因為政府無力發放津貼而產生的騷亂（Shaw 1976: 193, 196, 206, 211）。

王朝的衰落與調適

與近代早期歐洲各民族國家的崛起同時發生的，是歐亞大陸各穆斯林帝國的衰落。這些帝國之走向衰亡的原因各不相同，但它們都面臨這樣一些問題，如統治精英的內鬥和無能，資源耗盡以致無力支撐其行政和軍事機器，它們都自以為在文化上優越於他國，因而缺少學習歐洲軍事技術的動力（Dale 2010: 247-288）。薩法維帝國在 1720 年代阿富汗部落入侵之後即發生解體，南亞的莫臥兒帝國也在 18 世紀遭遇內亂和外族入侵而四分五裂，最終在 18 世紀晚期和 19 世紀初被英國征服。奧斯曼帝國的壽命要長得多。它在經歷了 17 世紀的財政和軍事衰落之後，於 18 世紀一度振作，經濟上也有所擴張，加上中央政權竭力應付變局和整合內部各支勢力，因而在整個 19 世紀一直生存下來（Pamuk 2004）。但奧斯曼帝國的長期衰落趨勢也是明顯的：它屢被周邊強國打敗，內亂此起彼伏，疆土不斷萎縮，因而在國際上被譏為"歐洲病夫"。清朝也在 1800 年後經歷了長期的衰落。其財政狀況和軍事能力早在 18 世紀晚期和 19 世紀初即已出現衰落症狀，一旦在 19 世紀中後期遭遇大規模內亂和外患之後，只能疲於應付，在與歐洲列強和日本的較量中屢遭失敗，喪失了部分領土和主權，因而有"東亞病夫"之稱。

　　清朝與奧斯曼帝國的最大不同，在於其維護各自疆域的能力。直至1911 年覆滅為止，晚清政權均能保持對幾乎所有的邊疆地區（包括滿洲、內外蒙古、新疆和西藏）的控制，迥異於奧斯曼帝國之在 18 和 19 世紀先後失去其在巴爾幹和北非的屬地。更令人驚訝的是，在清朝覆滅之後，它的所有邊疆依然在中國的控制之下，或者至少接受了後者在名義上的宗主地位。除了外蒙古之外，邊疆各地區均未尋求公開獨立於中華民國。這跟土耳其共和國之領土僅僅限於先前的奧斯曼帝國的腹地形成了鮮明對比。要理解為什麼清朝和奧斯曼帝國向近代國家的過渡路徑如此不同，這裏有必要從 19 世紀它們各自的財政體制和地緣政治入手。

　　在 19 世紀之前，清朝和奧斯曼國家的財政收入均以田賦為主，歲入的增長十分緩慢。清朝的稅收至 1800 年前後達到 4,000 萬兩（相當於 1,500噸）左右的白銀，而奧斯曼政府的稅收也達到 150 噸，如果算上騎士從各自封地上所收到的自用的稅款，總額達到 250 噸白銀。從 16 至 18 世紀，奧斯曼帝國的歲入一直在 200 噸至 300 噸白銀之間徘徊，並無明顯的上升趨勢（Karaman and Pamuk 2010: 604）。但是到 19 世紀，尤其在 1850 年代之後，兩個王朝均經歷了國庫收入的快速增長；其中，奧斯曼政府的歲入至 1910年代已經達到 3,000 噸，增長了 15 倍（同上：594, 619-621），而清政府的歲入至 1911 年則達到 11,000 噸，增長了 4 倍左右。之所以會出現這樣的增長，是因為這兩個政權都採取了相近的財政措施，包括增設附加稅、貨物稅、貶值和借貸。財政收入的大幅提高，使晚清中國和奧斯曼帝國有能力更新軍備，抵禦外來壓力，在不同程度上維持主權獨立。兩國之所以能夠作為主權國家倖存下來，還因為它們在各自所處區域內的地緣政治秩序中扮演了獨特的角色。作為區域大國，兩國對於維持列強在本區域的均勢起到舉足輕重的作用。列強在爭奪其利益的過程中，都不會允許其中任何一方獨霸或征服整個中國或奧斯曼帝國。

　　晚清中國與奧斯曼帝國之所以在保守疆土上命運迥異，主要是因為各自獨特的內部地緣政治關係。奧斯曼帝國最根本的弱項，在其首都伊斯坦布爾的地理位置，由於靠歐洲太近，帝國政權不得不把主要精力用來捍衛其歐洲屬地，直至丟光巴爾幹地區為止。而它之所以無力防止巴爾幹各省分離，則是因為當地基督教人口的叛亂以及歐洲列強以保護當地基督教少數民族為藉口進行的干涉。而巴爾幹基督教信眾在奧斯曼帝國的宗教寬容政策下，曾經享有數世紀的自主。他們僅僅是在 19 世紀及 20 世紀初帝國屢敗於俄國和其他列強之後，才開始尋求獨立（Braude 2014）。至於阿拉伯和非洲各省，對奧斯曼中央政權在財政和軍事上的貢獻一直微乎其微，因此相對於土耳其腹地，其重要性大打折扣；近代以來，由於中央無力應對外患，加上政府對土耳其腹地之外各省治理無方、武斷行事，也導致後者對帝國日益不滿。埃及則從未有效地跟整個帝國結合到一起，因此自從 17 世紀末即處在實際獨立的狀態。而導致奧斯曼政府丟失阿拉伯各省的最致命一著，則是其在第一次世界大戰中跟德國和奧匈帝國結盟，結果在 1918 年戰敗，整個奧斯曼帝國也隨之解體，只剩下土耳其人的安納托利亞腹地以及歐洲小塊土地，在此基礎上於 1923 年成立了土耳其共和國。

清朝的優勢首先在於漢人在其人口構成以及整個社會中的絕對主導地位；而在奧斯曼帝國，居住於土耳其腹地的 1,700 萬人口，僅佔帝國總人口（至 19 世紀末為 2,100 萬）的 57%。18 世紀晚期至 20 世紀初帝國人口最為密集、經濟上最為先進的巴爾幹各省的次第獨立，曾給奧斯曼帶來人口、經濟和財源上的巨大損失；相比之下，清朝在經濟和財政上賴以生存的內地各省，人口高度同質，不存在從中國分離出去的可能性。同時，儘管清朝中央允許邊疆各地區在管理內部事務方面保留高度的自主權，一如奧斯曼帝國對待土耳其腹地之外各省的做法，但是，清廷與邊疆之間緊密的政治和宗教紐帶，尤其是其在任免邊疆行政和宗教領袖方面的掌控地位，以及它在邊疆各要害地點長期駐紮軍隊，均有效避免了後者尋求獨立。梁啟超之所以在 1915 年斷言奧斯曼必將瓦解，也是因為他認為後者存在嚴重的"國內分裂"："彼自建國以來，自始蓋未嘗摶控其人民使成為一國民也。故區區巴爾幹半島中，而人種十數，言語十數，宗教習俗種種殊別。夫以此異種、異言、異教、異俗之人而同立於一國旗之下，號為同國，以嚴格律之，則未始有國而已"；相比之下，中國之所以能夠作為一個完整的國家倖存下來，是因為"征服者同化於被征服者"，國內不存在嚴重的族群和宗教對立（*LQC*, 9: 202）。

意識形態和政治認同也可以在某種程度上解釋為什麼中國和土耳其走上不同建國路徑。面對日益加劇的外來威脅，奧斯曼帝國的政治和知識精英受民族主義的影響，一直尋求在各種不同的框架下打造政治認同，包括（1）奧斯曼主義（Ottomanism），倡導帝國內部所有宗教集團（millets）之間的平等關係，一度流行於青年土耳其黨人中間，但並未贏得巴爾幹基督教信眾的支持，後者一直不願認同於奧斯曼；（2）泛伊斯蘭主義，提倡帝國內外所有穆斯林人口的團結，力圖在一個公認的哈里發領導之下建立一個單一的國家，因而受帝國政府的認可，但並不能吸引受過西方教育或西方觀念影響的年輕一代知識分子；以及（3）泛土耳其主義，號召所有散落在土耳其、俄國、波斯、阿富汗以及中國的突厥語系人民實現大聯合，對流散到國外的土耳其人以及境內的俄國移民頗具號召力。然而，在建立一個新國家用以取代四分五裂的奧斯曼帝國的過程中，最終勝出的卻是凱末爾（Mustafa Kemal, 1881—1938）所提出的在土耳其建立一個土耳其人的疆域國家的想法。按照他的設想，建國運動應該僅僅限於土耳其人生息繁衍的地區，亦即安納托利亞腹地，凱末爾謂之"我們天然的和合法的界址"（Lewis 2002: 353-354）。

清朝跟奧斯曼帝國以及其他所有王朝國家一樣，都強調培養臣民對君主的忠誠，藉此打造對國家的認同，但是在界定統治者權力和國家取向方面，卻跟奧斯曼有根本的不同。首先，奧斯曼蘇丹自我定位為不僅是帝國本身的統治者，而且是所有伊斯蘭社會的最高領袖哈里發，因而致力於所有穆斯林地區的大一統和對非穆斯林地區的征戰，並且主要依靠宗教作為紐帶維繫整個帝國；相比之下，清朝皇帝則自我界定為一個世俗的統治者，在中國的所有宗教當中，並不擔任任何神職，同時也不在其疆域普遍提倡任何一種宗教，儘管朝廷出於實用目的，庇護西藏和蒙古的喇嘛教，以策邊疆安全。一言以蔽之，清代中國是世俗國家。其次，不同於奧斯曼帝國之常年處於征戰之中，其所控制的疆域一直在擴張或收縮，並無固定的邊界，清朝國家的邊界自 1750 年代起便大體上穩定下來，此後直至 19 世紀晚期遭受外國列強侵佔之前，均無重大變化；清廷主要是通過談判簽訂條約、協議、駐守邊防力量或者靠習慣性邊界，與周邊國家劃分疆界。官方文件中常以 "中國" 指稱清朝統治下的整個疆域，包括內地各省和邊疆各地區。第三，奧斯曼帝國雖然以土耳其人集中居住的安納托利亞半島為其腹地，土耳其人的遠祖卻源自腹地之外，相關的突厥語系人口分佈於中歐、東歐至中亞各地；相比之下，在 1640 年代滿人入關之前，漢人的地理分佈大體上與華夏王朝所統治的疆域保持一致。清朝將亞洲內陸各邊疆收歸其版圖之後，理論上變成了一個多族群的國家，但是在人口構成和經濟文化各方面，漢人的主導地位依然如故，而在 1900 年前後的奧斯曼帝國，居住在土耳其腹地之外的人口，佔了總人口的 40% 以上。

概而言之，清代中國是一個世俗的疆域國家，其領土可以通過成文的或習慣的邊界，以及通過生活在其疆域上的人民及其共享的歷史傳統，輕易地加以定義。而 19 世紀和 20 世紀初的土耳其人，在認定或重新界定所欲建立的政治實體時，困難重重，面對模糊不清、變幻不定的宗教的、帝國的或族群的邊界，莫衷一是，甚至在為他們所欲創設的新國家取名時，也舉棋不定（Lewis 2002: 354-355）。相比之下，20 世紀初中國的政治精英可以清楚地界定他們所力圖再造的國家，因為這個國家早已存在，亦即由清朝承襲自明朝，並且經過開疆拓土，至 1750 年代已經定型的、包括內地各省和邊疆各地區的 "中國"。當然，這些精英中的最激進分子曾經一度號召建立一個排他的漢人共和國，不過，這一設想更多地是一種宣傳策略，即以明末滿人征服的歷史來激起漢人的反滿情緒，它很快便讓位於革命黨人的 "五族共和" 共識，辛亥後建立起來的民國即以此為立國的原則。因此，現代中國與土耳其的建國者之間對比分明。對凱末爾來說，所謂奧斯曼主義、泛伊斯蘭主義、泛土耳其主義之類，皆屬“我們從未能夠實現也無法實現的理念”而已（Lewis 2002: 353-354），而對於孫中山及其同黨，在清朝原有的疆域之上建立一個新生的共和國不僅可行，而且就新生國家政權的合法性而言，還勢在必行；畢竟，這個以“中國”為名的國家，已經穩定存在數個世紀，它只需加以再造，而非另起爐灶，加以發明。

邁向民主抑或集權國家

通過跟土耳其的比較，我們還可以進一步理解為什麼中國向現代民族國家的過渡，以高度集權的國家的肇建為其結局。在王朝政權覆滅之後，中國和土耳其分別於 1912 年和 1923 年創建了共和國；兩國政府均致力於建立代議制民主，但最終均讓位於一黨專制或強人獨裁，且兩國皆以民族主義和國家主義為意識形態，致力於國民經濟和社會的改造。儘管有這些相似之處，兩國的領袖有根本的區別：儘管面臨體制內的反對勢力以及體制外的伊斯蘭原教旨主義分子的叛亂，凱末爾一直能夠牢固控制政府和軍隊，其權力很少受到反對者的挑戰。對比之下，中國的國民政府從未達到凱末爾政府的集權程度；蔣介石需要不斷地跟體制內外的地方競爭者進行博弈，直至 1949 年在國共內戰中失敗為止。此一差別，對兩國在 20 世紀後半期走上不同的政治道路至關緊要，而其根源則在 19 世紀兩國不同的政治遺產之中。

國民黨政權在 1920 年代初還只是作為華南的一支地方勢力，與各區域軍事政權爭奪全國的統治權，而這些地方勢力的崛起，則可追溯到太平天國以後由於各省督撫控制了地方稅源，同時致力於地方武裝的近代化，導致中央財政和軍事權力的下移。地方疆吏的自主權日益擴大，曾經有助於清廷克服內憂外患，推進洋務和新政，但清末數年間滿漢精英之間裂痕的急速擴大，導致朝廷在內地漢人中間失去了合法性，最終在辛亥革命中覆滅。奧斯曼帝國也經歷了財政資源從中央下移至各省顯貴的過程，後者競相從事稅款包收，將帝國稅款淨額的三分之二以上化為己有。絕大多數的包稅人皆為首都或地方各省的富室，主要是希臘和猶太裔的金融家，他們跟政府訂立合同，承包一至五年乃至終身的包稅業務。但不同於晚清督撫之抗衡中央，這些包稅商事實上仰賴中央的庇護，才得以從事此業，從中牟利。因此，有史家認為，"中央與地方顯要之間的這種互利關係，是理解中央在其軍權日漸衰弱之後依然能夠對各省維持一定程度的控制權之關鍵所在"（Pamuk 2004: 241）。

因此，奧斯曼和晚清國家雖然都經歷了財政體制的非集中化，但後果卻大不相同：在奧斯曼帝國，財政非集中化以包稅的形式發生在政府體制之外，從中受益的是作為個人的各省顯要，他們並不一定掌握地方上的行政和軍事權力，所以，他們跟中央結盟事實上有助於延長帝國的壽命。相比之下，晚清中國的非集中化發生在政府體制之內，各省督撫自主收稅、截留稅款，用於地方事業，結果強化了自身權力。晚清的權力下移因此走向了制度化和官僚化，使得各省實力派構成對朝廷的真正威脅，最終帶來民國初年各區域財政軍事政權的崛起。不同於土耳其開國領袖凱末爾在奧斯曼帝國分崩離析之後，沒有內地各省割據勢力的存在，因而可以輕易建立一個中央集權的國家，進而為日後走向民主體制掃清了障礙，民國時期的中國國家必須把主要精力用於清除各區域的地方勢力，為此不得不追求一個更加集權、更為強勢的中央政權。

地緣政治關係是影響中、土兩國在 20 世紀國家轉型道路的另一個關鍵因素，俄國在其中扮演了主要角色。奧斯曼帝國覆滅後，為了建立新國家，凱末爾主要依靠蘇俄的物資援助，並且在創建土耳其共和國之後，力圖維持與蘇俄的友好關係，但他堅定認為共產主義不適用於土耳其社會；土耳其人民對於歷史上奧斯曼與沙俄長期對抗的集體記憶，也使凱末爾不願看到蘇聯在土耳其有太大影響。另一方面，為了讓土耳其走上全面現代化的道路，跟西方國家搞好關係很有必要。二次大戰期間，土耳其力圖維持中立國地位。儘管在納粹德國全盛時期，極權體制一度成為可以取代自由民主政體的選項，戰後，土耳其政府迅速完成從一黨統治到多黨制民主的過渡，而蘇聯所提出的領土要求以及其他有損於土耳其主權的主張，只能使之選擇加入西方陣營（Shaw and Shaw 1977: 399-400）。

與土耳其建國運動時期凱末爾領導下的武裝力量一樣，廣東時期的國民黨政權也一度依賴俄國的物資援助。但是蔣介石不久即跟蘇俄翻臉，於1927年將共產黨人從軍隊中清除出去；此後二十多年，共產黨革命運動對其統治構成最可怕的威脅。共產主義學說在土耳其社會影響甚微，但在第一次世界大戰結束後的中國，尤其是在激進的知識分子中間，卻大受歡迎；加上南京政府在其最初數年之致力於收拾其他各路軍閥，以及1937年後日本的全面入侵，共產黨革命獲得了充分的發展時機和空間。相比之下，凱末爾在其執政期間，建立了個人對土耳其國家機器的全面控制，加上二戰期間嚴守中立，國內保持穩定，因此不存在任何反對勢力用武力顛覆政府的空間。戰後土耳其跟西方結盟，使多黨制民主在大權獨攬的凱末爾去世後成為其政府的唯一選項。而共產黨革命在中國的勝利，以及毛澤東的對蘇"一邊倒"的地緣戰略，也使得共產黨領導下的高度集權的政治體制，成為新中國領導人的唯一選擇。

因此，多種因素共同作用，形塑了中、土兩國不同的建國路徑。不同的地緣政治格局以及宗教文化背景對各自的建國運動領導人的道路選擇起到制約作用，但是國內各支政治勢力之間的權力關係依然是決定建國方向的最關鍵因素。晚清中國制度化了的權力下移帶來省級勢力財政軍事上的自主，在整個政府體系中打下牢固的根基，並且在清朝覆滅後繼續中國的政治景觀。民國時期地方離心勢力的存在和發展構成了國民黨政府的根本缺陷，也為共產黨勢力的崛起提供了條件。而對後者來說，唯有建立一個比所有對手都更加集權的財政軍事機器和更為有效的動員機制，方可擊敗對手，徹底剷除地方割據勢力。

第十二章

歷史地認識現代中國

研究歷史最艱難也最有趣的地方，是區別歷史正在發生時那些親歷者對當下事件的參與、認識和願景，與事後人們 —— 包括歷史書寫者 —— 對往事的建構，以及他們加在歷史行動者身上的各種標籤以及所臆想的歷史 "過程" 及其意圖。中國現代國家的成長歷史也不例外。清朝在 17 和 18 世紀從關外到關內再到塞外的一連串用兵，讓人們不假思索地把一個如此形成的疆域國家，與世界歷史上屢見不鮮的征服帝國等而視之，進而把 19 和 20 世紀中國從清朝到民國以及中華人民共和國的一連串變革，等同於從帝國到民族國家的轉型過程，但同時又為一個如此形成的 "民族國家" 感到困惑：今天的中國就其疆域和人口分佈而言，是世界上唯一的建立在昔日 "帝國" 基礎之上的國家，與世界其他地區帝國瓦解之後民族自決的結局相去甚遠；不僅如此，中國還是所有大國當中，唯一一個拒絕西式代議制民主體制的國家，似乎不能體現作為現代民族國家核心特徵的 "主權在民" 原則；由此形成的現代中國，是否具有民族國家應有的合法性和生命力，似乎也頗成疑問。

　　面對現代中國的國家形成問題上所存在的這種歷史與邏輯之間的矛盾，最好的解決辦法是雙管齊下：拋開制約人們認知過程的那套邏輯，回到歷史之中，以認識事實的真相；同樣重要的是要去了解這套邏輯本身是如何被建構的，而且是如何用來建構歷史的。只有回到歷史過程之中，掌握真相，我們才能解構被既往的邏輯所建構的歷史，並把自己從這套邏輯的束縛中解脫出來。

歐洲中心論的迷思

　　事實上，今天已經普遍存在於非西方世界並被人們視為理所當然的所謂民族國家，其實是 20 世紀的發明，更準確地說，是二次大戰之後歐洲殖民帝國土崩瓦解、非西方世界各地民族主義運動蓬勃發展的結果。在此之前，很少有西方國家願意在國際法下把亞洲和非洲各地的人民和統治他們的國家視為平等夥伴。從 16 和 17 世紀歐洲各國次第加入對非西方各國殖民地的爭奪和瓜分，並在 19 世紀後期走向高潮，到 20 世紀中葉這些歐洲殖民帝國紛紛崩潰，西方世界由此形成一個根深蒂固的觀點，即西方創造了真正的“文明”，西方人具有發明、科學、自律、自控、實際、前瞻、獨立、博愛等等精神，而西方之外的所有人類則構成了低劣的“他者”，只具模仿、被動、迷信、懶惰、怪異、走極端、情緒化、聽天由命等等特性。在 18 和 19 世紀的歐洲尤其是英國，一種流行的做法是把全世界分成三等，白種的西方尤其是英國和西歐國家屬頭等的“文明”（civilized）世界，代表了進步，人民享有自由民主和理性精神，組成了邊界分明的主權國家；黃種的亞洲各國生活於專制政權之下，人民缺乏理性，國家沒有疆界和主權，或者處於其他帝國的間接統治之下，屬次等的“野蠻”（barbaric）世界；而黑種的非洲土著只有部落組織，沒有政府，沒有進步，處於時間凝固狀態，屬最底層的“蠻荒”（savage）世界（Hobson 2006）。無論是半開化的亞洲專制國家，還是未開化的非洲或大洋洲群島部落，都不配享有西方白人國家所擁有的主權，更不適合在國際法下行使主權；它們須由西方所引導、控制、界定乃至瓜分，在跟西方打交道時，要麼必須給以種種特權，要麼聽由西方加以征服、殖民，亦即所謂“白人的負擔”，這是當時的西方帝國主義或殖民主義者唯一認可的“邏輯”（參見 Said 1979; Bain 2003; Balibar 1991; Torgovnick 1990）。

　　二次大戰之後，這種赤裸裸的歐洲中心主義和白人至上論調有所退縮，這一方面是由於納粹德國以種族優越論為支撐的大屠殺早已失去了道義高地，同時非西方國家的民族主義運動風起雲湧，對西方的殖民統治和種族主義構成前所未有的衝擊。但是，歐洲中心論並沒有隨之消逝，而是以一種新的學術包裝繼續影響西方對近世以來世界各國歷史的解讀，也深刻影響了非西方社會政治及知識精英的自我認知。這種新的歐洲中心論視歐美國家的建國和成長經歷為具有典範意義的普遍適用的路徑；它跟二戰前舊的歐洲中心論的最大不同在於，過去認為只有歐洲人或者他們在歐洲之外的分支才有能力創造文明，並享有主權國家所應有的一切，現在則斷稱，歐美國家所走過的路和所代表的進步方向，適用於一切非西方國家──這便是在1950年代至1970年代盛行一時的"現代化理論"（modernization theory）。按照這種理論，世界各國，無論是歐美的先來者，還是亞非拉的後來者，遲早都會經歷從餬口經濟到科技密集的工業化經濟、從威權主義統治到民眾廣泛參與的民主政治、從受宗教支配的價值觀到科學理性的世俗主義的"現代化"轉變，而現代化的前提則是民族國家的建立；只有在民族國家建立之後，經濟起飛、政治參與擴大和社會整合才有可能。這種理論之所以是歐洲中心論的改頭換面，是因為它把戰後歐美國家尤其是美國所流行的政治經濟和社會制度，視為世界其餘國家應該仿效的樣板。事實上，現代化理論不僅是一種影響社會科學各個領域至深的學術表述，更是服務於美國在冷戰期間在全世界與社會主義陣營對抗、爭奪對第三世界新興國家影響力的一種意識形態（參見 Latham 2000; Guilman 2003）。

1990年代以來，一種"直白的"歐洲中心主義（manifest Eurocentrism）重新浮出水面。這一方面是由於冷戰結束，以蘇聯為首的社會主義陣營全面潰退，似乎印證了歐美國家所代表的自由主義價值、資本主義市場經濟和代議制民主政治的優越性和最終勝利（Fukuyama 1992）；由此產生一種頗有影響的預測，即在後冷戰時代，原先東西方之間的不同制度之爭，將讓位於不同文明之間的衝突，主要是西方基督教國家與中東伊斯蘭國家之間的對抗，而代表儒家文明的中國，據稱將有可能與伊斯蘭教國家聯手，共同對抗以美國為首的西方文明（Huntington 1996）。另一方面，來自伊斯蘭極端分子的恐怖襲擊，尤其是2001年美國"9·11"事件，以及隨後美國在中東的反恐戰爭，似乎印證了文明衝突論。反恐戰爭本身被表述為美國所代表的 "整個文明世界" 與 "未開化的" "野蠻的" 原教旨主義恐怖勢力及其同情者之間的對抗；全世界所有國家必須在這兩者之中站邊，要麼站在美國一方，和整個文明世界一道反恐，要麼成為支持或同情恐怖分子的勢力，從而構成 "邪惡軸心" 的一部分（Bowden 2009）。這種後冷戰時代再度流行且經由反恐戰爭而得到強化的文明對抗論及其背後的歐洲中心主義宏大敘事，與 1990 年代越演越烈的 "全球化" 浪潮一起，大大擠壓了非西方世界民族國家的主權空間，使世界各國的主權呈兩極化發展，即西方國家藉助反恐和全球化而大大增強的主權能力，形成所謂 "超級主權"（hyper-sovereignty），與非西方各國的國家主權的縮減和退讓，導致 "有條件的主權"（conditional sovereignty）（Hobson 2015）。

因此，歐洲中心主義也一直在變，如果說它在二戰之前是一種赤裸裸的種族決定論，強調不同種族之間的反差，並據此為西方的帝國主義和殖民主義背書的話，冷戰時期則體現為一種制度決定論，強調兩大陣營之間的不同政治經濟制度和價值觀之間的對壘，而在後冷戰和全球化時代，種族決定論改頭換面，以文明決定論的形式大行其道，只不過現在已經從 19 世紀西方白種國家對非白種的國家或群落的單向征服，變成了西方主導的 "文明" 世界與 "野蠻" 勢力之間的雙向對抗。

現代中國之成為 "問題"

中國從 18 世紀到 20 世紀所經歷的國家轉型，正是在由那些所謂文明國家 —— 19 世紀的英國和法國，清末民初的日本和俄國，以及 1940 年代的美國和蘇聯 —— 所界定的地緣政治格局及其所建構的國際政治宏大敘事下展開的。在整個 19 世紀和 20 世紀上半期，列強一直視中國為亞洲 "半開化" 國家的一員；晚清的落後、顢頇和民國的貧窮、內亂和腐敗，主導了西方政治和知識精英對同時代中國的想像。中國理所當然地被排斥在 "文明" 國體系之外，不僅無法在國際法下享有與那些 "文明" 國同等的權利，反而成為後者追逐商業利益、爭奪 "勢力範圍" 乃至進行侵略和擴張的對象。帝國主義列強本可像對待其他亞非國家一樣，對中國進行征服、瓜分和殖民統治，無奈它們在 19 世紀所遭遇的是一個幅員遼闊、人口龐大、政府體系複雜且能夠在全國範圍內進行有效調控的對手，這使任何帝國主義國家都無法單獨加以征服和侵吞；因此列強的基本策略是對華進行局部的戰爭和領土的蠶食，通過戰爭脅迫清廷屈服，除了割地賠款之外，還獲得種種在華特權，包括固定關稅、最惠國待遇以及 —— 最為重要的 —— 治外法權。（唯一的例外是中國的近鄰日本，在 1937 年發動全面侵華戰爭，其野心之大，唯有 "以蛇吞象" 這句中國成語可以比喻；日本可以憑藉其軍事實力逞兇於一時，但在中國的民族建國已經取得實質性進展的條件下，兩國人口、幅員和資源的不對稱，注定了日本軍國主義終將失敗。）

驅動中國國家轉型的，正是在這樣一種地緣政治背景下國內政治和知識精英所形成的一個共同訴求，即中國必須仿照西方國家的模樣，重新打造自己，首先是在槍炮、艦隊以及製造和交通上向西方學習，繼而在法律、外交以至整個政府體系方面，全面西化，以便使中國在國際法下受到列強的平等相待，成為由主權國家所組成的國家體系中的一員。經過數代人的奮鬥，到 1945 年二次大戰結束時，中國似乎已經接近這個目標，不僅已經廢除了晚清政府與列強簽訂的所有不平等條約，甚至還和其他主要盟國一道，成為聯合國的創始成員國和五個常任理事國之一。1949 年共產黨革命的成功，進一步終結了國內的長期政治分裂和動盪；經過毛澤東時代和改革時代持續不斷的基礎設施建設和快速的經濟成長，到 2010 年代，中國已經成為世界上最具活力和最龐大的經濟體之一，其在國際政治上的影響力，也遠非一般國家可比。儘管如此，中國是否能夠成為一個富有生命力的、與西方大國並駕齊驅的大國，在不少西方主流政治和知識精英看來，依然充滿了不確定性；關於中國即將崩潰的預測，時有所聞（例見 Chang 2001; Gorrie 2013;

Shambaugh 2015）。

　　這種質疑態度，不僅跟改革時期中國本身在政治、經濟、社會和文化、宗教等各個領域層出不窮的種種挑戰有關，而且深深扎根於西方數世紀以來對中國以及整個東方的歐洲中心主義態度。無論是 19 世紀的種族決定論，還是冷戰時期的制度決定論和後冷戰時代的文明決定論，都在影響和支配西方主流知識和政治精英對當代中國的認知。對非白人種族和文明的創造力的懷疑，使有關亞洲國家（包括中國）只會在科技上依賴和模仿西方、不具創新能力的成見，在西方乃至非西方國家被廣為接受。儘管改革以來的中國竭力使自己的市場規則跟國際接軌，但中國在國家金融調控和市場准入方面的政策，以及眾多企業自身在知識產權保護方面的滯後，讓西方主要經濟體找到藉口，拒不承認中國的市場經濟地位，儘管同樣的問題也曾經並且多少依然存在於那些“標準的”市場經濟國家當中。而對現代中國最根本的質疑，則在構成中國國家本身的一些最基本要素，包括它的疆域、族群構成和政府體制。這種質疑，不同於冷戰時期東西方之間的意識形態對抗，當時在此種背景下人們在研究中國時關注的焦點，是中國的各項制度的起源（例如，共產黨革命究竟是受俄國主使的人為陰謀抑或長期結構性變革的結果）、性質（毛式的社會主義究竟借自蘇聯或植根於中國的傳統）及其有效性（這些制度究竟帶來中國的進步還是落後）；在後冷戰時期，這些問題似乎已經有了明確的結論，而鄧小平上台後中國所展開的各項改革似乎也否定了從前的制度。在 21 世紀初，尤其是在中國藉助全球化獲得快速的經濟成長、成為國際政治舞台上舉足輕重的力量之後，對中國的責難和偏見，依然受到過去的種族決定論和制度決定論的支撐，但更多地是受到文明衝突論的驅使，並集中在支撐中國作為一個文明體系的國際競爭力的現代中國國家上面。質疑的焦點不再是國家內部各項具體的制度，而在國家本身的歷史正當性、統治能力及其生命力。這種質疑背後的一個基本的假設則是，歐美國家所經歷的國家構建過程，是現代國家形成的唯一正確路徑；只有按照這種路徑所建立的民族國家，才是具有合法性和生命力的現代主權國家；而中國在 19 和 20

世紀所走過的建國道路，與此相去甚遠：今天的中國不僅在版圖和族群構成上繼承了一個往日 "帝國" 的衣鉢，而且在統治形式上也跟前近代的專制王朝沒有本質上的不同。

有關中國即將崩潰的種種預測，已經被證明並未成為事實；類似的預測今後無疑還會繼續出現。這裏所要強調的是，要理解現代中國的生命力和競爭力，必須摒除源自歐美國家歷史經驗的種種理論預設和概念架構，回到中國歷史之中，把中國現代國家放到中國從 17 世紀到 20 世紀漫長的國家轉型過程中加以理解；正是這一過程所獨有的動力和演進形態，導致當代中國呈現出不同於歐美國家的基本特徵。更為重要的是，這一過程至今依然在進行之中；中國的現代國家轉型，因此最好被理解為一個尚未完成的、終端開放的歷史過程。為了說明現代中國為什麼具有不同於 "標準的" 民族國家的兩個最基本特質，即規模之 "大" 和結構之 "強"，這裏有必要重複一下前面各章的基本論點。

中國為何如此之 "大"

現代中國之所以呈現出超大規模的國土和多族群的龐大人口，至少可以歸結於以下四個因素：

第一，清代以前 "原初中國" 的形成，為清代國家的疆域整合和多族群疆域國家的建立，奠定了牢固的基礎。構成 "中國" 人口主體的華夏族群，經過數千年的擴張和同化，到明代已經形成了歐亞大陸東部人口最多、疆域最遼闊、經濟最富足的大國；清朝從明朝承襲了它最基本的要素，包括以職業官僚為主體的高度集權的行政管理體系，以儒家說教為唯一正統的國家意識形態，以及 —— 最為重要的 —— 統治 "中國" 的合法王朝地位和內地十八省所提供的所需全部財源。

第二，滿人的邊陲用兵進一步拓展了中國的有效治理範圍，即在內地十八省的基礎上，又增加了滿洲、蒙古、新疆和西藏；中國本身也被重新定義，從原來以漢人為主體的單一族群國家變成了多族群的疆域國家；現代中國國家賴以形成的地理和人口基礎，也由此定型。但我們不能把清朝國家簡單地比附於歐亞大陸的舊帝國或歐洲殖民帝國，因為清朝用兵的動力跟歐亞諸帝國有根本的不同：清朝在遷都北京、控制內地十八省之後，並不尋求對外擴張；其版圖在此後長達半個世紀的時間裏也保持大體穩定。後來從1690年代至1750年代，清朝先後將外蒙古、新疆和西藏納入其有效治理範圍，是因為準噶爾蒙古部落入侵和佔領了這些地區，從而對清朝核心地帶構成直接威脅。清朝對準噶爾歷時半個世紀的征戰，先是防禦性的，後是預防性的。而清廷之所以能夠連續用兵邊陲，靠的是內地十八省所提供的財政支撐；財源的多寡，決定了用兵的規模和頻率。但清廷用兵準噶爾，並非像歐亞諸帝國那樣，是為了尋求獲得更多的土地、財富，或是為了傳播自己的宗教；把戰後所控制的土地納入其版圖，只是用兵的副產品，而非原初目標。清廷從未把這些新建立的邊疆作為其財源，而是恰恰相反，為它們提供財政補貼。清朝統治者自身並沒有任何正式的宗教信仰，他們之所以庇護流行於西藏和蒙古的喇嘛教，乃出於實用的目的，即讓這些邊疆精英處在順從的地位；朝廷並沒有在其所統治的其他地區提倡此一宗教。一旦徹底消除準噶爾部落的威脅之後，清朝在邊陲地區便不再有重大的整合舉措，儘管18世紀中葉處在國力鼎盛時期的清廷有充沛的財政和軍事資源從事進一步擴張；這從反面印證了清朝國家跟歐亞大陸歷史上的靠對外擴張維持生存的諸征服帝國有根本的不同。

第三，現代中國賴以形成的疆域和人口基礎，之所以能夠保持其驚人的穩定和連續性，關鍵在於清朝對內地和邊疆所施行的複雜而有效的治理方式。源自異族的清統治者為了在內地十八省建立王朝的合法性，比以往任何一個漢人王朝都更真誠而切實地尊崇儒家的"仁政"治國理念，在整個清代的絕大部分時間裏遵守輕稅政策。而這一政策之所以能夠長久實施，不僅因為內地十八省的龐大人口和經濟體量產生了巨大的納稅基礎，更因為清朝在內地之外，建立了牢固的邊疆，使漢人王朝歷史上危害數千年的"邊患"不復存在，從而大大減輕了清朝的軍事支出。而清朝之所以能夠維持邊疆的穩定，而不是像歐亞大陸諸征服帝國的"前沿地帶"那樣在不斷地隨著擴張的成敗而在不停地前進或後退，又是因為它通過一系列措施，建立了對邊疆的牢固統治，使其成為清朝國家有效版圖的一部分。這些措施包括：長期駐軍邊疆地區；控制對邊疆世俗和宗教領袖的任免和冊封權；給以這些邊疆領袖內部事務管理上的高度自主權；通過宗教庇護和聯姻手段，籠絡邊疆宗教或世俗領袖；為了防止邊疆宗教領袖勢力過大，又採取分而治之的策略；後來進一步鼓勵內地漢人移民邊疆（包括滿洲、蒙古和新疆），並使邊疆行省化，跟內地在經濟和行政上走向整合。

第四，現代中國超大規模和多族群的疆域，還得益於晚清和民國政權在向近代主權國家轉型過程中，大體上有能力捍衛領土的完整性和連續性，而這又應進一步歸結於如下三個因素。其一是 19 世紀後半期財政軍事體制上所形成的"地方化集中主義"機制。不管這種資源抽取和調控機制多麼低效和不合理，它使晚清國家得以充分利用中國內地的巨大經濟體量，產生足夠的財源，在 1894 年中日戰爭之前的數十年間，推進國防、製造業、交通運輸、教育和外交的現代化，從而出現了"中興"局面，並且在庚子義和團之後以"新政"的名義展開新一輪的全面現代化工程。其二是清廷對邊疆的有效治理以及由此所帶來的邊疆長期穩定和鞏固，使得世世代代居於其內的各個族群（尤其是他們當中的精英階層）對現有疆域產生歸屬感。這對於民國肇建之際中國疆域在清朝與民國之間的順利傳承至關緊要。民國時期，在內地戰亂不斷、中央政權和地方勢力無暇他顧之際，之所以能夠避免滿洲、內蒙、新疆和西藏的分離或獨立，端賴清廷治邊所留下的各項遺產，以及內地漢人對其賴以生息的國土的認同。這種內在的共識，在 19 世紀和 20 世紀初國土遭受外來侵略之後，可以克服不同政治勢力和不同地域之間的隔閡，轉化為共同的民族主義理念。其三，中國之所以能夠作為一個獨立、完整的國家倖存於 19 世紀帝國主義侵略危機之中，還有一個地緣政治的因素。雖然晚清政權屢被歐洲列強和日本打敗，戰後割地賠款，主權受到嚴重侵害，但是，列強在中國競相爭奪商業和政治利益，也導致它們彼此之間產生均勢，使得其中任何一方都無法排除其他競爭者而獨自樹立在華主導地位。中國疆域之幅員遼闊，內地人口之高度同質，政府體制之高度整合，使得任何列強皆無法在華施展其在亞非各殖民地屢試不爽的分而治之策略。

中國為何如此之"強"

在 20 世紀前半期，無論是國民黨政權，還是與之競爭二十多年並在1949 年獲勝的共產黨政權，都力圖打造一個權力高度集中、組織凝聚力強大的現代黨治國家。此一發展趨勢，可以從以下四個方面加以解釋。

第一，19 世紀以前中國國家權力結構和政治文化的影響。在秦漢以來數千年的中國歷史上，不存在如同中世紀歐洲在西羅馬帝國滅亡後所出現的分權的政府形態，即在君主所代表的權力中心之外，同時還存在自治市鎮、貴族和教會，並組成代議機構，對君主的權力起制約作用（Downing 1992; Ertman 1997）；相反，從秦漢至明清，國家權力始終集中於皇帝之手，並且在大一統時期，皇權有逐步強化的趨勢；分權、代議制政治，從來不是皇權時代中國政治文化的一部分。這當然並不是說，中國古代的皇權不受任何制約；通常情況下，君主必須按照國家正統意識形態（亦即儒家說教）塑造自己的形象，而構成國家主體的職業官僚也按部就班地依照規章行使自己的職責。這種建立在皇帝個人專斷與官僚體制常規化運作的巧妙結合基礎之上的高度集權的行政管理體制，在 19 世紀末受到外來政治思想的挑戰之前，一直被視為理所當然的國家形態，並在事實上一直延續至 20 世紀初，因清末新政期間倡行地方自治和預備立憲才有所改變。清末代議制政治的初步試驗，部分出自中央和地方的政治精英力圖節制滿人皇族集團的攬權企圖，部分源自西方自由主義思想在國內知識界的傳播，並無強大的獨立於朝廷的社會政治力量作為其支撐；直至清朝覆滅，始終未能成功，遠不足以與內生的以統治者為中心的權力等級秩序和相關的政治文化相抗衡。這種高度集權的政治傳統有一種示範效應：每當舊秩序崩潰之後，那些試圖建立新秩序的競爭者所追求的，往往是建立另一個高度集權的個人統治，而不是心甘情願地與他人分享權力，或者願意使自己的權力受到有力的制衡。這在 20 世紀的中國，在民主成為各方社會政治勢力的真正要求之前，尤為如此。

第二，進入民國以後，中國曾有兩次踐行代議制民主的機會，一是在民初 1912 和 1913 年北京政府時期，一是在 1946 年南京政府時期。兩次實驗均曇花一現，旋即讓位於不同政治勢力之間的爭鬥。1913 年民主政治的失敗，導致袁世凱去世後軍閥混戰局面的出現以及 1927 年國民黨政權的崛起；而緊隨 1946 年短暫的民主實驗其後的，乃是國共內戰的爆發，共產黨革命的勝利和人民共和國的建立。而導致民主政治反覆讓位於強勢國家的最根本原因，乃在政府體制內部或共享的國家架構內部之制度化了的權力下移，致使各省或各區域的自主力量與中央政權爭奪對財政、軍事和行政資源的控制；此一過程始於晚清，而在民國時期進一步加劇。在消除地方離心勢力、結束國內政治不穩定之前，民主政治不具備最基本的實現條件。

第三，高度集中的國家權力結構在 20 世紀中國的最終形成，正是在解決國家權力下移的過程中，中央與地方勢力之間反覆博弈的結果。這一過程是辯證的，因為權力的地方化，既可能有助於國家克服內部或外來危機，為國家權力走向集中鋪平道路，但同時又可能成為國家權力集中化的障礙；而為了克服這樣的障礙，那些覬覦中央政權的地方勢力又不得不致力於自身的更高程度的集中化，從而消除競爭對手，達成真正的全國統一和權力集中。如前所述，正是太平天國以後出現的 "地方化集中主義"，才使清廷有可能平定大規模內亂，致力洋務和邊疆防衛，並在義和團之後展開全面的新政建設；然而，在清末滿漢撕裂、漢人精英對皇室的忠誠不復存在的條件下，權力的地方化適成清朝的致命傷，最終導致辛亥易幟。民國肇建後，尤其在大總統袁世凱死後，軍閥割據日益嚴重，那些最具企圖心的地方勢力紛紛致力於內部財政、軍事和行政資源的統一集權，這種"集中化地方主義"既加劇了軍閥派系之間的政治分裂和武力競爭，同時又為全國範圍的政治統一和集權國家的建立打下了基礎。國民黨之所以能夠在各支地方勢力的激烈競爭中勝出，是因為它打造了一個比其他任何競爭對手都更加統一、集中的財政軍事組織；但在1928年名義上統一全國之後，南京政府不僅未能成功地整編各支地方勢力，也未能建立一個全國範圍的集權、高效的行政管理體系，更談不上把國家權力有效地滲透到城鄉社會底層，鋪設一個可以滿足國家的財政收入和社會控制需求的基礎結構。相較於國民黨政府的"半集中主義"，共產黨之所以在1946年以後的內戰中獲勝，不僅因為中國的地緣政治格局發生了有利於共產黨的根本變化，更因為在內戰前夕和內戰期間，共產黨的組織結構、意識形態和財政軍事體制走向了"全方位集中主義"。它在1949年打敗國民黨之後所建立的國家政權，就政治統一和權力集中程度而言，超過了此前中國歷史上的任何一個政權，也就不足為奇了。

第四，20世紀中國的"強國家"（strong state），追根溯源，不得不歸結到1750年代清朝鼎盛時期所形成的地緣格局和財政構造。正是清代中國在與周邊國家關係上的獨尊地位和軍事上無與倫比的優勢，使它從此失去了革新軍事裝備和提升軍隊戰力的動力，使其正規軍事力量 —— 無論八旗還是綠營 —— 在規模和質量上都處在停滯不前乃至不斷衰退的狀態；這注定了它在1850年代面對大規模內亂時無能為力，必然求助於地方上非正規的軍事勢力。與此同時，也正是清代國家的地緣優勢和內地同質社會的低治理成本，使中央政權失去了不斷提升其汲取能力以增加稅收的動力，財政構造由此出現低度均衡的特徵，從而注定了在19世紀中葉國內外危機紛至沓來之際，中央耗盡自身財源之後，不得不轉而依靠地方勢力籌集資金，以應對內憂外患。假使18世紀的中國，不是居於獨大的地位，而是如同整個歐洲一樣處在列國競爭、強者生存的局面，其正規軍事力量必然經歷一場裝備和技術上的革命；其財源也必然從依賴固定不變的田賦，過渡到越來越依靠工商業稅收，歲入總量也必然在不斷擴大；19世紀和20世紀中國現代國家形成的軌跡，也將會完全不同。當然，我們對歷史的認識不能基於反事實的假設。不過，20世紀中國國家轉型的第一個基本事實是，民國初期各地方勢力所竭力打造的高度集中統一的區域性財政軍事政權，與晚清財政軍事權力的地方化因果相連，乃是確鑿無疑的。第二個基本事實是，廣東國民黨政權之所以能夠在各支地方勢力的競爭中勝出，靠的是它在廣州所打造的一個比其他所有區域性對手更為統一集中的財政軍事機器。第三個基本事實是，共產黨最終戰勝國民黨，同樣是依靠它所打造的一個比國民黨政權更為統一集中的政治組織和財政軍事機器。國家轉型的演進過程因此環環相扣：從清朝鼎盛時期的地緣優勢和財政低度均衡，到後期的軍備鬆弛，軍事財政權力地方化，到20世紀區域性財政軍事政權的興起，再到國民黨和共產黨政權的次第崛起，中國的國家政權在此過程中一步步趨於更加集中化；也只有建造一個比對手或者現存政權更為統一集中的財政軍事機器，並且在其內部塑造更高程度的政治認同，新的挑戰者才會最終勝出。這便是中國國家轉型的最本質的邏輯，也是20世紀中國"強國家"得以形成的最根本原因。

國家轉型的連續性

以上對影響中國國家形成的各項因素的討論，對於我們認識現代中國國家的特質到底有何含義？

首先，奠定現代中國的疆域和族群構成基礎的清朝國家，並不能簡單地等同於一個軍事帝國。前面我們已經反覆論證，清朝並不依靠持續不斷的對外擴張來維持自己的生存和統治；恰恰相反，邊陲整合在遷都北京後的清朝歷史上僅僅限於1690年代後期至1750年代中期的半個多世紀，是在自身的核心地緣戰略利益受到根本威脅後的被動反應和預防措施；在1690年代之前的半個世紀和1750年代後的其餘年份，清朝從未尋求版圖的進一步擴張。一言以蔽之，邊陲用兵是1644年以後清朝歷史上的例外，而非通則。之所以如此，根本的原因在於，除了準噶爾部一度構成威脅之外，直至 1840 年代之前，清朝在其周邊並不存在任何對其構成致命威脅的競爭對手；而內地十八省所提供的財政收入，已足以滿足其日常開支所需，並能產生巨大盈餘，因此至少在財政上再無擴張的動力。它將自己定位為一個上承明朝、統治整個中國的正統皇朝，並以內地各省為其全部的財源；而對邊疆各地區，則以軍隊加以駐守，以確保其地緣戰略上的安全。因此，1640 年代以後的清朝地緣戰略取向是守成的，而非外擴的；它始終能夠保持整個版圖的穩定。與周邊鄰國的邊界，也通過正式談判或非正式的習慣性劃分而得到明確的界定。在其歷史的大部分時間裏，清朝並不尋求通過戰爭獲得鄰國的土地，而是一直保持著和平狀態。這與歐亞大陸的所有征服帝國完全相反：後者以擴張為其生存方式；一旦失去擴張能力，便紛紛走向萎縮和四分五裂。所以，我們最好把清代中國定義為一個早期近代的疆域國家：它既不同於靠戰爭維持其生命的軍事帝國，也不同於前近代世界歷史上缺少明確疆域概念的各種形式的政治實體；它擁有固定的邊界和穩定的版圖，擁有一支龐大的形制完備的常備軍，擁有一個高度集權的科層化的行政體制，擁有一個高效的無須依賴外包的稅收系統，此外，在各族群精英中間有著通過多種方式凝結而成的共享的國家認同（這當然不同於現代國家的民族認同），所有這些，都使得清代中國與早期近代歐洲的主權國家更為接近，雖然它不是一個正形成於西方的、由主權國家所構成的近代世界體系之一員。

其次，晚清和民國的歷史顯示，1850 年代之前的清朝作為一個傳統的疆域國家，與此後日漸融入世界國家體系從而成為一個現代主權國家，這兩者之間具有一定的兼容性和連續性。這體現在兩個方面。其一，就疆域而言，從清代到 1949 年後的人民共和國時期，由以漢人為主體的內地各省與非漢人各族群為主體的邊疆地區所構成的格局一直未變。這與歐亞大陸舊帝國在衰亡後裂變為眾多主權國家，以及歐洲殖民帝國崩潰後在第三世界誕生眾多“新興國家”形成了鮮明對比。理解這一反差的鎖鑰，在於清朝國家的形成動力和治理方式，與上述諸帝國有根本的不同。清朝與其說是一個帝國，不如說是一個瀕臨近代主權國家邊緣的前近代疆域國家；正是藉助這樣一個前近代疆域國家所業已具備的各種資源和遺產（固定的疆域、高度集權的官僚體系、巨大的財政資源、對國家的認同等等），晚清政權有能力捍衛自己的全部邊疆，逐步向近代主權國家過渡，並且將其版圖完整地傳承於1912 年以後的中華民國。其二，就權力結構而言，晚清和民國時期的國家轉型，一直是在集中化與非集中化的辯證運動中展開的。權力的非集中化，既推動了國家建設，為更高程度的統一和集中奠定了基礎，又可能成為全國範圍的統一和集權的最大障礙。從晚清的地方化集中主義，到民初的集中化地方主義，從國民黨的不完全集中主義，到共產黨的全方位集中主義，中國的國家轉型，正是在克服非集中化的過程中，一步步走向更高程度的統一和集中。

因此，現代中國國家的形成，最好被視作不同的歷史遺產疊層累加、共同作用的結果，其內涵是由以下四個各具特色的層次所組成的。在其新近的表層，中國呈現為一個黨治國家，亦即共產黨領導下的權力高度集中的政治體制；它是共產黨革命尤其是 1946—1949 年內戰的直接結果。在此表層之下的第二個層次，中國呈現為一個主權國家，在國際法下與所有其他國家一律平等，並且對於其官方地圖所顯示的邊界之內的所有土地和水域擁有排他的主權。它的出現，是 19 世紀後期和 20 世紀早期中國被逐步納入世界範圍的主權國家體系的結果，並且以喪失部分領土和主權為其代價，而國民黨政府在 1920 年代至 1940 年代的建國努力，對於界定現代中國的主權範圍起到最關鍵的作用。在第三個層面，中國還把自己表述為一個統一的多民族的國家；在行政劃分上包含 23 個以漢族人口為主的省份，4 個直轄市，以及5 個少數民族集中居住的自治區。這一行政的和人口的區域劃分，源自清朝至 1750 年代為止的軍事征討和版圖擴張，同時也離不開此後一個半世紀清廷對邊疆的用心治理。而處在國家歷史建構最底層的，則是華夏族群在其賴以生息繁衍的土地上所形成的原初 "中國" 及其所蘊育的延綿不斷的文明；它為現代中國人民形塑民族認同、建造現代國家提供了強勁的動力和豐沛的文化資源。中國的國家轉型，一言以蔽之，並不是帝國與民族國家之間的斷裂，而是上述四個層次由底部到表層不斷疊加的結果；每增添一層，中國的國家形態即會有新的變化，被賦予新的涵義；現代中國國家孕育於古老的華夏文明，但更是清代以來國家轉型的結果。

最後，也是最為重要的是，現代中國的國家形成，顯示了一個與既往歐洲中心主義視角下所形成的"從帝國到民族國家"認識範式完全不同的路徑。在這一範式的影響下，人們把西方和非西方國家在帝國崩潰後，由相同族群或文化背景的民眾組成單一的"民族國家"視為唯一的"正常"路徑，並且理所當然地認為，體現民族國家的人民主權原則的唯一合法的政府形式是歐美國家的代議制民主政治。事實上，作為國家形成先行者和民族國家標本的那些西歐國家本身，在其形成過程中，亦充滿了軍事征服，某種程度上與帝國的形成過程並無實質性區別；同時在彼此競爭的過程中，也在不斷地向外擴張，把所謂民族國家打造成了殖民帝國；這些所謂民族國家，不過是另一種形式的帝國而已。而 19 世紀尤其是二次大戰之後在非西方世界紛紛誕生的所謂民族國家，也大多是在原先殖民統治的基礎上，在短暫的"民族主義"運動中人為地匆忙產生的，並且大多以歐美的代議制民主為仿效的榜樣。然而，它們隨後所經歷的往往是持續的政治不穩定，不同族群之間的衝突、戰爭甚至種族滅絕，以及長期的經濟停滯和貧窮，形成所謂"失敗國家"。中國的國家形成路徑與上述"帝國—民族國家"的規範認識完全不同。它以最接近近代主權國家的前近代疆域國家為起點，依靠這個疆域國家數百年來所積累的行政、財政和文化資源，緩慢、艱難但是穩步地朝著近代主權國家的方向演進，並且最終在 20 世紀中葉達到主權完整、政治統一、高度集權的階段性目標。驅動這一演進歷程的，歸根到底，是由中國的不斷變化的地緣格局和自身的各種財政、軍事和政治資源的相互作用所構成的原動力，而不是像非西方世界的絕大多數"民族國家"那樣，在其形成過程中受外來影響的決定性支配。中國的建國力量，從晚清的改良和立憲派，到民初的革命黨人，以及 1920 年代以後的國民黨和共產黨政權，都曾一度傾心於歐美、日本或蘇俄的各種建國模式，但是中國的體量太大，歷史慣性太強，使那些移植自國外的任何理念和模式，最終不得不讓位於植根於中國自身傳統和資源的內在動力和邏輯。

中國的國家轉型：一項未竟之業

1949 年以後，中國發生了巨大變化，其中最顯著的無疑是到 2010 年代中期已從一個大部分人口僅能生活於餬口水平的農業社會，轉變為最大的工業製造國，其對世界貿易的貢獻超過了其他任何國家。1980 年代以後，隨著工業化的進程加快，中國經歷了世界史上最大規模的城市化，僅用了一代人的時間，便使數億農村人口變成城市居民。在經歷了六十多年的快速成長之後，中國經濟在 2010 年代繼續擴張，有可能在不久的將來超過美國成為世界上最大經濟體。然而，盡管有這些發展，中國的國家形態依然沒有什麼變化。就疆域而言，除了在 1997 年和 1999 年分別對香港和澳門恢復行使主權之外，今天的中國與 1951 年控制西藏之後的全國版圖相比，幾乎是一致的。尤為引人注目的是國家機器本身的穩定性和持續性。1949 年所形成的政體及其主要特徵，包括共產黨的領導地位，中央政府各主要部門的構成和相互關係，以及國家與人民之間的關係，在此後七十多年裏基本上保持不變。這表明了國家在追求其戰略目標方面取得令人印象深刻的成就的同時，在應對內部和外部層出不窮的挑戰方面也有著非凡的能力。然而，中國的國家在過去所展現出來的這種穩定性，並不能說明它已完全定型，或者說中國的國家構建已經完成。事實遠非如此，隨著中國正經歷著人類歷史上最大規模的經濟現代化和社會轉型，並且重新界定與其他國家的關係，中國國家將會繼續演進，以應對未來幾十年其所面臨的挑戰。這些挑戰將主要來自以下三個方面。

不同族群的國家認同問題

　　首先是在培育國家認同方面，漢人與其他族群之間的關係有待重新界定。確實，清朝在版圖擴張的過程中，通過宗教庇護、聯姻以及給予一定的自主權，刻意地且持之以恆地加強其與邊疆地區統治精英之間的紐帶關係；這些措施在培育邊疆地方領袖對清廷的忠誠方面確有成效，使邊疆地區成為清朝疆域的一個組成部分。在清朝末年，受書刊媒體的影響，那些在國內外接受過近代教育的漢人和非漢人知識分子也確實形成了一種共命運的意識。此外，晚清幾十年間，由於漢人大規模遷移至滿洲、內蒙古、新疆北部和東部，以及在邊疆地區紛紛建省，邊疆與內地的融合也在加快。所有這些，對於清廷在 19 世紀衰落過程中能夠維持對邊疆地區的控制，避免版圖四分五裂，起到關鍵的作用，也有助於漢人和非漢人精英在清朝覆滅後，達成 "五族共和" 的共識。因此，新成立的中華民國得以繼承前清的全部版圖，包括所有邊疆地區。然而，上述各項進展不能簡單等同於漢人和非漢人族群之間共同民族性（shared nationality）形成的標誌。畢竟，"五族共和" 觀念之所以產生，一部分是由於邊疆精英對於清廷的忠順一直延續至皇朝的最後一刻，一部分是由於漢人精英放棄了建立單一漢人共和國的理念，重新界定了 "民族主義" 目標。因此，一個超越漢人與非漢人族群差異的 "中華民族" 的形成，仍只不過是以漢人為主的政治精英及知識分子中間的一種想像而已；由於漢人與非漢人族群在日常的經濟、社會以及文化生活中缺乏實質性的融合，這種想像在民國時期遠未成為現實。

　　1949 年以後，國家在人為確定的五十六個民族中間大力提倡民族團結，具體措施包括：鼓勵漢人遷移到邊疆地區，把以北京方言為基礎的官話作為 "普通話" 在全國加以推廣，通過提供教育及從政機會來培育 "少數民族" 的精英階層，通過一系列經濟和社會政策來提升非漢人族群的生活水平，以及通過大規模的基礎設施建設工程，將邊疆與內地連結在一起。在毛澤東時代（1950 年代至 1970 年代），中國在民族融合方面確實取得很大進展，但這些進展多是通過自上而下推行國家政策來實現的，因此是有限的且難以持續的。1980年代以後，經濟領域的市場化改革和民族政策的部分鬆動，導致漢人大規模湧入邊疆地區尋求致富機會，同時一些少數族群也移民到內地省份；由此開啟了一種自發的、自下而上的雙向融合過程，但是，漢人和少數族群在教育以及在市場經濟中獲取資源方面的機會不均，也一度導致族群關係的緊張和衝突。

調整對少數族群的政策，幫助他們克服各種困難，只能暫時解決國家在族群關係問題上所面臨的挑戰。要從根本上解決部分地區緊張的族群關係，則有待國家重新界定和培育為漢人和其他族群所共有的真正的民族性。1912年中華民國建立以來，民族認同的培育，只集中在弘揚漢人的歷史和文化方面。官方版本的"國史"，幾乎沒有非漢人族群的歷史敘事；即使提到遊牧部落政權，也只是把它們描述成不同於已開化漢人王朝的落後的邊緣化異類；漢人與周邊遊牧部落在族群和文化上的割裂，一直是中國歷代漢人王朝所信奉的華夏中心論的核心，深深地植根於漢人精英的內心深處。在其歷史敘事中，少數族群的過去被邊緣化和模糊化。因此，中國國家所面臨的一個更具挑戰性的任務，是使漢人族群意識到其他族群的歷史文化遺產。"中華民族"的形塑，不應該僅僅依靠自上而下地強制執行一些文化、經濟和政治融合的措施，或是僅僅將以漢人為中心的集體記憶強加給全體民眾；同等重要的是要尊重所有族群的傳統和文化以及他們對於國家的自願認同。

中國與周邊區域的整合問題

重新發現少數族群的文化和歷史，對於形塑中國的共同民族體（shared nationhood）來說極為重要。而在全球背景下重新評價中國近現代史，對於形塑中國的新身份來說也同等重要。自從1920年代的國民革命以來，1840年鴉片戰爭後的中國歷史便被刻意描述成遭受帝國主義欺凌的"百年屈辱"。此一版本的歷史敘事之所以流行，有兩個基本原因。其一與中國的自身歷史相關。長久以來,中國一直是東亞地區唯一的主導力量,因此發現自己很難放棄其自以為是的對其他國家的優越感,也很難融入新的國家體系,成為其中的平等一員,遑論成為其中的一個弱勢成員。因此,中國融入新的國家體系就變成了特別緩慢和痛苦的過程,在此過程中屢被列強打敗,喪失了所有屬國,自身主權和領土完整也遭到破壞。不同於很多其他非西方國家,在歐洲列強到來之後,很快屈服並走上了殖民化或西方化道路,中國用去半個世紀的時間,才放棄了自己是人類文明中心的觀念,接受了新的世界秩序;在此漫長過程中,中國精英階層的精神創痛綿長且深遠,形塑了他們對於中國歷史和中外關係的主觀認知。

另一個原因與 20 世紀國民黨政權以及後來共產黨政權的創建者的需要有關。他們均把自己的任務界定為反對帝國主義的民族革命;將中國近代史寫成一部中國與列強之間一系列衝突的歷史,成為其意識形態建構的中心內容。不斷灌輸反帝意識形態和反帝歷史,再結合著過去一百年喪權辱國的集體記憶,便使中國的精英以及不斷接受民族主義宣傳的民眾產生了一種根深蒂固的潛意識,即中國是外國帝國主義的受害者。過去那種漢人中心的華夷大防一去不復返了;取而代之的是一種新的世界觀,即外國列強是加害者,而中國則是犧牲品。

這種片面的歷史認知和二分的世界觀,有助於國共兩黨形成各自的意識形態,也確實被它們用來服務於恢復國家主權和領土完整的鬥爭;在新政權建立之後並且孤立於西方主導的主權國家體系之外的狀況下,這種觀念也能發揮作用,就像毛澤東時代的中國所經歷的那樣。但是,這種對自身歷史和世界秩序的認知,不利於中國重新進入世界體系,也不利於中國重新成為一個世界大國。事實上,世界上沒有任何國家能夠真正脫離日漸擴大的全球資本主義體系,也無法脫離與這一體系相伴的國家體系。中國要想實現國家復興和成為名至實歸的世界大國,唯一的選擇就是全面融入、充分利用和逐步改進這兩個體系,從而發展自己或是解決自己所面對的挑戰。

因此,中國要為其在世界中將要扮演的新角色有所準備的話,則須消除大多數政治精英和普通民眾中間或隱或顯的受害者心理，因為這種心理很容易導致中國走向孤立，並對外部世界產生敵意；只有這樣，在充分、全面地了解自身歷史的基礎上重塑自信才會成為可能。正如前面各章所示，中國在19世紀和20世紀早期的經歷，不僅僅是失敗和屈辱；比這更富有意義的，是中國在19世紀成功地捍衛其疆域和獨立，是中國在20世紀前期快速地從分裂走向集中和統一，是二戰結束時以勝者的形象出現在世界上，並且大體上恢復了固有疆域和國家主權；晚清和民國期間所取得的全部進步，都為中國在21世紀崛起為世界大國提供了必要的前提條件。今後中國欲在世界上重新為自己定位，首須為其自身發展營造一個有利的地緣政治環境，以建立致力於整合本區域的製造業、貿易以及金融業的跨國機制為其開端，在確保中國成為世界經濟增長的主要動力的同時，也有助於周邊國家參與到全球化的進程中來。

國家與社會的關係問題

中國在尋求成為現代民族國家的過程中所未完成的第三個、也是最具挑戰性的任務，是重構國家和社會之間的關係。這在很大程度上是中國在1949年以前試圖解決晚清時期過於分散的權力結構的問題，以及解決民國初年更為惡化的狀況時所遺留下的任務。在打造一個權力高度集中的黨治國家過程中，蔣介石試圖將黨凌駕於行政和軍事機構之上，並進而將整個黨國機器置於其獨裁統治之下。但是，蔣從未成功地肅清地方離心勢力，也未能成功地在地方層面建立黨國機構，以有效地動員人力以及各種資源。中共之所以能夠在與國民黨的較量中取勝，正是因為其建立了另外一種形式的黨治國家。相比於國民黨，中共的政權體制在軍事和行政上更加集中和統一，並且能夠徹底滲透到其控制地區的農民群體當中。然而，無論是在國民黨還是在共產黨領導之下，黨國體制的形成便意味著更少的個人選擇和權利空間，更不利於個人權利意識的覺醒和提高。黨國體制下的個體必須對黨絕對忠誠，為黨的事業而犧牲個人選擇和利益。這種革命時代所蘊育的黨文化，再加上儒家所宣揚的忠孝觀念，曾使蔣介石能夠建立個人獨裁。文革時期（1966—1976）所出現的對毛澤東的個人崇拜，以及紅衛兵中的激進分子對於個人權利和尊嚴的任意侵害，都與皇權時代及革命時代所遺留下來的政治文化分不開。

　　1980年代以後，隨著市場和競爭機制的引入，民眾在經濟領域有了一定程度的選擇自由，但是在保護個人的公民權利方面，如何使相關的法律框架得以實施，保障其有效運作，依然任重道遠。由於缺乏透明的決策過程、獨立的媒體以及有知情權的民眾，各級政府官員濫用權力的狀況尚未得到有效限制和監管。在遭遇國家機構公職人員的濫權情形時，個體和私營機構往往顯得無力和無助。與強勢的國家形成鮮明對比的，是社會中公民文化的不發達，儘管中產階級規模已相當龐大，其擁有的財富也在迅速增加；非政府組織以及自治團體在數量上仍舊受到限制，且受到國家監管。由於缺乏表達自我的有效渠道，公民很難對自己關心的問題進行自由辯論並進而建立共識。換句話說，要確保公民能夠行使法律所界定和保護的權利和義務，並且把國家建立在牢固的公民社會基礎之上，依然有一段漫長的道路。歸根到底，國家的實力和生存能力，並非僅僅源自其財力的擴大及其對暴力的壟斷和強化，亦非來自國家對已經不再吸引民眾的過時意識形態的宣傳。比所有這些都更為重要的，是培育公民表達自身權益和建立共識的各種組織機制，公開決策過程，讓公眾知情並能夠監督和參與進來；只有在獲得民眾認可的情況下，國家才能彰顯其活力，並維持其正當性。

　　總之，中國的國家轉型過程的完成，有待重構原先以漢人為中心的國家歷史書寫，在相互尊重各自的文化遺產和特性的基礎上，在漢人和其他族群之間培育共享的民族意識和國家認同；有待重塑國家與人民之間的關係，從建國時代和國家工業化時期以集中化的權力結構為手段、以民族主權和國家安全為最高目標，過渡到這些目標已經達成或獲得保障之後，進而以人民的基本權利和福祉為立法和決策的優先考量；有待重新界定中國與其他國家之間的關係，不僅要積極參與或主動建構區域整合和全球治理機制，以造福於所有參與國，更要依靠自身的文化吸引力、知識創造力、政治活力和對全人類福祉的承諾，打造其在世界上的軟實力，消減革命時代民族主義歷史書寫所塑就的國民中間過分嚴重的受害者心態。只有在今後數十年內成功達成這些目標，中國才能真正成為一個受世人景仰的現代國家和一個擁有舉足輕重地位的全球性大國。

原始資料部分

- *BYJF*（1990）:《北洋軍閥》6 卷，中國史學會、中國社會科學院近代史研究所編。武漢：武漢出版社。
- *CBYW*（1995）:《籌辦夷務始末》6 卷，文慶、賈禎、寶鋆編《續修四庫全書》。上海：上海古籍出版社。
- *DBCJ*（1988）:《東北解放區財政經濟史資料選編》第 3 卷，朱建華編。哈爾濱：黑龍江人民出版社。
- *DMHD*（2007）:《大明會典》5 冊。揚州：廣陵書社。
- *DQXFL*（2010）:《大清新法令》（1901—1911），上海商務印書館編譯所。北京：商務印書館。
- *FYX*（1999）:《我的生活》，馮玉祥著。長沙：岳麓書社。
- *GMDD*（1985）:《中國國民黨歷次代表大會及中央全會資料》2 卷，榮孟源編。北京：光明日報出版社。
- *GCGJ*（1997—2012）:《共產國際、聯共（布）與中國革命檔案數據叢書》21 卷，中共中央黨史研究室第一研究部編。北京：北京圖書館出版社／中央文獻出版社。
- *GJWX*（1981）:《共產國際有關中國革命的文獻資料》3 卷，中國社會科學院近代史研究所翻譯室編。北京：中國社會科學出版社。
- *GMWX*（1958—1989）:《革命文獻》，中國國民黨中央黨史史料編纂委員會編。
- *GXCD*（1958）:《光緒朝東華錄》。北京：中華書局。
- *HBJ*（1996）:《華北解放區財政經濟史資料選編》第 1 卷，華北解放區財政經濟史資料選編編輯組編。北京：中國財政經濟出版社。
- *HBS*（1974）:《中國近代貨幣史資料》，中國人民銀行參事室金融史料組編。台北：文海出版社。

- *HQM*（2003）:《胡喬木回憶毛澤東》，胡喬木著。北京：人民出版社。
- *JDYL*（2011）:《建黨以來重要文獻選編（一九二一──一九四九）》26 卷，中共中央文獻研究室、中央檔案館編。北京：中央文獻出版社。
- *JGSX*（1984）:《先總統蔣公思想言論總集》23 卷，秦孝儀編。台北：中國國民黨中央委員會黨史委員會。
- *JJSR*: Inventory of the Chiang Kai-shek Diaries, Hoover Institution Archives, Stanford University, Stanford, CA.
- *KYW*（2007）:《康有為全集》12 卷，姜義華、張榮華編。北京：中國人民大學出版社。
- *LHZ*（2008）:《李鴻章全集》，顧廷龍、戴逸編。合肥：安徽教育出版社。
- *LQC*（2018）:《梁啟超全集》，湯志鈞、湯仁澤編。北京：中國人民大學出版社。
- *LSJZ*（1988）:《遼瀋決戰》第 1 卷，中共中央黨史資料徵集委員會等編。北京：人民出版社。
- *LSQ*（1981）:《劉少奇選集》2 卷，中共中央文獻編輯委員會編。北京：人民出版社。
- *LWH*（1986）:《回憶與研究》2 卷，李維漢著。北京：中共黨史資料出版社。
- *LZA*（2002）:《雷震案史料匯編──雷震獄中手稿》，陳世宏。台北：國史館。
- *LZR*（2005）:《李宗仁回憶錄》2 卷，唐德剛撰。桂林：廣西師範大學出版社。
- *MCZZ*（1983）:《民初政爭與二次革命》2 卷，朱宗震、楊光輝編。上海：上海人民出版社。
- *MGDA*（1979—2000）:《中華民國史檔案數據匯編》5 編，中國第二歷史檔案館編。南京：江蘇人民出版社。
- *MGSL*（1981）:《中華民國重要史料初編──對日抗戰時期》7 編，秦孝儀編。台北：中國國民黨中央委員會黨史委員會。
- *MGWJ*（1988）:《中華民國外交史資料選編》2 卷，程道德等編。北京：北京大學出版社。
- *MJS*（1993）:《毛澤東軍事文集》6 卷，中共中央文獻研究室、中國人民解放軍軍事科學院編。北京：軍事科學出版社、中央文獻出版社。
- *MWJ*（1993—1999）:《毛澤東文集》8 卷，中共中央文獻研究室編。北京：人民出版社。
- *MXJ*（1991）:《毛澤東選集》4 卷，中共中央文獻編輯委員會編。北京：人民出版社。
- *QCXW*（2000）:《清朝續文獻通考》4 卷，劉錦藻編。杭州：浙江古籍出版社。
- *QMLX*（1979）:《清末籌備立憲檔案史料》2 卷，故宮博物院明清檔案部編。北京：中華書局。

- *QSG*（1979）：《清史稿》。北京：中華書局。
- *QSL*（2008）：《清實錄》。北京：中華書局。
- *SB*（1872—1949）：《申報》。上海。
- *SLGB*（2003—2012）：《蔣中正總統檔案事略稿本》70 卷，王正華等編。台北：國史館。
- *SLXJ*（1960）：《辛亥革命前十年間時論選集》3 卷，張枏、王忍之編。北京：三聯書店。
- *SQYJ*（1985）：《石渠餘紀》，王慶雲著。北京：北京古籍出版社。
- *SSJY*（1973—1990）：《中華民國史事紀要（初稿）》，中華民國史事紀要編輯委員會編。台北：國史館。
- *SSL*（1983）：《一九二七年的上海商業聯合會》，上海市檔案館編。上海：上海人民出版社。
- *SZS*（1981）：《孫中山全集》11 卷，中國社會科學院近代史研究所、廣東省社會科學院歷史研究所、中山大學歷史系編。北京：中華書局。
- *TDGG*（1981）：《解放戰爭時期土地改革文件選編（一九四五 ——一九四九）》，中央檔案館編。北京：中共中央黨校出版社。
- *USFR* (1961): *Foreign Relations of the United States Diplomatic Papers, The Conferences at Cairo and Tehran*, 1943, Department of State Publication 7187, Historical Office, Bureau of Public Affairs. United States Government Printing Office, Washington.
- *WSZL*（1960—2013）：《文史資料選輯》163 卷，中國人民政治協商會議全國委員會文史資料研究委員會編。北京：中華書局、文史資料出版社、中國文史出版社。
- *WWZQ*（1984）：《汪偽政權資料選編》第 1 卷《汪精衛國民政府成立》，黃美真、張雲編。上海：上海人民出版社。
- *WZZ*（2001）：《王子壯日記》10 卷。台北：中央研究院近代史研究所。
- *XHGM*（1957）：《辛亥革命》8 卷，中國史學會編。上海：上海人民出版社。
- *XZDA*（1994）：《元以來西藏地方與中央政府關係檔案史料匯編》7 卷，中國藏學研究中心等編。北京：中國藏學出版社。
- *XZDF*（2007）：《西藏地方近代史資料選輯》，許廣智、達瓦編。拉薩：西藏人民出版社。
- *XZZL*（1996）：《清代以來中央政府對西藏的治理與活佛轉世制度史料匯集》，趙學毅、常為民、歐聲明編。北京：華文出版社。
- *YBS*（2001）：《飲冰室文集點校》，梁啟超著。昆明：雲南教育出版社。
- *YDJ*（1986）：《楊度集》，劉晴波編。長沙：湖南人民出版社。

- *YFJ*（1986）：《嚴復集》5 卷，王栻編。北京：中華書局。
- *YWYD*（1961）：《洋務運動》8 卷，中國史學會編。上海：上海人民出版社。
- *YZHB*（1957）：《中外舊約章匯編》3 卷，王鐵崖編。北京：三聯書店。
- *ZGDS*（1979）：《中共黨史參考資料》8 卷，中共中央黨校黨史教研室編。北京：人民出版社。
- *ZGF*（1985）：《曾國藩全集》，羅鎮岳、韓長耕編。長沙：岳麓書社。
- *ZGHG*（1983）：《中國海關與義和團運動》，中國近代史數據編輯委員會編。北京：中華書局。
- *ZGT*（1963）：《我的回憶》3 卷，張國燾著。北京：東方出版社。
- *ZGTL*（1963）：《中國近代鐵路史資料，1863—1911》3 卷，宓汝成編。北京：中華書局。
- *ZGZY*（1991）：《中共中央文件選集》18 卷，中央檔案館編。北京：中共中央黨校出版社。
- *ZMGX*（1957—1960）：《中美關係數據匯編》2 卷。北京：世界知識出版社。
- *ZRWJ*（1983）：《鄒容文集》，周永林編。重慶：重慶出版社。
- *ZTY*（1977）：《章太炎政論選集》2 卷，湯志鈞編。北京：中華書局。
- *ZWXG*（1963）：《張文襄公全集》。台北：文海出版社。
- *ZXL*（1992）：《張學良文集》2 卷，畢萬聞、周毅、那麗編。北京：新華出版社。
- *ZZT*（1992）：《左宗棠全集》，劉泱泱編。長沙：岳麓書社。
- *ZZZ*（2007）：《張治中回憶錄》，張治中著。北京：華文出版社。

中、日文論著

- 敖光旭（2007）：《1920 年代國內蒙古問題之爭 —— 以中俄交涉最後階段之論爭為中心》，《近代史研究》，4：55—73。
- 寶音朝克圖（2007）：《清代蒙古地區卡倫設置時間考 —— 以漠北地區為中心》，《河北師範大學學報》，30.2：135—138。
- 薄一波（1996）：《七十年奮鬥與思考》2 卷。北京：中共黨史出版社。
- 防衛廳防衛研修所戰史室（1967—1975）：《大本營陸軍部》9 卷。東京：朝雲新聞社。
- 渤海壽臣（1969）：《辛亥革命始末記》。台北：文海出版社。
- 蔡惠霖、孫維吼（1987）：《光榮的抉擇 —— 原國民黨軍起義將領回憶錄》上冊。北京：中國人民解放軍國防大學出版社。

- 蔡美彪編（1994）：《中國通史》，卷9—10。北京：人民出版社。
- 車維漢、朱虹、王秀華（2001）：《奉系對外關係》。瀋陽：遼海出版社。
- 陳鋒（1992）：《清代軍費研究》。武漢：武漢大學出版社。
- ＿＿＿＿（2008）：《清代財政政策與貨幣政策研究》。武漢：武漢大學出版社。
- 陳福霖、余炎光（1991）：《廖仲愷年譜》。長沙：湖南出版社。
- 陳恭祿（1935）：《中國近代史》。上海：商務印書館。
- 陳慧生、陳超（2007）：《民國新疆史》。烏魯木齊：新疆人民出版社。
- 陳進金（1997）：《抗戰前教育政策之研究》。台北：近代中國出版社。
- ＿＿＿＿（2000）：《東北軍與中原大戰》，《近代史研究》，5：1—34。
- 程舒偉、常家樹（1997）：《抗日戰爭重要問題研究》。瀋陽：東北大學出版社。
- 陳蘊茜（2007）：《身體政治：國家權力與民國中山裝的流行》，《學術月刊》，39.9：139—147。
- 陳支平（1986）：《清初地丁錢糧徵收新探》，《中國社會經濟史研究》，4：88—95。
- 程中原（2006）：《張聞天傳》。北京：當代中國出版社。
- 楚雙志（2008）：《變革中的危機：袁世凱集團與清末新政》。北京：九州出版社。
- 慈鴻飛（1994）：《二三十年代教師、公務員工資及生活狀況考》，《近代史研究》，3：285—291。
- 戴逸（2006）：《簡明清史》2卷。北京：中國人民大學出版社。
- ＿＿＿＿（1992）：《乾隆帝及其時代》。北京：中國人民大學出版社。
- 鄧紹輝（1998）：《晚清財政與中國近代化》。成都：四川人民出版社。
- 鄧亦兵（2004）：《清代前期抑商問題新探》，《首都師範大學學報》，4：1—8。
- 查爾斯・蒂利（2007）：《中文版序》，《強制、資本和歐洲國家》（魏洪鐘譯），上海：上海人民出版社，i—iv。
- 董叢林（1994）：《領袖導向與湘淮系勢力的"異流"》，《近代史研究》，2：14—36。
- 董顯光（1952）：《蔣總統傳》。台北：中華文化出版事業委員會。
- 杜聿明（1985）：《國民黨破壞和平進攻東北始末》，中國人民政治協商會議全國委員會文史資料研究委員會《遼瀋戰役親歷記》編審組編《遼瀋戰役親歷記 —— 原國民黨將領的回憶》，北京：中國文史出版社，514—564。
- 范文瀾（1949）：《中國近代史》。上海：三聯書店。
- FDS（中華人民共和國財政部《中國農民負擔史》編輯委員會，1990）：《中國農民負擔史》，卷3。北京：中國財政經濟出版社。
- 馮理達、羅元錚（2009）：《馮玉祥在民國的日子裏》，《人物》編輯部編《長風憶至親》，北京：東方出版社，1—11。

- 馮田夫、李煒光（2006）：《中國財政通史》革命根據地卷。北京：中國財政經濟出版社。
- 付百臣（2008）：《中朝歷代朝貢制度研究》。長春：吉林人民出版社。
- 高曉林（1999）：《桂系地方實力派對抗日戰爭的貢獻》，《中共黨史研究》，2：87—92。
- 葛劍雄（2013）：《統一與分裂 —— 中國歷史的啟示》。北京：商務印書館。
- 葛兆光（2011）：《宅茲中國 —— 重建有關中國的歷史論述》。北京：中華書局。
- 谷苞（2005）：《西北通史》5 卷。蘭州：蘭州大學出版社。
- 管漢暉、李稻葵：《明代 GDP 試探》（未刊稿）。
- 郭成康（2000）：《也談滿族漢化》，《清史研究》，2：24—35。
- ＿＿＿（2005）：《清朝皇帝的中國觀》，《清史研究》，4：1—18。
- 郭成康、鄭寶鳳（1995）：《論清代“不加賦”及其對社會經濟的影響》，《社會科學輯刊》，2：100—107。
- 郭松義（1994）：《清前期南方稻作區的糧食生產》，《中國經濟史研究》，1：1—30。
- ＿＿＿（1995）：《清代北方旱作區的糧食生產》，《中國經濟史研究》，1：22—44。
- ＿＿＿（2001）：《明清時期糧食生產與農民生活水平》。中國社會科學院歷史研究所編委會編，《中國社會科學院歷史研究所學刊》，1：373—396。北京：社會科學文獻出版社。
- 郭緒印（1992）：《國民黨派系鬥爭史》。上海：上海人民出版社。
- 海純良（2009）：《清末新政與外蒙古獨立》，《內蒙古民族大學學報》，35.1：35—38。
- 郝秉讓（2001）：《奉系軍事》。瀋陽：遼海出版社。
- 服部卓四郎（1956）：《大東亞戰爭全史》8 卷。東京：原書房。
- 何家偉（2009）：《南京國民政府公務員數量的膨脹及其潰敗之考察》，《人文雜誌》，2：145—152。
- 何家偉、駱軍（2011）：《國民政府公務員俸給與其經濟地位關係嬗變述論》，《邊疆經濟與文化》，10：39—43。
- 何平（1998）：《清代賦稅政策研究：1644—1840》。北京：中國社會科學出版社。
- 賀淵（1998）：《1912—1927 年閻錫山治晉思想初探》，《近代史研究》，1：234—247。
- 何兆武、文靖（2008）：《上學記》。北京：三聯書店。
- 侯宜傑（1993）：《二十世紀初中國政治改革風潮》。北京：人民出版社。
- 胡平生（1985）：《民國初期的復辟派》。台北：學生書局。

- 胡玉海、里蓉（2005）：《奉系軍閥大事記》。瀋陽：遼寧民族出版社。
- 胡繩（1981）：《從鴉片戰爭到五四運動》。北京：人民出版社。
- _____（2001）：胡繩關於撰寫《從五四運動到人民共和國成立》一書的談話。"從五四運動到人民共和國成立"課題組，《胡繩論"從五四運動到人民共和國成立"》，3—51。北京：社會科學文獻出版社。
- 黃道炫（1999）：《關於蔣介石第一次下野的幾個問題》，《近代史研究》，4：142—165。
- _____（2011）：《張力與限界：中央蘇區的革命（1933—1934）》。北京：社會科學文獻出版社。
- 黃興濤（2011a）：《清代滿人的"中國認同"》，《清史研究》，1：1—12。
- _____（2011b）：《文化史的追尋：以近世中國為視域》。北京：中國人民大學出版社。
- 黃瑤、利瓦伊民、潘天嘉、楊國慶、白刃、李志經（1993）：《羅榮桓傳》。北京：當代中國出版社。
- 賈士毅（1932）：《民國續財政史》（一），卷1。上海：商務印書館。
- _____（1933）：《民國續財政史》（二），卷2。上海：商務印書館。
- _____（1934）：《民國財政史》。上海：商務印書館。
- 賈熟村（2004）：《丁寶楨編年事略》，《臨沂師範學院學報》，26.1：90—94。
- 江炳明（1990）：《清末新政與北部邊疆開發》，馬汝珩、馬大正編，《清代邊疆開發研究》。北京：中國社會科學出版社，52—86。
- 姜萌（2010）：《中國近代知識階層的開明專制思想》，《史學月刊》，8：41—53。
- 姜濤（1990）：《清代人口統計制度與1741—1851年間的中國人口》，《近代史研究》，5：26—50。
- 蔣廷黻（1939）：《中國近代史》。上海：商務印書館。
- 蔣致潔（1988）：《左宗棠收復新疆戰役軍餉問題探討》，《中國社會經濟史研究》，2：26—31。
- 金沖及（2001）：《辛亥革命和中國近代民族主義》，《近代史研究》，5：1—20。
- _____（2006）：《較量：東北解放戰爭的最初階段》，《近代史研究》，4：1—28。
- 金海（1997）：《從地域概念看日本"滿蒙政策"的演變及其實質》，《內蒙古大學學報》，2：14—21。
- 金以林（2005）：《地域觀念與派系衝突——以二三十年代國民黨粵籍領袖為中心的考察》，《歷史研究》，3：115—128。
- 孔經緯（1988）：《日俄戰爭時期至抗戰勝利期間東北的工業問題》。瀋陽：遼寧出版社。

- 孔經緯、傅笑楓（1989）：《奉系軍閥官僚資本》。長春：吉林大學出版社。
- 孔令紀、曲萬法、劉運珍、劉錦星編（1993）：《中國歷代官制》。濟南：齊魯書社。
- 來新夏（2000）：《北洋軍閥史》。天津：南開大學出版社。
- 李靜之（1984）：《試論蔣馮閻中原大戰》，《近代史研究》，1：219—247。
- 李里峰（2004）：《民國文官考試制度的運作成效》，《歷史檔案》，1：101—107。
- ＿＿＿（2008）：《經濟的“土改”與政治的“土改”——關於土地改革歷史意義的再思考》，《安徽史學》，2：68—75。
- 李強（2008）：《金融視角下的“康乾盛世”——以制錢體系為核心》。合肥：黃山書社。
- 李時岳（1957）：《辛亥革命時期兩湖地區的革命運動》。北京：三聯書店。
- 李煒光（2000）：《中國財政史述論稿》。北京：中國財政經濟出版社。
- 李新、李宗一編（1987）：《中華民國史》，第二編，北洋軍閥統治時期，卷1。北京：中華書局。
- 李細珠（2012）：《地方督撫與清末新政——晚清權力格局再研究》。北京：社會科學文獻出版社。
- 李洵、薛虹編（1991）：《清代全史》，第一卷。瀋陽：遼寧人民出版社。
- 李勇軍（2011）：《清末民初的西藏建省論》，《中南民族大學學報》，31.5：70—74。
- 李運昌（1988）：《憶冀熱遼部隊挺進東北》，中共中央黨史資料徵集委員會、中國人民解放軍遼瀋戰役紀念館建館委員會編，《遼瀋決戰》。北京：人民出版社，167—183。
- 李雲泉（2004）：《朝貢制度史論——中國古代對外關係體制研究》。北京：新華出版社。
- 梁方仲（2008）：《中國歷代戶口、田地、田賦統計》。北京：中華書局。
- 梁漱溟（2006）：《憶往談舊錄》。北京：金城出版社。
- 凌宇（1987）：《江浙財團和蔣介石反動統治的建立》，中國人民博物館黨史研究室編，《黨史研究資料》。成都：四川人民出版社，7：46—59。
- 劉翠溶（1967）：《順治康熙年間的財政平衡問題》。台北：嘉新水泥公司文化基金會。
- 劉惠恕（2006）：《劉惠恕文存》。上海：百家出版社。
- 劉敬忠、田伯伏（2004）：《國民軍史綱》。北京：人民出版社。
- 劉瑞中（1987）：《十八世紀中國人均國民收入估計及其與英國的比較》，《中國經濟史研究》，3：105—120。
- 劉統（1998）：《華東解放戰爭紀實》。北京：人民出版社。
- ＿＿＿（2000）：《解放戰爭中東北野戰軍武器來源探討——兼與楊奎松先生商榷》，

《黨的文獻》，4：76—81。

- 劉偉（2003）：《晚清督撫政治：中央與地方關係研究》。武漢：湖北教育出版社。
- 柳岳武（2009）：《傳統與變遷：康雍乾之清廷與藩部屬國關係研究》。重慶：巴蜀書社。
- 劉增合（2014）：《光宣之交清理財政前夕的設局與派官》，《廣東社會科學》，2：111—120。
- 劉子揚（1988）：《清代地方官制考》。北京：紫禁城出版社。
- 龍盛運（1990）：《湘軍史稿》。成都：四川人民出版社。
- 盧世川（1987）：《山東抗日根據地財政的創建和發展》，財政部財政科學研究所編，《抗日根據地的財政經濟》。北京：中國財政經濟出版社，233—246。
- 羅爾綱（1947）：《太平天國史綱》。上海：商務印書館。
- ＿＿＿＿（1958）：《太平天國革命前的人口壓迫問題》，包遵彭、吳相湘、李定一編，《中國近代史論叢》，台北：正中書局，2.2：16—88。
- 羅平漢（2005）：《一九四七年下半年解放區土改運動中的"左"傾錯誤及其糾正》，《中共黨史研究》，2：44—54。
- 羅玉東（1970）：《中國釐金史》。台北：文海出版社。
- 馬金華（1911）：《外債與晚清政局》。北京：社會科學文獻出版社。
- 馬汝珩、馬大正編（1994）：《清代的邊疆政策》。北京：中國社會科學出版社。
- 馬尚斌（2001）：《奉系經濟》。瀋陽：遼海出版社。
- 馬宣偉、溫賢美（1986）：《川軍出川抗戰紀事》。成都：四川省社會科學院出版社。
- 茅海建（2005）：《天朝的崩潰：鴉片戰爭再研究》。北京：三聯書店。
- 妙舟（2009）：《蒙藏佛教史》。揚州：廣陵書社。
- 閔宗殿（1999）：《從方誌記載看明清時期我國水稻的分佈》，《古今農業》，1：35—48。
- ＿＿＿＿（2003）：《明清時期中國南方稻田多熟種植的發展》，《中國農史》，3：10—14。
- 逄先知、金沖及編（2011）：《毛澤東傳》6卷。北京：中央文獻出版社。
- 彭明、周天度（1987）：《中華民國史》第二編第二卷。北京：中華書局。
- 彭信威（2007）：《中國貨幣史》。上海：上海人民出版社。
- 彭澤益（1983）：《十九世紀後半期的中國財政與經濟》。北京：人民出版社。
- ＿＿＿＿（1990）：《清代財政管理體制與收支結構》，《中國社會科學院研究生院學報》，2：48—59。
- 齊木德道爾吉（1998）：《1640年以後的清朝與喀爾喀關係》，《內蒙古大學學報》，4：

12—20。

- 錢穆（2012）：《中國歷代政治得失》。北京：三聯書店。
- 秦慶鈞（1982）：《北伐戰爭時期的廣東省財政》，中國人民政治協商會議廣東省廣州市委員會文史資料研究委員會編，《廣州文史資料》，27：161—191。
- 容閎（1985）：《西學東漸記》。長沙：湖南人民出版社。
- 桑兵（2007）：《晚清學堂學生與社會變遷》。桂林：廣西師範大學出版社。
- 商鴻逵（1982）：《論清代的尊孔和崇奉喇嘛教》，《社會科學輯刊》，5：107—113。
- 沈嘉榮編（1993）：《江蘇史綱》近代卷。南京：江蘇古籍出版社。
- 師哲（1991）：《在歷史巨人身邊》。北京：中央文獻出版社。
- 史志宏（2009）：《清代戶部銀庫收支和庫存統計》。福州：福建人民出版社。
- ＿＿＿＿（2011）：《十九世紀上半期的中國耕地面積再估計》，《中國經濟史研究》，4：85—97。
- 史志宏、徐毅（2008）：《晚清財政：1851—1894》。上海：上海財經大學出版社。
- 石仲泉（2012）：《憶喬木談延安整風 ── 兼論延安整風運動》，《中共黨史研究》，5：10—23。
- 宋良曦（1998）：《清代中國鹽商的社會定位》，《鹽業史研究》，4：24—33。
- 蘇全有、景東升（2004）：《論袁世凱的仇日政策及實踐》，《歷史教學》，5：22—26。
- 蘇全有（2010）：《有關清末財政問題的兩點思考》，《安徽史學》，4：11—18。
- 歲有生（2013）：《清代州縣經費研究》。鄭州：大象出版社。
- 孫宏年（2004）：《20世紀初英國對中國西藏的侵略與西藏建省問題研究》，《西藏研究》，3：15—20。
- ＿＿＿＿（2006）：《清代藩屬觀念的變化與中國疆土的變遷》，《清史研究》，4：17—27。
- ＿＿＿＿（2011）：《清代中國與鄰國 "疆界觀" 的碰撞、交融芻議》，《中國邊疆史地研究》，4：12—22。
- 孫毓棠、張寄謙（1979）：《清代的墾田與丁口的記錄》，《清史論叢》，1。
- 孫中山（1956）：《孫中山選集》，卷1—2。北京：人民出版社。
- 譚其驤編（1982）：《中國歷史地圖集》，卷1—8。北京：中國地圖出版社。
- ＿＿＿＿（1991）：《簡明中國歷史地圖集》。北京：中國地圖出版社。
- 譚肇毅（2009）：《新桂系論》，《廣西社會科學》，6：14—19。
- ＿＿＿＿（2010）：《新桂系的 "三自政策"》，《廣西地方誌》，1：47—51。
- 田亮（1999）：《禹貢學會和〈禹貢〉半月刊》，《史學史研究》，3：58—66。

- 田雪原主編（2002）：《中國民族人口》（一）。北京：中國人口出版社。

- 汪炳明（1990）：《清末新政與北部邊疆開發》，馬汝珩、馬大正編，《清代邊疆開發研究》，北京：中國社會科學出版社。

- 汪朝光（2005）：《全面內戰初期國民黨軍事失利原因之辨析》，《民國檔案》，1：97—105。

- 王東平（2005）：《關於清代回疆伯克制度的幾個問題》，《民族研究》，1：72—79。

- 王爾敏（1987）：《淮軍志》。北京：中華書局。

- 王貴忠（1993）：《張學良與東北鐵路建設》，張學良暨東北軍史研究會編，《張學良暨東北軍新論》。北京：華文出版社。

- 王海晨（2004）：《從"滿蒙交涉"看張作霖的對日謀略》，《史學月刊》，8：36—46。

- 汪敬虞編（2000）：《中國近代經濟史：1895—1927》，卷1—3。北京：人民出版社。

- 王開璽（2006）：《清末滿漢官僚與滿漢民族意識簡論》，《社會科學輯刊》，6：168—174。

- 王力（2010）：《晚清滿漢關係與新伊分治》，《西域研究》，2：13—19。

- 王禮琦、李炳俊（1981）：《土地革命時期革命根據地的財政（中）》，《財政》，1：29—31。

- 王淼生編（1997）：《中國人民解放軍全國解放戰爭史》，卷4。北京：軍事科學出版社。

- 王明珂（1997）：《華夏邊緣：歷史記憶與族群認同》。台北：允晨文化出版公司。

- 王年詠（1994）：《近代中國的戰爭賠款總值》，《歷史研究》，5：175—177。

- 王日根（2000）：《論康熙的恤商思想與實踐》，《雲南財貿學院學報》，16.2：78—85。

- 王奇生（2003）：《黨員、黨權與黨爭 —— 1924—1949年中國國民黨的組織形態》。上海：上海書店出版社。

- _____（2010）：《革命與反革命：社會文化視野下的民國政治》。北京：社會科學文獻出版社。

- 汪榮祖編（2014）：《清帝國性質的再商榷：回應新清史》。台北：遠流出版社。

- 王希恩（2011）：《辛亥革命中的滿漢矛盾及其影響》，《西南民族大學學報》，10：20—25。

- 王續添（2000）：《地方主義與民國社會》，《教學與研究》，2：57—63。

- 王印煥（2005）：《民國政府公教人員生活狀況的演變》，《北京科技大學學報》（社會科學版），21.1：66—82。

- 王玉貴（1996）:《試析新桂系久據民國政壇的原因》,《廣西社會科學》, 3：75—80。

- 王芸生（1979）:《六十年來中國與日本》8 卷。北京：三聯書店。

- 王玉茹、燕紅忠（2007）:《世界市場價格變動與近代中國產業結構模式研究》。北京：人民出版社。

- 王芸生（2005）:《六十年來中國與日本》。北京：三聯書店。

- 王正華（2002）:《1927 年蔣介石與上海金融界的關係》,《近代史研究》, 4：76—112。

- 魏宏運、星光、傅尚文（1984）:《抗日戰爭時期晉察冀邊區財政經濟史資料選編》, 卷 4。天津：南開大學出版社。

- 魏源（1984）:《聖武記》。北京：中華書局。

- 文斐編（2004）:《我所知道的 "北洋三雄" 徐世昌、曹錕、孫傳芳》。北京：中國文史出版社。

- 吳景平（1992）:《宋子文傳》。福州：福建人民出版社。

- _____（1998）:《宋子文政治生涯編年》。福州：福建人民出版社。

- 伍修權（2009）:《伍修權回憶錄》。北京：中國青年出版社。

- 相瑞花（1999）:《試析近代中國的戰爭賠款》,《青海師範大學學報》, 1：78—84。

- 蕭一山（1967）:《清代通史》。台北：商務印書館。

- 謝本書、牛鴻賓（1990）:《蔣介石和西南地方實力派》。鄭州：河南人民出版社。

- 許道夫（1983）:《中國近代農業生產及貿易統計資料》。上海：上海人民出版社。

- 徐鼎新、錢小明（1991）:《上海總商會史（1902—1929）》。上海：上海社會科學院出版社。

- 許滌新、吳承明（2003a）:《中國資本主義發展史》第一卷。北京：人民出版社。

- _____（2003b）:《中國資本主義發展史》第二卷。北京：人民出版社。

- 許檀、經君健（1990）:《清代前期商稅問題新探》,《中國經濟史研究》, 2：87—100。

- 許毅（1982）:《中央革命根據地財政經濟史長編》, 卷 2。北京：人民出版社。

- 徐義生（1962）:《中國近代外債史統計資料：1853—1927》。北京：中華書局。

- 《宣統政紀》（1967）:《近代中國史料叢刊》, 沈雲龍編, 3.18。台北：文海出版社。

- 薛福成（1987）:《薛福成選集》。上海：上海人民出版社。

- 楊菁（2002）:《試析中央革命根據地的財政收入政策》,《黨史研究與教學》, 4：47—56。

- 楊奎松（1999）:《毛澤東與莫斯科的恩恩怨怨》。南昌：江西人民出版社。

- ＿＿＿＿（2007）：《從供給制到職務等級工資制 —— 新中國建立前後黨政人員收入分配制度的演變》，《歷史研究》，4：111—137。
- ＿＿＿＿（2011）：《抗戰勝利後中共土改運動之考察》，《江淮文史》，6：46—66。
- 楊恕、曹偉（2008）：《評清朝在新疆的隔離制度》，《中國邊疆史地研究》，18.2：40—48。
- 楊樹標、楊菁（2008）：《蔣介石傳》。杭州：浙江大學出版社。
- 楊濤（1985）：《明末財政危機與三餉加派》，《雲南師範大學學報》，2：9—15。
- 楊天石編（1996）：《中華民國史》第二編第五卷。北京：中華書局。
- 楊蔭溥（1985）：《民國財政史》。北京：中國財政經濟出版社。
- 葉劍英（1982）：《偉大的戰略決策》，中國人民解放軍戰士出版社編，《星火燎原選編之十》。北京：中國人民解放軍戰士出版社，1—21。
- 袁世凱（1966〔1912〕）：《致庫倫活佛書》，沈雲龍編，《袁世凱史料匯刊續集》，台北：文海出版社。
- 曾憲林、曾成貴、江峽（1991）：《北洋軍閥史》。成都：四川人民出版社。
- 張德良、周毅（1987）：《東北軍史》。瀋陽：遼寧大學出版社。
- 張公權、楊志信（1986）：《中國通貨膨脹史（一九三七 —— 一九四九）》。北京：文史資料出版社。
- 張皓編（2008）：《中國現代史》。北京：北京師範大學出版社。
- 張傑（1999）：《清代康熙朝蠲免政策淺析》，《古今農業》，1：54—59。
- 張佩國（2000）：《地權分配・農家經濟・村落小區 —— 1900—1945 年的山東農村》。濟南：齊魯書社。
- 張啟雄（2010）：《中華世界秩序原理的源起：近代中國外交紛爭中的古典文化價值》，吳志攀、李玉編，《東亞的價值》。北京：北京大學出版社，105—146。
- 張雙智（2010）：《清朝外藩體制內的朝覲年班與朝貢制度》，《清史研究》，3：106—115。
- 張俠、楊志本、羅澍偉、王蘇波、張利民（1982）：《清末海軍史料》。北京：海洋出版社。
- 張憲文主編（2005）：《中華民國史》4 卷。南京：南京大學出版社。
- 張曉堂（1990）：《乾隆年間清政府平衡財政之研究》，中國人民大學清史研究所編，《清史研究集》，7：26—60。
- 張喜德（2009）：《共產國際與延安整風運動》，《中共黨史研究》，4：74—83。
- 張學繼（2006）：《論有賀長雄與民初憲政的演變》，《近代史研究》，3：54—75。
- 張研（2008）：《17—19 世紀中國的人口與生存環境》。合肥：黃山書社。

- 張永（2010）：《解放戰爭中以訴苦會為中心的新式整軍運動》，《中共黨史研究》，6：72—80。
- 張馭濤、徐佔權、江英（1991）：《論中國共產黨對軍隊實行絕對領導的基本經驗》，《軍事歷史研究》，2：1—9。
- 張羽新（1995）：《清代前期西部邊政史論》。哈爾濱：黑龍江教育出版社。
- 張澤宇（2011）：《全面抗戰時期蘇聯和共產國際對中共的援助研究》，《中共黨史研究》，8：71—77。
- 趙雲田（1984）：《清代前期利用喇嘛教政策的形成和演變》，《西藏民族學院學報》，1：64—76。
- ＿＿＿（1995）：《清代治理邊陲的樞紐——理藩院》。烏魯木齊：新疆人民出版社。
- ＿＿＿（2002）：《中國治邊機構史》。北京：中國藏學出版社。
- 鄭汕、鄭友來（1993）：《論晚清"保藩固圉"的邊防政策》，《中國邊疆史地研究》，4：35—46。
- 鄭天挺（1999）：《清史探微》。北京：北京大學出版社。
- 中共中央文獻研究室（2004）：《任弼時年譜》。北京：中央文獻出版社。
- 周谷（1990）：《"西藏貿易團"美英之行始末》，《中國西藏》春季號。
- 周文琪（2006）：《偉大的征程——中蘇關係曲折發展中的毛澤東》。北京：中共黨史出版社。
- 周育民（2000）：《晚清財政與社會變遷》。上海：上海人民出版社。
- 周志初（2002）：《晚清財政經濟研究》。濟南：齊魯書社。
- 朱東安（2007）：《晚清滿漢關係與辛亥革命》，《歷史檔案》，1：36—43。
- 朱洪（2007）：《大革命時期蘇聯和共產國際對國共兩黨經濟援助之比較研究》，《黨的文獻》，2：52—57。
- 朱建華（1987a）：《東北解放戰爭史》。哈爾濱：黑龍江人民出版社。
- ＿＿＿（1987b）：《東北解放區財政經濟史稿》。哈爾濱：黑龍江人民出版社。
- 朱宗震、陶文釗（2000）：《中華民國史》第3編第6卷。北京：中華書局。

英文著述

- Alesina, Alberto and Enrico Spolaore. 1997. "On the Number and Size of Nations," The *Quarterly Journal of Economics*, 112.4: 1027-1056.
- ＿＿＿. 2003. *The Size of Nations*. Cambridge, MA: MIT Press.

- Alter, Peter. 1994. *Nationalism*, 2nd ed. London: Edward Arnold.

- Anderson, Benedict. 2006. *Imagined Communities: Reflctions on the Origin and Spread of Nationalism*, revised ed. London: Verso.

- Anderson, Perry. 1974a. *Lineages of the Absolutist State*. London: Lew Left Books.

- _____. 1974b. *Passages from Antiquity to Feudalism*. London: New Left Books.

- Bain, William. 2003. *Between Anarchy and Society: Truasteeship and the Obligations of Power*. Oxford: Oxford University Press.

- Balibar, Etienne. 1991. "Racism and Nationalism, " in Etienne Balibar and Immanuel Wallerstein, eds., *Race, Nation, Class: Ambiguous Identities* (London: Verso), 37-68.

- Bayly, C. A. 2004. *The Birth of the Modern World, 1780-1914: Global Connections and Comparisons*. Malden, MA: Wiley-Blackwell.

- Beaulac, Stephane. 2000. "The Westphalian Legal Orthodoxy – Myth or Reality," *Journal of the History of International Law*, 2: 148-177.

- Bergère, Marie-Claire. 1986. *The Golden Age of the Chinese Bourgeoisie, 1911-1939*. Cambridge, UK: Cambridge University Press.

- Bonney, Richard. 1981. *The King's Debts: Finance and Politics in France, 1589-1661*. New York: Oxford University Press.

- _____. 1988. *Society and Government in France under Richelieu and Mazarin, 1624-61*. New York: St. Martin's Press.

- Bourke, Richard and Quentin Skinner, eds. 2015. *Popular Sovereignty in Historical Perspective*. Cambridge: Cambridge University Press.

- Bowden, Brett. 2009. *The Empire of Civilization: the Evolution of an Imperial Idea*. Chicago: University of Chicago Press.

- Braude, Benjamin. 2014. *Christians and Jews in the Ottoman Empire*. Boulder, CO: Lynne Rienner.

- Brewer, John. 1989. *The Sinews of Power: War, Money and the English State, 1688-1783*. London: Routledge.

- Brubaker, Rogers. 1996. *Nationalism Reframed: Nationhood and the National Question in the New Europe*. Cambridge: Cambridge University Press.

- Burbank, Jane and Frederick Cooper. 2010. *Empres in World History: Power and the Politics of Difference*. Princeton, NJ: Princeton University Press.

- Cassel, Par Kristoffer. 2011. *Grounds of Judgment: Extraterritoriality and Imperial Power in Nineteenth-Century China and Japan*. New York: Oxford University Press.

- Chang, Chun-shu. 2007. *The Rise of the Chinese Empire: Frontier, Immigration, and Empire in Han China, 130 B.C.-A.D. 157.* Ann Arbor: University of Michigan Press.
- Chang, Chung-li. 1962. *The Income of the Chinese Gentry: A Sequel to The Chinese Gentry: Studies on Their Role in Nineteenth-Century Chinese Society.* Seattle: University of Washington Press.
- Chang, Gordon. 2001. *The Coming Collapse of China.* New York: Random House.
- Chang, Kwang-chih. 1987. *The Archaeology of Ancient China, 4th ed.* New Haven: Yale University Press.
- Chen, Yung-fa. 1986. *Making Revolution: the Communist Movement in Eastern and Central China, 1937-1945.* Berkeley: University of California Press.
- Chung, Chris. 2016. "Drawing the U-Shaped Line: China's Claim in the South China Sea, 1946-1974," *Modern China,* 42.1: 38-72.
- Coble, Parks. 1986. *The Shanghai Capitalists and the Nationalist Government, 1927-1937.* Cambridge, MA: Harvard University Press.
- Cohen, Paul A. 2010. *Discovering History in China: American Historical Writing on the Recent Chinese Past.* New York: Columbia University Press.
- Crook, Isabel and David Crook. 1979. *Ten Mile Inn: Mass Movement in a Chinese Village.* New York: Pantheon Books.
- Crossley, Pamela Kyle. 1992. "The Rulerships of China," *American Historical Review,* 97.5: 1468-1483.
- _____. 1999. *A Translucent Mirror: History and Identity in Qing Imperial Ideology.* Berkeley: University of California Press.
- Crossley, Pamela Kyle, Helen F. Siu, and Donald S. Sutton. 2006. *Empire at the Margins: Culture, Ethnicity, and Frontier in Early Modern China.* Berkeley: University of California Press.
- Dai, Yingcong. 2009. *The Sichuan Frontier and Tibet: Imperial Strategy in the Early Qing.* Seattle: University of Washington Press.
- Dale, Stephen F. 2010. *The Muslim Empires of the Ottomans, Safavids, and Mughals.* Cambridge, UK: Cambridge University Press.
- Department of State. 1967. *The China White Paper, August 1949.* Stanford, CA: Stanford University Press.
- _____. 1972. *Foreign Relations of the United States, 1946, The Far East: China,* vol. 10. Washington DC: United States Government Printing Office.

- DeVries, Kelly. 2010. "Warfare and the International State System." In Frank Tallett and D. J. B. Trim, eds., *European Warfare, 1350-1750* (Cambridge: Cambridge University Press), pp. 27-49.

- Di Cosmo, Nicola. 1998. "Qing Colonial Administration in Inner Asia, " *The International History Review*, 20.2: 287-309.

- _____. 2004. "Did Guns Matter? Firearms and the Qing Formation." In Lynn A. Struve, ed., *The Qing Formation in World-Historical Time*, 121-166.

- Downing, Brian. 1992. *The Military Revolution and Political Change: Origins of Democracy and Autocracy in Early Modern Europe*. Princeton, NJ: Princeton University Press.

- Doyle, Michael W. 1986. *Empires*. Ithaca: Cornell University Press.

- Dunstan, Helen. 1996. *Conflicting Counsels to Confuse the Age: A Documentary Study of Political Economy in Qing China, 1644-1840*. Ann Arbor: Center for Chinese Studies, the University of Michigan.

- _____. 2006. *State or Merchant? Political Economy and Political Process in 1740s China*. Cambridge: Harvard University Press.

- Eastman, Lloyd E. 1974. *The Abortive Revolution: China under Nationlist Rule, 1927-1937*. Cambridge, MA: Harvard University Press.

- _____. 1984. *Seeds of Destruction: Nationalist China in War and Revolution, 1937-1949*. Stanford, CA: Stanford University Press.

- Eisenstadt, Samuel N. 1963. *The Political Systems of Empires: The Rise and Fall of the Historical Bureaucratic Societies*. New York: The Free Press of Glencoe.

- Elliott, Mark C. 2001. *The Manchu Way: The Eight Banners and Ethnic Identity in Late Imperial China*. Stanford: Stanford University Press.

- _____. "Ethnicity in the Qing Eight Banners." In Pamela Kyle Crossley, etc., eds., *Empire at the Margins*, 27-57.

- Elman, Benjamin A. 2009. *A Cultural History of Modern Science in China*. Cambridge, Mass.: Harvard University Press.

- _____. 2004. "Naval Warfare and the Refraction of China's Self-Strengthening Reforms into Scientific and Technological Failure, 1865–1895, " *Modern Asian Studies*, 38.2: 283-326.

- Emerson, Rupert. 1960. *From Empire to Nation: the Rise to Self-Assertion of Asian and African Peoples*. Cambridge: Harverd University Press.

- Epstein, Israel. 1993. *Woman in World History: Life and Times of Soon Ching Ling (Mme. Sun

Yatsen). Beijing: New World Press.

- Ertman, Thomas. 1997. *Birth of the Leviathan: Building States and Regimes in Medieval and Early Modern Europe.* Cambridge, UK: Cambridge University Press.

- Esherick, Joseph W. 2006. "How the Qing Became China." In Joseph W. Esherick, Hasan Kayali, and Eric Van Young, eds., *Empire to Nation: Historical Perspectives on the Making of the Modern World* (Lanham, MD: Rowman & Littlefield), pp. 229-259.

- _____. 2010. "China and the World: from Tribute to Treaties to Popular Nationalism." In Brantly Womack, ed., *China's Rise in Historical Perspective* (Lanham, MD: Rowman & Littlefield), 19-38.

- Esherick, Joseph W., Hasan Kayali, and Eric Van Young, eds. 2006. *Empire to Nation: Historical Perspectives on the Making of the Modern World.* Oxford: Rowman & Littlefield.

- Fairbank, John K. 1969. *Trade and Diplomacy on the China Coast: the Opening of the Treaty Ports, 1842-1854.* Cambridge: Harvard University Press.

- Fairbank, John K and Kwang-ching Liu, eds. 1980. *The Cambridge History of China*, vol. 11, Cambridge, UK: Cambridge University Press.

- Fairbank, J. K. and S. Y. Teng. 1941. "On the Ch'ing Tributary System," *Harvard Journal of Asiatic Studies*, 6.2: 135-246.

- Fitzgerald, John. 1995. "The Nationless State: the Search for a Nation in Modern Chinese Nationalist," *The Australian Journal of Chinese Affairs*, 33: 75-104.

- _____. 1996. *Awakening China: Politics, Culture, and Class in the Nationalist Revolution.* Stanford: Stanford University Press.

- Friedman, Edward, Paul G. Pickowicz, and Mark Selden. 1991. *Chinese Village, Socialist State.* New Haven: Yale University Press.

- Gellner, Ernest. 1997. *Nationalism.* New York: New York University Press.

- _____. 2006. Nations and Nationalism, 2nd ed. Oxford: Blackwell.

- Gilman, Nils. 2003. *Mandarins of the Future: Modernization Theory in Cold War America.* Baltimore: Johns Hopkins University Press.

- Glete, Jan. 2002. *War and the State in Early Modern Europe: Spain, the Dutch Republic and Sweden as Fiscal-Military States.* New York, NY: Routledge.

- Goldstein, Melvyn C. 1989. *A History of Modern Tibet, vol. I, The Demise of the Lamaist State.* Berkeley: University of California Press.

- Goldstone, Jack. 1991. *Revolution and Rebellion in the Early Modern World.* Berkeley, CA: University of California Press.

- _____. 2004. "Neither Late Imperial nor Early Modern: Efflorescences and the Qing Formation in World History." In Lynn Struve, ed., *The Qing Formation in World-Historical Time*, 242-302.

- Gorrie, James. 2013. *The China Crisis: How China's Economic Collapse Will Lead to a Global Depression*. Hoboken: Wiley.

- Greenfeld, Liah. 1992. *Nationalism: Five Roads to Modernity*. Cambridge: Harvard University Press.

- Grunfeld, A. Tom. 1996. *The Making of Modern Tibet*. Armonk, NY: East Gate Book.

- Guilmartin, Jr., John F. 1988. "Ideology and Conflict: The Wars of the Ottoman Empire, 1453-1606," *Journal of Interdisciplinary History*, 18.4: 721-747.

- Gunn, Steven. 2010. "War and the Emergence of the State: Western *Europe*, 1350-1600." In Frank Tallett and D. J. B. Trim, eds., *European Warfare, 1350-1750* (Cambridge: Cambridge University Press), pp. 50-73.

- Gunn, Steven, David Grummitt, and Hans Cools. 2008. "War and the State in Early Modern Europe: Widening the Debate," *War in History*, 15.4: 371-388.

- Guy, Kent R. 2010. *Qing Governors and Their Provinces: The Evolution of Territorial Administration in China, 1644-1796*. Seattle: University of Washington Press.

- Halsey, Stephen. 2015. *Quest for Power: European Imperialism and the Making of Chinese Statecraft*. Cambridge: Harvard University Press.

- Harding, Alan. 2002. *Medieval Law and the Foundations of the State*. New York: Oxford University Press.

- Harding, Harry. 1993. "The Concept of 'Greater China': Themes, Variations and Reservations," *The China Quarterly*, 136: 660-686.

- Harriman, W. Averell. 1975. *Special Envoy to Churchill and Stalin, 1941-1946*. New York: Random House.

- Harriss, Gerald. "Political Society and the Growth of Government in Late Medieval England," *Past & Present*, 138: 28-57.

- He, Wenkai. 2013. *Paths toward the Modern Fiscal State: England, Japan, and China*. Cambridge: Harvard University Press.

- Hechter, Michael. 2000. *Containing Nationalism*. Oxford: Oxford University Press.

- Hertslet, Godfrey E. 1908. *Hertslet's China Treaties*. London: Harrison & Sons.

- Hinton, William. 1966. *Fanshen: A Documentary of Revolution in a Chinese Village*. New York: Vintage Books.

- Hintze, Otto. 1975. "Military Organization and the Organization of the State." In Felix Gilbert, ed., *The Historical Essays of Otto Hintze* (New York: Oxford University Press), 178-215.

- Ho, Ping-ti. 1959. *Studies on the Population of China, 1368-1953*. Cambridge, Mass.: Harvard University Press.

- _____. 1967. "The Significance of the Ch'ing Period in Chinese History," *The Journal of Asian Studies*, 26.2: 189-195.

- _____. 1998. "In Defense of Sinicization: A Rebuttal of Evelyn Rawski's 'Reenvisioning the Qing'," *The Journal of Asian Studies*, 57.1: 123-155.

- Hobson, John M. 2006. "Civilizing the Global Economy: Racism and the Continuity of Anglo-Saxon Imperialism," in Brett Bowden and Leonard Seabrooke, eds., *Global Standards of Market Civilization* (London: Routledge), 60-76.

- _____. 2015. "Decolonizing Sovereignty: Globalization and the Return of Hyper-Sovereignty," in Robert Schuett and Peter Stirk, eds., *The Concept of the State in International Relations: Philosophy, Sovereignty, Cosmopolitanism* (Edinburgh: Edinburgh University Press), 135-162.

- Hobsbawn, E. J. 1987. *The Age of Empire, 1875-1914*. New York: Vintage Books.

- _____. 2012. *Nations and Nationalism since 1780: Programme, Myth and Reality*, 2nd ed. Cambridge: Cambridge University Press.

- Hodgson, Marshall G. S. 1974. *The Ventures of Islam: Conscience and History in a World Civilization*, 3 vols. Chicago: University of Chicago Press.

- Howe, Stephen. 2002. *Empire: A Very Short Introduction*. Oxford: Oxford University Press.

- Huang, Philip. 1996. *Civil Justice in China: Representation and Practice in the Qing*. Stanford, CA: Stanford University Press.

- _____. 2002. "Development or Involution? 18th Century Britain and China." *Journal of Asian Studies*, 61.2: 501-538.

- Huang, Ray. 1974. *Taxation and Governmental Finance in Sixteenth-Century Ming China*. Cambridge, UK: Cambridge University Press.

- _____. 1997. *China: A Macro History*. New York: M. E. Sharpe.

- Hui, Victoria Tin-bor. 2005. *War and State Formation in Ancient China and Early Modern Europe*. Cambridge, UK: Cambridge University Press.

- Huntington, Samuel, P. 1996. *The Clash of Civilizations and the Remaking of World Order*. New York: Simon& Schuster.

- _____. 2005. *Who Are We? The Challenges to America's National Identity.* New York: Simon & Schuster.

- Ingatieff, Michael. 1993. *Blood and Belonging: Journeys into the New Nationalism.* New York: Farrar, Straus & Giroux.

- Johnson, Chalmers. 1962. *Peasant Nationalism and Communist Power: the Emergence of Revolutionary China, 1937-1945.* Stanford, CA: Stanford University Press.

- Kaeuper, Richard W. 1988. *War, Justice, and Public Order: England and France in the Later Middle Ages.* New York: Oxford University Press.

- Keating, Pauline. 1997. *Two Revolutions: Village Reconstruction and the Cooperative Movement in Northern Shaanxi, 1934-1945.* Stanford, CA: Stanford University Press.

- Kelly, Morgan. 1997. "The Dynamics of Smithian Growth," *Quarterly Journal of Economics*, 112.3: 939-964.

- Kirby, William. 1997. "The Internationalization of China: Foreign Relations at Home and Abroad in the Republican Era," *The China Quarterly*, 150: 433-458.

- Kissinger, Henry. 2014. *World Order.* New York: Penguin.

- Krasner, Stephen. 2001. "Rethinking the Sovereign State Model." In Michael Cox, Tim Dunne, Ken Booth, eds., *Empires, Systems and States: Great Transformations in Internationa Politics* (Cambridge, UK: Cambridge University Press), pp. 17-42.

- Kuhn, Philip. 1970. *Rebellion and Its Enemies in Late Imperial China: Militarization and Social Structure, 1796-1864.* Cambridge, MA: Harvard University Press.

- _____. 1990. *Soulstealers: The Chinese Sorcery Scare of 1768.* Cambridge, MA: Harvard University Press.

- Kumar, Krishan. 2010. "Nation-states as Empires, Empires as Nation-states: Two Principles, One Practice?" *Theory and Society*, 39.2: 119-143.

- Kuo, Ting-yee and Kwang-Ching Liu. 1978. "Self-Strengthening: the Pursuit of Western Technology," in Denis Twitchett and John K. Fairbank, eds., *The Cambridge History of China*, vol. 10 (Cambridge: Cambridge University Press), pp. 491-542.

- Kuznets, Simon. 1966. *Modern Economic Growth: Rate, Structure, and Spread.* New Haven: Yale University Press.

- Latham, Michael. 2000. *Modernization as Ideology: American Social Science and "Nation Building" in the Kennedy Era.* Chapel Hill: University of North Carolina Press.

- Lattimore, Owen. 1988 (1940). *Inner Asian Frontiers of China.* Oxford: Oxford University Press.

- Lee, Daniel. 2016. *Popular Sovereighty in Early Modern Constitutional Thought*. Oxford: Oxford University Press.

- Levine, Steven I. 1987. *Anvil of Victory: the Communist Revolution in Manchuria, 1945-1948*. New York: Columbia University Press.

- Lewis, Bernard. 1958. "Some Reflections on the Decline of the Ottoman Empire," *Studia Islamica*, 9: 111-127.

- _____. 2002. *The Emergence of Modern Turkey*. 3rd ed. New York: Oxford University Press.

- Li, Bozhong. 1998. *Agricultural Development in Jiangnan, 1620-1850*. New York: St. Martin's.

- Li, Huaiyin. 2013. *Reinventing Modern China: Imagination and Authenticity in Chinese Historical Writing*. Honolulu: University of Hawaii Press.

- Liu, Kwang-Ching. 1970. "The Confucian as Patriot and Pragmatist: Li Hung-chang's Formative Years, 1823-1866," *Harvard Journal of Asiatic Studies*, 30: 5-45.

- _____ and Richard Smith. 1980. "The Millitary Challenge: the North-west and the Coast," in John K. Fairbank and Kwang-Ching Liu, eds., *The Cambridge History of China*, vol. 11 (Cambridge: Cambridge University Press), pp. 202-273.

- Liu, Xiaoyuan. 2010. *Recast All Under Heaven: Revolution, War, Diplomacy, and Frontier China in the 20th Century*. New York: Continuum.

- Maddison, Angus. 1998. *Chinese Economic Performance in the Long Run*. Paris: OECD.

- _____. 2001. *The World Economy: A Millennial Perspective*. Paris: OECD.

- Mann, Michael. 1980. "State and Society, 1130-1815: An Analysis of English State Finances." In Maurice Zeitlin, ed., *Political Power and Society Theory: A Research Annual*, vol. I. Greenwich, CT: JAI Press.

- _____. 1986a. "The Autonomous Power of the State: Its Origins, Mechanisms and Results." In John A. Hall, ed., States in History (Oxford: Basil Blackwell), pp. 109-136.

- _____. 1986b. *The Sources of Social Power, Vol. I: A History of Power from the beginning to A.D. 1760*. Cambridge, UK: Cambridge University Press.

- _____. 2005. *The Dark Side of Democracy: Explaining Ethnic Cleansing*. Cambridge: Cambridge University Press.

- Mann, Susan. 1987. *Local Merchants and the Chinese Bureaucracy, 1750-1950*. Stanford: Stanford University Press.

- Marx, Karl and Frederick Engels. 1969. "Manifesto of the Communist Party." In Karl Marx and Frederick Engels, *Selected Works* (Moscow: Progress Publishers), 1: 98-137.

- Mehta, U. Singh. 1999. *Liberalism and Empire: A Study in Nineteenth-Century British Liberal Thought*. Chicago: Chicago University Press.

- Millward, James P. 1998. *Beyond the Pass: Economy, Ethnicity, and Empire in Qing Central Asia, 1759–1864*. Stanford, CA: Stanford University Press.

- Mitter, Rana. 2013. *Forgotten Ally: China's World War II, 1937-1945*. Boston: Mariner Books.

- Morgan, Edmund s. 1988. *Inventing the People: The Rise of Popular Sovereighty in England and America*. New York: W. W. Norton & Co.

- Mosca, Matthew. 2013. *From Frontier Policy to Foreign Policy: The Question of India and the Transformation of Geopolitics in Qing China*. Stanford, CA: Stanford University Press.

- Muthu, Sankar. 2003. *Enlightement against Empire*. Princeton: Princeton University Press.

- Obregón, Liliana. 2012. "The Civilized and the Uncivilized." In Bardo Fassbender and Anne Peters, eds., *The Oxford Handbook of the History of Internaitonal Law* (Oxford: Oxford University Press), pp. 917-942.

- O'Brien, Patrick K. 2002. "Fiscal Exceptionalism: Great Britain and its European Rivals from Civil War to Triumph at Trafalgar and Waterloo." In Donald Winch and Patrick K. O'Brien, eds., *The Political Economy of British Historical Experience, 1688-1914* (New York: Oxford University Press), pp. 245-265.

- Opello, Walter C., Jr. 2004. *The Nation-State and Global Order: A Historical Introduction to Contemporary Politics*, 2nd ed. Boulder: Lynne Rienner.

- Osiander, Andreas. 2001. "Sovereignty, International Relations, and the Westphalian Myth, " *International Organization*, 55.2: 251-287.

- Pagden, Anthony. 1994. *European Encounters with the New World: From Renaissance to Romanticism*. New Haven: Yale University Press.

- _____. 1995. *Lords of All the World: Ideologies of Empire in Spain, Britain and France, c. 1500 – c. 1800*. New Haven: Yale University Press.

- _____. 2003. *Peoples and Empires*. New York: The Modern Library.

- Paine, S. C. M. 1996. *Imperial Rivals: China, Russia, and Their Disputed Frontier*. Armonk, NY: M. E. Sharpe.

- Pamuk, Sevket. 2004. "Institutional Change and the Longevity of the Ottoman Empire, 1500-1800," *Journal of Interdisciplinary History*, 35.2: 225-247.

- Pepper, Suzanne. 1978. *Civil War in China: the Political Struggle, 1945-1949*. Los Angeles: University of California Press.

- Perdue, Peter. "Military Mobilization in Seventeenth and Eighteenth-Century China, Russia, and Mongolia," *Modern Asian Studies*, 30.4: 757-793.

- _____. 2005. *China Marches West: the Qing Conquest of Central Eurasia*. Cambridge, MA: Harvard University Press.

- Pitts, Jennifer. 2005. *A Turn to Empire: The Rise of Imperial Liberalism in Britain and France*. Princeton: Princeton University Press.

- Philpott, Daniel. 2000. "The Religious Roots of Modern Internaiotnal Relations," *World Politics*, 52.2: 206-245.

- Prazniak, Roxann. 1999. *Of Camel Kings and Other Things: Rural Rebels against Modernity in Late Imperial China*. Lanham, MD: Rowman & Littlefield.

- Pugach, Neol. 1973. "Embarrassed Monarchist: Frank J. Goodnow and Constitutional Development in China, 1913-1915," *The Pacific Historical Review*, 42.4: 499-517.

- Rasler, Karen and William Thompson. 1989. *War and State Making: The Shaping of the Global Powers*. Boston, MA: Unwin Hyman.

- Rawski, Evelyn S. 1996. "Reenvisioning the Qing: The Significance of the Qing Period in Chinese History," *The Journal of Asian Studies*, 55.4: 829-850.

- _____. 1998. *The Last Emperors: A Social History of Qing Imperial Institutions*. Berkeley: University of California Press.

- _____. 2004. "The Qing Formation and the Early-Modern Period." In Lynn Struve, ed., *The Qing Formation in World-Historical Time*, 207-241.

- _____. 2010. "Chinese Strategy and Security Issues in Historical Perspective." In Brantly Womack, ed., *China's Rise in Historical Perspective* (Lanham, MD: Rowman & Littlefield), 63-87.

- Reed, Bradly. 2000. *Talons and Teeth, County Clerks and Runners in the Qing Dynasty*. Stanford, CA: Stanford University Press.

- Rhoads, Edward J. 2000. *Manchus and Han: Ethnic Relations and Political Power in Late Qing and Early Republican China, 1861-1928*. Seattle: University of Washington Press.

- Roberts, Michael. 1967. "The Military Revolution, 1560-1660." In Michael Roberts, *Essays in Swedish History* (London: Weidenfeld & Nicolson), 195-225.

- Roeder, Philip G. 2007. *Where Nation-States Come From: Institutional Change in the Age of Nationalism*. Princeton: Princeton University Press.

- Rowe, William T. 1993. "State and Market in Mid-Qing Economic Thought: the Case of Chen Hongmou (1696-1771)," *Études chinoises*, 12.1: 7-40.

- Said, Edward. 1979. *Orientalism*. New York: Vintage.

- Scammell, G. V. 1989. *The First Imperial Age: European Overseas Expansion, c. 1400-1715*. London: Routledge.

- Selden, Mark. 1971. *The Yenan Way in Revolutionary China*. Cambridge: Harvard University Press.

- Shambaugh, David. 2015. "The Coming Chinese Crackup," in *The Wall Street Journal*, March 6.

- Shaw, Stanford. 1976. *History of the Ottoman Empire and Modern Turkey. Vol. I: Empire of the Gazis: the Rise and Decline of the Ottoman Empire, 1280-1808*. Cambridge University Press.

- _____ and Ezel Kural Shaw. 1977. *History of the Ottoman Empire and Modern Turkey. Vol. II: Reform, Revolution, and Republic: the Rise of Modern Turkey, 1808-1975*. Cambridge University Press.

- Shakabpa, Tsepon. 1967. *Tibet: A Political History*. New Haven: Yale University Press.

- Shulman, Stephen. 2002. "Challenging the Civic/Ethnic and West/East Dichotomies in the Study of Nationalism," *Comparative Political Studies*, 35.5: 554-585.

- Skocpol, Theda. 1979. *States and Social Revolutions: A Comparative Analysis of France, Russia, and China*. Cambridge, UK: Cambridge University Press.

- Smedley, Agnes. 1938. *China Fights Back: An American Woman with the Eighth Route Army*. New York: Vanguard Press.

- Smith, Anthony D. 1991. *National Identity*. London: Pengui.

- Storrs, Christopher. 2009. "Introduction: The Fiscal-Military State in the 'Long' Eighteenth Century." In Christopher Storrs, ed., *The Fiscal-Military State in Eighteenth-Century Europe: Essays in Honor of P. G. M. Dickson* (Burlington, VT: Ashgate Publishing Co.): 1-22.

- Strayer, Joseph R. 1970. *On the Medieval Origins of the Modern State*. Princeton: Princeton University Press.

- Streusand, Douglas E. 2010. *Islamic Gunpowder Empires: Ottomans, Safavids, and Mughals*. Boulder: Westview Press.

- Struve, Lynn A., ed. 2004. *The Qing Formation in World-Historical Time*. Cambridge: Harvard University Press.

- Svarverud, Rune. 2011. "Re-constructing East Asia: International Law as Inter-Cultural Process in Late Qing China," *Inter-Asia Cultural Studies*, 12.2: 306-318.

- Tanner, Harold. 2015. *Where Chiang Kai-shek Lost China: The Liao-Shen Campaign, 1948*. Bloomington: Indiana University Press.

- Taylor, Jay. 2009. *The Generalissimo: Chiang Kai-shek and the Struggle for Modern China*. Cambridge: Harvard University Press.

- Thaxton, Ralph. 1983. *China Turned Rightside Up: Revolutionary Legitimacy in the Peasant World*. New Haven, CT: Yale University Press.

- _____. 1997. *Salt of the Earth: the Political Origins of Peasant Protest and Communist Revolution in China*. Berkeley, CA: University of California Press.

- Theobald, Ulrich. 2013. *War Finance and Logistics in Late Imperial China: A Study of the Second Jinchuan Campaign (1771-1776)*. Leiden: Brill.

- Tilly, Charles. 1975. "Reflections on the History of European State-Making." In Charles Tilly, ed., *The Formation of National States in Western Europe* (Princeton, NJ: Princeton University Press), 3-83.

- _____. 1985. "War Making and State Making as Organized Crime." In Peter Evans, Dietrich Rueschemeyer and Theda Skocpol, eds., *Bringing the State Back In* (Cambridge, UK: Cambridge University Press), 169-191.

- _____. 1990. *Coercion, Capital, and European States, AD 990-1992*. Malden, MA: Blackwell Publishers Inc.

- Torgovnick, Marianna. 1990. *Gone Primitive: Savage Intellects, Modern Lives*. Chicago: University of Chicago Press.

- Truman, Harry S. 1986. *Memoirs of Harry S. Truman*, vol. 1, "1945, Year of Decisions." Cambridge, MA: Da Capo Press.

- Tuck, Richard. 2015. *The Sleeping Sovereign: The Invention of Modern Democracy*. Cambridge: Cambridge University Press.

- van Creveld, Martin. 1999. *The Rise and Decline of the State*. Cambridge, UK: Cambridge University Press.

- Waldron, Arthur. 1995. *From War to Nationalism: China's Turning Point, 1924-1925*. Berkeley: University of California Press.

- Waley-Cohen, Joanna. 2004. "The New Qing History," in *Radical History Review*, 88: 193-206.

- Wallerstein, Immanuel. 1974. *The Modern World-System: Capitalist Agriculture and the Origins of the European World-Economy in the Sixteenth Century*. New York: Academic Press.

- Wang, Yeh-chien. 1974. *Land Taxation in Imperial China, 1750-1911*. Cambridge, MA: Harvard University Press.

- _____. 1992. "Secular Trends of Rice Prices in the Yangzi Delta, 1638-1935." In Thomas

G. Rawski and Lillian M. Li, eds., *Chinese History in Economic Perspective* (Berkeley, CA: University of California Press): 35-68.

- Weber, Max. 1978. *Economy and Society: An Outline of Interpretive Sociology*. Berkeley: University of California Press.

- Westad, Odd A. 2003. *Decisive Encounters: the Chinese Civil War, 1946-1950*. Stanford, CA: Stanford University Press.

- Wilson, Peter. 2009. "Prussia as a Fiscal-Military State, 1640-1806." In Christopher Storrs, ed., *The Fiscal-Military State in Eighteenth-Century Europe: Essays in Honor of P. G. M. Dickson* (Burlington, VT: Ashgate Publishing Co.): 95-124.

- Winerbotham, William. 1795. *An Historical, Geographical, and Philosophical View of the Chinese Empire*. London: Ridgway and Button.

- Wimmer, Andreas. 2002. *Nationalist Exclusion and Ethnic Conflicts: Shadows of Modernity*. Cambridge: Cambridge University Press.

- Wittfogel, Karl A. 1957. *Oriental Despotism: A Comparative Study of Total Power*. New Haven: Yale University Press.

- Wong, R. Bin. 1997. *China Transformed: Historical Change and the Limits of European Experience*. Ithaca: Cornell University Press.

- Wou, Odoric Y. K. 1994. *Mobilizing the Masses: Building Revolution in Henan*. Stanford, CA: Stanford University Press.

- Yack, Bernard. 2001. "Popular Sovereighty and Nationalism," *Political Theory*, 29.4: 517-536.

- Young, Arthur N. 1971. *China's Nation-Building Effort, 1927-1937: The Financial and Economic Record*. Hoover Institution Press.

- Zarrow, Peter. 2005. *China in War and Revolution, 1895-1949*. London: Routledge.

- _____. 2012. *After Empire: The Conceptual Transformation of the Chinese State, 1885-1924*. Stanford, CA: Stanford University Press.

- Zelin, Madeleine. 1984. *The Magistrate's Tael: Rationalizing Fiscal Reform in Eighteenth-Century Ch'ing China*. Berkeley: University of California Press.

- Zhao, Gang. 2006. "Reinventing China: Imperial Qing Ideology and the Rise of Modern Chinese National Identity in the Early Twentieth Century," *Modern China*, 32.1: 3-30.

責任編輯	王逸菲
書籍設計	道　轍
書籍排版	楊　錄

書　　名	**現代中國的形成（1600－1949）（繁體增訂版）**
著　　者	李懷印
出　　版	三聯書店（香港）有限公司
	香港北角英皇道 499 號北角工業大廈 20 樓
	Joint Publishing (H.K.) Co., Ltd.
	20/F., North Point Industrial Building,
	499 King's Road, North Point, Hong Kong
香港發行	香港聯合書刊物流有限公司
	香港新界荃灣德士古道 220-248 號 16 樓
印　　刷	美雅印刷製本有限公司
	香港九龍觀塘榮業街 6 號 4 樓 A 室
版　　次	2024 年 7 月香港第 1 版第 1 次印刷
規　　格	16 開（170mm × 240 mm）408 面
國際書號	ISBN 978-962-04-5147-8

© 2024 Joint Publishing (H.K.) Co., Ltd.

Published & Printed in Hong Kong, China

本書經由中國廣西師範大學出版社授權出版。